Prüfe dein Wissen
Rechtsfälle in Frage und Antwort

Dr. Dr. h. c. Dieter Schwab
Familienrecht

Familienrecht

von

Dr. Dr. h. c. Dieter Schwab

em. Ordinarius an der Universität Regensburg

12., neu bearbeitete Auflage
des von Günther Beitzke begründeten Werkes

Verlag C. H. Beck München 2013

www.beck.de

ISBN 978 3 406 62572 5

© 2013 Verlag C. H. Beck oHG
Wilhelmstraße 9, 80801 München
Druck und Bindung: Nomos Verlagsgesellschaft mbH & Co. KG
In den Lissen 12, D-76547 Sinzheim

Satz: Druckerei C. H. Beck Nördlingen

Gedruckt auf säurefreiem, alterungsbeständigem Papier
(hergestellt aus chlorfrei gebleichtem Zellstoff)

Für

Susanne

und

Lisa-Marie

Vorwort zur 12. Auflage

Die Rechtsfragen des Familienrechts betreffen meist das menschliche Leben unmittelbar. Das Familienrecht ist daher noch weniger als andere Rechtsgebiete geeignet, bloß abstrakt betrieben zu werden. Das vorliegende Buch soll die Probleme anschaulich machen. Es soll das Studium unterstützen und die Überprüfung des Wissenstandes ermöglichen. Wenn es außerdem den Nutzern auch noch Spaß macht, die Fälle zu lesen und den Lösungen zu folgen, hätte der Autor die angestrebten Ziele voll erreicht.

Im Zentrum stehen diejenigen Gebiete des Familienrechts, die in der Ausbildungs- und Prüfungspraxis häufiger eine Rolle spielen. Das Buch geht so vor, dass am Anfang eines Kapitels meist einfachere Wissensfragen gestellt sind; sodann werden die Probleme anhand von Fällen aufbereitet, darauf liegt das Schwergewicht des Buches. Die Lösungen folgen trotz der gebotenen Kürze der üblichen zivilrechtlichen Falllösungsmethode. Die neue äußere Form des Buches, nämlich der Verzicht auf den Spaltendruck, hat diese Darstellungsform begünstigt. Ich möchte die Benutzer des Buches dazu ermuntern, nicht „schnelle" Antworten zu suchen, sondern von den Rechtsgrundlagen her die Lösungen Schritt für Schritt zu entwickeln. Dies sollte zunächst ohne Blick auf die im Buch vorgeschlagene Lösung wenigstens in Stichworten geschehen; erst dann sollte die eigene Lösung mit der im Buch entwickelten verglichen werden.

Die Neuauflage hat die grundlegenden Reformen, die im Familienrecht seit 2008 in Kraft getreten sind, ausführlich berücksichtigt (Unterhaltsrechtsreform, Reform des Zugewinnausgleichsrechts, Reformen im Kindschaftsrecht, Reform des familiengerichtlichen Verfahrens). Eingearbeitet ist auch das 2013 in Kraft getretene Gesetz zur Reform der elterlichen Sorge nicht miteinander verheirateter Eltern. Insgesamt habe ich die Zahl der Fälle vermindert, um den Umfang des Werkes in Grenzen zu halten.

Den Leserinnen und Lesern wünsche ich bei der „Wissensprüfung" Freude und Erfolg.

Regensburg, im März 2013   *Dieter Schwab*

Inhaltsverzeichnis

Abkürzungsverzeichnis

a. A.	anderer Ansicht
a. a. O.	am angegebenen Orte
a. F.	alte Fassung
AG	Amtsgericht
Alt.	Alternative
arg.	argumentum
arg. e. contr.	argumentum e contrario
Art.	Artikel
Aufl.	Auflage
BayObLG	Bayerisches Oberstes Landesgericht
BGB	Bürgerliches Gesetzbuch
BGBl.	Bundesgesetzblatt
BGH	Bundesgerichtshof
BGHZ	Entscheidungen des Bundesgerichtshofs in Zivilsachen (amtliche Sammlung)
BR-Drucks.	Bundesrats-Drucksache
BSHG	Bundessozialhilfegesetz
BT	Bundestag
BT-Drucks.	Bundestags-Drucksache
BVerfG	Bundesverfassungsgericht
BVerfGE	Entscheidungen des Bundesverfassungsgerichts (amtliche Sammlung)
bzw.	beziehungsweise
d. h.	das heißt
Diss.	Dissertation
DJT	Deutscher Juristentag
DT	Düsseldorfer Tabelle
DVO	Durchführungsverordnung
EGBGB	Einführungsgesetz zum BGB
EGMR	Europäischer Gerichtshof für Menschenrechte
EheschlRG	Eheschließungsrechtsgesetz
1. EheRG	Erstes Gesetz zur Reform des Ehe- und Familienrechts
EMRK	Europäische Menschenrechtskonvention
FamFG	Gesetz über das Verfahren in Familiensachen und in Angelegenheiten der freiwilligen Gerichtsbarkeit
FamRZ	Zeitschrift für das gesamte Familienrecht
ff.	folgende
GewSchG	Gewaltschutzgesetz
GG	Grundgesetz der Bundesrepublik Deutschland
GVG	Gerichtsverfassungsgesetz
h. M.	herrschende Meinung
Hs.	Halbsatz

i. V. m.	in Verbindung mit
JW	Juristische Wochenschrift
JZ	Juristenzeitung
KG	Kammergericht
KindRG	Kindschaftsrechtsreformgesetz
KindUG	Kindesunterhaltsgesetz
KJHG	Kinder- und Jugendhilfegesetz
LG	Landgericht
Lit.	Literatur
LPartG	Lebenspartnerschaftsgesetz
m. E.	meines Erachtens
n. F.	neue Fassung
NJW	Neue Juristische Wochenschrift
NJW-RR	Neue Juristische Wochenschrift Rechtsprechungsreport
Nr.	Nummer
OLG	Oberlandesgericht
OLGE	Entscheidungen der Oberlandesgerichte in Zivilsachen
PStG	Personenstandsgesetz
RegE	Regierungsentwurf
RG	Reichsgericht
RGZ	Entscheidungen des Reichsgerichts in Zivilsachen
Rn.	Randnummer
RpflG	Rechtspflegergesetz
S.	Satz
SGB	Sozialgesetzbuch
SorgeRG	Gesetz zur Neuregelung des Rechts der elterlichen Sorge
StGB	Strafgesetzbuch
StPO	Strafprozessordnung
str.	streitig
StVG	Straßenverkehrsgesetz
Tz.	Textziffer
Var.	Variante
VersAusglG	Versorgungsausgleichsgesetz
VerschG	Verschollenheitsgesetz
VO	Verordnung
ZPO	Zivilprozessordnung

I. Eherecht

1. Vor der Ehe

1. „Renne nicht in dein Unglück!"

Eva erwartet von Adam ein Kind. Als Eva dies dem Adam mitteilt, ist er sehr erfreut und erklärt seine feste Bereitschaft, sie zu heiraten. Eva stimmt diesem Plan zu. Nun werden die Hochzeitsvorbereitungen getroffen. Im Verlauf der anschließenden Wochen muss sich Adam aber heftige Vorwürfe seiner Eltern anhören, die Eva für eine „leichtfertige Person" halten und dringend von einer Eheschließung abraten: „Renne nicht in Dein Unglück!" Davon beeindruckt erklärt Adam der Eva, mit der Heirat werde es nichts; er könne ein endgültiges Zerwürfnis mit seinen Eltern nicht riskieren.
Eva ist enttäuscht. Kann sie Adam aufgrund seiner Zusicherung zur Eheschließung zwingen?

Fraglich ist, ob Eva aus Verlöbnis einen Anspruch gegen Adam hat, mit ihr die Ehe zu schließen.

a) In der von Eva angenommenen Zusicherung des Adam, sie zu heiraten, ist ein *Verlöbnis* zu sehen, das nach traditioneller Auffassung zur Eingehung der versprochenen Ehe verpflichtet.

b) Von diesem Verlöbnis ist Adam indes durch Erklärung gegenüber Eva *zurückgetreten*. Das Gesetz lässt einen solchen Rücktritt ohne jede weitere Voraussetzung zu. Damit ist Adam an das Verlöbnis nicht mehr gebunden.

c) Zudem könnte aus einem Verlöbnis kraft ausdrücklicher gesetzlicher Bestimmung *nicht* auf Eingehung einer Ehe *geklagt* werden (§ 1297 I). Selbst wenn es eine Verurteilung zur Eingehung der Ehe gäbe, könnte aus einem solchen Urteil *nicht vollstreckt* werden (§ 120 III FamFG). Diese Rechtslage trägt dem Grundsatz der unverzichtbaren Eheschließungsfreiheit Rechnung, die verfassungsrechtlich garantiert ist (Art. 6 I GG, vgl. BVerfGE 29, 166, 176).

2. Das überflüssige Brautkleid

Ewald und Elisa ziehen zusammen. Nach einiger Zeit wird Elisa schwanger. Die beiden kommen überein, noch vor Geburt des Kindes zu heiraten. Elisa kauft sich ein Modellbrautkleid für 600 EUR, das ihre schlanke Figur zur Geltung bringt, obwohl die Schwangerschaft schon fortgeschritten ist. Dann aber äußert Ewald Bedenken: Verheiratet werde er sich unfrei fühlen; man könne doch weiter zusammenwohnen wie bisher, er werde auch so dem Kind ein guter Vater sein. Elisa lässt sich darauf nicht ein. Darauf erklärt Ewald die Beziehung für beendet.
Elisa kann das Kleid per Kleinanzeige für 200 EUR verkaufen. Sie verlangt 400 EUR von Ewald. Mit Recht?

Es kommt ein Anspruch aus *§ 1298 I 1* in Frage.

a) Durch die Übereinkunft, demnächst zu heiraten, sind Ewald und Elisa ein Verlöbnis eingegangen.

b) Von diesem Verlöbnis ist Ewald durch die der Elisa gegenüber erklärte Weigerung, sie zu heiraten, *zurückgetreten*. Zur Wirksamkeit des Rücktritts bedarf es beim Verlöbnis keines besonderen Grundes.

c) Durch Kauf des Brautkleids hat Elisa eine *Aufwendung in Erwartung der Ehe* gemacht. Ein Brautkleid in dieser Preislage ist im Allgemeinen auch angemessen (§ 1298 II).

d) Die Aufwendung hat zu einem *Schaden* in Höhe von 400 EUR geführt. Die Voraussetzungen des § 1298 I 1 sind folglich gegeben.

e) Der Anspruch könnte aber nach *§ 1298 III ausgeschlossen* sein, wenn Ewald einen wichtigen Grund für den Rücktritt hatte. Die Bedenken Ewalds gegen die rechtliche Bindung, die eine Eheschließung mit sich bringt, mögen zwar für ihn selbst wichtig sein, sie liegen aber *allein in seiner Sphäre*. Deshalb kann sein Motiv nicht als wichtiger Grund im Sinne des § 1298 III anerkannt werden.

f) *Ergebnis:* Elisa kann von Ewald Zahlung von 400 EUR verlangen.

3. Entschädigung für Haushaltführung

In Fall 2 macht Elisa außerdem folgende Rechnung auf: Während des Zusammenwohnens sei sie berufstätig gewesen und habe zusätzlich den ganzen Haushalt geführt, der arbeitslose Ewald habe nichts getan und sich von ihr bloß verwöhnen lassen. Elisa verlangt eine Entschädigung für die Haushaltsführung, die zur Hälfte auch dem Ewald zugute gekommen sei. Mit Recht?

Frage ist hier, ob die Tätigkeit im Haushalt eine Aufwendung ist, die in Erwartung der Ehe gemacht wurde. Es ist schon zweifelhaft, ob Arbeitsleistungen eines Verlobten für den anderen als Aufwendungen im Sinne des § 1298 I 1 anerkannt werden können. Auch wenn man dies annimmt, fehlt es hier jedoch am Merkmal *„in Erwartung der Ehe"*. Die Haushaltsführung diente der Verwirklichung des nichtehelichen Zusammenlebens und hatte keinen unmittelbaren Bezug zur künftigen Eheschließung. Das kommt im konkreten Fall auch darin zum Ausdruck, dass Elisa den Haushalt auch schon vor dem Verlöbnis geführt hatte. Der Anspruch ist nicht gegeben.

4. Zeugnisverweigerung

Herr Angermann ist in ein Strafverfahren wegen eines Verkehrsunfalls verwickelt. Zur fraglichen Tatzeit befand sich in dem von ihm gesteuerten Wagen die ledige Frau Bosmann, mit der ihn schon damals gemeinsame Hochzeitspläne verbanden. Indes ist Herr Angermann noch mit seiner Frau Sabine verheiratet, von der er allerdings schon drei Jahre getrennt lebt.
Darf Frau Bosmann im Strafverfahren gegen Herrn Angermann das Zeugnis verweigern?

Frau Bosmann könnte das Zeugnis verweigern, wenn sie mit dem Angeklagten Angermann *verlobt* wäre (§ 52 I Nr. 1 StPO). Über die künftige Eheschließung war sie sich auch mit ihm einig. Das Verlöbnis ist jedoch nichtig, da Herr Angermann zur Zeit des Abschlusses noch verheiratet war. Ein Heiratsversprechen bei bestehender ehelicher Bindung wird als *sittenwidrig* angesehen (§ 138 I).

Etwas anderes könnte im Hinblick darauf gelten, dass Herr Angermann bereits seit drei Jahren von seiner Frau getrennt lebt. Es gilt die unwiderlegliche Zerrüttungsvermutung des § 1566 II, so dass es ihm leicht möglich wäre, sich scheiden zu lassen. Die Rechtsprechung (z. B. OLG Karlsruhe NJW 1988, 3023) hält das Eheversprechen eines Verheirateten aber auch dann für sittenwidrig, wenn seine Ehe gescheitert ist. Danach kommt Frau Bosmann kein Zeugnisverweigerungsrecht zu. Die gegenteilige Auffassung ist vertretbar, insbesondere für den Fall, dass bei gescheiterter Ehe das Scheidungsverfahren schon läuft (vgl. die erbrechtliche Regelung des § 1933 S. 1).

---

5. Seelenpein

Die 18-jährige Silke ist sich mit ihrem 21-jährigen Freund Thomas einig, dass sie heiraten wollen. Dann verliebt sich Thomas in ein anderes Mädchen namens Ute und kündigt sogleich das Verlöbnis auf. Silke ist tief getroffen. Da sie während der Verlobungszeit einige Male bei Thomas übernachtet hat, erhebt sie wegen des durch die Entlobung verursachten seelischen Leids Anspruch auf eine Geldentschädigung.
Kann ein solcher Anspruch begründet sein?

1. Nach der ursprünglichen Fassung des BGB (§ 1300) konnte eine „unbescholtene" Verlobte, die ihrem Verlobten „die Beiwohnung gestattet" hatte, von diesem Schmerzensgeld verlangen, wenn die Voraussetzungen des § 1298 oder § 1299 gegeben waren. Das war also der Fall, wenn der Verlobte entweder ohne wichtigen Grund vom Verlöbnis zurückgetreten war oder einen wichtigen Grund dafür gab, dass die Verlobte ihrerseits die Verbindung löste. Danach hätte Silke einen Anspruch aus § 1300 i. V. m. § 1298. Indes ist § 1300 durch das Eheschließungsrechtsgesetz vom 4.5.1998 abgeschafft worden.

2. Ein Schadensersatzanspruch der geltend gemachten Art könnte sich nur aus einem Deliktstatbestand in Verbindung mit § 253 II ergeben. Doch hat Thomas weder ein absolutes Recht Silkes (§ 823 I) noch ein sie schützendes Gesetz (§ 823 II) verletzt. Auch für den Tatbestand des § 825 sprechen keine hinreichenden Anhaltspunkte. Ein Anspruch aus § 825 i. V. m. § 253 II würde voraussetzen, dass Thomas seine Verlobte durch Hinterlist, Drohung oder Missbrauch eines Abhängigkeitsverhältnisses zur Vornahme oder Duldung sexueller Handlungen bestimmt hätte. Eine Hinterlist, die hier allein in Betracht kommt, liegt jedoch nicht vor, da Thomas zur Zeit der sexuellen Intimität mit Silke noch nicht die Absicht hatte, die Verlobung aufzulösen.

6. Der verlobte Ehemann

Hans ist verheiratet, fängt aber trotzdem eine Liebschaft mit Katharina an. Dieser versichert er von Beginn an, dass seine Ehe praktisch tot sei und er sich von seiner Frau bald scheiden lassen werde; dann werde er Katharina heiraten. Im Vertrauen darauf setzt Katharina das Verhältnis zwei Jahre lang fort, bis sie in Erfahrung bringt, dass Hans – wie er seinen Skatbrüdern offenbarte – nie die Absicht hatte, sich von seiner Frau zu trennen.
Bitter enttäuscht verlangt Katharina von Hans eine Geldentschädigung, da sie im Glauben auf eine gemeinsame Zukunft mit Hans einen Heiratsantrag des reichen Witwers v. Lodenstein ausgeschlagen hat und seelisch schwer verletzt ist.

1. Katharina könnte einen *Anspruch aus § 1299* haben. Doch ist fraglich, ob ein Verlöbnis mit Hans bestand. Die beiden waren sich über die künftige Eheschließung einig. Dass Hans insgeheim das Heiratsversprechen nicht wirklich wollte, ist gemäß dem (zumindest analog anzuwendenden) § 116 S. 1 unschädlich, da Katharina den Vorbehalt nicht kannte. Doch ist das Verlöbnis nach § 138 I nichtig, weil Hans zur Zeit des Heiratsversprechens verheiratet war. Es liegt auch kein Fall einer eindeutig gescheiterten Ehe vor, in dem man eine Ausnahme von dem Grundsatz vertreten könnte, dass Verheiratete sich nicht gültig anderweit verloben können. Daher scheidet § 1299 aus.

2. In Betracht kommt ferner ein *Anspruch aus § 823 I* (eventuell in Verbindung mit § 253 II). Doch ist fraglich, ob ein dort genanntes Rechtsgut oder ein absolutes Recht verletzt ist. Die Zufügung seelischen Leids für sich gesehen stellt keine Körper- oder Gesundheitsverletzung dar. Man könnte erwägen, ob Hans durch sein unredliches Verhalten die *Freiheit* Katharinas beeinträchtigt hat. Doch verlangt die h. M. hierfür die Entziehung der körperlichen Bewegungsfreiheit oder die Nötigung zu einer Handlung.

3. Ferner könnte sich der *Anspruch aus § 825 i. V. m. § 253 II* ergeben.

a) Hans hat Katharina durch „Hinterlist" zum Geschlechtsverkehr bestimmt, als er ihr wahrheitswidrig vorspiegelte, sich von seiner Frau trennen zu wollen und mit Katharina eine gemeinsame Zukunft zu planen. Dies geschah widerrechtlich und vorsätzlich. Daher ist Hans der Katharina zum Ersatz des daraus entstehenden Schadens verpflichtet.

b) Was den Umfang des Vermögensschadens betrifft, wird Katharina freilich nicht verlangen können, so gestellt zu werden, als wenn sie v. Lodenstein geheiratet hätte und somit in gut situierten Verhältnissen leben könnte. Denn der finanzielle Aspekt von Heiratschancen kann nicht von der persönlichen Seite der Ehe gelöst werden.

c) Doch kommt ein Anspruch auf Schmerzensgeld gemäß § 253 II i. V. m. § 825 in Betracht. Zwar liegt keine Körper- oder Freiheitsverletzung vor, doch gewährt § 253 II Schmerzensgeld auch im Falle der Verletzung der sexuellen Selbstbestimmung. Als eine solche Verletzung kann es angesehen werden, dass Hans vorsätzlich Heiratsabsichten vorgaukelt und Katharina dadurch zur Fortsetzung der intimen Beziehungen hinterlistig bestimmt hat.

d) *Ergebnis:* Katharina kann für ihr seelisches Leid einen billige Entschädigung in Geld verlangen.

7. Die Umtriebe eines Barons

Erich (55) gibt sich als Baron v. Plunder aus und besucht häufig den „Ball einsamer Herzen", wo er die Damen durch seinen Charme begeistert. Er verlobt sich zunächst mit Franzi (60), dann mit Gunda (65) und schließlich mit Hertha (45). Die Bräute wissen voneinander nichts und verwöhnen ihren Erich nach Kräften. Seine nur zeitweilige Präsenz erklärt Erich mit „Geschäften im Osten", die er wegen seiner Güter zu tätigen habe. Besonders Hertha drängt auf baldige Heirat und meint, er könne doch zu ihr in ihre geräumige Stadtwohnung ziehen. Erich ist damit einverstanden und schlägt als Hochzeitstermin den 24.12. des gleichen Jahres vor. Als der Hochzeitstag naht, erfährt Hertha zufällig von Gunda, dass Erich auch mit dieser verlobt sei. Hertha bricht daher die Beziehung mit ihm ab.
Da sie das Schlafzimmer in ihrer Wohnung im Hinblick auf die Eheschließung hat umgestalten lassen – insbesondere ist ihre einfache Liege einem raffiniert ausgestatteten Doppelbett gewichen –, verlangt sie Ersatz der dadurch entstandenen Aufwendungen. Mit Recht?

In Betracht kommt ein *Anspruch aus § 1299.*

a) Hertha und Erich haben sich *verlobt.*

b) Fraglich ist, ob das Verlöbnis *wirksam* war. Da sich Erich mit drei Frauen verlobt hat, ohne zuvor das schon bestehende Verlöbnis aufzulösen, liegt nahe, dass er sich *insgeheim vorbehalten* hat, die Verlöbnisse in Wirklichkeit nicht zu wollen. Das hindert indes die Gültigkeit der Verlöbnisse nicht, weil die Bräute den geheimen Vorbehalt nicht kannten (§ 116 S. 1, 2).

c) Ferner könnte der Gültigkeit des Verlöbnisses § 138 I im Wege stehen, wenn das Verlöbnis eines noch anderweit Verlobten *sittenwidrig* ist. Das wird von der h. M. bejaht. Demzufolge schiede § 1299 als Anspruchsgrundlage aus. Es kann aber diskutiert werden, ob die §§ 1298, 1299 als Normen des Vertrauensschutzes in solchem Fall nicht doch anzuwenden sind. Die Unwirksamkeit des Verlöbnisses ist von Erich arglistig herbeigeführt. Es ist daher die Meinung begründbar, dass er sich nach § 242 auf die von ihm verursachte Unwirksamkeit des Verlöbnisses mit Hertha nicht berufen kann (unzulässige Rechtsausübung).

d) Stellt man sich auf diesen Standpunkt, so sind die *weiteren Voraussetzungen des § 1299* zu prüfen. Hertha ist vom Verlöbnis zurückgetreten. Dazu ist sie durch ein Verschulden, nämlich ein schwer pflichtwidriges Verhalten des Erich veranlasst worden, das einen wichtigen Grund für den Rücktritt bildet. Denn es ist verständlich, dass Hertha aufgrund des unredlichen Verhaltens des Erich das Vertrauen in ihn verloren hat. Sie hat auch in Erwartung der Ehe Aufwendungen gemacht, die den Umständen nach angemessen scheinen.

e) *Ergebnis:* Hertha kann von Erich Ersatz der Aufwendungen für die Umgestaltung des Schlafzimmers verlangen.

2. Eheschließung

8. Verletzung von Vorschriften über die Eheschließung

Welche Rechtsfolgen kann ein Verstoß gegen Vorschriften über die Eheschließung nach deutschem Recht haben?

1. Der Verstoß kann dazu führen, dass keinerlei Rechtswirkungen der Ehe entstehen („*Nichtehe*"). Das wird aber nur angenommen, a) wenn die Eheschließung nicht vor dem Standesbeamten stattfindet (§ 1310 I 1); b) wenn nicht von beiden Personen, zwischen denen die Ehe zustande kommen soll, eine Ehewillenserklärung vorliegt; c) wenn es sich um Personen des gleichen Geschlechts handelt (BVerfG FamRZ 1993, 164, 168); schließlich, d) wenn von vornherein eine Eheschließung von mehr als zwei Personen versucht werden sollte (bei sukzessiv eintretender Bigamie s. § 1306).

2. Der Verstoß kann dazu führen, dass die Ehe *aufhebbar* ist, d. h. durch gerichtliche Entscheidung mit Wirkung für die Zukunft aufgelöst werden kann. Dies setzt das Vorliegen bestimmter, im Gesetz abschließend bestimmter Aufhebungsgründe voraus (§ 1314).

3. In den übrigen Fällen lässt der Verstoß gegen Eheschließungsvorschriften das Bestehen der Ehe unberührt („*Soll-Vorschriften*").

9. Die Folgen einer Eheaufhebung

Welches sind die Folgewirkungen der Aufhebung einer Ehe?

Die rechtskräftige Aufhebungsentscheidung des Familiengerichts (§ 23a I 1 Nr. 1, § 23b I GVG, §§ 111 Nr. 1, 121 Nr. 2 FamFG) löst die Ehe mit Wirkung *von nun an (ex nunc)* auf. Die Folgen der Aufhebung bestimmen sich grundsätzlich nach den Folgen einer Ehescheidung (§ 1318 I), jedoch mit wichtigen Einschränkungen (§ 1318 II–IV). Die Unterschiede zum Scheidungsfolgenrecht sollen insbesondere den redlichen Partner schützen, der die Aufhebbarkeit der Ehe bei Eheschließung nicht gekannt hat oder Opfer einer Täuschung oder Drohung geworden ist. Zugleich sollen die Interessen der gemeinsamen Kinder berücksichtigt werden (vgl. § 1318 II 2).

10. Auch Frömmigkeit kann gefährlich sein

Kunigunde Kirchgäßner und Max Mesner, die in München leben und beide katholisch sind, wollen heiraten. Sie überreden den Pfarrer ihrer Gemeinde, sie schon vor der Eheschließung vor dem Standesbeamten kirchlich zu trauen. Die standesamtliche Trauung wollen sie bei passender Gelegenheit nachholen. Dies geschieht dann doch nicht, weil sich das Paar ohnehin vor Gott und der Kirchengemeinde verbunden fühlt.
Viele Jahre später stirbt Max. Kann Kunigunde Anspruch auf eine Witwenrente aus der gesetzlichen Rentenversicherung des Max haben?

Der Anspruch auf Witwenrente setzt voraus, dass die Überlebende mit dem verstorbenen Versicherten *verheiratet* war (§ 46 I, II SGB VI). Da es sich um eine Wirkung des staatlichen Rechts handelt, ist eine nach *diesem Recht* gültige Eheschließung notwendig. Das BGB schreibt zwingend vor, dass die Erklärungen des Ehewillens vor dem Standesbeamten stattfinden (§ 1310 I 1). Das ist nicht geschehen. Die kirchliche Trauung ersetzt die standesamtliche nicht; sie bringt ausschließlich kirchenrechtliche Wirkungen hervor. Der Verstoß gegen die in § 1310 I vorgeschriebene Form führt nach staatlichem Recht zur völligen Unwirksamkeit der Eheschließung („Nichtehe"). Das Bewusstsein von Max und Kunigunde, miteinander verheiratet zu sein, ändert daran nichts.

Kunigunde hat keinen Anspruch auf Witwenrente.

---

11. Ein sehr beschränkter Ehewille

Die ledige Daisy Duck erwartet ein Kind von Gustav Gans. Gans ist mit einer Heirat einverstanden, damit das Kind ehelich ist. Jedoch will er mit Daisy nicht zusammenleben. Die beiden schließen miteinander einen Vertrag, wonach von einer Lebensgemeinschaft abgesehen werden soll und beide sich verpflichten, nach Ablauf eines Jahres bei einer einverständlichen Scheidung zusammenzuwirken. Darauf erfolgt die standesamtliche Trauung.
Leidet die Eheschließung an rechtlichen Mängeln, gegebenenfalls welchen?

Daisy und Gustav haben vor dem Standesbeamten Ehewillenserklärungen abgegeben, daher ist die Ehe geschlossen (§ 1310 I 1). Als rechtliche Mängel der Eheschließung könnte man die folgenden erwägen:

1. Möglicherweise haben Daisy und Gustav den Ehewillen einverständlich nur *zum Schein erklärt*, sodass ihre Erklärungen nach § 117 I nichtig sind. Das scheitert aber schon daran, dass § 117 auf die Eheschließung nicht anwendbar ist. Die §§ 1313 ff. sind insoweit verdrängende Sonderregeln (*leges speciales*).

2. Die Ehe wäre aufhebbar, wenn der Ehewille unter einer *Bedingung oder Zeitbestimmung* erklärt worden wäre (§ 1311 S. 2 i. V. m. § 1314 I). Doch setzt das voraus, dass die vor dem Standesbeamten kundgegebenen Ehewillenserklärungen die Bedingung oder Zeitbestimmung verlautbaren. Ihre Absprache haben indes Daisy und Gustav nur unter sich getroffen, der Standesbeamte erhielt davon keine Kenntnis. Es liegt schon deshalb keine bedingte Eheschließung vor.

3. Schließlich könnte die Ehe *nach § 1314 II Nr. 5 aufhebbar* sein. Das setzt voraus, dass sich die beiden bei der Eheschließung darüber einig waren, dass sie „keine Verpflichtung gemäß § 1353 I begründen" wollten. Nach dieser Vorschrift wird die Ehe auf Lebenszeit geschlossen, die Ehegatten sind einander zur ehelichen Lebensgemeinschaft verpflichtet und tragen füreinander Verantwortung. Unzweifelhaft genügt für das genannte „Einigsein" auch eine *insgeheim* getroffene Einigung der Eheschließenden über den Ausschluss der genannten Verpflichtungen. Für die rechtliche Beurteilung sind die einzelnen Elemente des § 1353 I zu unterscheiden:

a) Das Paar war sich einig, *keine Ehe auf Lebenszeit* zu wollen, die alsbaldige Scheidung war schon verabredet. Gleichwohl ist die Anwendung des § 1314 II Nr. 5

zweifelhaft, da das Lebenszeitprinzip des § 1353 I 1 eigentlich keine *Verpflichtung* ausspricht.

b) Das Paar war sich ferner einig, *keine Pflicht zur ehelichen Lebensgemeinschaft* begründen zu wollen. Die eheliche Lebensgemeinschaft erfordert, dass die Ehegatten ihr Leben aufeinander zuordnen, gewöhnlich auch räumlich zusammenleben. Das gerade wollen Daisy und Gustav ausdrücklich nicht.

c) Hingegen kann nicht gesagt werden, dass sich die beiden einig waren, *keine Verantwortung* füreinander tragen zu wollen. Die Eheschließung bringt Solidarpflichten wie die gegenseitige Unterhaltspflicht hervor, die auch bei einer Scheidung noch nachwirken.

Es ist nun die Frage, auf welches Element sich das genannte Einigsein beziehen muss. Dass im Gesetz von „Verpflichtung" die Rede ist, spricht für die unter b) genannte Pflicht. Dann wären die Voraussetzungen des § 1314 II Nr. 5 erfüllt. Es kann aber überlegt werden, ob der Gesetzgeber in § 1314 II Nr. 5 Fälle wie den obigen überhaupt erfassen wollte oder ob die Vorschrift nur auf diejenigen Ehen zielt, die ausschließlich wegen einer Aufenthaltserlaubnis für einen ausländischen Partner geschlossen werden. Die Bekämpfung von Eheschließungen, die lediglich um bestimmter Vorteile des Aufenthaltsrechts willen geschlossen werden, ist nach der Entstehungsgeschichte das Hauptziel der Regelung gewesen. Diese Frage kann kontrovers diskutiert werden.

d) *Bejaht man die Voraussetzungen des § 1314 II Nr. 5,* so ist die Ehe aufhebbar; der Aufhebungsantrag kann von jedem Ehegatten und von der zuständigen Verwaltungsbehörde gestellt werden (§ 1316 I Nr. 1).

---

12. Irren ist menschlich

Berta erwartet ein Kind. Sie ist fest überzeugt, dass ihr Lebensgefährte Anton der Vater des Kindes ist, obwohl sie in der fraglichen Zeit auch mit Carl ein Liebesverhältnis unterhielt. Berta teilt dem Anton das bevorstehende freudige Ereignis mit, worauf dieser meint, sie sollten unter diesen Umständen sogleich heiraten.
Nach der Eheschließung und der Geburt des Kindes kommen Anton Zweifel an seiner Vaterschaft. Ein genetisches Gutachten ergibt, dass Anton nicht der Vater sein kann. Er möchte sich von der Ehe lösen.
Welche rechtlichen Möglichkeiten stehen zur Verfügung?

1. Die Ehe könnte nach § 1314 II Nr. 3 aufhebbar sein, wenn Berta den Anton zur Eingehung der Ehe durch *arglistige Täuschung* über solche Umstände bestimmt hat, die ihn bei Kenntnis der Sachlage und richtiger Würdigung des Wesens der Ehe von einer Heirat mit Berta abgehalten hätten.

a) Eine *aktive Täuschung* hat Berta nicht begangen, weil sie, als sie Anton als Vater des erwarteten Kindes ansprach, von der Richtigkeit dieser Tatsache überzeugt war.

b) Zu erwägen wäre aber eine Täuschung durch *vorsätzlich-pflichtwidriges Verschweigen* einer für den Heiratsentschluss Antons wichtigen Tatsache. Nach h. M. kann eine arglistige Täuschung (wie auch im Rahmen des § 123) nicht nur durch aktive

Erzeugung einer Fehlvorstellung, sondern auch durch Verschweigen von Tatsachen begangen werden, wenn nach Treu und Glauben eine Pflicht zur Offenbarung begründet werden kann. Hier hätte Berta den Anton darüber informieren können, dass auch Carl als Vater in Betracht kam. Da sie wusste, dass die Annahme eigener Vaterschaft für Antons Heiratsentschluss ausschlaggebend war, hätte sie ihn über diesen Umstand informieren müssen. Daher kann Anton die Aufhebung der Ehe beim Familiengericht beantragen (§ 1316 I Nr. 2).

2. Stattdessen kann Anton auch ein *Scheidungsverfahren* betreiben. Voraussetzung ist, dass die Ehe gemäß § 1565 I gescheitert, d. h. das eheliche Verhältnis unheilbar zerstört ist. Fraglich ist, ob Anton eine Scheidung erreichen kann, ohne das einjährige Getrenntleben abzuwarten (§ 1565 II). Das ist dann der Fall, wenn die Fortsetzung der Ehe aus Gründen, die in der Person Bertas liegen, für Anton eine unzumutbare Härte bedeuten würde. Als Härtegrund kommt hier die Tatsache in Betracht, dass Berta ein Kind von einem anderen Mann hat. Das allein lässt die Fortsetzung der Ehe aber kaum als unzumutbar erscheinen, zumal Anton ja die Möglichkeit hat, durch Anfechtung seiner Vaterschaft die Verhältnisse zu klären (§ 1600). Als Härtegrund könnte man auch den Umstand erwägen, dass Berta den Anton pflichtwidrig über eine mögliche Vaterschaft des Carl nicht aufgeklärt hat. Doch lag dieses Verhalten *vor* der Eheschließung. Der Regelungszusammenhang spricht dafür, bei § 1565 II nur solche Umstände zu berücksichtigen, die sich *nach* der Eheschließung ergeben.

13. Eine frühe Heirat

Die 15-jährige, schon reifer aussehende Barbara und der 18-jährige Josef heiraten vor dem zuständigen Standesbeamten. Dabei hat Barbara dem Standesbeamten gefälschte Papiere vorgelegt, die sie als 18-jährig ausweisen. Barbaras Eltern wissen von alldem nichts.
Unter welchen Mängeln leidet die Eheschließung? Wer könnte diese Mängel geltend machen?

1. Wer *geschäftsunfähig* ist, kann eine Ehe nicht eingehen (§ 1304). Ein Verstoß gegen diese Vorschrift liegt jedoch nicht vor, da Barbara nicht geschäftsunfähig, sondern beschränkt geschäftsfähig ist (§§ 2, 106).

2. Hingegen wurde gegen die Vorschrift des § 1303 I verstoßen, wonach eine Ehe *nicht vor Eintritt der Volljährigkeit* eingegangen werden soll. Eine Befreiung von diesem Erfordernis nach § 1303 II wurde nicht erteilt und wäre auch nicht zulässig, da Barbara noch nicht das 16. Lebensjahr vollendet hat. Folge des Verstoßes ist die Aufhebbarkeit der Ehe (§ 1314 I).

3. *Berechtigt, die Aufhebung der Ehe zu beantragen* sind jeder Ehegatte und die zuständige Verwaltungsbehörde (§ 1316 I Nr. 1 S. 1). Auch die 15-jährige Barbara selbst könnte die Aufhebung beantragen und bedürfte dazu nicht der Zustimmung ihrer sorgeberechtigten Eltern (§ 1316 II 2). Nicht antragsberechtigt sind nach dem Wortlaut des Gesetzes merkwürdigerweise die Eltern Barbaras, obwohl sie das Sorgerecht für sie ausüben und in dieser Rechtsstellung übergangen worden sind; die

Eltern wären nur dann in Barbaras Namen antragsbefugt, wenn Barbara geschäfts-unfähig wäre und somit ein Verstoß gegen § 1304 vorläge (§ 1316 II 1).

3. Wirkungen der Ehe im Allgemeinen

14. Ein Steuerstreit

In der Ehe der Weihrauchs kriselt es, häufig kommt es zu Auseinanderset-zungen. Herr Weihrauch hat die Einkommensteuererklärung für das Vorjahr fertig gestellt und bittet seine nicht erwerbstätige Frau, die Erklärung mit zu unterschreiben, damit das Ehepaar zu dem günstigen Splitting-Tarif zusam-men veranlagt werden kann (§§ 26, 26b EStG). Frau Weihrauch weigert sich; mit den Steuern ihres Mannes wolle sie nichts zu tun haben.
Kann Herr Weihrauch von seiner Frau die Mitwirkung an der Steuererklärung verlangen?

Ehegatten sind einander zur *ehelichen Lebensgemeinschaft* verpflichtet (§ 1353 I 2). Dazu gehört auch die Pflicht, einander beizustehen und gegenseitig auf die berech-tigten Interessen des anderen Rücksicht zu nehmen. Daraus leitet die Rechtspre-chung auch die Pflicht eines Ehegatten her, bei einer steuerlich günstigen Gestaltung mitzuwirken, wenn diesem Ehegatten dadurch keine Nachteile erwachsen oder wenn der andere bereit ist, etwaige Nachteile auszugleichen. Im vorliegenden Fall ist nicht zu sehen, welche Nachteile der Ehefrau durch die Zusammenveranlagung erwachsen; die Zusammenveranlagung wird das Nettoeinkommen der Familie erhöhen. Sie ist daher zur Mitwirkung verpflichtet (vgl. BGH FamRZ 2002, 1024; 2007, 1229). Da es sich um eine wirtschaftliche Pflicht handelt, kann die Zustimmung bei Gericht mit einem Leistungsantrag eingefordert werden.

15. Ein diskreter Ehegatte

Die Eheleute Vorndran haben Gütertrennung vereinbart. Herr Vorndran wird Alleinerbe seines Onkels Franz. Zum Nachlass gehören hauptsächlich ein Baugrundstück in München im Wert von 400.000 EUR und ein Aktiendepot im Werte von 300.000 EUR. Von seiner Ehefrau befragt, was er denn geerbt habe, äußert sich Herr Vorndran, der zurzeit ein intensives Liebesverhältnis mit seiner Golflehrerin unterhält, recht unklar: Viel sei das nicht gewesen und außerdem sei das seine Sache.
Kann Frau Vorndran von ihrem Mann Auskunft über den Bestand des Nach-lasses verlangen?

1. In Betracht kommt ein *Auskunftsanspruch aus dem ehelichen Güterrecht*, z. B. ein Auskunftsanspruch aus § 1379 I. Dieser scheitert jedoch schon daran, dass die Ehegatten nicht im gesetzlichen Güterstand leben, vielmehr Gütertrennung verein-bart haben. Im Güterstand der Gütertrennung sind die Vermögen der beiden Ehegatten in keiner Weise aufeinander zugeordnet. Es gibt auch keine gegenseitigen güterrechtlichen Auskunftsansprüche über den Vermögensstand.

2. In Betracht käme eine *Auskunftspflicht nach § 1605*, wonach Verwandte in gerader Linie einander verpflichtet sind, über ihre Einkünfte und ihr Vermögen Auskunft zu erteilen, soweit dies zur Feststellung eines Unterhaltsanspruchs erforderlich ist. Doch bezieht sich diese Vorschrift auf Unterhaltspflichten *unter Verwandten*. Im Verhältnis der Eheleute Vorndran handelt es sich hingegen um die auf der Ehe beruhende Leistung von *Familienunterhalt* nach § 1360. Bei dieser Unterhaltspflicht ist ein gegenseitiger Auskunftsanspruch nicht vorgesehen; § 1360a III, der auf bestimmte Vorschriften des Verwandtenunterhalts verweist, nennt § 1605 gerade *nicht*. Etwas anderes würde gelten, wenn sich die Eheleute trennen würden; mit der Trennung wäre der Weg zu einem Auskunftsanspruch zur Feststellung der Unterhaltsverpflichtung zwischen den Ehegatten frei, weil § 1361 IV 4 ausdrücklich auf § 1605 verweist.

3. Eine Pflicht zur *Unterrichtung des anderen Ehegatten über das eigene Vermögen* kann sich aber aus *§ 1353 I 2* ergeben. Die Pflicht zur ehelichen Lebensgemeinschaft umfasst die gegenseitige Pflicht zum partnerschaftlichen Umgang miteinander und zur gegenseitigen Rücksichtnahme. Frau Vorndran hat durchaus ein verständliches Interesse daran, die finanzielle Situation ihres Mannes wenigsten in groben Umrissen zu kennen; denn diese kann für wichtige familiäre Entscheidungen von Bedeutung sein. Deshalb erlegt die Rechtsprechung den Ehegatten die Pflicht auf, sich gegenseitig über ihre Einkommens- und Vermögensverhältnisse *in großen Zügen zu unterrichten* (OLG Karlsruhe FamRZ 1990, 161; OLG Düsseldorf FamRZ 1990, 46). Dies gilt unabhängig vom Güterstand. Freilich begründet die aus § 1353 I 2 hergeleitete Unterrichtungspflicht keinen echten, erzwingbaren Auskunftsanspruch; die Erfüllung der Pflicht könnte höchstens mit einem Antrag auf Herstellung des ehelichen Lebens verfolgt werden, aus der aber nicht vollstreckt werden könnte (§ 120 III FamFG).

Eine Sanktion der Unterrichtungspflicht aus § 1353 I 2 sieht das gesetzliche Güterrecht vor: Der Ehegatte, dem der andere eine solche Information beharrlich verweigert, hat im gesetzlichen Güterstand das Recht, vorzeitigen Zugewinnausgleich zu verlangen (§ 1385 Nr. 4). Das nutzt in unserem Fall der Ehefrau nichts, da Gütertrennung vereinbart ist.

16. Ein eifersüchtiger Ehemann

Friedrich ist auf seine tüchtige Ehefrau Frieda eifersüchtig. Diese hat es in einem Warenhaus zur Chefeinkäuferin für Damenmode gebracht und verdient wesentlich mehr als ihr Ehemann, der als Kaufhausdetektiv tätig ist. Außerdem verdächtigt Friedrich seine Frau, ein Verhältnis mit Direktor Dünzel angefangen zu haben. Er schreibt an den Arbeitgeber seiner Frau einen Brief, in dem er wider besseres Wissen behauptet, seine Frau nehme geheime Geschäftsunterlagen mit nach Hause und spiele sie gegen Geld der Konkurrenz zu. Aufgrund dieser Beschuldigungen wird Frau Frieda entlassen. Sie trennt sich von ihrem Mann und verlangt von ihm Schadensersatz. Mit Recht?

1. Friedrich hat durch seine vorsätzlich falsche Behauptung auf gröbste Weise gegen die eheliche Pflicht zur gegenseitigen Rücksicht und zur gegenseitigen Verantwortung (§ 1353 I 2) verstoßen. Doch kann die *Verletzung persönlicher Ehepflichten*

keine Schadensersatzpflichten begründen, weil dieser Bereich vom Rechtszwang möglichst frei gehalten soll (arg. § 120 III FamFG). Somit kommen auch schuldrechtliche Anspruchsgrundlagen wie § 280 I i. V. m. § 241 II (positive Forderungsverletzung) nicht zum Zug.

2. Ein Anspruch kommt hingegen aus *Deliktsrecht* in Frage, das grundsätzlich auch unter Ehegatten anwendbar ist.

a) Im konkreten Fall kommen die Anspruchsnormen des § 823 I (Verletzung der Ehre), des § 823 II i. V. m. § 187 StGB (Verletzung eines Schutzgesetzes, Verleumdung), des § 824 (Kreditgefährdung) und des § 826 (vorsätzlich-sittenwidrige Schädigung) zum Zuge.

b) Bei Schadensersatzansprüchen unter Ehegatten ist zu prüfen, ob das Gebot der gegenseitigen Rücksichtnahme (§ 1353 I 2) nicht im Einzelfall die Geltendmachung unzulässig macht (unzulässige Rechtsausübung, § 242). Dafür spricht im vorliegenden Falle nichts: Friedrich hat seiner Frau gegenüber ein derart grobes Unrecht begangen, dass auch aus dem Gedanken der ehelichen Gemeinschaft kein Gebot zur Schonung abgeleitet werden kann.

c) *Ergebnis:* Frieda kann von Friedrich aus unerlaubter Handlung Ersatz des durch die falschen Beschuldigungen entstehenden Schadens verlangen.

---

17. HI-ART

Nach längerem Hausfrauendasein in der Vorortvilla in R. möchte Mathilde Hingerl auch etwas Eigenes haben. Speziell hat sie an den Betrieb einer Kunstgalerie gedacht. Ihr Ehemann Kasimir Hingerl ist recht vermögend; auf nachhaltige Bitten Mathildes vermietet er ihr schließlich Geschäftsräume in einem ihm gehörigen Altstadthaus zum sehr günstigen Preis von 300 EUR monatlich. Das Mietverhältnis soll laut Vertrag von beiden Seiten spätestens am dritten Werktag eines Kalendervierteljahres zum Ablauf des nächsten Kalendervierteljahrs gekündigt werden können.

Frau Hingerl eröffnet die Galerie „HI-ART", die zwar keine Gewinne abwirft, aber als intellektueller Treffpunkt der Stadt Furore macht. Herr Hingerl ist von dem wachsenden gesellschaftlichen Betrieb nicht begeistert. Auch ist er auf die Rolle neidisch, die seine Frau als Mittelpunkt des städtischen Kunstlebens spielt. Eines Tages kündigt er den Mietvertrag fristgerecht zum folgenden 1. Januar. Frau Hingerl ist entsetzt, da gleichwertige Räumlichkeiten in der Stadt kaum zu finden sind.

Wie ist die Kündigung rechtlich zu beurteilen?

a) Die Geschäftsräume sind *fristgerecht gekündigt*. Frau Hingerl muss sie an sich zum 1. Januar räumen (§ 546 I).

b) Es fragt sich jedoch, ob Herr Hingerl mit der Kündigung nicht gegen die *eheliche Pflicht auf gegenseitige Rücksichtnahme* (§ 1353 I 2) verstieß. Das könnte zur Folge haben, dass die Kündigung unwirksam ist oder dass ihr der Einwand der unzulässigen Rechtsausübung entgegensteht (§ 242). Dass sich Herr Hingerl rücksichtslos verhält, lässt sich aus folgenden Umständen begründen: Er benötigt die Räume nicht für andere Zwecke oder aus finanziellen Gründen. Die Kündigung hat den alleinigen Sinn, aus persönlichen Motiven die berufliche und gesellschaftliche Entfaltung seiner Frau zu beenden. Dies steht zudem im Widerspruch zu seinem vorausgegangenen Verhalten (*venire contra factum proprium*). Zumindest muss Herr Hingerl die Räume seiner Frau so lange überlassen, bis sie einen geeigneten Ersatz gefunden hat (vgl. auch den Fall OLG Düsseldorf FamRZ 1988, 1053 – Arztpraxis).

18. Holzauge klärt auf

Tina und Uwe sind seit einigen Jahren miteinander verheiratet. Uwe ist außerdem mit seiner Arbeitskollegin Veronika liiert; er trifft sich mit ihr häufiger in ihrer Wohnung. Tina weiß davon nichts. Sie glaubt zunächst an die außergewöhnlichen beruflichen Belastungen, mit der ihr Mann seine späte Heimkehr zu begründen pflegt. Dann wird sie misstrauisch und beauftragt die Detektei „Holzauge" mit Nachforschungen, die Tina alsbald schonungslos über die Beziehung ihres Mannes unterrichtet.
Tina verlangt von ihrem Mann, weitere Zusammenkünfte mit Veronika zu unterlassen. Mit Recht?

1. Durch die sexuelle Untreue und die Täuschung begeht Uwe Kerner eine schwere Verletzung der Ehepflichten. In Betracht kommt ein *Antrag auf Herstellung der ehelichen Lebensgemeinschaft* (§ 1353 I 2, § 266 I Nr. 2 FamFG), mit der die Verletzung einzelner Ehepflichten verfolgt werden kann. Doch ist schon fraglich, ob für einen solchen Antrag ein Rechtsschutzbedürfnis gegeben ist. Dabei ist zu berücksichtigen, dass aus einem Gerichtsbeschluss zur Herstellung des ehelichen Lebens ohnehin nicht vollstreckt werden könnte (§ 120 III FamFG); auch spielt in einem möglichen Scheidungsverfahren die Feststellung des Ehebruchs keine entscheidende Rolle.

2. Weitere Ansprüche kommen nicht in Frage. Insbesondere scheiden Ansprüche aus *Deliktsrecht* und ein *Unterlassungsanspruch analog § 1004 I 2* aus. Zwar ist es vertretbar, die eheliche Gemeinschaft als deliktisch geschütztes Rechtsgut anzusehen. Doch können die Ehegatten daraus im Verhältnis zueinander keine Ansprüche herleiten, weil sie innerhalb des geschützten Bereiches stehen. Die Zuerkennung deliktischer oder negatorischer Ansprüche würde auch dem Zweck des § 120 III FamFG widersprechen, die persönliche Ehesphäre von unmittelbarem Rechtszwang freizuhalten.

19. Ist die Katze aus dem Haus …

Emmy, Angestellte in einer Möbelfabrik in Nürnberg, befindet sich auf Wunsch ihres Arbeitgebers für eine Woche in Düsseldorf aus Anlass einer Möbelmesse. Ihr Ehemann Fritz, der in Nürnberg zurückbleibt, lernt beim Dämmerschoppen in einer Brauereigaststätte die Designerin Wanda kennen und verliebt sich in sie. Auch Wanda hat Feuer gefangen, obwohl ihr Fritz alsbald offenbart, dass er verheiratet ist. Die beiden verbringen idyllische Tage in der Ehewohnung von Emmy und Fritz. Dort werden sie schließlich von

Emmy, die einen Tag früher als geplant zurückkehrt, in flagranti angetroffen. Emmy packt sogleich ihre Koffer und begibt sich zu ihren Eltern.
Emmy verlangt von Wanda:
1. **sich aus der ehelichen Wohnung zu entfernen;**
2. **künftig das Betreten der Wohnung zu unterlassen.**

Zu Frage 1: Entfernung aus der ehelichen Wohnung

1. Der Anspruch könnte aus § 823 I i. V. m. § 249 S. 1 (Naturalrestitution) wegen Verletzung des Rechts am räumlich-gegenständlichen Bereich der Ehe begründet sein.

a) Wanda müsste eine absolut geschützte Rechtsposition Emmys verletzt haben. Als solche Position kommt das Recht jedes Ehegatten auf *Schutz des räumlich-gegenständlichen Lebensbereichs der Ehe* in Betracht (BGHZ 6, 360; 37, 88), das im Persönlichkeitsrecht der Ehegatten wurzelt. Wanda stört diesen Schutzbereich durch ihren Aufenthalt in der Wohnung als dem höchstpersönlichen Lebensraum der Ehefrau und durch die dort gepflogenen ehewidrigen Beziehungen.

b) Die Rechtsverletzung könnte durch die *Einwilligung des Ehemannes* gerechtfertigt sein. Doch beseitigt die Zustimmung des Mannes die Widerrechtlichkeit nicht, da dieser über die Persönlichkeitsrechte seiner Frau nicht bestimmen kann.

c) Auch handelt Wanda *vorsätzlich,* da sie weiß, dass ihr Geliebter verheiratet ist und es sich um die Ehewohnung handelt.

d) Somit ist Wanda gegenüber Emmy zum *Schadensersatz* verpflichtet. Sie hat gemäß § 249 I den Zustand herzustellen, der ohne das schadenstiftende Ereignis bestehen würde; dies kann nur durch Verlassen der Wohnung geschehen.

2. Der Anspruch könnte sich zudem aus *§ 823 I i. V. m. § 249 S. 1* (Naturalrestitution) *wegen Verletzung des Besitzes* ergeben.

a) Nach h. M. stellt auch der *Besitz* eine nach § 823 I geschützte Position dar. Weithin wird dies für den berechtigten Besitz angenommen, folglich auch für den berechtigten Mitbesitz. Aus § 1353 I ergibt sich, dass jeder Ehegatte unabhängig von der dinglichen oder mietrechtlichen Lage berechtigter Mitbesitzer der Ehewohnung ist.

b) Frage ist, ob Wanda Emmys *Mitbesitz stört,* solange Emmy nicht gehindert wird, die Wohnung zu betreten und zu benutzen. Doch schränkt bereits die Anwesenheit einer dritten Person in der Wohnung die Nutzungsmöglichkeiten des Mitbesitzers ein.

c) Zu prüfen ist, ob Wanda ein Rechtfertigungsgrund zur Seite steht, weil sie sich mit *Einwilligung* des Ehemannes in der Wohnung aufhält. Das ist zu verneinen. Der Mitbesitz der Ehegatten an der Wohnung als ihrem privaten Lebensbereich ist gemeinschaftlicher Natur, so dass die Eheleute nur zusammen über den Zutritt Dritter bestimmen können.

d) Wanda handelte, wie gezeigt, vorsätzlich.

e) Also ist sie auch unter diesem Gesichtspunkt verpflichtet, die Wohnung zu verlassen (§ 249 I).

3. Der Anspruch auf Verlassen der Wohnung könnte sich auch aus *§ 1004 I 1 (analog)* ergeben.

a) Zwar liegt keine Eigentumsverletzung vor, wie § 1004 I 1 voraussetzt. Doch kommen die Schutzansprüche des § 1004 I nach gefestigter Rechtsmeinung in rechtsanaloger Ausdehnung *allen deliktisch geschützten Positionen* zugute, also auch dem Recht auf Schutz des räumlich-gegenständlichen Ehebereichs und des berechtigten Besitzes.

b) Diese Schutzpositionen *beeinträchtigt* Wanda durch ihr Verweilen in der Wohnung. Durch ihr Verhalten ist sie als Störerin anzusehen.

c) Der Anspruch besteht nicht, wenn Emmy *zur Duldung* des Aufenthalts von Wanda in der Wohnung *verpflichtet* ist (§ 1004 II). Doch ist für eine solche Duldungspflicht kein Rechtsgrund ersichtlich.

d) Somit kann Emmy auch aus § 1004 I 1 von Wanda die *Beseitigung der Beeinträchtigung,* also das Verlassen der Ehewohnung verlangen.

4. Schließlich kommt ein possessorischer Beseitigungsanspruch nach § 862 I 1 in Frage.

a) Eine *Störung ihres Mitbesitzes* ist, wie gezeigt, gegeben.

b) Es ist aber zu fragen, ob Wanda *verbotene Eigenmacht* (§ 858 I) beging, nachdem sie sich mit Willen des Ehemannes in der Wohnung aufhält. Doch kommt es auf den Willen des gestörten Mitbesitzers, also der Ehefrau an. Man könnte überlegen ob der possessorische Besitzschutz hier aus dem Rechtsgedanken des § 866 ausscheidet, weil es letztlich um eine Auseinandersetzungen unter den Mitbesitzern um die Art des ihnen gestatteten Gebrauchs geht. Diese Frage kann in obigem Fall pro und contra diskutiert werden.

c) Sieht man in Wandas Verhalten eine verbotene Eigenmacht, so kann Emmy von ihr auch aus § 862 I 1 Beseitigung der Beeinträchtigung ihres Mitbesitzes verlangen, mithin das Verlassen der Wohnung.

Zu Frage 2: Anspruch auf Unterlassung künftigen Betretens der Wohnung

1. Der Anspruch könnte aus *§ 1004 I 2 (analog)* begründet sein.

a) Zwar gibt die Norm einen Unterlassungsanspruch bei Beeinträchtigung des Eigentums, doch wird auch sie im Wege der Rechtsanalogie zum Schutz aller deliktisch geschützten Rechtsgüter angewendet. Als solche kommen hier, wie gezeigt, das Recht am räumlich-gegenständlichen Lebensbereich der Ehe sowie der berechtigte Mitbesitz in Frage.

b) Durch ihren Aufenthalt in der Wohnung zum Zweck ehewidriger Beziehungen *beeinträchtigt* Wanda diese Rechte; sie ist als Störerin anzusehen.

c) Da das Liebesverhältnis zwischen dem Ehemann und Wanda nicht beendet ist, sind auch weitere Beeinträchtigungen zu besorgen (*Wiederholungsgefahr*).

d) Die Ehefrau ist auch nicht verpflichtet, die Anwesenheit ihrer Rivalin in der Ehewohnung zu *dulden* (§ 1004 II).

15

e) Folglich kann Emmy von Wanda verlangen, künftiges Betreten der Ehewohnung zu unterlassen.

2. Ein Unterlassungsanspruch könnte schließlich aus § 862 I 2 begründet sein. Es ergeben sich die gleichen Fragen wie bei Frage 1 unter 4).

Ergebnis zu Frage 1) und 2): Beide Begehren sind begründet. Soweit die Ansprüche aus mehreren Anspruchsnormen hergeleitet werden können, besteht Anspruchsnormenkonkurrenz, da keine Anspruchsgrundlage als die speziellere angesehen werden kann.

Verfahrensrecht: Ob für Rechtsstreitigkeiten dieser Art die Familiengerichte zuständig sind, ist nicht eindeutig geregelt. Das Familiengericht ist zuständig, wenn es sich nach § 266 I Nr. 2 FamFG um „aus der Ehe herrührende Ansprüche" und damit um eine „sonstige Familiensache" handelt. Dafür spricht der sachliche Zusammenhang, dagegen aber die deliktische oder quasideliktische Rechtsgrundlage.

20. Familie und Beruf

Paula und Paul heiraten. Kinder sind zunächst nicht geplant. Doch sind sich beide einig, dass Paula nach der Eheschließung ihren Beruf als Bauzeichnerin nicht mehr ausüben soll, da sie den Haushalt führen und die gesellschaftlichen Kontakte pflegen soll, während Paul als Investmentberater gut verdient. Nach zwei Jahren merkt Paula, dass dieses Leben sie nicht ausfüllt. Sie möchte wieder berufstätig werden. Von dieser Idee ist Paul nicht begeistert und verweist auf die getroffene Vereinbarung.

1. Bedarf Paula der Zustimmung Pauls zum Abschluss eines Arbeitsvertrages?
2. Ist Paula im Verhältnis zu Paul an die Vereinbarung gebunden?

Zu Frage 1:

Das Einvernehmen der Ehegatten darüber, wer von ihnen den Haushalt führt und wer erwerbtätig ist (§ 1356 I 1), entfaltet keine Außenwirkung. Paula kann also wirksam auch solche Dienstverträge schließen, die im Gegensatz zu den ehelichen Absprachen stehen.

Zu Frage 2:

Die Frage ist *umstritten*.

– Nach verbreiteter Rechtsauffassung handelt es sich bei dem Einvernehmen der Ehegatten über die Haushaltführung um einen *bindenden Vertrag*. Demnach könnte eine Partei vom Einvernehmen nur Abstand nehmen, wenn dafür ein Rechtsgrund nach allgemeiner Vertragslehre gegeben ist. Das ist hier zweifelhaft. Eine schwerwiegende Änderung der Geschäftsgrundlage (§ 313 I) wird man in dem einseitigen Umdenken von Paula kaum sehen können. Auch haben sich keine wesentlichen Vorstellungen, die zur Grundlage des Vertrags geworden sind, als falsch herausgestellt (§ 313 II).

– Nach anderer (m. E. richtiger) Auffassung handelt es sich bei dem Einvernehmen nicht um einen verpflichtenden Vertrag, sondern um eine *situationsabhängige Einigung*, die auch *einseitig aufgekündigt* werden kann. Dabei kommen aber für beide

Ehegatten die allgemeinen Ehepflichten auf gegenseitige Rücksicht zum Tragen: Die Parteien sind verpflichtet, eine neue, für beide Teile tragbare Einigung zu finden. Dabei hat Paula auf das Vertrauen Pauls auf die Verwirklichung des gemeinsam geplanten Ehelebens Rücksicht zu nehmen, Paul hingegen auf die verständlichen Entfaltungswünsche seiner Frau. Ein bestimmtes Ergebnis sieht das objektive Recht nicht vor, es herrscht die Autonomie der Ehegatten. Pflichtwidrig handelt indes, wer rücksichtslos seinen Standpunkt durchsetzen will. Eine Bindung im Sinne eines zwangsweise durchsetzbaren Rechts ergibt sich aber auch aus diesem Gesichtspunkt nicht. Wenn sich Paula pflichtwidrig verhält, könnte Paul allenfalls einen Antrag auf Herstellung des ehelichen Lebens stellen (§ 1353 I 2 i. V. m. § 266 Nr. 2 FamFG); doch könnte aus einer solchen Entscheidung nicht vollstreckt werden (§ 120 III FamFG).

> **21. Das Leben auf dem Lande**
>
> Adelgunde und Boris, die beide in München arbeiten, heiraten. Sie geben ihre Junggesellen-Appartements auf und mieten eine Wohnung in einem Dorf 30 km nördlich der bayerischen Landeshauptstadt, weil in München die Wohnungsmieten außerordentlich hoch sind. Schon nach einigen Monaten gefällt es Boris auf dem Lande nicht mehr, die tägliche Fahrt nach München ist ihm auch zu anstrengend. Adelgunde hingegen fühlt sich auf dem Dorf ausgesprochen wohl. Auch als Boris eine kleinere Wohnung in München ausfindig macht, deren Miete für ihre Verhältnisse tragbar erscheint, lehnt sie einen Ortswechsel nach München ab.
> Boris wendet sich an das Familiengericht; dieses solle Adelgunde anweisen, mit ihm nach München zu ziehen. Was wird das Gericht tun?

Das Gericht kann Boris nicht helfen.

1. Die Ehe verpflichtet zu *gleichberechtigter Partnerschaft* und *gegenseitiger Rücksicht*. Das schließt das Bemühen um eine einvernehmliche Gestaltung des Ehelebens ein. Können sich die Ehegatten gleichwohl in einer Angelegenheit nicht einigen, so kommt es dem Staat nach heutigem Verständnis nicht zu, sich einzumischen – die Sache bleibt unentschieden, bis sich die Ehegatten geeinigt haben oder die Ehe an den Differenzen zerbricht. Ganz anders wäre die Lage, wenn es um einen Streit in Angelegenheiten der Kindessorge ginge (siehe § 1628).

2. Man könnte überlegen, ob Boris einen Antrag auf *Herstellung der ehelichen Lebensgemeinschaft* (§ 1353 I 2, § 266 I Nr. 2 FamFG) gegen Adelgunde erheben könnte. Als Grund könnte er geltend machen, seine Frau verweigere rücksichtslos den zumutbaren Umzug an einen geeigneteren Wohnort. Doch verweigert Adelgunde die eheliche Lebensgemeinschaft keineswegs. Auch liegt allein in der Tatsache, dass sie bei einem Interessenkonflikt ihre eigenen Interessen verfolgt, noch keine Rücksichtslosigkeit, die einen Verstoß gegen Ehepflichten bedeuten würde. Schließlich würde die Herstellungsklage, selbst wenn das Gericht das Rechtsschutzinteresse und die Begründetheit bejahen würde, wenig helfen, da aus dem Urteil nicht vollstreckt werden kann (§ 120 III FamFG).

22. Das unwillkommene Stiefkind

Hans und Franziska waren miteinander verheiratet. Die Ehe wurde geschieden. Aus der Ehe stammt der Sohn Ferdinand, der seit der Trennung bei seiner Mutter lebt. Die elterliche Sorge üben beide Eltern weiterhin gemeinsam aus.

Später heiratet Hans die Grete. Aus dieser Ehe ging die Tochter Beate hervor. Hans und Grete wohnen mit ihrer Tochter in einem Einfamilienhaus, das Grete von ihren Eltern geschenkt bekommen hat.

Nunmehr stirbt Franziska. Die elterliche Sorge für den inzwischen zehnjährigen Ferdinand liegt nun bei Hans (§ 1680 I). Dieser möchte seinen Sohn in das Einfamilienhaus aufnehmen. Damit ist Grete nicht einverstanden. Ist sie verpflichtet, der Aufnahme des Ferdinand in das Familienheim zuzustimmen?

1. An sich ist Grete nicht verpflichtet, sich um das Wohl von Ferdinand zu kümmern und ihn bei sich aufzunehmen: Es handelt sich nicht um ihr eigenes Kind.

2. Etwas anderes könnte sich aus ihren *ehelichen Pflichten* (§ 1353 I 2) ergeben. Hans hat seiner Frau gegenüber das Recht auf Mitbenutzung der Ehewohnung, auch wenn das Haus ihr allein gehört. Darüber hinaus sind die Ehegatten einander zur gegenseitigen Rücksicht und zum Beistand auch in wichtigen Lebensbereichen des jeweiligen Partners verpflichtet. Grete weiß, dass ihr Mann seinen Sohn in die neue Familie aufnehmen muss, wenn Ferdinand nicht in fremde Hände gegeben werden soll. Sie muss auch Verständnis für den Wunsch ihres Mannes haben, seinen Sohn persönlich zu erziehen. Es sind auch keine Umstände erkennbar, welche die Aufnahme des Sohnes für Grete unzumutbar machen würden (unzureichender Wohnraum; Gründe in der Person des Ferdinand). Also ist sie nach § 1353 I 2 verpflichtet, der Aufnahme des Ferdinand in das Haus und die Familiengemeinschaft zuzustimmen.

Erzwingen kann Hans dies jedoch nicht (§ 120 III FamFG). Kommt es über den Konflikt zu einer Trennung der Eheleute, so könnte er freilich versuchen, aufgrund § 1361b eine gerichtliche Zuweisung des Hauses oder eines Teiles davon an sich zu erreichen. Hat er damit Erfolg, so könnte er in die ihm zugewiesenen Räume auch seinen Sohn aufnehmen.

23. Ein Näheverhältnis

Max ist Inhaber eines Lebensmittelgeschäfts, in dem seine Frau Nora mitarbeitet und das sie mit aufgebaut hat. Max beschäftigt im Betrieb ferner u. a. die ledige Waltraut. Nora überrascht ihren Mann und Waltraut eines Tages beim Austausch von eindeutigen Zärtlichkeiten im Vorratslager des Geschäfts. Nora verlangt von ihrem Mann, dass er das Arbeitsverhältnis mit Waltraut baldmöglichst beende.
Mit Recht?

Der Anspruch auf Entfernung der Geliebten aus dem Betrieb könnte sich aus *§ 823 I i. V. m. § 249 I* (Naturalrestitution) oder aus *§ 1004 I 1* analog ergeben.

a) Voraussetzung ist die Verletzung bzw. Beeinträchtigung eines absolut geschützten Rechts. Als solches kommt hier nur das *Recht am räumlich-gegenständlichen Bereich der Ehe* in Betracht, der nach der Rechtsprechung auch im Verhältnis unter den Ehegatten selbst einen deliktischen Schutzbereich bildet.

b) Die Frage ist hier aber, ob der *Betrieb*, in dem die Ehefrau mitarbeitet, zum räumlich-gegenständlichen Bereich der Ehe gehört. Eheleben und Berufstätigkeit sind nach heutigem Verständnis an sich getrennte Bereiche. Doch kann die Zusammenarbeit der Eheleute in einem kleinen Betrieb derart mit dem Eheleben verschmelzen, dass auch die Geschäftsräume zum räumlich-gegenständlichen Bereich der Ehe zu zählen sind. Jedenfalls ist es für die Ehefrau schwer erträglich, ihrer Rivalin täglich im Laden begegnen zu müssen, den sie selbst mit aufgebaut hat und der ihren sozialen Entfaltungsraum bildet.

c) *Ergebnis:* Der Anspruch ist begründet.

Information: Der Fall ist gebildet nach OLG Köln FamRZ 1984, 267. Zur Einbeziehung der Geschäftsräume in den räumlich-gegenständlichen Bereich der Ehe siehe ferner BGHZ 35, 302, 304 = FamRZ 1961, 432, 434; OLG Celle FamRZ 1963, 295.

24. Die verletzte Hausfrau

Beate Hummel führt für ihre Familie den Haushalt. Eines Tages wird sie in der Fußgängerzone von dem rücksichtslos und mit hoher Geschwindigkeit daher rasenden Fahrradfahrer Fred Firsching angefahren und verletzt. Sie muss drei Wochen im Krankenhaus verbringen. Während dessen kümmert sich ihr Ehemann Hans Hummel, ein Studienrat, neben seiner Berufstätigkeit um den Haushalt und versorgt die beiden Kinder (zehn und zwölf Jahre).
Hans Hummel verlangt von Firsching Ersatz des Betrages, der notwendig gewesen wäre, um für die Dauer des Krankenhausaufenthaltes seiner Frau eine Hausgehilfin einzustellen. Mit Recht?

Der Anspruch könnte aus *§ 823 I*, zugleich auch *aus § 823 II BGB i. V. m. § 229 StGB* begründet sein.

a) Fred Firsching hat Frau Hummel widerrechtlich und schuldhaft am Körper verletzt.

b) Doch verlangt *nicht die Verletzte*, sondern ihr Ehemann den Ersatz des Schadens. Grundsätzlich ist jedoch nur derjenige ersatzberechtigt, der selbst in einer deliktisch geschützten Position verletzt worden ist, hier also Frau Hummel.

c) Etwas anderes gilt, soweit das Gesetz ausnahmsweise *dritten Personen* (sogenannten *mittelbar Geschädigten*) den Weg zum deliktischen Schadensersatz öffnet (§§ 844, 845). In Betracht kommt hier § 845: Herr Hummel hat Anspruch auf Ersatz für die ihm durch die Körperverletzung seiner Frau entgehenden Dienste, wenn seine Frau ihm zur Leistung solcher Dienste kraft Gesetzes in seinem Hauswesen verpflichtet war. Zwar war Frau Hummel kraft Gesetzes in Verbindung mit dem erzielten

Einvernehmen zur Haushaltführung verpflichtet (§ 1356 I, § 1360 S. 2). Es handelt sich jedoch nach Einführung der Gleichberechtigung von Mann und Frau (Art. 3 II GG) nicht um das Hauswesen *des Mannes*, sondern beider Eheleute gemeinschaftlich. § 845 kann daher auf den vorliegenden Fall nicht angewendet werden (siehe BGHZ 38, 55; 50, 304; BGH FamRZ 1960, 21).

d) *Ergebnis:* Herr Hummel hat keinen Anspruch. Die Folge ist, dass Frau Hummel als der unmittelbar Geschädigten der Schadensersatzanspruch für den Ausfall ihrer Haushaltsführung selbst zusteht. Dass ihr Mann durch besonderen Einsatz die Anstellung einer Hausgehilfin erspart hat, kommt dem Schädiger nicht zugute: Die Führung des Haushalts durch den Mann lässt sich als Unterhaltsleistung begreifen (§ 1360 S. 2), die hier zwar über das geschuldete Maß hinaus erbracht wurde, deren Sinn aber gleichfalls nicht die Entlastung des Schädigers ist (vgl. § 843 IV, keine Vorteilsausgleichung).

25. Die getötete Hausfrau

Könnte im Fall 24 Hans Hummel von Firsching Ersatz für die Anstellung einer Haushaltshilfe verlangen, wenn seine Frau durch den Unfall getötet worden wäre?

a) Die Lage ist ähnlich wie in Fall 24: Firsching hat das Leben von Frau Hummel widerrechtlich und schuldhaft verletzt, der Schaden (Ausfall der Haushaltstätigkeit) ist jedoch bei dem Ehemann, also einem bloß mittelbar Geschädigten eingetreten, dem in der Regel kein Schadensersatzanspruch zusteht.

b) Im Fall der Tötung öffnet jedoch die Vorschrift des *§ 844 II* für den Ehemann den Weg zum Schadensersatz: Die getötete Ehefrau war ihrem Ehemann kraft Gesetzes unterhaltspflichtig (§ 1360 S. 1); einvernehmlich kam sie dieser Pflicht durch Führung des Haushalts nach (§ 1360 S. 2). Durch die Tötung seiner Frau wird dem Ehemann also das Recht auf gesetzlich geschuldeten Unterhalt entzogen. Der Radfahrer hat ihm durch Entrichtung einer Geldrente insoweit Schadensersatz zu leisten, als ihm die getötete Ehefrau während der mutmaßlichen Dauer ihres Lebens unterhaltspflichtig (hier in Form der Haushaltführung) gewesen sein würde. Vor allem für die Zeit, in der die Kinder im Haushalt versorgt werden müssen, hat Hummel Anspruch auf die Kosten einer Haushaltshilfe (vgl. BGHZ 51,109; BGH FamRZ 1993, 411).

26. Ein Hausmann macht sich nützlich

Elfriede betätigt sich erfolgreich als Qi-Gong-Lehrerin. Ihr Ehemann Alfons, ein erfolgloser Bildhauer, führt den Haushalt und hilft seiner Frau auch in ihrem Beruf: Er erledigt die Korrespondenz, arrangiert Termine, erstellt die Rechnungen für die Kunden, führt die Bücher und fertigt auch die Steuererklärungen. Insgesamt ist er ca. drei Stunden täglich im Berufsbereich seiner Frau beschäftigt. Ein Arbeitsvertrag besteht nicht, Alfons erhält keinerlei Vergütung.

Eines Tages wird **Alfons Opfer eines durch den Radfahrer Zadek verursachten und verschuldeten Unfalls und stirbt.**
Elfriede will von Zadek – neben dem Ersatz der entgangenen Haushaltsleistungen ihres Mannes – Schadensersatz dafür, dass ihr nun seine Sekretärsdienste nicht mehr zur Verfügung stehen. Mit Recht?

1. Die *entgangene Haushaltsführung* betreffend gilt das Gleiche wie bei Fall 25. Was dort für die getötete Hausfrau gesagt ist, gilt auch für den einvernehmlich als Hausmann tätigen Ehemann.

2. a) Ein Anspruch der Elfriede auf Ersatz für die *weggefallenen Sekretariatsdienste* ist nur gegeben, wenn auch insoweit die Voraussetzungen des *§ 844 II i. V. m. § 823 I (§ 823 II i. V. m. § 222 StGB)* erfüllt sind. Denn auch hier geht es nicht um den Schaden des Verletzten, sondern des mittelbar Geschädigten. Die Tätigkeit des Ehemannes im Berufsbereich seiner Frau müsste sich also als gesetzlich geschuldete Unterhaltsleistung darstellen.

b) Zu fragen ist also, ob die Mitarbeit von Alfons im Berufsbereich seiner Frau als eine ihr *geschuldete Unterhaltsleistung* betrachtet werden kann. Eine Mitarbeitspflicht der Ehegatten im Betrieb des anderen ist im Gesetz nicht ausdrücklich vorgesehen: Eheleben und Beruf erscheinen als getrennte Bereiche. Sie können aber durch das Unterhaltsrecht miteinander verbunden sein. Im Einzelfall kann die Unterhaltspflicht eine solche Mitarbeit im Betrieb des anderen Ehegatten bedingen, z. B. wenn der Betrieb die wesentliche Quelle des Familienunterhalts bildet und ohne die Mitwirkung des anderen Ehegatten nicht rentabel aufrechterhalten werden kann. Auch können sich die Ehegatten dahin verständigen, dass ein Partner seiner Unterhaltspflicht durch Mitarbeit im Betrieb des anderen nachkommt; auch dann beruht die Mitarbeit auf der gesetzlichen Unterhaltspflicht, deren Ausgestaltung im Einzelnen dem Einvernehmen der Ehegatten überlassen ist. Das ist hier der Fall. Alfons hat folglich seine Arbeitsleistungen im Rahmen seiner gesetzlichen Unterhaltspflicht (§ 1360 S. 1) erbracht.

c) *Ergebnis:* Elfriede hat gegen Zadek Anspruch auf Ersatz der ihr durch die Tötung ihres Mannes entgehenden Mitarbeit.

3. Zu prüfen ist, ob sich das Ergebnis auch aus *§ 823 I i. V. m. § 845* herleiten lässt. Diese Vorschrift eröffnet gleichfalls einen Schadensersatzanspruch für bloß mittelbar Geschädigte. § 845 ist jedoch hier nicht anwendbar, da die Mitarbeit des Ehemannes sich nicht im *Gewerbe der Frau* vollzog, vielmehr im Rahmen einer gemeinsamen Gestaltung des Ehelebens geleistet wurde, in der beide Ehegatten gleichberechtigte Partner sind (Die Lösung folgt in den großen Linien der Entscheidung BGH FamRZ 1980, 776).

27. Das rasante Mountain-Bike

Die **Familie Rauscher** (Robert und Reinhilde mit ihren Kindern Max und Moritz) befindet sich auf einer Fahrradtour durch den Thüringer Wald. Der begeisterte Radler Robert Rauscher ist besonders stolz auf sein Mountain-Bike und liebt es, dessen Fahreigenschaften seiner Familie eindrucksvoll zu demonstrieren. Eine Gelegenheit dazu bietet sich auf einem abschüssigen Waldweg: Robert schickt sich an, die vor ihm fahrende Reinhilde überholen. Doch weist der Weg eine aufgrund des Graswuchses nur schwer erkennbare Vertiefung auf. Robert stürzt und reißt seine Frau mit zu Boden. Diese erleidet einen Beinbruch.

Angenommen, Robert Rauscher kann *keine grobe* Fahrlässigkeit angelastet werden: Ist er seiner Frau zum Schadensersatz verpflichtet?

Anspruchsgrundlage sind *§ 823 I (Verletzung des Körpers)* und *§ 823 II i. V. m. § 229 StGB.*

a) Robert hat seine Frau Reinhilde körperlich *verletzt*. Dass Verletzer und Verletzte miteinander verheiratet sind, hindert das Entstehen eines Schadensersatzanspruchs nicht, denn die Ehegatten sind auch im Verhältnis zueinander Inhaber ihrer deliktisch geschützten Rechtsgüter. Robert hat auch *widerrechtlich* gehandelt.

b) Fraglich könnte sein, ob Robert ein *Verschulden* angelastet werden kann. Zwar hat er fahrlässig gehandelt. Indes stehen nach § 1359 Ehegatten bei Erfüllung der sich aus der Ehe ergebenden Verpflichtungen gegenseitig nur für die *eigenübliche Sorgfalt* ein, sofern ihnen nicht grobe Fahrlässigkeit zur Last fällt (§ 277). In unserem Fall könnte daher ein Verschulden des Ehemannes zu verneinen sein: Das zum Unfall führende Verhalten entsprach seinem üblichen Umgang mit dem Mountain-Bike, ohne dass ihm dabei grobe Fahrlässigkeit zur Last fiel.

Fraglich ist allerdings, ob § 1359 auf Fälle wie diesen anwendbar ist. Die Pflicht, den Körper eines anderen nicht zu verletzen, ergibt sich nicht erst „aus dem ehelichen Verhältnis", wie § 1359 verlangt, sondern besteht unter beliebigen Personen aufgrund allgemeinen Rechts. Deshalb ist die Meinung vertreten worden, § 1359 sei auf Körperverletzungen oder sonstige unerlaubte Handlungen überhaupt nicht anwendbar. Dagegen spricht jedoch der Sinn des § 1359: Die enge Gemeinschaft der Ehegatten verbietet es, ihr gegenseitiges Verhalten nach dem strengen Verschuldensmaßstab zu beurteilen, der zwischen beliebigen Personen gilt. Deshalb ist § 1359 auch im Rahmen der Deliktshaftung anzuwenden, etwa für fahrlässige Sachbeschädigungen im ehelichen Haushalt.

Die Rechtsprechung schließt allerdings die Anwendung des § 1359 auf solche Körperverletzungen aus, die sich Ehegatten im Rahmen ihrer Teilnahme am *allgemeinen Straßenverkehr* zufügen, weil hier für alle ein gleicher Haftungsmaßstab gelten muss. Eine gemeinsame Radtour auf nicht dem öffentlichen Verkehr gewidmeten Waldwegen ist aber einer Teilnahme am öffentlichen Straßenverkehr nicht gleichzusetzen; als private Freizeitgestaltung weist sie einen engen Bezug zur ehelichen Lebensgemeinschaft auf.

c) *Ergebnis:* § 1359 ist im obigen Fall anwendbar, Robert Rauscher haftet nicht auf Schadensersatz. Allerdings ist er seiner Frau unterhaltspflichtig (§ 1360); der Unterhalt umfasst auch die Kosten für notwendige ärztliche Behandlungen.

Information: Wie in der Lösung angedeutet, kann man auch zu einem gegenteiligen Ergebnis kommen, in dem man:

– entweder die Anwendung des § 1359 auf Deliktsansprüche überhaupt ablehnt;

– oder die zum allgemeinen Straßenverkehr entwickelte Rechtsprechung auch hier für einschlägig hält (m. E. wenig überzeugend).

Zu den Straßenverkehrsfällen: BGHZ 53, 352 ff. = FamRZ 1970, 386; BGHZ 61, 101 ff. = FamRZ 1973, 584; BGH FamRZ 1974, 641.

28. Namensspiele

Eine Frau, geborene Bieder, war in erster Ehe mit Herrn Mayer verheiratet; als Ehenamen dieser Ehe war Mayer bestimmt, doch stellte die Ehefrau für sich persönlich ihren Geburtsnamen voran, hieß also Bieder-Mayer. Die Ehe wurde geschieden, ohne dass sich an der Namenführung etwas änderte (§ 1355 V 1).

Ein Mann, geborener Bohlen, war in erster Ehe mit Frau Holz verheiratet, Ehename war Holz. Herr Bohlen fügte für sich persönlich seinen Geburtsnamen an den Ehenamen an, hieß also Holz-Bohlen. Auch diese Ehe wurde geschieden, an den Namen änderte sich dadurch nichts (§ 1355 V 1).

Welche Namensmöglichkeiten haben Frau Bieder-Mayer und Herr Holz-Bohlen, wenn sie einander heiraten?

1. Obwohl ein gemeinsamer Ehename bestimmt werden soll (§ 1355 I 1), gibt es dazu keine zwingende Verpflichtung. Vielmehr können die beiden auch nach der Eheschließung jeweils den *Namen beibehalten*, den sie zur Zeit der Eheschließung führen (§ 1355 I 3). Dann heißt die Frau weiterhin Bieder-Mayer, der Mann weiterhin Holz-Bohlen. Dass ein Namensbestandteil vom Partner einer früheren Ehe stammt, ist unschädlich.

2. Es kann aber auch ein *gemeinsamer Ehename* bestimmt werden. Zur Wahl stehen nach § 1355 II: 1) der Geburtsname der Frau (Bieder), 2) der Geburtsname des Mannes (Bohlen), 3) der Name, den die Frau zur Zeit der Ehenamensbestimmung für die zweite Ehe führt (Bieder-Mayer) sowie 4) der Name, den der Mann zu dieser Zeit führt (Holz-Bohlen). Dass bei den Varianten 3) und 4) ein Namensbestandteil von einem früheren Ehegatten stammt, ist seit BVerfGE 109, 256 und dem folgenden Gesetz vom 6.2.2005 (BGBl. I 203) unerheblich.

3. Wird gemeinsamer Ehename bestimmt, so fragt sich, ob derjenige Partner, dessen Name nicht zum Zug kommt, für sich persönlich einen *Begleitnamen* voranstellen oder hinzufügen kann. Aus § 1355 IV ergibt sich:

a) Wählen die Ehegatten den Namen Bieder (Geburtsname der Frau), so kann der Ehemann entweder seinen Geburtsnamen (Bohlen) oder den zur Zeit der Namensbestimmung geführten Namen (Holz-Bohlen) voranstellen oder anfügen, im letzteren Fall (Doppelname!) aber nur *einen* Namensbestandteil (§ 1355 IV 3). Der Ehemann kann sich also nennen: Bieder-Bohlen, Bohlen-Bieder, Bieder-Holz, Holz-Bieder.

b) Wählen die Ehegatten den Namen Bohlen als Ehenamen (Geburtsname des Mannes), so kann dementsprechend die Frau folgende persönliche Namen wählen: Bohlen-Bieder, Bieder-Bohlen, Bohlen-Mayer, Mayer-Bohlen).

c) Bestimmen die Ehegatten den Namen Bieder-Mayer zum Ehenamen (= Name, den die Ehefrau zur Zeit der Namensbestimmung führt), so ist für den Ehemann kein Begleitname möglich, weil der gewählte Ehename bereits ein Doppelname ist (§ 1355 IV 2).

d) Gleiches gilt umgekehrt für die Ehefrau, wenn Holz-Bohlen (Namen, den der Mann zur Zeit der Namensbestimmung führt), gewählt wird (§ 1355 IV 2).

Information: Die Namensmöglichkeiten erweitern sich, wenn die Frau oder der Mann nach Scheidung ihrer jeweils ersten Ehe von den Möglichkeiten des § 1355 V Gebrauch macht, wenn sie etwa aus Anlass der Scheidung ihre bis dahin geführten Doppelnamen ablegen und wieder ihre bloßen Geburtsnamen tragen. Wenn dann in der zweiten Ehe kein Ehename gewählt wird, dann heißt die Frau Bieder, der Mann Bohlen.

29. Ein Mann wird geadelt

Hans Dampf heiratet Else Ballermann, als Ehename wird Ballermann gewählt, Hans stellt seinen Geburtsnamen dem Ehenamen voran. Die Ehe wird geschieden. Nun heiratet Hans Dampf-Ballermann die bis dahin ledige Gräfin von Paletti, deren Geburtsname zum Ehenamen bestimmt wird.
Wie heißt der Ehemann, wenn er keinen persönlichen Begleitnamen führen will?

Hans heißt nun Graf von Paletti. Adelstitel sind in Deutschland Teil des bürgerlichen Namens und passen sich jeweils dem Geschlecht des Namensträgers an.

30. Graf von Paletti lässt sich scheiden

Angenommen, in Fall 29 wird auch die zweite Ehe geschieden. Welche Namensoptionen hat der Ehemann?

1. Er kann den zuletzt geführten *Ehenamen weiterführen* (§ 1355 V 1), heißt dann also weiterhin Graf von Paletti.

2. Er kann seinen *Geburtsnamen wieder annehmen*, also Dampf (§ 1355 V 2).

3. Er kann den *Namen wieder annehmen*, den er bis zur Bestimmung des letzten Ehenamens geführt hat, also Dampf-Ballermann (§ 1355 V 2).

4. Er kann dem zuletzt geführten Ehenamen seinen Geburtsnamen *voranstellen oder anfügen*, also Graf von Paletti-Dampf oder Dampf-Graf von Paletti. Dabei ergibt die Frage, ob die Regel des § 1355 IV 2 i. V. m. § 1355 V 3 dem entgegensteht, denn der Namen „Graf von Paletti" besteht aus mehreren Wörtern. Doch wird der aus Titel und Name zusammengesetzte Adelsname als *ein* Name im Sinne des BGB angesehen. Nicht aber wäre es möglich, die Namensbestandteile miteinander zu verquicken, etwa Graf von Dampf-Paletti etc.

5. Er kann dem Ehenamen den zur Zeit der Bestimmung dieses Ehenamens geführten Namen *voranstellen oder anfügen*. Zur Zeit der Namensbestimmung für die zweite Ehe hieß der Mann Dampf-Ballermann. Nach der Regel des § 1355 V 3 i. V. m. § 1355 IV 3 kann allerdings nur ein Namensbestandteil des Doppelnamens hinzugefügt werden. Der Mann könnte sich also nach dieser Regel nennen: Graf von Paletti-Dampf, Dampf-Graf von Paletti, Graf von Paletti-Ballermann; Ballermann-Graf von Paletti.

31. Mumm-Pitz

Paula, geborene Pitz und bisher nicht verheiratet, und Markus, geborener Mumm und bisher nicht verheiratet, wollen einander ehelichen. Sie möchten einen gemeinsamen Ehenamen tragen, und zwar unbedingt einen solchen, der aus ihren beiden Namen zusammengesetzt ist. Denn sie sind sehr stolz auf ihre Familien und wollen, dass schon im Namen die familiäre Zusammengehörigkeit gleichberechtigt zum Ausdruck kommt. Können sie dieses Ziel erreichen?

1. Nach der Regel des § 1355 II kommt in diesem Fall als Ehename nur entweder der Geburtsname der Frau (Pitz) oder der Geburtsname des Mannes (Mumm) in Frage. Ein Doppelname aus dem Namen des Mannes und der Frau kann als Ehename nach derzeit geltendem deutschem Recht nicht gewählt werden.

2. Gleichwohl können die beiden zu ihrem Ziel kommen, zum Beispiel auf folgende Weise: Paula und Markus heiraten, zum Ehenamen wird der Geburtsname des Mannes gewählt, also Mumm. Paula führt einen Begleitnamen, indem sie ihren Geburtsnamen anfügt (§ 1355 IV 1), sie heißt also persönlich Mumm-Pitz. Möglichst rasch danach lässt sich das Paar einvernehmlich scheiden. Nach der Scheidung führt jeder seinen während der Ehe getragenen Namen weiter. Sodann heiratet sich das Paar erneut. Für diese zweite Ehe stehen als Ehename zur Verfügung: entweder der Geburtsname des Mannes (Mumm) oder der Geburtsname der Frau (Pitz) oder der Name, den die Frau im Zeitpunkt der Namensbestimmung für die zweite Ehe geführt hat, also Mumm-Pitz. Dass Mumm-Pitz ein Doppelname ist, schadet nicht, denn er wird ja nicht als Kombination von Mannes- und Frauenname gebildet, sondern von dem Namen abgeleitet, den die Frau zur Zeit der Eheschließung trägt. Logisch, oder?

4. Schlüsselgewalt

32. Filigranes

Das Ehepaar Bröse verfügt zusammen über ein Monatseinkommen von 5.000 EUR netto. Frau Bröse geht einer Teilzeitbeschäftigung nach und führt den Haushalt. Gerade hat das Ehepaar eine neue, größere Wohnung gefunden. Es fehlt allerdings noch einiges an Wandschmuck. Für Kunst interessieren sich beide Ehepartner wenig. Eines Tages sieht Herr Bröse in der Galerie „Orphée" (Inhaberin Berta Schweibelmeier) eine Druckgrafik „Filigranes XI" des Künstlers Weisswasser, die nach seiner Meinung gut ins Wohnzimmer passt. Er kauft das Bild für 275 EUR inklusive Holzrahmen. Das Bild soll von Frau Schweibelmeier noch gerahmt und dann von Bröse abgeholt und bezahlt werden.
Wer ist aus dem Geschäft verpflichtet?

1. *Herr Bröse* hat einen Kaufvertrag (§ 433) mit Frau Schweibelmeier abgeschlossen. Er hat dabei nicht erkennbar in fremdem Namen gehandelt. Folglich ist er aus dem Vertrag berechtigt und verpflichtet (§ 164 II).

2. Außerdem könnte auch *Frau Bröse* aus dem Kaufvertrag berechtigt und verpflichtet sein, wenn Herr Bröse das Geschäft im Rahmen der den Ehegatten zukommenden „Schlüsselgewalt" getätigt hat (§ 1357 I 2).

a) Voraussetzung dafür ist, dass *das Geschäft der angemessenen Deckung des Lebens-bedarfs der Familie* dient (§ 1357 I 1). Die Anschaffung der Grafik hatte den Zweck, die Ehewohnung auszuschmücken. Der Lebensbedarf umfasst nicht nur die zum Leben absolut notwendigen Sachen, sondern auch solche Dinge, die das Leben angenehmer und schöner machen. Somit fällt das Geschäft unter § 1357 I 1.

b) Voraussetzung ist weiterhin, dass sich die Bedarfsdeckung *im Rahmen des Angemessenen* hielt. Das ist bei dem Preis der Grafik und dem Einkommen der Bröses zu bejahen. Auch zählt die Anschaffung einer Grafik zu diesem Preis nicht zu den Angelegenheiten, über die sich die Ehegatten wegen ihrer besonderen Bedeutung vorher zu verständigen pflegen und die daher nach einer verbreiteten Meinung nicht unter § 1357 fallen. Die Bröses haben zudem offenbar keinen speziellen Kunst-geschmack entwickelt, der die Anschaffung des Wandschmucks als besonders eini-gungsbedürftige Angelegenheit hätte erscheinen lassen.

c) Der Umstand, dass Herr Bröse *nicht den Haushalt führt*, ändert an der Anwend-barkeit des § 1357 nichts, denn die Schlüsselgewalt steht beiden Ehegatten ohne Rücksicht auf die Haushaltführung zu.

d) Frau Bröse ist allerdings aus dem Geschäft nicht berechtigt und verpflichtet, wenn sich bei Vertragsschluss *aus den Umständen etwas anderes ergibt* (§ 1357 I 2). Das träfe z.B. zu, wenn Herr Bröse der Frau Schweibelmeier gegenüber zu erkennen gegeben hätte, dass er nur persönlich aus dem Geschäft berechtigt und verpflichtet sein wolle. Das war aber nicht der Fall: Herr Bröse handelte zwar im eigenen Namen, schloss aber die Wirkungen des § 1357 I 2 nicht aus.

3. *Ergebnis:* Auch Frau Bröse ist aus dem Kauf berechtigt und verpflichtet. Die Eheleute sind Gesamtschuldner (§ 421) und Gesamtgläubiger (§ 428, str.).

33. Zwischen Fernweh und Bayerwald

Das Ehepaar Seitz kann sich über die Urlaubsplanung nicht einigen. Frau Seitz zieht es in die Ferne, Herr Seitz möchte im Bayerischen Wald wandern. In der Hoffnung, ihren Mann noch umstimmen zu können, bucht Frau Seitz bei der „Fernweh GmbH" eine Pauschalreise nach Teneriffa für zwei Per-sonen, die sich das Ehepaar aufgrund des verfügbaren Einkommens durchaus leisten kann. Herr Seitz ist jedoch nicht zu überzeugen. Frau Seitz tritt schließlich vom Reisevertrag zurück.
Die „Fernweh"-GmbH verlangt von Herrn Seitz eine Stornogebühr. Mit Recht?

Es kommt ein Anspruch der Fernweh-GmbH auf angemessene Entschädigung wegen Rücktritts vom Reisevertrag nach *§ 651i II 2* in Betracht.

1. Fraglich ist jedoch, ob Herr Seitz überhaupt selbst aus dem Vertrag verpflichtet ist. Der Reisevertrag ist von *Frau Seitz im eigenen Namen abgeschlossen* worden. Der Umstand, dass sie den Vertrag für zwei Personen abgeschlossen und dabei den Namen ihres Mannes als Mitreisenden angegeben hat, bedeutet nicht unbedingt, dass sie das Geschäft auch in seinem Namen abschloss und ihn damit mitverpflichte-

te (§ 164 I). Selbst wenn man das annimmt, stünde einer wirksamen Vertretung entgegen, dass Frau Seitz von ihrem Mann nicht bevollmächtigt war.

2. Herr Seitz kann aber gleichwohl mitverpflichtet sein, wenn seine Frau bei Abschluss des Reisevertrages *in Ausübung der Schlüsselgewalt* handelte; denn dann sind beide Ehegatten aus dem Geschäft berechtigt und verpflichtet (§ 1357 I 2).

a) Das ist der Fall, wenn es sich um ein Geschäft zur *angemessenen Deckung des Lebensbedarfs der Familie* gehandelt hat.

aa) Urlaub gehört nach heutiger Auffassung zum Lebensbedarf beider Ehegatten, gleichgültig wer von ihnen erwerbstätig ist oder den Haushalt führt. Die Fernreise entspricht auch den Einkommensverhältnissen des Ehepaares und ist damit angemessen. Somit sind die Voraussetzungen des § 1357 I an sich gegeben. Ob die Mitarbeiter des Reisebüros wussten, dass Frau Seitz verheiratet ist, spielt dabei keine Rolle; das Offenkundigkeitsprinzip des Stellvertretungsrechts (§ 164) gilt im Rahmen des § 1357 nicht.

bb) Doch wird die Meinung vertreten, man müsse § 1357 einschränkend interpretieren: Geschäfte, über die sich die Ehegatten vorher zu verständigen pflegen oder „Geschäfte größeren Umfangs" fallen nach dieser Auffassung nicht unter die Schlüsselgewalt. Wenn man dem folgt, so ist die Lösung zweifelhaft. Denn nach üblicher Vorstellung gehört die Wahl des Urlaubs zu den Angelegenheiten, über die sich ein Ehepaar vorher zu einigen pflegt. Anderseits ist die Buchung einer Pauschalreise heute keine außergewöhnliche Angelegenheit mehr, sie gehört eher zu den Routineangelegenheiten des Ehelebens. Man kann folglich die Voraussetzungen des § 1357 bejahen. Dann ist auch Herr Seitz aus dem Vertrag verpflichtet.

b) Der Anspruch auf Zahlung der Entschädigung nach § 651i II 2 setzt indes voraus, dass von Seiten des Reisenden ein *wirksamer Rücktritt vom Vertrag* erklärt wurde. Frau Seitz hat den Rücktritt erklärt, ein solcher ist nach § 651i I für den Reisenden auch jederzeit möglich. Der Wirksamkeit des Rücktritts kann aber entgegenstehen, dass, wenn auf einer Vertragsseite mehrere Personen beteiligt sind, ein Rücktritt nur von allen auf dieser Seite Stehenden ausgeübt werden kann (§ 351 S. 1). Doch kann angenommen werden, dass Frau Seitz den Vertrag, den sie als Schlüsselgewaltgeschäft auch für ihren Mann abschließen konnte, in Ausübung dieser Schlüsselgewalt auch widerrufen kann. Lehnt man dies ab, so ist zu bedenken, dass Herr Seitz die Reise nicht will; er wird also vermutlich dem Rücktritt zustimmen.

c) *Ergebnis:* Herr Seitz ist als Gesamtschuldner zusammen mit seiner Frau zur Zahlung der Entschädigung nach § 651i II 2 verpflichtet. Das gegenteilige Resultat ist begründbar, wenn man die Buchung einer Fernreise nicht als möglichen Gegenstand eines Geschäfts nach § 1357 I 1 ansieht.

34. Bauglück

Die Eheleute Mitterauer bewohnen in der Stadt M. eine teure Mietwohnung und sehnen sich, vor allem wegen ihrer Kinder, nach einem Haus im Grünen. Herr Mitterauer hat durch Erbschaft ein geeignetes Grundstück erworben. Er schließt mit der Bauglück AG einen Bauvertrag, in dem sich die AG verpflichtet, auf dem Grundstück ein Steinhaus nach näher bezeichneten Plänen

zum Preise von 300.000 EUR schlüsselfertig zu errichten. Nach Vollendung des Baues zieht die Familie ein.
Ist Frau Mitterauer aus dem Bauvertrag verpflichtet?

1. Eine Mitverpflichtung von Frau Mitterauer könnte sich nur aus *§ 1357 I 2* ergeben. Die Voraussetzungen des § 1357 I 1 liegen indes nicht vor. Zwar dient der Bau des Hauses insofern der familiären Bedarfsdeckung, als ein Heim für die Familie geschaffen werden soll. Doch tätigt Herr Mitterauer zugleich eine bedeutende Vermögensanlage und geht eine Verpflichtung ein, die den Bereich der Haushaltführung und des Familienunterhalts weit überschreitet. Solche Geschäfte fallen nicht unter § 1357 (BGH FamRZ 1989, 35).

2. Eine Mitverpflichtung von Frau Mitterauer ergibt sich auch nicht aus *§ 164 I 1*, da Herr Mitterauer bei Abschluss des Vertrages nicht erkennbar im Namen (auch) seiner Frau gehandelt hat (§ 164 II).

35. Vollendete Tatsachen

Im Fall 21 will Boris seine Frau Adelgunde vor vollendete Tatsachen stellen: Er mietet die preislich tragbare Wohnung, die er in München gefunden hat und die für die Lebensverhältnisse des Ehepaares ausreicht, ohne Kenntnis seiner Frau an. Der schriftliche Mietvertrag wird vom Vermieter und Boris unterschrieben.
Ist Adelgunde aus dem Mietvertrag berechtigt und verpflichtet?

1. Die Mitberechtigung und -verpflichtung von Adelgunde kann sich aus *§ 1357 I 2* i. V. m. *§ 535* ergeben.

a) Ein Mietvertrag ist zwischen dem Vermieter und Boris geschlossen. Für eine Mitverpflichtung der Ehefrau müssten die Voraussetzungen des § 1357 I 1 gegeben sein. Die Anmietung müsste sich also als Geschäft zur angemessenen Deckung des Lebensbedarfs der Familie darstellen. Die Anmietung einer Wohnung für das gemeinschaftliche Leben hat zweifellos den Zweck, dem Wohnbedarf des Ehepaares zu dienen. Auch die Angemessenheit kann bejaht werden, weil die Wohnung geeignet erscheint und preislich den Lebensverhältnissen des Ehepaares entspricht.

b) Gleichwohl kann man zweifeln, ob Boris im Rahmen der Schlüsselgewalt gehandelt hat:

aa) Zum einen könnte man einwenden, dass für eine neue Wohnung kein konkreter Bedarf besteht, nachdem das Ehepaar bereits eine ausreichende Wohnung auf dem Lande hat. Doch kommt es nach h. M. bei § 1357 nicht darauf an, ob ein *aktuelles* Bedürfnis für die familiäre Bedarfsdeckung besteht; es genügt, wenn eine angemessene Bedarfsdeckung angestrebt wird.

bb) Zum anderen könnte hier die Auffassung zum Tragen kommen, wonach unter § 1357 keine Geschäfte fallen, über die sich wegen der *Bedeutung der Angelegenheit* die Ehegatten *vorher zu verständigen pflegen* (siehe oben Fall 33). § 1357 hat – neben dem Gläubigerschutz – den Sinn, den Ehegatten bei der laufenden Bedarfsdeckung einen rechtsgeschäftlichen Spielraum für selbständiges Handeln einzuräumen. Die

Auswahl des Wohnortes und der Ehewohnung sind hingegen für das eheliche Leben so zentrale Grundentscheidungen, dass sie vom Normzweck des § 1357 nicht umfasst sind.

2. Eine Mitberechtigung und –verpflichtung Adelgundes könnte sich ergeben, wenn Boris den Mietvertrag außer im eigenen Namen *zugleich als Stellvertreter seiner Frau* abgeschlossen hat. Das scheidet schon deshalb aus, weil Boris nicht erkennbar (auch) im Namen seiner Frau gehandelt hat (§ 164 I 1). Auch aus den Umständen (§ 164 I 2) ist ein solcher Wille nicht zu entnehmen. Selbst wenn der Vermieter wusste, dass sein Mieter verheiratet ist, könnte er nicht ohne weiteres davon ausgehen, dass auch die Ehefrau Vertragspartnerin werden sollte; in diesem Fall hätte die Frau den schriftlichen Vertrag mit unterzeichnen müssen. Zudem aber fehlt es Boris an der nötigen Vertretungsmacht, da seine Frau ihn nicht bevollmächtigt hat, sondern im Gegenteil den Umzug nach München ablehnt.

3. *Ergebnis:* Adelgunde ist dem Vermieter gegenüber aus dem Mietvertrag nicht berechtigt und verpflichtet.

Davon zu unterscheiden ist das *Verhältnis unter den Ehegatten* selbst: Die Ehefrau hat aus § 1353 I 2 gegenüber ihrem Mann ein Recht zu Mitbesitz und Mitgebrauch der Ehewohnung. Auch muss der Vermieter im Rahmen des mit Boris geschlossenen Mietvertrages dulden, dass Boris seine Ehefrau in die Wohnung aufnimmt.

---

36. Ein Pudel namens Bello

Die Eheleute Mustermann haben einen Pudel namens Bello, der ihnen sehr ans Herz gewachsen ist. Bello erkrankt schwer. Frau Mustermann muss den Hund viele Male zur Tierärztin Dr. Wohlfahrt bringen. Diese kennt die Familienverhältnisse der Frau Mustermann nicht. Der Ärztin gelingt es schließlich, die Gesundheit Bellos wieder herzustellen. Sie stellt Frau Mustermann eine Rechnung über 190 EUR für tierärztliche Leistungen zu. Inzwischen ist Frau Mustermann aus der ehelichen Wohnung ausgezogen, den Hund hat sie mitgenommen.

Ist Herr Mustermann verpflichtet, die Behandlungskosten zu zahlen?

1. In Frage kommt ein Anspruch aus dem zwischen Frau Mustermann und Frau Dr. Wohlfahrt abgeschlossenen *Dienstvertrag* über die medizinische Behandlung des Hundes. Herr Mustermann könnte aus diesem Geschäft verpflichtet sein, wenn es (auch) in seinem Namen abgeschlossen wurde (§ 164 I). Das war aber nicht der Fall, da Frau Mustermann bei Vertragsabschluss nicht erkennbar (auch) in fremdem Namen gehandelt hat (§ 164 II).

2. Es könnte sich jedoch um ein *Schlüsselgewaltgeschäft* handeln, aus dem Herr Mustermann *nach § 1357 I 2* verpflichtet ist.

a) Voraussetzung dafür ist, dass es sich bei dem Vertrag über die Behandlung des Hundes um ein *Geschäft zur Deckung des Lebensbedarfs der Familie* handelte (§ 1357 I 1). Zum familiären Lebensbedarf gehören nicht nur diejenigen Dinge, die – wie Nahrung und Kleidung – absolut notwendig sind, sondern auch solche, die dem kulturellen und sozialen Leben und der Freizeitgestaltung der Familienmitglieder dienen. Bello gehörte dem gemeinsamen Lebensbereich der Eheleute an, er zählt nach der Rechtsprechung sogar zu den Gegenständen des ehelichen Haushalts. Seine Unterhaltung einschließlich notwendiger ärztlicher Versorgung bildet daher einen Bedarfsposten des familiären Lebens.

b) Die ärztliche Versorgung des Hundes kann selbst in Höhe der angefallenen Kosten als angemessene Bedarfsdeckung angesehen werden. Damit ist auch Herr Mustermann aus dem Vertrag verpflichtet. Dass Frau Dr. Wohlfahrt die Familienverhältnisse von Frau Mustermann bei Vertragsschluss nicht gekannt hat, ist ohne Bedeutung.

c) Der Verpflichtung des Ehemannes könnte aber entgegenstehen, dass Frau Mustermann inzwischen aus der Ehewohnung ausgezogen ist. Denn § 1357 I gilt nicht, wenn die Eheleute *getrennt leben* (§ 1357 III). Doch lebten die Eheleute im Zeitpunkt des Vertragsschlusses noch zusammen. Wenn die gemeinsame Verpflichtung nach § 1357 I 2 einmal entstanden ist, ändert eine spätere Trennung des Ehepaares an der Rechtslage nichts mehr.

d) Auch der Umstand, dass Frau Mustermann den *Hund mitgenommen* hat und möglicherweise jetzt die alleinige Besitzerin ist, lässt die Mitverpflichtung des Ehemannes nicht entfallen.

3. *Ergebnis:* Herr Mustermann ist als Gesamtschuldner mit seiner Frau zur Zahlung der Behandlungskosten verpflichtet.

37. Eine teure Krone

Frau Altig lässt sich beim Zahnarzt Dr. Bohr behandeln. Ein Zahn befindet sich in derart schlechtem Zustand, dass eine Überkronung medizinisch indiziert ist. Der Arzt favorisiert die Anfertigung einer Goldkrone. Damit ist Frau Altig einverstanden, die Krone wird denn auch angefertigt und eingesetzt. Die Behandlung kostet 7.500 EUR, wovon die zuständige private Krankenkasse nach den Versicherungsbedingungen nur die Hälfte trägt. Der Ehemann, Herr Altig, ist ein gut verdienender Wirtschaftsprüfer (Jahresnettoeinkommen: 400.000 EUR).
Ist er dem Dr. Bohr gegenüber zur Zahlung verpflichtet?

Herr Altig ist mitverpflichtet, wenn der Behandlungsvertrag, den seine Frau mit Dr. Bohr geschlossen hat, unter *§ 1357 I 1* fällt.

a) Die Erhaltung und Herstellung der Gesundheit gehören zweifellos zum *Lebensbedarf jedes Familienmitgliedes*. Der „Lebensbedarf der Familie" besteht nicht nur aus den gemeinsamen Bedürfnissen der Familiemitglieder wie Wohnung und Heizung, sondern auch aus den jeweils persönlichen Bedarfsposten. Daher sind Arzt- und Krankenhausverträge, die ein Ehegatte zur Durchführung einer medizinisch indizierten Behandlung abschließt, grundsätzlich als Schlüsselgewaltgeschäfte anzuerkennen (BGH FamRZ 1992, 291). Das gilt auch für notwendige zahnärztliche Behandlungen.

b) Weiterhin müsste das Geschäft zur *angemessenen Bedarfsdeckung* abgeschlossen sein. Das wäre nicht der Fall, wenn die Kosten der Behandlung die finanziellen

Verhältnisse der Ehegatten überstiegen und zur notwendigen Erhaltung der Gesundheit auch eine billigere Behandlungsart hätte gewählt werden können. Bei dem Einkommen von Herrn Altig erscheint jedoch auch die Anfertigung einer Goldkrone als angemessen.

c) Die Mitverpflichtung des Herrn Altig könnte aber daran scheitern, dass sich *aus den Umständen etwas anderes* ergibt (§ 1357 I 2). Darunter versteht man den Fall, dass die Parteien bei Vertragsschluss zu erkennen geben, dass sie die Mitberechtigung / Mitverpflichtung des anderen Ehegatten ausschließen wollen. Ausdrücklich wurde dies in unserem Fall nicht gesagt, doch genügt auch ein schlüssiges Verhalten. In einem Fall, wo es um eine kostspielige Operation ging, hat der BGH (BGH FamRZ 1992, 291) die Mithaftung des anderen Ehegatten nach § 1357 I 2 abgelehnt. Das Gericht argumentiert: Wenn die voraussichtlichen Kosten der medizinischen Behandlung für den Vertragspartner erkennbar die wirtschaftlichen Verhältnisse des Ehepaares übersteigen, ergibt sich aus den Umständen, dass der Ehepartner nicht mitverpflichtet sein soll. Dieser Gesichtspunkt trifft in obigem Fall wegen des hohen Einkommens von Herrn Altig aber nicht zu.

d) *Ergebnis:* Herr Altig ist – gesamtschuldnerisch mit seiner Frau – zur Zahlung verpflichtet.

---

38. Sein oder Design ...

Moritz Arndt ist mit Maximiliane Arndt-Hülshoff verheiratet. Er beschränkt sich auf die Führung des Haushalts, während seine Frau als Bankangestellte 4.500 EUR monatlich verdient.
Das Ehepaar ist sich einig, dass für das Wohnzimmer an Stelle des abgenutzten Mobiliars neue, im postmodernen Stil gehaltene Möbel angeschafft werden sollen. Maximiliane vertraut hier ganz auf den Geschmack ihres Mannes. Dieser kauft nach längerem Suchen bei dem Möbelgeschäft „Sein oder Design GmbH" raffiniert gestylte, wenn auch etwas unbequeme Möbel zum Preis von 12.000 EUR. Da Moritz nicht die Ersparnisse angreifen will und das gemeinsame Girokonto kein ausreichendes Guthaben ausweist, macht er von dem Angebot der GmbH Gebrauch, den Kaufpreis in Teilzahlungen zu entrichten. Ein entsprechender schriftlicher Vertrag wird zwischen Moritz und der GmbH geschlossen. Dabei sind die Erfordernisse nach § 506 I, III eingehalten. Auch wird Moritz ordnungsgemäß über sein Widerrufsrecht belehrt (§ 506 I i. V. m. § 495 I i. V. m. § 355).
Ist Maximiliane aus diesem Vertrag verpflichtet?

1. Eine Verpflichtung Maximilianes aus dem von ihrem Mann abgeschlossenen *Möbelkauf (§ 433 II)* könnte sich ergeben, wenn dieser (auch) als ihr *Stellvertreter* gehandelt hätte (§ 164 I 1). Es fehlt jedoch bereits an einem erkennbaren Handeln in fremdem Namen. Dieses Erfordernis könnte nach den Grundsätzen des „Handelns für den, den es angeht" entbehrlich sein; doch wird diese Rechtsfigur zwar bei Bargeschäften des täglichen Lebens, nicht aber bei Kreditgeschäften angewendet.

2. Eine Mitverpflichtung Maximilianes aus dem Vertrag kann sich kann sich aber aus *§ 1357 I 2* ergeben.

a) Voraussetzung ist, dass Moritz das *Geschäft zur angemessenen Deckung des Lebens-bedarfs der Familie* getätigt hat. Die Anschaffung von Möbeln für das Wohnzimmer dient zweifellos der Deckung des familiären Lebensbedarfs.

b) Bei Prüfung der *Angemessenheit* ist zunächst zu überlegen, ob der Kauf der Möbel zu diesem Preis den Lebensverhältnissen der Arndts entspricht. Die Investition von etwa drei Monatsgehältern in eine für das Zusammenleben wichtige, langlebige Anschaffung liegt im Rahmen üblichen Aufwands. Zu fragen ist weiter, ob die Anschaffung *auf Kredit* als angemessen erscheint. Auch das kann bejaht werden. Es entspricht heutigen Gepflogenheiten der Verbraucher, höherwertige Gebrauchsgüter nicht erst dann zu erwerben, wenn das erforderliche Geld angespart ist, sondern im Rahmen der gegebenen wirtschaftlichen Verhältnisse auf Kredit zu kaufen. Die Angemessenheit ist gewahrt, wenn die geschuldeten Zins- und Tilgungsleistungen sich im Rahmen des verfügbaren Einkommens halten. Das ist hier der Fall.

c) Gegen die Mitverpflichtung der Ehefrau könnte hier aber sprechen, dass es sich um ein *Teilzahlungsgeschäft* zwischen einem Unternehmer und einem Verbraucher handelt, dessen Erfordernisse nur gegenüber *einem* der Ehegatten (hier Moritz) erfüllt sind. Ob in solchen Fällen § 1357 I 2 zum Zuge kommt, ist fraglich.

aa) Von einigen Autoren ist die Meinung vertreten worden, dass § 1357 auf Abzahlungsgeschäfte generell keine Anwendung finde. Dagegen spricht aber, dass Teilzahlungsgeschäfte auch bei Verbrauchern üblich sind und dass gerade hier ein Hauptzweck der Schlüsselgewalt, nämlich der Schutz der Gläubiger, erreicht wird.

bb) Wendet man mit der h. M. § 1357 grundsätzlich auch auf Teilzahlungskäufe an, so stellt sich weiterhin das Problem, ob nach dem Zweck des Verbraucher-schutzes

– nur derjenige Ehegatte durch das Geschäft gebunden ist, dem gegenüber die verbraucherschützenden Erfordernisse erfüllt sind (hier: Moritz),
– oder auch der andere Ehegatte, dem weder die vorgeschriebenen Informationen noch die Widerrufsbelehrung zuteil geworden sind (hier: Maximiliane).

Die Frage ist streitig. Die zweitgenannte Auffassung setzt voraus, dass man die Ehegatten im Rahmen des § 1357 als rechtsgeschäftliche Einheit sieht, in der das Verhalten des einen dem anderen ohne weiteres zugerechnet wird. Ist der das Geschäft abschließende Ehegatte über das Widerrufsrecht belehrt, so ist es nach dieser Auffassung automatisch auch der andere. Für die erstgenannte Auffassung spricht hingegen der Zweck des Verbraucherschutzes. Beide Auffassungen sind ver-tretbar.

d) *Ergebnis:* Maximiliane kann aus dem Kaufvertrag nach § 1357 I 2 mitverpflichtet sein, wenn es im Rahmen des § 1357 genügt, dass die verbraucherschützenden Erfordernisse für Teilzahlungsgeschäfte dem handelnden Ehegatten gegenüber erfüllt sind (str.).

39. Folterstühle

Wie Fall 38. Angenommen, wir kommen zum Ergebnis, dass auch Frau Arndt-Hülshoff aus dem Möbelkauf berechtigt und verpflichtet ist. Als die neuen Möbel geliefert werden, ist sie wegen des ausgefallenen Designs und

der Unbequemlichkeit entsetzt. „Das sind ja Folterstühle", ruft sie aus. Herr Arndt ist aber nicht bereit, den Kauf rückgängig zu machen, weil er die Möbel „Spitze" findet.
Daraufhin erklärt Frau Arndt-Hülshoff der „Sein oder Design"-GmbH gegenüber fristgerecht, dass sie den von ihrem Mann abgeschlossenen Kaufvertrag widerrufe.
Welche Wirkung hat diese Erklärung?

Solange die zweiwöchige Widerrufsfrist nach § 355 I 2 läuft, ist das Teilzahlungsgeschäft auf Seiten des Verbrauchers *frei widerruflich* (§ 355 I 1 i. V. m. §§ 506 I, 495 I). Der fristgerechte Widerruf bewirkt, dass der Verbraucher an seine Erklärung nicht mehr gebunden ist. Die Frage ist nur, wer bei Vorliegen eines Schlüsselgewaltgeschäfts *zur Ausübung des Widerrufsrechts* befugt ist.

In Betracht kommen:

a) der Ehegatte, der das Geschäfts abgeschlossen hat (hier Herr Arndt) allein mit Wirkung für beide;
b) oder beide Ehegatten nur zusammen;
c) oder jeder Ehegatte allein mit Wirkung für beide Ehegatten;
d) oder jeder Ehegatte mit Wirkung nur für sich selbst.

Aus dem Gesetz lässt sich die Lösung b) herleiten: Nach § 351 S. 1 i. V. m. § 357 I 1 kann, wenn bei einem Vertrag auf einer Seite mehrere Personen beteiligt sind, das Widerrufsrecht nur von allen ausgeübt werden. Frau Arndt-Hülshoff könnte also allein das Geschäft nicht widerrufen. Die Frage ist aber, ob diese Lösung für Schlüsselgewaltgeschäfte angemessen ist. Man kann argumentieren: Wenn der andere Ehegatte ohne sein Zutun aus einem Teilzahlungsgeschäft verpflichtet werden kann, so müssen ihm erst recht die auf dem Gedanken des Verbraucherschutzes basierenden Möglichkeiten zustehen, vom Vertrag Abstand zu nehmen. Die Frage ist dann wiederum, ob er den Widerruf nur für sich selbst (Lösung d) oder zugleich auch für den Ehegatten, der das Geschäft abgeschlossen hat (Lösung c) erklären kann. Für die zuletzt genannte Lösung spricht der Gedanke, dass im Rahmen des § 1357 die Ehegatten als Einheit betrachtet werden können, in der sie sich ihr Handeln gegenseitig zurechnen lassen müssen. Die Frage ist streitig, jede der oben genannten Lösungen erscheint vertretbar.

40. Der Anschaffungskredit

Die Eheleute Schmalzl leben in finanziell geordneten Verhältnissen, es steht ein monatliches Nettoeinkommen von 2.500 EUR netto zur Verfügung. Die private Kreditbank Felicitas AG annonciert in der Tagespresse „Anschaffungskredite bis zu 2.000 EUR". Frau Schmalzl nimmt zur Bank Verbindung auf; ihr wird ein verzinsliches Darlehen in der Höhe von 800 EUR gewährt; die Laufzeit beträgt ein Jahr. Die Bestimmungen des § 492 werden bei Vertragsschluss eingehalten, Frau Schmalzl wird auch über ihr Widerrufsrecht belehrt (§§ 495 I, 355 II).

> Von dem Geld kauft Frau Schmalzl im Kaufhaus Vollmer
>
> a) einen Videorecorder, der schon lange auf der Wunschliste der Schmalzls steht, für 350 EUR.
> b) vom Rest eine Goldbrosche für ihre Busenfreundin Emma zum Geburtstag.
>
> Bei Fälligkeit verlangt die Felicitas AG von Herrn Schmalzl die Rückzahlung des Kredits. Mit Recht?

Herr Schmalzl ist als Gesamtschuldner aus dem *Darlehensvertrag* verpflichtet (§ 488 I 2), wenn Frau Schmalzl bei Darlehensaufnahme *im Rahmen der Schlüsselgewalt* (§ 1357 I) gehandelt hat.

a) Fraglich ist, ob die Aufnahme des „Anschaffungsdarlehens" als *Geschäft zur Deckung des Lebensbedarfs der Familie* angesehen werden kann. Dafür könnte sprechen, dass das aufgenommene Geld wenigstens teilweise für einen Gegenstand des familiären Bedarfs (Videorecorder) verwendet worden ist, während das persönliche wertvolle Geschenk für die Freundin nicht dem familiären Bedarf zugerechnet werden kann. Man könnte also überlegen, ob Herr Schmalzl in der Höhe mitverpflichtet ist, in der das Darlehen tatsächlich für den angemessenen Lebensbedarf der Familie verwendet wurde.

Dagegen spricht jedoch folgende Erwägung: Ob ein Geschäft nach § 1357 I 2 für und gegen den anderen Ehegatten wirkt, muss im Zeitpunkt seines Abschlusses feststehen. Als Frau Schmalzl den Kredit aufnahm, stand aber noch gar nicht fest, wofür sie ihn verwenden würde. Auch wenn sie schon bestimmte Pläne hatte, war sie nicht daran gebunden. Wenn der Darlehensvertrag im *Zeitpunkt seines Abschlusses* kein Schlüsselgewaltgeschäft war, so konnte er es auch nicht nachträglich durch eine bestimmte tatsächliche Verwendung des Geldes werden (str.).

b) Dass der *Kauf* des Videorecorders seinerseits unter § 1357 I fällt, ändert daran nichts. Im Verhältnis zur Felicitas AG geht es um das vorgeschaltete *Darlehen*. Anders ist die Lage, wenn die Gewährung des Darlehens von vorn herein an die Anschaffung eines bestimmten Bedarfsgegenstandes gebunden ist (z. B. drittfinanzierter Kauf eines Videorecorders).

41. Wenn der Schein trügt

Die Eheleute Feigl halten es miteinander nicht mehr aus, nachdem die Kinder erwachsen sind und das Elternhaus verlassen haben. Sie beschließen sich zu trennen. Die Trennung wird im Einfamilienhaus, in dem die Feigls bisher wohnten, wie folgt durchgeführt: Herr Feigl bewohnt die im Souterrain befindlichen bisherigen Kinderzimmer (mit Dusche und WC), Frau Feigl die übrigen Räume. Beide Ehegatten sind berufstätig und verdienen etwa 2.500 EUR netto im Monat. Jeder führt seinen Haushalt selbst.
Nachdem der im Wohnzimmer befindliche Fernsehapparat seinen Geist aufgibt, kauft Frau Feigl ein neues Gerät mit Flachbildschirm zum Preis von 1.000 EUR beim Händler Globig. Diesem sind die Feigls als gute Kunden bekannt. Er liefert das Gerät frei Haus und schließt es im Wohnzimmer an.

Die Rechnung adressiert er wie in früheren Fällen an das Ehepaar Feigl. Von der Trennung der Eheleute weiß er nichts.
Muss Herr Feigl zahlen?

Herr Feigl ist als Gesamtschuldner zur Zahlung verpflichtet, wenn der Kauf des Geräts als Schlüsselgewaltgeschäft, d. h. als Geschäft zur angemessenen Deckung des Lebensbedarfs der Familie anzusehen ist (§ 1357 I).

a) Die Nutzung eines Fernsehgeräts gehört zweifellos zum *Lebensbedarf der Familienmitglieder*, daher auch die Anschaffung. Dass nach der Trennung Frau Feigl das Gerät allein nutzt, ändert daran nichts, weil auch der persönliche Lebensbedarf jedes einzelnen Familienmitglieds unter den familiären Bedarf fällt. Von der Angemessenheit ist bei den gegebenen Einkommensverhältnissen auszugehen. Grundsätzlich ist also Herr Feigl mitverpflichtet.

b) Dies gilt freilich nicht, wenn die Ehegatten zur Zeit des Geschäftsabschlusses *getrennt lebten* (§ 1357 III); in diesem Fall ruht die Schlüsselgewalt. Zwar leben die Eheleute Feigl noch im selben Haus. Gleichwohl können sie getrennt leben, wie § 1567 I 2 sogar für das Leben in derselben Wohnung anerkennt. Voraussetzung ist, dass die häusliche Gemeinschaft aufgehoben ist und mindestens ein Ehegatte sie nicht mehr herstellen will, weil er die eheliche Lebensgemeinschaft ablehnt (§ 1567 I 1). Die Feigls haben ihre äußeren Lebensbereiche durch Aufteilung des Hauses getrennt, sie führen keinen gemeinsamen Haushalt mehr. Sie wollen beide nicht mehr miteinander ehelich zusammenleben. Daher leben sie getrennt, § 1357 I kommt nicht zur Anwendung.

c) Fraglich ist, ob Globig das gegen sich gelten lassen muss, da er von der Trennung des Ehepaars nichts wusste und unter gewöhnlichen Umständen nichts wissen musste. Man könnte die Meinung vertreten, dass das *Vertrauen eines redlichen Dritten* auf das Bestehen der Schlüsselgewalt ähnlich geschützt sei wie das Vertrauen auf das Bestehen einer Vollmacht (Anscheinsvollmacht, entsprechend §§ 170–173). Dagegen spricht, dass die Schlüsselgewalt im Gegensatz zur Anscheinsvollmacht nicht auf einem Vertrauen begründenden Verhalten des „Vertretenen" beruht: Die Wirkungen des § 1357 I 2 treten ohne Rücksicht darauf ein, ob der Geschäftspartner von der Existenz der Ehe weiß oder wissen muss, ob er den anderen Ehegatten kennt und ob er vom Zusammenleben der Eheleute weiß. Daraus kann man schließen, dass der Geschäftspartner auch umgekehrt nicht auf das Bestehen der Ehe oder das Zusammenleben der Eheleute vertrauen kann (gegenteilige Ansicht vertretbar).

d) *Ergebnis:* Lehnt man die Anwendung des Rechtsscheingedankens ab, so haftet Herr Feigl aus dem Kaufvertrag über den Fernsehapparat nicht.

42. Ein aktiver Frührentner I

Herr Hoppenstedt wird frühzeitig pensioniert. Zum Entsetzen seiner Frau mischt er sich nun in die Haushaltführung ein. Er weiß alles besser, nörgelt viel herum und fängt an, sich in die täglichen Einkäufe einzuschalten. Dabei neigt er dazu, unsinnig große Mengen einzukaufen, wenn er auf diese Weise einen Rabatt ergattern kann.

Frau Hoppenstedt ist dies alles leid. Sie erklärt ihrem Mann, sie schließe seine Befugnis zur Ausübung der Schlüsselgewalt aus. Ihr Mann kauft aber weiterhin für den gemeinsamen Haushalt ein. Ist Frau Hoppenstedt aus diesen Geschäften, soweit sie der angemessenen Bedarfsdeckung dienen, berechtigt und verpflichtet?

a) Die Mitberechtigung und –verpflichtung von Frau Hoppenstedt aus den Geschäften ihres Mannes ergibt sich aus *§ 1357 I 2*, soweit die Voraussetzungen des § 1357 I 1 gegeben sind.

b) Fraglich ist jedoch, ob die Schlüsselgewalt des Ehemannes nicht *wirksam ausgeschlossen* war. Jeder Ehegatte kann die Befugnis des anderen Ehegatten, Geschäfte mit Wirkung für ihn zu besorgen, ausschließen oder beschränken (§ 1357 II 1). Dies geschieht durch einseitige, empfangsbedürftige Willenserklärung dem Ehepartner gegenüber. Doch wirkt der Ausschluss gegenüber einem Dritten nur nach Maßgabe des § 1412 (§ 1357 II 2), d. h. nur dann, wenn der Dritte bei Geschäftsabschluss den Entzug der Schlüsselgewalt kennt oder wenn dieser im Güterrechtsregister eingetragen ist. Frau Hoppenstedt muss also den Ausschluss der Schlüsselgewalt im Güterrechtsregister eintragen lassen, um seine Wirkung sicherzustellen.

43. Ein aktiver Frührentner II

Im vorstehenden Fall möchte sich Herr Hoppenstedt gegen den Entzug der Schlüsselgewalt wehren, weil er ihn für ungerechtfertigt hält. Was kann er tun?

Herr Hoppenstedt kann sich an das Familiengericht mit dem Antrag wenden, die Ausschließung aufzuheben (§ 1357 II 1 Hs. 2). Das Gericht wird dem Antrag des Ehemanns stattgeben, wenn für die Ausschließung „kein ausreichender Grund" gegeben ist. Zur Frage, wann das der Fall ist, gibt es kaum Rechtsprechung. Gewiss ist der Ausschluss bei wirtschaftlich schädlichem oder unsinnigem Verhalten gerechtfertigt; in den meisten Fällen werden dann aber schon die Voraussetzungen des § 1357 I nicht vorliegen. In unserem Fall kann man die unerwünschte Einmischung in die eigenverantwortliche Haushaltführung der Ehefrau (§ 1356 I 2) als ausreichenden Grund für den Entzug der Schlüsselgewalt ansehen.

44. Handtaschen für Frau Feldbusch

Frau Feldbusch lebt mit ihrem Mann, einem mittleren Beamten, in einer Kleinstadt friedlich und genügsam zusammen. Nur wenn sie Handtaschen sieht, gerät sie außer Kontrolle. Die Handtaschen, zumal in Lack, üben einen unwiderstehlichen Reiz auf sie aus. So kauft sie sinnlos Handtaschen, oft auch auf Kredit, die sich im Hause Feldbusch türmen. Der Ehemann setzt nun in die örtliche Zeitung folgendes Inserat: „Warnung! Für die Geschäfte meiner Frau Angelika Feldbusch lehne ich jegliche Haftung ab. Robert Feldbusch, Eierwiese 11."
Wie beurteilen Sie den rechtlichen Nutzen, den die Anzeige für Herrn Feldbusch haben kann?

Der Nutzen einer derartigen Bekanntmachung ist gering.

- Soweit Frau Feldbusch nicht im Rahmen der Schlüsselgewalt handelt, weil es etwa an der Angemessenheit fehlt, haftet Herr Feldbusch ohnehin nicht.
- Bei denjenigen Handtaschenkäufen, für welche die Voraussetzungen des § 1357 I 1 gegeben sind, kann die Wirkung für und gegen den anderen Ehegatten durch eine bloße Erklärung der geschilderten Art nicht ausgeschlossen werden.
- Man könnte die Anzeige als öffentliche Kundgabe eines Ausschlusses der Schlüsselgewalt nach § 1357 II deuten. Dieser Ausschluss wirkt aber, solange er nicht im Güterrechtsregister eingetragen ist, nur gegenüber demjenigen Geschäftspartner, der von der Anzeige positive Kenntnis genommen hat. Dies hätte der Ehemann im Streitfall zu beweisen.
- Es wäre Herrn Feldbusch also zu raten, die Schlüsselgewalt seiner Frau auszuschließen und diese Tatsache ins Güterrechtsregister eintragen zu lassen. Einer Annonce der genannten Art bedarf es nicht.

45. Der rostende Geländewagen

Die Eheleute Beate Müller-Isenburg und Peter Müller sind beiderseits berufstätig, ihr Einkommen beträgt je 4.000 EUR netto im Monat. Jeder hat seinen eigenen Pkw, der beruflich genutzt wird. Für die Gestaltung der Freizeit steht allerdings ein schicker Geländewagen auf der Wunschliste. Herr Müller kauft nach Rücksprache mit seiner Frau von dem Händler Rost einen gebrauchten Wagen des Typs „Galaxos-Super" für 15.000 EUR. Das Geld wird vom gemeinsamen Sparkonto der Eheleute an Rost überwiesen, der KfZ- Brief wird auf beide Ehegatten ausgestellt.
Angenommen: Der Wagen weist schwere, von Rost zu vertretende Sachmängel auf. Wem stehen die für den Käufer vorgesehenen Mängelrechte zu?

Die *Rechte aus § 437* hat Herr Müller, der den Kauf abgeschlossen hat, ferner auch seine Frau, wenn es sich um ein Schlüsselgewaltgeschäft handelt (§ 1357 I 2).

a) Der Kauf des Geländewagens ist für die Freizeitbedürfnisse des Ehepaars gedacht, dient also dem *Lebensbedarf der Familie*. Auch erscheint die Anschaffung angesichts des Einkommens beider Partner als *angemessene Bedarfsdeckung* (§ 1357 I 1). Dass für den Kauf keine dringende Notwendigkeit bestand, ist im Rahmen des § 1357 ohne Bedeutung. Daher ist auch Frau Müller-Isenburg aus dem Kauf berechtigt und verpflichtet, auch ihr stehen die Mängelrechte zu.

b) Fraglich ist, ob die Ehegatten die Mängelrechte *jeweils selbständig geltend machen können* oder ob sie zusammenwirken müssen. Nach h. M. sind die Ehegatten, soweit es um die Berechtigung aus dem Schlüsselgewaltgeschäft nach § 1357 I 2 geht, als Gesamtgläubiger anzusehen. Das hat zur Folge, dass nur die in § 429 I und § 429 III (i. V. m. §§ 422, 423, 425) genannten Umstände, die bei einem der Gläubiger eintreten, sich auch auf den anderen erstrecken; im Übrigen handelt jeder nur für seinen eigenen Rechtsbereich. Daraus könnte man folgern, dass jeder Ehegatte selbständig und nur für das Verhältnis des Verkäufers zu ihm die Rechte aus § 437 geltend machen kann. Das ist misslich, vor allem wenn Wahlmöglichkeiten bestehen, etwa beim Anspruch auf Nacherfüllung zwischen Beseitigung des Mangels und

Lieferung einer mangelfreien Sache (§ 437 Nr. 1 i. V. m. § 439 I). Deshalb ist die Auffassung vertretbar, dass (a) entweder beide gemeinsam die Mängelrechte geltend machen müssen, oder aber (b) jeder zwar selbständig handeln kann, dann aber mit Wirkung für beide.

c) Das *Rücktrittsrecht* betreffend (§ 437 Nr. 2 i. V. m. §§ 323, 326 V, 440) ist die Frage gesetzlich geregelt: Nach § 351 S. 1 kann, wenn bei einem Vertrag auf der einen oder der anderen Seite mehrere beteiligt sind, das Rücktrittsrecht nur von allen und gegen alle ausgeübt werden.

5. Ehevermögensrecht

46. Mein und Dein I

Gerda und Gustav wollen heiraten. Sie machen sich Gedanken über den Güterstand. Am schönsten fänden sie es, wenn jeder Inhaber seines bisherigen Vermögens bliebe, wenn aber alles, was sie nach der Heirat erwerben würden, ihnen beiden gemeinsam gehörte.
Was müssen Gerda und Gustav tun, um dies zu erreichen?

1. Zunächst ist zu überlegen, ob nicht der gesetzliche Güterstand der *Zugewinngemeinschaft* den Vorstellungen der Verlobten entspricht. Dieser tritt mit der Heirat automatisch ein, wenn die Verlobten keinen anderweitigen Ehevertrag schließen. Die Zugewinngemeinschaft sieht zwar eine gegenseitige Beteiligung der Ehegatten an den von ihnen während der Ehe erzielten Vermögenszuwächsen vor. Doch wird diese Beteiligung erst bei Auflösung der Ehe verwirklicht. Hingegen findet während des Güterstandes kein gemeinschaftlicher Erwerb statt, es herrscht Gütertrennung (§ 1363 II 1 Hs. 2). Die Zugewinngemeinschaft entspricht also nicht ganz den Vorstellungen der Verlobten.

2. Die Verlobten können aber die von ihnen angestrebte Vermögensordnung auf folgende Weise herstellen. Sie wählen durch *Ehevertrag* die Gütergemeinschaft (§§ 1415 ff.), erklären aber zugleich das jeweils bei Eheschließung bei jedem Partner vorhandene Vermögen zum Vorbehaltsgut (§ 1418 II Nr. 1). Dadurch wird erreicht, dass das bisherige Vermögen nicht zum Gesamtgut wird, sondern jedem individuell verbleibt und von ihm verwaltet wird (§ 1418 III). Hingegen fällt dann das ab Beginn des Güterstandes Erworbene grundsätzlich in das Gesamtgut und gehört somit beiden gemeinschaftlich. Diese Form der auf den ehezeitlichen Erwerb beschränkten Gütergemeinschaft wird als „Errungenschaftsgemeinschaft" bezeichnet.

Information: Nach vielen ausländischen Rechten ist die Errungenschaftsgemeinschaft gesetzlicher Güterstand.

47. Mein und Dein II

Umfasst das eheliche Güterrecht sämtliche vermögensrechtlichen Beziehungen, die zwischen Ehegatten nach der Eheschließung entstehen können?

Das ist nicht der Fall. Das eheliche Güterrecht regelt die grundsätzlichen Auswirkungen des Bestehens einer Ehe auf die Zuordnung und Verwaltung des Vermögens der Ehegatten. Das schließt jedoch nicht aus, dass zwischen ihnen auch beliebige Rechtsbeziehungen nach allgemeinem bürgerlichem Recht entstehen können. Sie können beliebige Schuldverträge wie Darlehen, Kaufverträge, Gesellschaftsverträge etc. miteinander schließen, auch können Delikts- und Bereicherungsansprüche zwischen ihnen entstehen. Die andere Frage ist, wie sich das Bestehen solcher nach allgemeinem Zivilrecht bestehenden Ansprüche auf die güterrechtliche Lage auswirkt.

---

48. Der ausgeschlossene Versorgungsausgleich

Hans und Betty haben kurz vor ihrer Heirat durch notariellen Vertrag den Versorgungsausgleich ausgeschlossen. Sie meinten, da sie beide auch nach der Eheschließung berufstätig bleiben wollten, sorge jeder für seine Altersversorgung selbst.
Betty ist in der Folgezeit geschäftlich sehr erfolgreich und legt das überschüssige Geld in einem Aktiendepot an. Nach fünf Jahren kommt es zum Bruch. Betty reicht die Scheidung ein, die sodann vom Gericht ausgesprochen wird. Hans verlangt von seiner Frau Ausgleich des Zugewinns. Kommt ein solcher Anspruch in Frage?

Hans könnte gegen seine Frau einen *Zugewinnausgleichsanspruch* nach § 1378 I haben.

a) Voraussetzung ist, dass sein Zugewinn, d. h. die zwischen Beginn des Güterstandes und Rechtshängigkeit des Scheidungsantrags (§ 1384) erzielte Vermögensmehrung (§ 1373) geringer ist als der Zugewinn seiner Frau.

b) Jedoch kommt ein solcher Anspruch nur in Frage, wenn die Eheleute *im gesetzlichen Güterstand* leben. Anstelle der Zugewinngemeinschaft tritt Gütertrennung ein, wenn der gesetzliche Güterstand durch Ehevertrag ausgeschlossen wird (§ 1414 S. 1). Ein solcher Ausschluss liegt hier aber nicht vor. Zwar haben die Eheleute einen Ehevertrag geschlossen. In diesem wurde aber nur der Versorgungsausgleich ausgeschlossen (§ 6 I 2 Nr. 2 VersAusglG); der Güterstand war nicht Gegenstand des Vertrages. Der Abbedingung des Versorgungsausgleichs ist auch nicht der konkludente Wille der Parteien zu entnehmen, die Zugewinngemeinschaft mit auszuschließen. Zugewinnausgleich und Versorgungsausgleich beruhen zwar auf dem gleichen Grundgedanken, dass der Vermögenserwerb während der Ehe in der Regel auf den Leistungen beider Ehegatten beruht. Doch werden diese Ausgleichsinstrumente vom Gesetz strikt voneinander getrennt.

c) *Ergebnis:* Hans kann nach der Scheidung einen Anspruch auf Zugewinnausgleich haben, wenn der von ihm in der Ehe erzielte Zugewinn geringer ist als der seiner Frau (§ 1578 I).

Information: Nach der bis 1.9.2009 geltenden Gesetzeslage sollte der Ausschluss des Versorgungsausgleichs zugleich die Wirkung haben, dass Gütertrennung eintritt (§ 1414 S. 2 früherer Fassung). Diese inkonsequente Regelung ist im Zuge der Reform des Versorgungsausgleichs 2009 aufgehoben worden.

49. Streit um einen Bauernschrank

Die Eheleute Zobel haben zunächst durch **notariellen Vertrag** Gütertrennung vereinbart; dies ist im Güterrechtsregister eingetragen. Nach dreijähriger Ehe – inzwischen ist eine Tochter geboren – kommen sie überein, zum gesetzlichen Güterstand überzugehen und schließen dementsprechend einen notariellen Vertrag. Eine Eintragung in das Güterrechtsregister erfolgt diesmal nicht. Ein Jahr später verkauft und veräußert Herr Zobel, der Spielschulden hat, den von ihm in die Ehe eingebrachten, das Wohnzimmer zierenden Bauernschrank für 1.000 EUR an Kienzle. Dieser hat sich auf ein Inserat Zobels hin gemeldet und kennt dessen Verhältnisse nicht.
Frau Zobel möchte den schönen Bauernschrank nicht missen. Sie verlangt von Kienzle Herausgabe des Schrankes. Mit Recht?

Ansprüche aus eigenem Recht sind für Frau Zobel nicht gegeben. Möglicherweise kann sie aber aufgrund *des § 1368* gegen Kienzle vorgehen. Nach dieser Vorschrift ist sie befugt, ihrem Mann zustehende Ansprüche geltend zu machen, die sich daraus ergeben, dass dieser über einen ihm gehörigen Vermögensgegenstand ohne ihre nötige Zustimmung verfügt hat und die Verfügung deshalb unwirksam war.

a) Zunächst müssen die Voraussetzungen des § 1368 geben sein. Die Vorschrift ist einschlägig, da die Ehegatten zur betreffenden Zeit im gesetzlichen Güterstand lebten.

b) Herr Zobel hat eine Verfügung getroffen, indem er den Bauernschrank gemäß § 929 S. 1 an Herrn Kienzle übereignete.

c) Er war bei der Verfügung auch Eigentümer des Schranks. Der Umstand, dass das von ihm in die Ehe mitgebrachte Möbelstück in den ehelichen Haushalt eingegliedert wurde, ändert daran nichts. Frau Zobel hatte zwar an den Gegenständen des gemeinsamen Haushalts, die ihrem Mann gehörten, ein Recht zum Mitgebrauch. Die Eigentumslage blieb davon aber unberührt.

d) Da die Eheleute zur Zeit des Geschäfts im gesetzlichen Güterstand lebten, bedurfte Herr Zobel gemäß § 1369 I zur Verfügung wie auch zu dem zugrunde liegenden Verpflichtungsgeschäft der Zustimmung seiner Frau. Eine solche liegt nicht vor. Da die nachträgliche Genehmigung durch das Herausgabeverlangen endgültig verweigert wurde, ist Verfügungs- wie Verpflichtungsgeschäft an sich unwirksam (§ 1366 IV).

e) Damit könnte Frau Zobel die sich aus der Unwirksamkeit der Verfügung ergebenden Rechte ihres Mannes gegen Dritte gemäß § 1368 geltend machen. In Betracht kommt vor allem ein Herausgabeanspruch gegen Kienzle aus § 985. Dessen Voraussetzungen sind an sich gegeben: Kienzle ist Besitzer des Schranks, Zobel ist Eigentümer geblieben, wenn die Übereignung, wie oben angenommen, unwirksam war. Auch hätte Kienzle kein Recht zum Besitz, weil auch der Kaufvertrag als zugrunde liegendes Verpflichtungsgeschäft von der Unwirksamkeit betroffen wäre (§§ 1369 I, 1366 IV).

f) Etwas anderes könnte jedoch gelten, wenn in unserem Fall die Vorschrift des § 1369 ausnahmsweise nicht anwendbar ist. Dies könnte sich daraus ergeben, dass die Eheleute ursprünglich im Güterstand der Gütertrennung gelebt haben und erst später *zum gesetzlichen Güterstand übergegangen sind*, was durch Ehevertrag jederzeit möglich ist.

Zwar bestand zur Zeit der Verfügung der gesetzliche Güterstand, sodass §§ 1368, 1369 grundsätzlich zum Zuge kommen. Im Güterrechtsregister war aber noch der Güterstand der Gütertrennung eingetragen, in dessen Rahmen diese Vorschriften nicht gelten. Das Güterrechtsregister schützt Dritte durch die sogenannte negative Publizität. Hier kommt die Vorschrift des § 1412 II i. V. m. § 1412 I zum Zuge: Haben die Eheleute eine im Güterrechtsregister eingetragene Regelung (hier: Gütertrennung) durch Ehevertrag aufgehoben oder geändert, so können sie Einwendungen hieraus gegenüber einem Dritten nur herleiten, wenn der abändernde Ehevertrag im Güterrechtsregister des zuständigen Amtsgerichts eingetragen oder dem Dritten bekannt war, als das Rechtsgeschäft vorgenommen wurde. Weder war der Vertrag über die Änderung des Güterstandes im Register eingetragen noch wusste Kienzle davon. § 1369 kommt nicht zum Zuge, die Übereignung an Kienzle ist wirksam.

g) *Ergebnis*: Frau Zobel kann gegen Kienzle keine Ansprüche geltend machen.

50. Ein Professor erlebt den Frühling

Professor Schmolke, Ordinarius für germanische Altertumskunde, lebt mit seiner Frau Franziska im gesetzlichen Güterstand. Seine Leidenschaft gilt alten Büchern, die sich durch den Sammeleifer des Gelehrten im gemieteten Einfamilienhaus zu einer wertvollen Fachbibliothek ansammeln. Das sonstige Vermögen Professor Schmolkes ist bescheiden und beschränkt sich auf Gebrauchsgegenstände des täglichen Lebens und ein Sparbuch in Höhe von 3.000 EUR.
Eine Tages gerät Professor Schmolke durch die Lektüre von Goethes Faust in die Krise; auch die neue Bekanntschaft mit der bildhübschen Bibliothekarin Tina Turnherr trägt dazu bei. Er entschließt sich, zu leben und seine Bibliothek für 100.000 EUR an den Antiquar Wurm zu verkaufen. Dabei weiß Wurm aus der langjährigen Geschäftsverbindung, dass Schmolke praktisch seine gesamten finanziellen Mittel in die Bibliothek gesteckt hat.
1. Bedarf der Kaufvertrag der öffentlichen Beurkundung?
2. Bedarf Prof. Schmolke zum Verkauf der Einwilligung seiner Frau?

Zu Frage 1: Öffentliche Beurkundung?

In Betracht kommt die Formvorschrift des § 311b III. Danach bedarf ein Vertrag, durch den sich jemand verpflichtet, sein gegenwärtiges Vermögen oder einen Bruchteil davon zu übertragen, der notariellen Beurkundung. Die Bibliothek machte tatsächlich fast das gesamte Vermögen des Schmolke aus. Doch genügt das für die Anwendung des § 311b III nicht; dieser greift nur, wenn der Wille der Parteien darauf gerichtet war, das gesamte Vermögen einer Vertragspartei „in Bausch und Bogen" zu erfassen. Wurm geht es aber nur um die Bibliothek, das übrige Vermögen des Professors ist ihm gleichgültig. Einer öffentlichen Beurkundung bedarf der Vertrag also nicht.

Zu Frage 2: Einwilligung der Ehefrau?

Nach § *1365 I 1* kann sich ein Ehegatte nur mit Einwilligung des anderen Ehegatten verpflichten, über sein Vermögen im Ganzen zu verfügen.

a) Fraglich ist auch hier, ob der Kaufvertrag mit Wurm eine „Verpflichtung zur Verfügung über das Vermögen im ganzen" mit sich bringt. Das kommt darauf an, ob – wie bei § 311b III – der rechtsgeschäftliche Wille darauf gerichtet sein muss („*Gesamttheorie*") oder ob es genügt, wenn die vom Vertrag erfassten Einzelgegenstände *tatsächlich* das ganze oder nahezu das ganze Vermögen ausmachen („*Einzeltheorie*"). Der Schutzzweck des § 1365 spricht für die zweite Auffassung (so auch die Rechtsprechung, BGHZ 35, 143; 123, 93, 95; str.). Folgt man dem, so bedarf Prof. Schmolke zum Abschluss des Kaufvertrages grundsätzlich der Zustimmung seiner Frau. Denn die übrigen Vermögensgegenstände Schmolkes sind so geringwertig, dass die Bibliothek fast sein gesamtes Vermögen ausmacht; auch das Sparbuch über die bescheidene Summe ändert daran nichts.

b) Nach der Rechtsprechung kommt die „Einzeltheorie" bei § 1365 I 1 aber nur zum Zuge, wenn der Vertragspartner (hier: Wurm) *weiß*, dass es sich bei dem Geschäftsgegenstand um (fast) das gesamte Vermögen des Ehegatten handelt oder wenn er *die Verhältnisse kennt*, aus denen sich dies ergibt (BGHZ 43, 174, 177; 123, 93, 95; str.). Dadurch sollen Dritte, die keinen Einblick in die Vermögensverhältnisse des Ehepaares haben, geschützt werden. In vorstehendem Fall hat Wurm Kenntnis davon, dass Schmolke fast seine gesamten Mittel in die Bücher gesteckt hat, die Bibliothek also praktisch sein gesamtes Vermögen war. § 1365 I 1 ist folglich anwendbar.

c) *Ergebnis:* Schmolke bedarf zum Verkauf der Bibliothek der Einwilligung seiner Frau.

51. Pflicht zur Information?

Wie Fall 50, aber: Wurm hat, wie Schmolke weiß, von den Vermögensverhältnissen Schmolkes keine Ahnung. Ist Schmolke *seiner Frau gegenüber* trotzdem verpflichtet, sie über den geplanten Verkauf der Bibliothek zu informieren und ihre Zustimmung einzuholen? Welches wären gegebenenfalls die Folgen einer Pflichtverletzung?

1. Wenn der Antiquar Wurm nicht weiß, dass es sich um das gesamte Vermögen Schmolkes handelt und wenn er auch die Verhältnisse nicht kennt, aus denen ein solcher Schluss gezogen werden könnte, so ist nach dem oben Gesagten der Kaufvertrag auch ohne Zustimmung von Frau Schmolke wirksam.

2. Gleichwohl könnte Schmolke im Innenverhältnis zu seiner Frau verpflichtet sein, sie über seine Absicht zu unterrichten und ihre Zustimmung einzuholen. Denn § 1365 hat den Sinn, bei Vermögensdispositionen eines Ehegatten über sein gesamtes Vermögen den anderen Ehepartner zu schützen, dessen Position bei einem möglichen künftigen Zugewinnausgleich dadurch geschmälert werden könnte. Würde Schmolke die Ahnungslosigkeit des Wurm dazu ausnutzen, die Vorschrift des § 1365 I zu umgehen, so beginge er gegenüber seiner Frau eine eheliche Pflicht-

verletzung. Da diese eine vermögensrechtliche Pflicht betrifft, käme ein Schadensersatzanspruch der Ehefrau gegen ihren Mann aus § 280 I i. V. m. § 241 II in Betracht, sofern ihr aus dem Geschäft Nachteile erwachsen.

52. Der verpfändete Schmuck

Die Eheleute Oberhuber leben im gesetzlichen Güterstand. Frau Oberhuber nimmt bei einer Bank, bei der die Vermögensverhältnisse des Ehepaares bekannt sind, ein Darlehen in Höhe von 25.000 EUR auf. Zur Sicherung der Ansprüche der Bank aus dem Kreditverhältnis verpfändet Frau Oberhuber der Bank abredegemäß ihren Familienschmuck, ihre einzige nennenswerte Habe. Der Schmuck ist etwa 30.000 EUR wert.
Ist die Einwilligung von Herrn Oberhuber nötig? Zu welchem Rechtsgeschäft?

a) Die Einwilligung von Herrn Oberhuber könnte nach § 1365 I 1 nötig sein. Geschäftsgegenstand ist *faktisch* fast das ganze Vermögen der Ehefrau, das genügt nach der herrschenden Einzeltheorie. Auch hatte die Bank Kenntnis von den Vermögensverhältnissen des Ehepaares.

b) Doch fragt sich, ob die zwischen Frau Oberhuber und der Bank getätigten Rechtsgeschäfte *ihrer Art nach* unter § 1365 I 1 fallen. Denn das hier getätigte Verpflichtungsgeschäft ist kein Kauf, sondern eine Sicherungsabrede, die zur Verpfändung des Schmuckes verpflichtet. Auch das ist aber die *Verpflichtung zu einer Vermögensverfügung*, sodass grundsätzlich § 1365 I anwendbar ist.

c) Es ist aber zu überlegen, ob durch die Verpflichtung zur Pfandbestellung wirklich *„fast das gesamte Vermögen"* betroffen ist, da die gesicherte Forderung unter dem Wert des Schmuckes bleibt. Das kann im Hinblick darauf bejaht werden, dass – sollte es zu einer Pfandversteigerung kommen – der Wert der verpfändeten Sache üblicherweise nicht voll realisiert werden kann.

d) *Ergebnis:* Frau Oberhuber bedarf also zur Sicherungsabrede mit der Bank der Zustimmung ihres Mannes. Hat sie eine solche Abrede ohne diese Zustimmung getroffen, so bedarf auch das dingliche Geschäft der Verpfändung (§ 1204) der Einwilligung des Ehemannes (§ 1365 I 2).

53. Das Schicksal eines Heizgeräts

Die Eheleute Max und Frauke Vierling leben im gesetzlichen Güterstand. Frauke hat in die Ehe ein elektrisches Heizgerät mitgebracht, das gelegentlich in der Übergangszeit in der ehelichen Wohnung benutzt wird.
Max ist Steuerbeamter, die Räume seiner Dienststelle sind infolge politischer Sparbeschlüsse schlecht geheizt. Auf Bitte von Max erklärt sich seine Frau damit einverstanden, dass er das Gerät vorübergehend in seine Dienststelle mitnimmt, wo es im Herbst seine wärmende Kraft entfaltet.
Das Gerät überwintert in der Behörde. Im darauf folgenden Frühling verkauft und veräußert Max das Gerät an seine Kollegin Sigrun Sommer, der er glaubhaft versichert, dass das Gerät ihm gehöre.
Ist Frau Sommer Eigentümerin geworden?

1. Ein *Erwerb nach § 929* scheidet aus, da Max nicht Eigentümer des Geräts ist. Auch der Umstand, dass Frauke das Gerät in den ehelichen Haushalt eingebracht hat, ändert nichts an den Eigentumsverhältnissen.

2. In Betracht kommt ein *Erwerb nach § 932.*

a) Eine Verfügung nach § 929 ist gegeben. Die Sache gehört nicht dem Veräußerer. Die Erwerberin, Frau Sommer, ist auch nicht bösgläubig. Also sind die Voraussetzungen des § 932 I 1 gegeben.

b) Der Erwerb könnte aber *nach § 935 I 1 ausgeschlossen* sein, wenn die Sache der Eigentümerin Frauke abhandengekommen ist. Auch nach dem Einbringen des Geräts in den ehelichen Haushalt blieb Frauke zunächst im unmittelbaren Mitbesitz. Sie könnte diesen Besitz aber mit ihrem Willen verloren haben, als sie damit einverstanden war, dass Max das Gerät mit zu seiner Dienststelle nahm. In dieser Frage sind unterschiedliche Auffassungen möglich: *Auf der einen Seite* könnte man sagen, der vorübergehende Gebrauch in der Dienststelle beende den unmittelbaren Mitbesitz der Ehefrau nicht, das Gewaltverhältnis Fraukes zum Gerät sei nur gelockert, nicht aufgehoben. Dann würde der unmittelbare Besitz Fraukes erst durch die Übergabe an Frau Sommer beendet, also ohne ihren Willen, ein gutgläubiger Erwerb wäre nicht möglich. *Auf der anderen Seite* kann man der Meinung sein, die Entfernung des Geräts aus dem Haushalt für längere Zeit (das Gerät „überwintert" in der Dienststelle!) beende den unmittelbaren Mitbesitz der Ehefrau. Dann hat diese den unmittelbaren Besitz *mit* ihrem Willen verloren, und Frau Sommer konnte das Eigentum am Gerät gutgläubig erwerben.

c) aa) Dem könnte aber, da das Ehepaar im gesetzlichen Güterstand lebt, *§ 1369* im Wege stehen. Nach dieser Vorschrift kann ein Ehegatte über ihm gehörende Gegenstände des ehelichen Haushalts nur verfügen und sich zu einer solchen Verfügung auch nur verpflichten, wenn der andere Ehegatte einwilligt. Die Anwendung des § 1369 I könnte den gutgläubigen Erwerb durch Frau Sommer verhindern, weil die Vorschrift nach Auffassung der Rechtsprechung (BGHZ 40, 218) ein absolutes Veräußerungsverbot enthält, bei dem im Gegensatz zu relativen Veräußerungsverboten (§ 135 II) ein Schutz des guten Glaubens nicht stattfindet (str.).

bb) Doch ist zweifelhaft, ob § 1369 I auf unseren Fall überhaupt Anwendung findet. Fraglich ist bereits, ob das Geschäft überhaupt einen *Gegenstand des ehelichen Haushalts* betrifft. Zwar gehörte das Gerät zum Haushalt der Vierlings, seit Frauke es zum gemeinsamen Gebrauch in die Ehewohnung verbracht hatte. Durch den Einsatz in der Dienstelle des Mannes könnte es aber seine Zugehörigkeit zum ehelichen Haushalt verloren haben. Dagegen spricht, dass das Geräts nur vorübergehend in der Behörde eingesetzt, also vom ehelichen Haushalt nicht endgültig abgesondert werden sollte (Gegenmeinung vertretbar).

cc) Der Anwendung des § 1369 I steht weiterhin entgegen, dass der Wortlaut der Vorschrift sich auf Rechtsgeschäfte bezieht, die ein Ehegatte über *ihm gehörende Haushaltsgegenstände* tätigt. Herr Vierling hat aber keine eigene, sondern eine seiner Frau gehörende Sache verkauft und veräußert. Damit wäre die Verfügung von § 1369 gar nicht betroffen, dem gutgläubigen Erwerb durch Frau Sommer stünde nichts im Wege.

dd) Doch dehnt eine verbreitete Rechtsmeinung den Anwendungsbereich des § 1369 auch auf Geschäfte aus, welche *die dem anderen Ehegatten gehörenden Haushaltsgegenstände* betreffen. Man sagt: Wenn ein Ehegatte schon nicht über die eigenen Haushaltsgegenstände ohne Zustimmung des anderen verfügen kann, dann erst recht nicht über die Gegenstände, die dem anderen gehören. Denn der Zweck der Vorschrift, das in der ehelichen Gemeinschaft gegründete Mitbenutzungsrecht zu schützen, trifft hier in gleicher Weise zu. Folgt man dem, so konnte Herr Vierling auch unter dem Gesichtspunkt des § 1369 I nicht ohne Zustimmung seiner Frau über das dieser gehörende Heizgerät verfügen. Da es bei § 1369 hinsichtlich der Verfügungsbefugnis des Veräußerers keinen Schutz des redlichen Erwerbers gibt (oben aa), kann Frau Sommer nur Eigentümerin werden, wenn Frau Vierling die Verfügung genehmigt; andernfalls ist die Veräußerung unwirksam (§ 1366 IV i. V. m. § 1369 III).

---

54. Ein erfolgreicher Schuldenabbau

Die Eheleute Gansel leben von Beginn ihrer Ehe an im gesetzlichen Güterstand. Herr Gansel ist am Beginn des Güterstandes stark verschuldet. Seine Verbindlichkeiten übersteigen sein Aktivvermögen um 500.000 EUR. Bis zur Erhebung des Scheidungsantrags durch Frau Gansel hat ihr Mann seine Schulden wesentlich verringern können, die Überschuldung beträgt nunmehr nur noch 200.000 EUR. Frau Gansel hatte am Beginn des Güterstandes Ersparnisse von 10.000 EUR, am Endstichtag beträgt ihr Vermögen 110.000 EUR.
Welcher Ehegatte hat einen Anspruch auf Zugewinnausgleich? In welcher Höhe?

Ein Ehegatte ist dem anderen ausgleichspflichtig, wenn sein Zugewinn den des anderen übersteigt; die Ausgleichforderung beläuft sich auf die Hälfte des Zugewinnüberschusses (§ 1378 I). Für beide Ehegatten ist daher der Zugewinn, somit die Differenz zwischen Endvermögen und Anfangsvermögen festzustellen. Für das Endvermögen ist hier die Rechtshängigkeit des Scheidungsantrags der maßgebende Stichtag (§ 1384), für das Anfangsvermögen der Beginn des Güterstandes (§ 1374 I), hier also der Zeitpunkt der Eheschließung.

1. Anspruch von Frau Gansel

Herr Gansel ist zugewinnausgleichspflichtig, wenn sein Zugewinn den seiner Frau übersteigt (§ 1378 I 1).

a) Zugewinn Herr Gansel

Das Anfangsvermögen (§ 1374 I) von Herrn Gansel betrug *minus* 500.000 EUR. Denn bei Eintritt des Güterstandes wies sein Vermögen einen negativen Saldo in dieser Höhe auf. Beim Anfangsvermögen werden auch die Verbindlichkeiten berücksichtigt, diese sind über die Höhe des Aktivvermögens hinaus abzuziehen (§ 1374 III).

Das Endvermögen (§ 1375 I) von Herrn Gansel beträgt *minus* 200.000 EUR. Auch hier sind Verbindlichkeiten über die Höhe des Aktivvermögens hinaus abzuziehen (§ 1375 I 2), so dass auch das Endvermögen eine negative Größe ausmachen kann.

Der Zugewinn von Herrn Gansel ist der Betrag, um den sein Endvermögen das Anfangsvermögen übersteigt (§ 1373). Der Vermögensstand von *minus* 200.000 EUR übersteigt den Vermögensstand von *minus* 500.000 EUR um *plus* 300.000 EUR. Herr Gansel hat also einen Zugewinn von 300.000 EUR erzielt.

b) *Zugewinn Frau Gansel*

Frau Gansel verzeichnet ein Endvermögen von 110.000 EUR, ein Anfangsvermögen von 10.000 EUR, also einen Zugewinn von 100.000 EUR.

c) *Zugewinndifferenz*

Der Zugewinn von Herrn Gansel (300.000 EUR) übersteigt den Zugewinn seiner Frau (100.000 EUR), die Zugewinndifferenz beträgt also 200.000 EUR. Danach steht Frau Gansel ein Anspruch in Höhe der Hälfte dieser Differenz, also in Höhe von 100.000 EUR zu (§ 1378 I)

d) *Höhenbegrenzung*

Doch kann diesem Anspruch die Höhenbegrenzung des § 1378 II 1 entgegenstehen. Danach wird die Höhe der Ausgleichsforderung durch den Wert des Vermögens begrenzt, das nach Abzug der Verbindlichkeiten bei Beendigung des Güterstands vorhanden ist. Unter Vermögen im Sinne dieser Vorschrift ist das Aktivvermögen zu verstehen. Für die Höhenbegrenzung kommt es im Scheidungsfall auf den Zeitpunkt der Rechtshängigkeit des Scheidungsantrags an (§ 1384), der auch für die Feststellung des Endvermögens maßgeblich ist.

Im Zeitpunkt der Rechtshängigkeit des Scheidungsantrags war Herr Gansel noch immer mit 200.000 EUR überschuldet, er hatte also nach Abzug der Verbindlichkeiten kein positives Aktivvermögen. Der Anspruch seiner Frau ist folglich auf 0 EUR begrenzt.

e) *Ergebnis:* Folglich hat Frau Gansel keinen Anspruch.

Man kann diskutieren, ob dieses Ergebnis gerecht ist. Immerhin hat der Ehemann sein Vermögen während der Ehe sehr viel stärker vermehren können als seine Frau. Die gesetzliche Regelung will aber die Verpflichtungen aus dem gesetzlichen Güterstand in zumutbaren Grenzen halten. Einem Ehegatten soll nicht abverlangt werden, sich (weiter) zu verschulden, um die Zugewinnausgleichsforderung des Partners erfüllen zu können.

2. *Anspruch von Herrn Gansel*

Da der Zugewinn von Herrn Gansel höher ist als der seiner Frau, kann sich kein Zugewinnausgleichsanspruch für ihn ergeben.

55. Eine willkommene Erbschaft

Die Eheleute Klapproth leben im gesetzlichen Güterstand. Sie lassen sich scheiden. Zum Zeitpunkt der Eheschließung war Herr Klapproth mit 200.000 EUR überschuldet. Während der Ehe gelingt es ihm, seine Schulden abzutragen. Am Endstichtag weist sein Vermögen ein positives Saldo von 200.000 EUR auf. Der Vermögenszuwachs erklärt sich u. a. daraus, dass der Mann während der Ehe ein Vermögen im Wert von damals 300.000 EUR

von seiner Mutter geerbt hat. Frau Klapproth hat weder am Anfang der Ehe noch bei Erhebung des Scheidungsantrags nennenswertes Vermögen.
Hat Frau Klapproth einen Zugewinnausgleichsanspruch, gegebenenfalls in welcher Höhe?

Frau Klapproth könnte einen *Zugewinnausgleichsanspruch aus § 1378 I* haben.

a) Sie selbst hat weder Anfangs- noch Endvermögen, ihr Zugewinn beträgt also 0 EUR.

b) Herr Klapproth hat ein Endvermögen (§ 1375 I) von 200.000 EUR.

Sein Anfangsvermögen (§ 1374 I) beträgt real *minus* 200.000 EUR. Als Anfangs-vermögen ist auch ein negativer Saldo anzusetzen (§ 1374 III).

Das Anfangsvermögen ist jedoch nach § 1374 II um den Wert der Erbschaft (300.000 EUR) zu erhöhen. Es handelt sich um einen Erwerb von Todes wegen, der nach Eintritt des Güterstandes eingetreten ist. Entscheidend ist der Wert, den der Nachlass im Zeitpunkt des Erbanfalls hatte. Die Hinzurechnung erfolgt zum Betrag des realen Anfangsvermögens, also zum negativen Vermögenssaldo.

Das Anfangsvermögen von Herrn Klapproth beträgt also *minus* 200.000 EUR *plus* 300.000 EUR = *plus* 100.000 EUR.

c) Die Zugewinnausgleichsdifferenz beträgt folglich 100.000 EUR.

d) *Ergebnis:* Frau Klapproth hat folglich aus § 1378 I gegen den Ehemann einen Anspruch auf Zahlung von 50.000 EUR.

Information: Nach früherer Rechtslage war streitig, ob in einem solchem Fall der Wert der Erbschaft dem negativen Saldo des Anfangsvermögens hinzuzurechnen war oder dem fiktiven Wert 0 EUR (so BGH FamRZ 1995, 991), da an sich keine negativen Anfangsvermögen angesetzt werden durften. Die Frage ist durch die Reform 2009 entschieden: Die Zurechnung erfolgt auf der Basis des realen Anfangs-vermögens, auch wenn es negativ zu beziffern ist.

56. Ein schöner Zugewinn

Frau Schniefke, die mit ihrem Mann im gesetzlichen Güterstand lebt, hat ein Anfangsvermögen von 50.000 EUR, bei Rechtshängigkeit des Scheidungs-antrags beträgt ihr Vermögen 400.000 EUR. Während der Ehe hat sie ihren Vater beerbt (Nachlasswert seinerzeit 200.000 EUR), ferner einen Lottoge-winn von 10.000 EUR gemacht.
Wie hoch ist ihr Zugewinn?

a) Das *Endvermögen* (§ 1375 I, § 1384) von Frau Schniefke beträgt 400.000 EUR.

b) Das *Anfangsvermögen* beläuft sich ursprünglich auf 50.000 EUR (§ 1374 I). Jedoch wird dem Anfangsvermögen dasjenige zugerechnet, was Frau Schniefke nach Eintritt des Güterstandes von Toden wegen erworben hat (§ 1374 II), hier also die Erbschaft nach ihrem Vater. Der Nachlass wird dem Anfangsvermögen mit dem Wert zugerechnet, den er im Zeitpunkt des Erbfalls hatte. Das Anfangsvermögen von Frau Schniefke beträgt also 250.000 EUR.

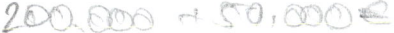

Der Lottogewinn hingegen wird nicht gemäß § 1374 II dem Anfangsvermögen zugerechnet. Auch wenn man die Erstreckung des Ausgleichs auf Lottogewinne für ungerecht hält, wird eine analoge Ausdehnung des § 1374 II auf Fälle, die nicht von seinem Wortlaut erfasst sind, abgelehnt (BGHZ 82, 149).

c) Der *Zugewinn* beträgt 150.000 EUR.

---

57. Ein Apartment für Betty I

Die Eheleute Groß, die keinen Ehevertrag geschlossen haben, lassen sich scheiden. Herr Groß war zu Beginn der Ehe mit einem Betrag von 100.000 EUR überschuldet. Er machte aber als Investmentberater in der Folgezeit glänzende Geschäfte. Zur Zeit der Erhebung des Scheidungsantrags ergibt sich bei ihm ein positiver Saldo von 100.000 EUR. Außerdem hat er während der Ehe seiner Geliebten Betty, mit der er sich von Zeit zu Zeit in einem Hotel traf, eine Eigentumswohnung im damaligen Wert von 300.000 EUR zugewendet; dies geschah fünf Jahre vor der Scheidung. Frau Groß hatte bei der Heirat weder Vermögen noch Schulden. Ihr Vermögen im Zeitpunkt der Erhebung des Scheidungsantrags beträgt 20.000 EUR.
Hat Frau Groß einen Anspruch auf Ausgleich des Zugewinns, gegebenenfalls in welcher Höhe?

Frau Groß könnte gegen Herrn Groß einen *Anspruch aus § 1378 I* haben.

a) Der *Zugewinn von Frau Groß* beträgt 20.000 EUR *minus* 0 EUR = 20.000 EUR.

b) *Herr Groß* hatte ein *Anfangsvermögen* von *minus* 100.000 EUR (§ 1374 I, III). Sein *Endvermögen* (§ 1375 I) beträgt *real* 100.000 EUR.

aa) Es ist aber zu fragen, ob das Endvermögen *nach § 1375 II aufzustocken* ist. Nach dieser Vorschrift werden dem Endvermögen die Beträge hinzugerechnet, durch die der Ehegatte nach Eintritt des Güterstandes sein Vermögen durch bestimmte unfaire Maßnahmen vermindert hat.

bb) In Betracht kommt hier die Vermögensminderung durch eine *unentgeltliche Zuwendung* an einen Dritten (§ 1375 II 1 Nr. 1). Die Zuwendung der Eigentumswohnung an Betty geschah unentgeltlich, es war keine Gegenleistung rechtlich bedungen. Es kann sich entweder um eine Schenkung (§ 516) oder eine „gemeinschaftsbedingte Zuwendung" handeln, die ähnlich wie eine „ehebedingte Zuwendung" nicht als Schenkung eingeordnet wird (BGHZ 177, 193 Tz. 40). Hier liegt Schenkung vor, weil Herr Groß mit Betty keine Lebensgemeinschaft führte, die Wohnung also Betty persönlich zugute kommen sollte. Aber auch bei einer „gemeinschaftsbedingten Zuwendung" wäre § 1375 II 1 Nr. 1 anwendbar, weil auch eine solche Zuwendung *objektiv* unentgeltlich erfolgt.

cc) Die Hinzurechnung § 1375 II 1 Nr. 1 entfiele allerdings, wenn die Schenkung einer *sittlichen Pflicht oder der Rücksicht auf den Anstand* entsprochen hätte; dafür sind indes keine Gründe erkennbar.

dd) Eine Zurechnung unterbliebe ferner, wenn die Vermögensminderung mindestens zehn Jahre vor Beendigung des Güterstands eingetreten ist oder wenn der andere

Ehegatte mit der unentgeltlichen Zuwendung oder der Verschwendung einverstanden war (§ 1375 III). Beide Voraussetzungen sind nicht gegeben. Der Wert der Schenkung an Betty ist also dem Endvermögen zuzurechnen.

c) Das Endvermögen von Herrn Groß beträgt also 100.000 EUR + 300.000 EUR = 400.000 EUR. Es übersteigt das (negative!) Anfangsvermögen um 500.000 EUR, sein *Zugewinn* (§ 1373) beläuft sich daher auf 500.000 EUR.

d) Die *Differenz der Zugewinne* beträgt infolgedessen 500.000 EUR – 20.000 EUR = 480.000 EUR. Folglich ergibt sich für Frau Groß nach § 1378 I ein *Ausgleichs-anspruch* in Höhe von 240.000 EUR.

e) aa) Es könnte aber sein, dass die Ausgleichspflicht des Groß *gemäß § 1378 II 1 herabzusetzen* ist. Danach wird die Höhe der Ausgleichsforderung durch den Wert des Vermögens begrenzt, das nach Abzug der Verbindlichkeiten bei Beendigung des Güterstands vorhanden ist. Für diese Höhenbegrenzung ist in unserem Fall der Tag der Rechtshängigkeit des Scheidungsantrags maßgeblich (§ 1384). Zu diesem Zeitpunkt wies das Vermögen des Groß nach Abzug der Verbindlichkeiten einen positiven Saldo von nur 100.000 EUR auf. Dieser Betrag bildet nach § 1378 II 1 an sich die Höchstgrenze des Ausgleichsanspruchs.

bb) Die sich nach § 1378 II 1 ergebende Begrenzung *erhöht sich* jedoch in den Fällen der „illoyalen Vermögensminderungen" nach § 1378 II 2 um den Betrag, der nach § 1375 II 1 dem Endvermögen hinzuzurechnen ist. Das bedeutet in unserem Fall, dass die Höchstgrenze der Ausgleichspflicht um den Wert des Geschenkes anzuheben ist, sie beläuft sich also auf 100.000 EUR + 300.000 EUR = 400.000 EUR. Die errechnete Ausgleichssumme von 240.000 EUR liegt unter dieser Höchstgrenze. Sie ist also voll zu entrichten.

f) *Ergebnis:* Frau Groß hat gegen ihren Mann einen Anspruch auf Zugewinnausgleich in Höhe von 240.000 EUR. Das bedeutet, dass Herr Groß einen Kredit aufnehmen muss, um die gesamte Summe zu begleichen. Das ist die vom Gesetz gewollte Folge der seiner Frau gegenüber unfairen Vermögensminderung. Beachte die Möglichkeit einer Stundung der Ausgleichsforderung nach § 1382.

58. Ein Apartment für Betty II

Kann sich im Fall 57 Frau Groß auch an Betty halten?

Nach § 1390 I kann der ausgleichsberechtigte Ehegatte bei einer unentgeltlichen Zuwendung des Ausgleichspflichtigen auch den Empfänger der Zuwendung auf Wertersatz nach den Vorschriften der ungerechtfertigten Bereicherung in Anspruch nehmen, freilich nur unter engen Voraussetzungen.

a) Der Ausgleichspflichtige muss die Zuwendung in der *Absicht* gemacht haben, den ausgleichsberechtigten Ehegatten *zu benachteiligen* (§ 1390 I S. 1 Nr. 1). Das ist in unserem Fall zweifelhaft. Zwar wird es Herrn Groß klar gewesen sein, dass er mit der Schenkung der Wohnung an seine Geliebte die Ausgleichschancen seiner Frau im Falle einer künftigen Scheidung minderte. Doch verlangt die Absicht der Benachteiligung, dass sein Handeln auf diese Wirkung abzielte. Bei Geschenken an Geliebte sind jedoch auch andere Motive denkbar, etwa die Erhaltung der Zuneigung; dass die Benachteiligung der Ehefrau dabei in Kauf genommen wird, reicht für die Annahme einer darauf gerichteten Absicht nicht aus.

b) Ferner ist Voraussetzung, dass die *Höhe der Ausgleichsforderung* den Wert des nach Abzug der Verbindlichkeiten bei Beendigung des Güterstands *vorhandenen Vermögens des ausgleichspflichtigen Ehegatten übersteigt* (§ 1390 I S. 1 Nr. 2). Es ist anzunehmen, dass es auch in diesem Zusammenhang auf den Zeitpunkt der Erhebung des Scheidungsantrags (§ 1384) ankommt. Fraglich ist indes, was das Gesetz unter dem „vorhandenen Vermögen" versteht. aa) Ist das *reale Vermögen* gemeint, das der Ausgleichspflichtigen am Stichtag hat, dann ist diese Voraussetzung in unserem Fall gegeben, denn die Ausgleichsforderung von 240.000 EUR übersteigt das reale Endvermögen des Herrn Groß (100.000 EUR) deutlich. bb) Ist hingegen der Vermögenstand gemeint, der sich *unter Beachtung der nach § 1378 II 2 heraufgesetzten Höchstgrenze* ergibt, so ist die Voraussetzung nicht erfüllt.

Welche Auslegung vorzuziehen ist, wird unterschiedlich beurteilt. Für die Auffassung bb) spricht folgende Erwägung. Es liegt nahe, dass der Gesetzgeber den Weg zu einem Wertersatzanspruch gegen den Dritten erst dann eröffnen will, wenn der Zugewinnausgleichsanspruch gegen den pflichtigen Ehegatten *wegen der Höchstgrenze des § 1378 II ausfällt.* Das ist hier, wie oben gezeigt, nicht der Fall: Der Anspruch gegen Herrn Groß besteht in voller Höhe.

c) *Ergebnis:* Folgt man der letztgenannten Meinung, so kann sich Frau Groß nicht an Betty halten.

---

59. Geteiltes Schmerzensgeld?

In der Ehe der im gesetzlichen Güterstand lebenden Kunzes kriselt es. Im Sommer 2008 wird Herr Kunze vom unachtsamen Lauterbach mit dessen PkW angefahren. Kunze erleidet schwere körperliche Verletzungen, die zu Dauerschäden und einer Einschränkung seiner Erwerbsfähigkeit führen.
Herr Kunze einigt sich im Januar 2009 mit der Versicherung von Herrn Lauterbach auf die Zahlung einer Schadensersatzrente wegen geminderter Erwerbsfähigkeit (§ 843 I). Zugleich wird vereinbart, dass diese Rente durch Einmalzahlung von 300.000 EUR abgefunden wird. Außerdem erhält Herr Kunze 100.000 EUR Schmerzensgeld. Die Summen legt er verzinslich an, die Zinsen werden für den laufenden Unterhalt eingesetzt.
Im Februar 2009 zieht Frau Kunze aus der ehelichen Wohnung aus. Am 1.3.2010 stellt sie Scheidungsantrag, aufgrund dessen die Ehe in der Folge geschieden wird.
Angenommen, die Eheleute Kunze hatten keinerlei Anfangsvermögen. Auch am Endstichtag ist außer den oben genannten Werten nichts vorhanden. Hat Frau Kunze einen Anspruch auf Zugewinnausgleich?

Frau Kunze könnte gegen ihren Mann einen *Zugewinnausgleichsanspruch aus § 1378 I* haben. Dieser ist gegeben, wenn der Zugewinn ihres Mannes den von ihr selbst erzielten Zugewinn übersteigt.

a) Der *Zugewinn* von *Frau Kunze* beträgt 0 EUR, weil sie sich bei ihr weder bei Beginn des Güterstandes noch bei Rechtshängigkeit des Scheidungsantrags ein positiver oder negativer Vermögenssaldo ergibt.

b) aa) *Herr Kunze* hatte ein reales *Anfangsvermögen* von 0 EUR. Zu fragen ist, ob dem nicht die 400.000 EUR, die er später von der Versicherung erhalten hat, nach § 1374 II hinzuzurechnen sind. Zwar liegt weder eine Schenkung noch eine Ausstattung noch ein sonstiger im Gesetz genannter Fall vor. In Frage kommt indes eine *entsprechende Anwendung* der Vorschrift. Deren Zweck ist es, Erwerbsvorgänge, die mit dem Grundgedanken des Zugewinnausgleichs nichts zu tun haben und nicht das Ergebnis gemeinsamer Wertschöpfung der Ehegatten sein können, aus dem Zugewinnausgleich herauszuhalten. Nach verbreiteter Meinung müssen auch andere als die im Gesetz genannten Erwerbe dieser Art dem Anfangsvermögen zugerechnet werden. Die *Abfindung für eine Schadensersatzrente* dient als persönliche Entschädigung für die dauerhafte Minderung der Erwerbsfähigkeit des Verletzten; sie kann nicht das Ergebnis gemeinsamer Wertschöpfung sein. Das *Schmerzensgeld* hat den Sinn, dem Verletzten höchstpersönlich Ausgleich und Genugtuung für immaterielle Schäden zu gewähren, die er an seinen Rechtsgütern erlitten hat; es bedeutet daher eine Zweckentfremdung, wenn der andere Ehegatte mit Hilfe des Zugewinnausgleichs daran partizipieren würde. Jedoch lehnt der BGH die analoge Anwendung des § 1374 II auf solche im Gesetz nicht genannten Fälle mit der Begründung ab, die Vorschrift sei nicht analogiefähig (BGHZ 80, 384; 82, 145). Folgt man dieser Meinung, so bleibt das Anfangsvermögen bei 0 EUR.

bb) Am *Endstichtag* (§ 1384) hat Herr Kunze ein Kapitalvermögen in Höhe von 400.000 EUR. Auch hier kann man die Frage stellen, ob man Schadensersatzabfindung und Schmerzensgeld, wenn man sie nicht schon nach § 1374 dem Anfangsvermögen zuzählt, aus dem Zugewinnausgleich dadurch heraushalten kann, dass man sie im Endvermögen unberücksichtigt lässt. Auch das lehnt die genannte Rechtsprechung ab. Das ist insbesondere bei der Abfindung zweifelhaft. Zwar gehören zum Endvermögen (§ 1375 I) alle am Endstichtag vorhandenen Gegenstände von wirtschaftlichem Wert; doch müssen auch diejenigen Umstände berücksichtigt werden, die das Vermögen zum Stichtag mindern. Die Schadensersatzrente ist der Ausgleich für eine bei dem Verletzten fortlaufend gegebene Minderung seiner Erwerbsfähigkeit. Würde man den Wert der Rente im Endvermögen ansetzen, so müsste man dem die Minderung der Erwerbsfähigkeit bei dem Betroffenen als wirtschaftliche Einbuße – ausgedrückt in einem Kapitalbetrag – entgegensetzen. Zudem hat die Abfindung – wie der Rentenanspruch, an dessen Stelle sie getreten ist – den Zweck, den *künftigen* Unterhalt des Verletzten sicherzustellen. Das bezieht sich nicht nur auf die Zeit bis zur Rechtshängigkeit des Scheidungsantrags, sondern auf das weitere Erwerbsleben. Die (volle) Berücksichtigung der Abfindung im Zugewinnausgleich erstreckt diesen so auf Einkommen, dessen Sinn (ganz oder zum Teil) erst *nach der Scheidung* erfüllt werden soll. Der BGH (a. a. O.) lehnt es indes sowohl für Schadensersatzabfindungen als auch für Schmerzensgeld ab, bei Bezifferung des Endvermögens auf den Zweck einer Vermögensposition Rücksicht zu nehmen.

Nach der Rechtsprechung des BGH beträgt das *Endvermögen* von Herrn Kunze also 400.000 €, somit ergibt sich in dieser Höhe auch sein Zugewinn (§ 1373 I).

c) Frau Kunze hätte danach einen *Zugewinnausgleichsanspruch* auf die Hälfte der Zugewinnausgleichsdifferenz (400.000 EUR), also auf Zahlung von 200.000 EUR.

d) Dem könnte Herr Kunze möglicherweise das *Leistungsverweigerungsrecht aus § 1381 I* entgegensetzen, soweit der Ausgleich des Zugewinns grob unbillig wäre. Es ist anerkannt, dass nicht nur Pflichtverletzungen des Ausgleichsberechtigten, sondern auch objektive Umstände die grobe Unbilligkeit begründen können. Doch greift nach BGH die Einrede nicht schon deshalb, weil der Berechtigte keinen Beitrag zur Entstehung des Zugewinns geleistet hat (FamRZ 1992, 787, 789). Die Rechtsprechung betrachtet das gesetzliche Güterrecht als starres Regelwerk, von dem nicht ohne weiteres durch Gerechtigkeitserwägungen abgegangen werden kann. Gleichwohl ist im konkreten Fall zu prüfen, ob der volle Ausgleichsanspruch von Frau Kunze, mit dem sie an der Entschädigung für die schwere Verletzung ihres Mannes mit Hilfe einer Scheidung partizipiert, grob unbillig ist. Das ist zu bejahen (Gegenmeinung vertretbar).

e) *Ergebnis:* Frau Kunze hat gegen ihren Mann Anspruch auf Zugewinnausgleich (§ 1378 I) in Höhe von 200.000 EUR. Herr Kunze kann jedoch gemäß § 1381 I die Leistung verweigern (ganz oder teilweise je nach Handhabung des § 1381 I).

> ### 60. Ein idealer Gatte
>
> Das Ehepaar Dippel lebt im gesetzlichen Güterstand. Es kommt zur Scheidung. Max Dippel hat ein Anfangsvermögen von 500.000 EUR, ein Endvermögen von 800.000 EUR. Während des Güterstandes hat Max seiner Frau Nora Obligationen im damaligen Wert von 100.000 EUR zugewendet. Das Anfangsvermögen von Nora Dippel beträgt 50.000 EUR, ihr Endvermögen 250.000 EUR.
> Welcher Ehegatte hat einen Anspruch auf Zugewinnausgleich? In welcher Höhe?

Frau Dippel könnte gegen ihren Mann einen *Anspruch auf Zugewinnausgleich aus § 1378 I* haben. Dieser ist gegeben, wenn der Zugewinn des Mannes den seiner Frau übersteigt.

a) *Zugewinn des Ehemannes*

Herr Dippel hatte ein reales Anfangsvermögen von 500.000 EUR. Sein reales Endvermögen beträgt 800.000 EUR, daraus ergibt sich ein Zugewinn von 300.000 EUR. Bei Prüfung der Ausgleichspflicht von Herrn Dippel ist aber seinem Zugewinn der Wert der Zuwendung hinzuzurechnen, die er während des Güterstandes seiner Frau machte (§ 1380 II 1). Es muss sich um eine Zuwendung handeln, die durch Rechtsgeschäft unter Lebenden mit der Bestimmung getätigt worden ist, dass sie auf eine eventuelle Ausgleichsforderung angerechnet werden soll (§ 1380 I 1). Eine solche Anrechnung hat zwar Herr Dippel bei seiner Schenkung nicht ausdrücklich bestimmt; jedoch ist eine solche Bestimmung nach § 1380 I 2 im Zweifel anzunehmen, wenn die Zuwendung den Wert von Gelegenheitsgeschenken (wie etwa Weihnachtsgeschenken) übersteigt. Wertpapiere in Höhe von 100.000 EUR sind selbst unter begüterten Ehegatten jenseits der Dimension von Gelegenheitsgeschenken. Der Wert der Zuwendung ist also dem Zugewinn von

Herrn Dippel hinzuzurechnen; maßgebend ist der Wert zum Zeitpunkt, in dem die Zuwendung gemacht wurde (§ 1380 II 2). Der Zugewinn von Herrn Dippel beträgt daher 300.000 EUR + 100.000 EUR = 400.000 EUR.

b) *Zugewinn der Ehefrau*

aa) *Frau Dippel* hat ein reales *Anfangsvermögen* von 50.000 EUR. Zu prüfen ist, ob der Wert der Zuwendung, die sie während der Ehe von ihrem Mann erhalten hat, nach § 1374 II dem Anfangsvermögen hinzuzurechnen ist. In Betracht kommt eine Schenkung. Die Zuwendung geschah unentgeltlich (§ 516 I). Da die Zuwendung keinen Zweckbezug zur Ausgestaltung der ehelichen Lebensgemeinschaft hatte, liegt nicht etwa eine „ehebedingte Zuwendung" vor, die von der Rechtsprechung nicht als Schenkung eingeordnet wird. Somit müsste das Anfangsvermögen um den Wert der Schenkung aufgestockt werden. Dem steht aber die Rechtsprechung des BGH (BGH FamRZ 1987, 791) im Wege; danach ist die Vorschrift des § 1374 II auf Schenkungen *unter den Ehegatten* nicht anwendbar (str.). Zur Begründung wird angeführt, der Sinn der Vorschrift passe nur für Zuwendungen von Seiten Dritter. Folgt man dem, so erfolgt keine Hinzurechnung, es ist das reale Anfangsvermögen von 50.000 EUR anzusetzen.

bb) Das reales *Endvermögen* von Frau Dippel beträgt 250.000 EUR, der Zugewinn betrüge an sich also 250.000 EUR – 50.000 EUR = 200.000 EUR. Doch sieht auch in diesem Punkt die Rechtsprechung des BGH eine Besonderheit vor. Danach ist der Wert der Zuwendung, welche Frau Dippel von ihrem Mann erhalten hat, von ihrem Endvermögen (oder ihrem Zugewinn) abzuziehen (BGH FamRZ 246, 248). Zur Begründung dieser Manipulation wird angegeben, wenn der Wert dem Endvermögen des Zuwendenden hinzugerechnet werde (§ 1380 II 1), dürfe er nicht gleichzeitig auch beim Endvermögen des Empfängers berücksichtigt werden; dieser Wert könne nicht gleichzeitig den Zugewinn des Mannes und den der Frau erhöhen. Folgt man dem, so ist vom realen Endvermögen von Frau Dippel der seinerzeitige Wert der von ihrem Mann erhaltenen Zuwendung abzuziehen. Als ihr Zugewinn sind daher 200.000 EUR – 100.000 EUR = 100.000 EUR anzusetzen.

c) *Zugewinndifferenz*: Die *Differenz der Zugewinne* beträgt folglich 400.000 EUR – 100.000 EUR = 300.000 EUR. Frau Dippel hätte folglich einen Anspruch auf die Hälfte des Überschusses = 150.000 EUR.

d) *Anrechnung*: Auf die Ausgleichsforderung von 150.000 EUR wird nach § 1380 I 1 der Wert der Zuwendung angerechnet, wenn die Voraussetzungen des § 1380 I 1 gegeben sind. Dies wurde bereits oben unter 1) begründet. Maßgebend ist der Wert im Zeitpunkt der Zuwendung. Folglich wird von der Ausgleichsforderung in Höhe von 150.000 EUR der Betrag von 100.000 EUR abgezogen.

e) *Ergebnis*: Frau Dippel hat aus § 1378 I gegen ihren geschiedenen Mann einen Anspruch auf Zahlung von 50.000 EUR.

Information: Die Lösung folgt der umstrittenen Rechtsprechung des BGH. Zum selben Ergebnis käme man, wenn man das Gesetz wörtlich anwenden würde, d. h. auch auf Ehegattenschenkungen den § 1374 II anwenden und die Manipulation des Endvermögens des Empfängers unterlassen würde.

61. Ein Paar gibt Auskunft I

Die Eheleute Wagner leben von Beginn ihrer Ehe an im gesetzlichen Güterstand. Am 3.5.2010 trennen sie sich. Am 16.6.2011 stellt Frau Wagner beim zuständigen Familiengericht Antrag auf Scheidung. Welche Auskunftsansprüche stehen den Ehegatten gegeneinander zu?

1) Auskunftsansprüche der Ehegatten gegeneinander ergeben sich nach *§ 1379 I.* Voraussetzung ist lediglich, dass, wie im vorliegenden Fall, Antrag auf Scheidung gestellt ist.

a) *Frau Wagner* kann von ihrem Mann also verlangen

– Auskunft über das Vermögen, das er im Zeitpunkt der Trennung hatte (§ 1379 I 1 Nr. 1);

– Auskunft über dessen Vermögen, soweit es für die Berechnung des Anfangs- und des Endvermögens maßgeblich ist (§ 1379 I 1 Nr. 2). Folglich hat Herr Wagner Auskunft zu geben: a) über sein Anfangsvermögen (§ 1374); b) über sein Endvermögen (§ 1375) einschließlich möglicher Vermögensminderungen nach § 1375 II.

b) Die gleichen Ansprüche hat *Herr Wagner* bezüglich der jeweiligen Vermögensstände bei seiner Frau.

2) Auskunftsansprüche unter den Ehegatten ergeben sich ferner aus *§ 1379 II* aufgrund der bloßen Tatsache ihres Getrenntlebens. Jeder kann von dem anderen Auskunft über dessen Vermögen im Zeitpunkt der Trennung verlangen.

62. Ein Paar gibt Auskunft II

Wie sind in Fall 61 die Auskunftsansprüche aus § 1379 zu erfüllen?

Gemäß § 260 I hat der Auskunftspflichtige sein zum jeweiligen Stichtag vorhandenes Vermögen in einem Bestandverzeichnis aufzulisten und dieses dem Anspruchsberechtigten vorzulegen. Der Anspruchsberechtigte kann verlangen, dass er bei Aufnahme des Verzeichnisses hinzugezogen wird (§ 1379 I 3). Er kann auch verlangen, dass das Verzeichnis durch eine zuständige Behörde oder einen Notar aufgenommen wird, muss dann aber die dadurch verursachten Kosten tragen (§ 1379 I 4). Der Auskunftspflichtige hat auf Verlangen zudem den Wert der einzelnen Vermögenspositionen zu ermitteln (§ 1379 I 3) und auf Anforderung Belege (Depotauszüge etc.) vorzulegen (§ 1379 I 2). Besteht Grund zu der Annahme, dass das Verzeichnis nicht mit der erforderlichen Sorgfalt aufgestellt worden ist, so hat der Verpflichtete auf Verlangen zu Protokoll an Eides statt zu versichern, dass er nach bestem Wissen den Bestand so vollständig angegeben habe, als er dazu imstande sei (§ 260 II).

63. Ein Frühlingsfest im Golfclub

Kathrin Meilenstein, eine erfolgreiche Fachanwältin für Steuer- und Gesellschaftsrecht, ist mit dem Verwaltungsbeamten Norbert Meilenstein (geborener Gassner) im gesetzlichen Güterstand verheiratet. Nach zwanzig Jahren glücklicher Ehe bemerkt Norbert, dass seine Frau sich zunehmend gleichgültig ihm gegenüber verhält. Die Freizeit verbringt sie vorwiegend im örtlichen Golfclub, wohin es den weniger sportlichen Norbert selten zieht. Gleichwohl nimmt er mit seiner Frau am Frühlingsfest des Clubs teil. Hier beobachtet er eine auffällige Vertraulichkeit zwischen seiner Frau und dem Golflehrer Bob. Er wundert sich auch darüber, dass der noch junge Mann mit einem teuren Sportwagen vorfährt und, wie man sagt, eine fantastische Luxuswohnung in der Altstadt bewohnt. Da kommt Norbert der Verdacht, dass seine Frau ein Verhältnis mit Bob haben und dessen Lebensführung durch finanzielle Zuwendungen unterstützen könnte.

Norbert überrascht seine Frau mit einem Verlangen auf Auskunft über den Stand ihres Vermögens einschließlich der Zuwendungen, die sie an dritte Personen gemacht hat. Ist das Verlangen begründet?

1. Frau Meilenstein könnte *nach § 1353 I 2* verpflichtet sein, ihren Mann über den Stand ihres Vermögens zu unterrichten. Die Pflicht zur ehelichen Lebensgemeinschaft hat zwar nicht zur Folge, dass die Ehegatten einander fortlaufend und im Detail Auskunft über den Stand ihres Vermögens geben müssten. Doch besteht nach allgemeiner Auffassung die Pflicht, sich gegenseitig über den Stand des Vermögens „im Großen und Ganzen" zu unterrichten; dazu gehört auch die Information über größere Vermögenstransaktionen (siehe auch Fall 15). Das Gesetz bestätigt diese Rechtsmeinung durch die Regelung des § 1385 Nr. 4: Die beharrliche Verweigerung der Information über den Bestand des Vermögens führt zur Befugnis des Partners, vorzeitigen Zugewinnausgleich zu verlangen. Die Informationspflicht aus § 1353 I 2 begründet freilich keinen erzwingbaren Auskunftsanspruch, der durch einen Leistungsantrag verfolgt werden könnte. Allenfalls käme ein Antrag auf Herstellung des ehelichen Lebens in Betracht; die Entscheidung wäre aber nicht vollstreckbar (§ 120 III FamFG). Im Übrigen zieht die Pflichtverletzung nur mittelbare Sanktionen (z. B. § 1385 Nr. 4) nach sich.

2. Ein echter Auskunftsanspruch könnte *aus § 1379 I* gegeben sein. Doch liegen die Voraussetzungen offensichtlich nicht vor.

3. Der Anspruch *aus § 1379 II* scheidet aus, weil die Ehegatten noch nicht getrennt leben. Herr Meilenstein müsste sich also von seiner Frau trennen (§ 1567), um damit einen Anspruch auf Auskunft über ihr Vermögen im Zeitpunkt der Trennung zu erhalten. Auch dann ist zweifelhaft, ob dieser Anspruch auch die Auskunft über Vermögenstransaktionen umfassen würde, die zeitlich vor der Trennung liegen. Um hierüber einen klaren Anspruch zu gewinnen, müsste Herr Meilenstein die Scheidung beantragen und erhielte damit Anspruch auf alle für die Berechnung des Endvermögens seiner Frau maßgeblichen Umstände (§ 1375 II!).

4. *Ergebnis:* Frau Meilenstein ist nach § 1353 I 2 verpflichtet, ihren Mann über ihre Vermögensverhältnisse in groben Zügen zu unterrichten. Einen erzwingbaren Anspruch auf Auskunft über ihr Vermögen und über bestimmte Vermögensänderungen hat er jedoch nicht. Rechtspolitisch kann man diskutieren, ob es einen guten Sinn ergibt, wenn erst die Trennung des Ehepaares zu Auskunftsansprüchen führt.

64. Ein Zahnarzt geht fremd

Der Zahnarzt Wittenbrink ist seit zehn Jahren im gesetzlichen Güterstand verheiratet. Er verdient so gut, dass auch einiges auf die hohe Kante gelegt werden kann. Seine Ehefrau ist halbtags als Verkäuferin in einer Modeboutique tätig; auch sie erzielt geringfügige Ersparnisse. Nun erfährt die Ehefrau, dass ihr Mann seit drei Jahren eine intensive Liebesbeziehung zu einer Schauspielerin unterhält. Sie zieht aus der ehelichen Wohnung aus und stellt nach einem weiteren Jahr Antrag auf Scheidung. Außerdem bereitet ihr Anwalt einen Antrag auf Zugewinnausgleich vor.

Da Frau Wittenbrink keinen Einblick in das Vermögen ihres Mannes hat, verlangt sie von ihm Auskunft über den Bestand seines am Tag der Zustellung des Scheidungsantrags vorhandenen Vermögens. Sie verlangt von ihm auch Auskunft über die Vermögenszuwendungen, die er während der Ehe seiner Freundin etwa gemacht hat. Mit Recht?

Nach § 1379 I 1 Nr. 2 kann Frau Wittenbrink Anspruch gegen ihren Mann auf Auskunft über sein Vermögen haben, soweit es für die Berechnung des Anfangs- und des Endvermögens maßgeblich ist.

a) Da der Scheidungsantrag gestellt ist, sind die Voraussetzungen des Anspruchs gegeben.

b) Er umfasst die Auskunft über das reale *Endvermögen* von Herrn Wittenbrink, also das Vermögen, das er im Zeitpunkt der Rechtshängigkeit des Scheidungsantrags hatte (§ 1375 I).

c) Der Anspruch erstreckt sich weiterhin auf *mögliche Vermögensminderungen*, die nach § 1375 II dem realen Endvermögen hinzuzurechnen sind, weil sie Einfluss auf die Höhe des Endvermögens haben. Fraglich erscheint, ob die Antragstellerin *konkrete Anhaltspunkte* vortragen muss, aus denen sich der Verdacht von illoyalen Vermögensminderungen ergibt (z. B. die Geliebte ist zu einem gehobenen Lebensstil übergegangen, der aus eigenen Einkünften schwerlich finanziert werden könnte). Dies hat der BGH für die frühere Rechtslage (vor 2009) bejaht, als der Auskunftsanspruch in Bezug auf illoyale Vermögensminderungen von § 1379 nicht umfasst, sondern aus § 242 herzuleiten war (BGH FamRZ 1982, 27, 28). Das jetzt geltende Gesetz macht indes eine solche Einschränkung nicht (a. A. aber nun BGH FamRZ 2012, 1785 Tz. 28). Nach dem Gesetz genügt es, wenn Frau Wittenbrink generell Auskunft über die Vermögensmaßnahmen verlangt, die unter die Regelung des § 1375 II 1 fallen könnten, soweit sie nicht länger als zehn Jahre zurückliegen (§ 1375 III).

d) Frau Wittenbrink kann auch über den Bestand des *Anfangsvermögens* ihres Mannes Auskunft verlangen.

65. Der Verdacht

Frau Wittenbrink hegt in vorstehendem Fall zudem den Verdacht, dass ihr Mann auch noch *nach Rechtshängigkeit des Scheidungsantrags* Vermögensteile an seine Freundin „überschrieben" hat. Sie verlangt auch Auskunft über derartige Vermögensminderungen.

Der Anspruch könnte sich wie zuvor aus *§ 1379 I 1 Nr. 2* ergeben.

Jedoch bezieht sich der Anspruch auf das Vermögen des Ehemannes nur insoweit, als es für die Berechnung des Anfangs- oder Endvermögens maßgeblich ist. Für das Endvermögen sind aber nur das zum Zeitpunkt der Rechtshängigkeit des Scheidungsantrags vorhandene Vermögen (§ 1375 i. V. m. § 1384) und die vorher getätigten Vermögensminderungen gemäß § 1375 II relevant. Vermögensmaßnahmen, die *nach Rechtshängigkeit des Scheidungsantrags* vorgenommen wurden, haben auf die Höhe des Endvermögens und damit auch des Zugewinns keinen Einfluss mehr. Auch die Höhenbegrenzung eines möglichen Zugewinnausgleichsanspruchs nach § 1378 II wird durch Vermögensminderungen, die nach Rechtshängigkeit des Scheidungsanspruchs eingetreten sind, nicht mehr beeinflusst; auch hier ist in den Scheidungsfällen nicht der Zeitpunkt der Beendigung des Güterstandes, sondern der Erhebung des Scheidungsantrags maßgebend (§ 1384).

Ergebnis: Ein Auskunftsanspruch aus § 1379 I 1 Nr. 2 scheidet aus.

66. Das erfolgreiche Online-Banking

In der Ehe der Ackermanns kriselt es. Herr Ackermann widmet sich ganz seiner Tätigkeit als IT-Manager. Die wenige Zeit, die ihm nebenher verbleibt, bringt er damit zu, mit Hilfe von Online-Banking den Wert seines Aktiendepots zu erhöhen. Damit hat er beträchtlichen Erfolg: Der Wert seines Depots ist aus kleinen Anfängen inzwischen auf 600.000 EUR gestiegen, was er seiner Frau auch stolz mitteilt. Frau Ackermann fühlt sich vernachlässigt und denkt an Trennung.
Wegen der Trennung wendet sich Frau Ackermann an einen Anwalt, der sie unter anderem darüber aufklärt, dass sie im Fall der Scheidung mit einem hohen Zugewinnausgleichsanspruch rechnen könne. Da sie selbst keinen Zugewinn erzielt habe, sei mit einer Ausgleichssumme von mindestens 200.000 EUR zu rechnen.
Indessen möchte sich Frau Ackermann nicht scheiden lassen, weil sie als gläubige Katholikin die Ehe für unauflöslich hält. Sie fragt den Anwalt, ob sie auch ohne Scheidung zum Zugewinnausgleichsanspruch kommen kann.
Was wird der Anwalt ihr sagen?

1. Auch ohne Scheidung ist es möglich, unter den Voraussetzungen der §§ 1385, 1386 einen *vorzeitigen Zugewinnausgleich* zu verlangen. Das Gesetz stellt dafür zwei Formen zur Verfügung: a) vorzeitiger Zugewinnausgleich bei vorzeitiger Aufhebung der Zugewinngemeinschaft (§ 1385); hier wird der Antrag auf Aufhebung des Güterstandes (Gestaltungsantrag) mit dem Antrag auf Zugewinnausgleich (Leistungsantrag) verbunden; b) vorzeitige Aufhebung der Zugewinngemeinschaft ohne gleichzeitige Geltendmachung des Zugewinnausgleichsanspruchs (§ 1386). Die Möglichkeit b) steht jedem Ehegatten offen, die Möglichkeit a) nur demjenigen, der einen Zugewinnausgleichsanspruch geltend machen kann. Bei beiden Formen muss aber einer der in § 1385 Nr. 1 bis 4 genannten Fälle gegeben sein.

2. Wenn, wie der Anwalt schätzt, Frau Ackermann zugewinnausgleichsberechtigt ist, könnte sie nach *§ 1385* vorgehen. Fraglich ist aber, ob die Voraussetzungen des vorzeitigen Zugewinnausgleichs gegeben sind.

a) Das wäre der Fall, wenn die Ehegatten seit mindestens *drei Jahren getrennt leben* (§ 1585 Nr. 1). In unserem Fall ist eine Trennung aber noch nicht gegeben. Frau Ackermann müsste das Getrenntleben erst herstellen und dann drei Jahre zuwarten.

b) Auch ein *sonstiger Grund* für den vorzeitigen Ausgleich ist nicht ersichtlich. Insbesondere liegen keine Umstände vor, die für eine Verletzung der wirtschaftlichen Ehepflichten (§ 1385 Nr. 3) durch Herrn Ackermann sprechen. Die Vernachlässigung seiner Frau liegt im persönlichen Bereich. Auch liegt kein Fall der Weigerung des Ehemannes vor, seine Frau über den Bestand seines Vermögens unterrichten (§ 1385 Nr. 4); Herr Ackermann hat seine Frau auch ungefragt über seinen Vermögensstand informiert.

3. *Ergebnis:* Frau Ackermann hat derzeit keine Möglichkeit, den Zugewinnausgleich zu verlangen, ohne einen Scheidungsantrag zu erheben. Sie müsste sich von ihrem Mann trennen und dann drei Jahre zuwarten.

Rechtspolitisch kann man fragen, ob es gerecht ist, die gleiche Beteiligung der Ehegatten an den während der Ehe erzielten Zugewinnen grundsätzlich von der Auflösung der Ehe abhängig zu machen.

67. „Ozapft is"

Marie-Louise Rauschenberg, eine bildende Künstlerin (Malerei und Design) heiratet Franz Weißbräu, der sich nach abgebrochenem Jurastudium als Mundartdichter betätigt. Ein Ehevertrag wird nicht geschlossen. Im Verlaufe der Ehe steigt Frau Rauschenberg zu einer der führenden regionalen Künstlerinnen auf und schafft schließlich den Sprung in die Metropolen. Ihre Gemälde und Grafiken, der leidenden Tierwelt gewidmet, sind bei Galeristen und Publikum gefragt. Das gemietete Atelier, in dem die Künstlerin auch Ausstellungen ihrer Werke veranstaltet, wird zu einem Treffpunkt der geistig interessierten Gesellschaft der Stadt. Die Dichtungen von Franz Weißbräu hingegen werfen wenig ab. Sein neuester Gedichtband „Ozapft is" verkauft sich nur schleppend, obwohl Weißbräu Dichterlesungen im Rahmen touristischer Veranstaltungen zelebriert.
Frau Rauschenberg, schließlich auch vom Fernsehen entdeckt, wird ihres Mannes überdrüssig. Sie trennt sich von ihm und lässt sich ein Jahr später scheiden.
Weißbräu möchte Zugewinnausgleich geltend machen. Dies beruht auf folgenden Tatsachen: Bei der Eheschließung hatten beide Eheleute kein zählbares Vermögen. Bei Franz Weißbräu hat sich an diesem Zustand auch bis zur Rechtshängigkeit des Scheidungsantrags nichts geändert. Hingegen hat Frau Rauschenberg etwa 80.000 EUR auf Geldkonten zurücklegen können. Außerdem gehören ihr bei Erhebung des Scheidungsantrags zahlreiche aus eigener Hand stammende Gemälde, die sie bisher nicht hat verkaufen wollen. Diese Kunstwerke wären bei Erhebung des Scheidungsantrags für etwa 200.000 EUR verkäuflich.
Weißbräu verlangt Zahlung von 140.000 EUR. Mit Recht?

Da die Eheleute im gesetzlichen Güterstand gelebt haben, kommt ein Anspruch von Herrn Weißbräu auf *Zugewinnausgleich nach § 1378 I* in Frage. Dieser ist gegeben, wenn der Zugewinn seiner Frau den eigenen Zugewinn übersteigt.

a) Für *Herrn Weißbräu* ist weder ein Anfangs- noch ein Endvermögen anzusetzen, sein Zugewinn beträgt 0 EUR.

b) aa) Das *Anfangsvermögen* von *Frau Rauschenberg* betrug 0 EUR.

bb) Zu prüfen ist die Höhe ihres *Endvermögens*. Zum Zeitpunkt der Erhebung des Scheidungsantrags hatte sie ein Geldguthaben von 80.000 EUR. Fraglich ist, ob darüber hinaus auch die von ihr gemalten Bilder als wirtschaftliche Wertobjekte anzusetzen sind, gegebenenfalls in welcher Höhe. In den Vermögensbilanzen des Zugewinnausgleichs sind alle einem Ehegatten gehörenden Gegenstände zu berücksichtigen, die einen wirtschaftlichen Wert haben. Der wirtschaftliche Wert kann sich durch Veräußerung oder durch Nutzung des Gegenstandes realisieren. Da die Bilder von Frau Rauschenberg jederzeit verkauft werden könnten, sind sie an sich mit dem am Endstichtag erzielbaren Preis anzusetzen. Man kann aber zweifeln, ob ein voller Ansatz zu den möglichen Verkaufspreisen angemessen ist. Die Gemälde sind die künstlerischen Schöpfungen der Malerin, die frei darüber entscheiden kann, ob und zu welchen Bedingungen sie ihre Werke anderen zugänglich macht. Diese künstlerische Freiheit wäre beeinträchtigt, wenn Frau Rauschenberg so behandelt würde, als würde sie die Gemälde zum Stichtag verkaufen; dies könnte auch zu einem Zwang zur Veräußerung führen, wenn Frau Rauschenberg den Zugewinnausgleichsanspruch ihres Mannes nur auf diese Weise erfüllen könnte, ohne sich zu verschulden. Ein Künstler muss auch Werke für sich selbst schaffen dürfen, ohne über den Zugewinnausgleich zu ihrer Veräußerung gezwungen werden zu können. Deshalb sind die Bilder nicht mit ihrem vollen am Endstichtag gegebenen Verkaufswert, sondern mit erheblichen Abschlägen in das Endvermögen einzustellen (andere Meinungen vertretbar). Es wäre z. B. denkbar, die Bilder mit etwa 1/3 ihres Verkaufswertes, also z. B. mit 70.000 EUR anzusetzen.

cc) Zu prüfen ist schließlich, ob das *Atelier* einen im Endvermögen zu berücksichtigenden Wertgegenstand bildet. Frau Rauschenberg übt ihren Beruf als selbständige Künstlerin aus, man kann in weitestem Sinne von einem Betrieb sprechen. In der Rechtsprechung ist anerkannt, dass auch der Wert von Betrieben oder freiberuflichen Praxen eines Ehegatten zu den jeweiligen Stichtagen in Ansatz kommt. Der Wert umfasst auch den so genannten „Good Will", d. h. den Wert, den die im Betrieb organisierte Erwerbschance als solche hat. Doch setzt der Ansatz eines Good Will voraus, dass der Betrieb einen auf einen anderen Inhaber übertragbaren Wert besitzt. Das ist bei Ateliers von Künstlern nicht der Fall, weil es stets auf die individuelle Leistung und das individuelle Ansehen ankommt. Das Atelier hat also keinen über das Sacheigentum der darin befindlichen Bilder und sonstigen Sachen hinausgehenden Wert.

c) *Ergebnis*: Herr Weißbräu hat aus § 1378 I gegen seine geschiedene Frau einen Anspruch auf Zugewinnausgleich. Folgt man dem Wertansatz unter b) bb), so beläuft sich der Anspruch auf (80.000 EUR+ 70.000 EUR) : 2 = 75.000 EUR.

---

68. Geschenkt ist geschenkt, oder?

Alfred und Babette sind miteinander verheiratet und leben im gesetzlichen Güterstand. Babettes Vater möchte ihr ein wertvolles Mietshaus schenken. Babette meint dazu, sie wolle nicht die „reiche Tochter" spielen, ihr Ehemann solle auch beteiligt werden. Daraufhin wird beim Notar Bartel folgender Vertrag beurkundet: Der Vater wendet Babette das Grundstück „schenkweise" zu; Babette wiederum wendet „schenkweise" ½ Miteigentumsanteil an dem Grundstück ihrem Ehemann zu. Die Schenkungen werden von den Bedachten jeweils angenommen. Sie werden in der Folgezeit durch entsprechende Auflassungen und Grundbucheintragungen vollzogen.

Zwei Jahre später ertappt Babette, verfrüht von einer Reise zurückkehrend, ihren Mann in der ehelichen Wohnung in flagranti beim Liebesspiel mit seiner Arbeitskollegin Miriam.

Empört widerruft Babette die Schenkung und verlangt die Rückübertragung des zugewandten Miteigentumsanteils. Mit Recht?

In Betracht kommt ein Anspruch aus *§ 531 II i. V. m. § 818* (Rechtsfolgeverweisung). Voraussetzung ist, dass eine Schenkung Babettes an Alfred wirksam widerrufen ist.

a) Zunächst muss es sich, wenn § 531 II zum Zuge kommen soll, überhaupt um eine Schenkung handeln. Das ist nach der Rechtsprechung bei Zuwendungen unter Ehegatten häufig nicht der Fall, auch wenn keine Gegenleistung ausbedungen ist. Vielmehr handelt es sich vielfach um sog. ehebezogene Zuwendungen, auf die Schenkungsrecht nicht angewendet wird, die vielmehr einen familienrechtlichen Vertrag eigener Art bilden. Eine ehebezogene Zuwendung liegt vor, wenn ein Ehegatte dem anderen einen Vermögenswert um der Ehe willen und als Beitrag zur Verwirklichung und Ausgestaltung, Erhaltung oder Sicherung der ehelichen Lebensgemeinschaft zukommen lässt, wobei er die Vorstellung oder Erwartung hegt, dass die eheliche Lebensgemeinschaft Bestand haben und er innerhalb dieser Gemeinschaft am Vermögenswert und dessen Früchten weiter teilhaben werde (BGH FamRZ 1999, 1580, 1582; BGHZ 177, 193 Tz. 15). In unserem Fall spricht für das Vorliegen einer Schenkung der Wortlaut der notariellen Urkunde, ferner die Tatsache, dass die Zuwendung in keinem engen Zusammenhang mit der Realisierung der ehelichen Lebensgemeinschaft steht. Zwar liegt es nahe, dass die Einkünfte aus der Vermietung des Hauses auch dem Unterhalt des Ehepaares zugute kommen, doch reicht dieser mittelbare Bezug nicht aus, um den Zweck der Zuwendung insgesamt der Verwirklichung der ehelichen Lebensgemeinschaft zuzuordnen. Primär wollte Babette ihren Mann ganz einfach an dem Geschenk ihres Vaters teilhaben lassen.

b) Weiter ist zu bedenken, ob die Anwendung des Schenkungsrechts nicht dadurch ausgeschlossen ist, dass das Ehepaar im *Güterstand der Zugewinngemeinschaft* lebt. Doch schließt dieser Güterstand nicht aus, dass die Ehegatten während des Güterstands beliebige Schuldverträge unter sich abschließen; diese Rechtsgeschäfte werden grundsätzlich nach den für sie gegebenen schuldrechtlichen Regeln behandelt. So ist auch das Schenkungsrecht im gesetzlichen Güterstand anwendbar.

c) Voraussetzung des Anspruchs aus § 531 II ist der *wirksame Widerruf* der Schenkung. Eine Widerrufserklärung liegt vor (§ 531 I). Fraglich ist, ob Babette ein

Recht zum Widerruf hat. Eine Schenkung kann nach § 530 I widerrufen werden, wenn sich der Beschenkte durch eine schwere Verfehlung gegen den Schenker oder einen nahen Angehörigen des Schenkers des groben Undanks schuldig macht. Eine schwere Verfehlung von Alfred könnte hier im Ehebruch mit seiner Arbeitskollegin liegen. Vereinzelt wird bestritten, dass Eheverfehlungen überhaupt geeignet sein könnten, den „groben Undank" zu begründen; zur Begründung wird angeführt, dass dies dem Grundgedanken des Systems der Zerrüttungsscheidung widerspreche. Die Rechtsprechung folgt dem nicht (BGH FamRZ 1982, 1066; 1983, 569; 1985, 351). Zu fragen ist daher, ob das Verhalten Alfreds eine schwere, den Vorwurf groben Undanks begründende Verfehlung darstellt. Dies setzt objektiv ein bestimmtes Maß von Schwere und subjektiv einen erkennbaren Mangel an Dankbarkeit voraus (BGH FamRZ 1982, 1066). Ob die eheliche Untreue dafür ausreicht, ist streitig; nach h.M. kommt es auf die Schwere der Pflichtverletzung nach den konkreten Umständen des Falles an, etwa darauf, wie der Ehemann in die beschriebene Situation geraten ist und ob es sich um eine flüchtige Beziehung oder ein nachhaltiges Liebesverhältnis handelt. Vorliegend ist zu berücksichtigen, dass der Ehebruch in der Wohnung des Ehepaares stattfindet. Alfred verletzt also über die eheliche Treue hinaus auch das Recht seiner Frau am Schutz des räumlich-gegenständlichen Bereichs der Ehe und damit ihr Persönlichkeitsrecht. Das spricht für die Anwendung des § 530 I (andere Ansicht mit entsprechender Begründung vertretbar).

d) *Ergebnis:* Babette hat gegen Alfred Anspruch auf Rückübereignung des Miteigentumsanteils nach § 531 II, 530 I nach den Vorschriften über die Herausgabe einer ungerechtfertigten Bereicherung.

69. Die widerrufene Schenkung

Wie Fall 68, aber: Der verärgerte Alfred stellt Antrag auf Scheidung, in dessen Folge die Ehe einige Zeit später geschieden wird. Die Forderung von Babette auf Rückübereignung des Miteigentumsanteils hat er indes noch nicht erfüllt. Angenommen, es kommt zu einem Zugewinnausgleichsverfahren: Kann sich der Widerruf der Schenkung auf den Zugewinnausgleich auswirken?

Es sind die Vermögensstände an den Stichtagen genau zu ermitteln.

1. *Zugewinn Babette*

a) Dem realen Anfangsvermögen von Babette ist der Wert der Schenkung, die sie später von ihrem Vater erhalten hat, nach § 1374 II zuzurechnen.

b) Bei ihrem Endvermögen ist zu berücksichtigen dass sie 1/2 Miteigentumsanteil an ihren Mann weitergeschenkt hat. Im Endvermögen von Babette ist somit nur der ihr verbliebene eigene hälftige Anteil anzusetzen. Zusätzlich ist aber durch den begründeten Widerruf der Schenkung eine Forderung gegen Alfred aus §§ 531 II, 530 I auf Rückübertragung von dessen Eigentumsanteil entstanden. Diese Forderung ist ebenfalls im Zeitpunkt der Rechtshängigkeit des Scheidungsantrags als vermögenswerter Gegenstand vorhanden.

2. *Zugewinn Alfred*

Im Endvermögen des Alfred befindet sich noch der ihm zugewendete Miteigentums-anteil, der folglich mit dem Stichtagswert einzustellen ist. Doch ist das Endvermögen des Ehemannes gleichzeitig mit der Forderung seiner Ex-Frau aus §§ 531 II, 530 I belastet.

3. *Ergebnis:* Der Schenkungswiderruf verändert die Rechenpositionen in den End-vermögen der Ehegatten. Wenn wir annehmen, dass der Anspruch Babettes auf Rückübertragung des Miteigentumsanteils begründet und durchsetzbar ist, kommt aber dasselbe heraus, wie wenn Alfred seine Rückgabepflicht schon vor Erhebung des Scheidungsantrags erfüllt hätte und somit Babette am Endstichtag alleinige Eigentü-merin des Miethauses wäre.

---

70. Das florierende Fitness-Studio I

Joe eröffnet ein Fitness-Studio. Die Geschäfte gehen schlecht. Joe ist wegen der nötigen Investitionen mit 100.000 EUR überschuldet. Nun heiratet er die Sportlehrerin Sandra. Durch einen notariellen Ehevertrag wird Gütertrennung vereinbart. Zur Freude von Joe engagiert sich Sandra nun stark im Betrieb ihres Mannes, ohne dass die Eheleute hierüber eine vertragliche Abmachung getroffen hätten. Sandra kommt bei den Kunden durch ihre frische, charman-te Art, zudem durch ihre fachliche Kompetenz gut an. Sie entwickelt neue Fitness-Programme, die erfreulichen Zulauf erfahren. Auch im organisatori-schen Bereich des Fitness-Studios veranlasst Sandra zweckmäßige und kosten-sparende Änderungen. Schließlich ist sie, wie man sagt „die Seele vom Ge-schäft". Dieses floriert nun, und Joe widmet sich zufrieden mehr und mehr seinen Hobbys, mit der Zeit aber auch dem Charme fitnesssuchender Haus-frauen.
Nach vier Jahren ist Joe saniert, die Ehe aber wegen zahlloser Affären Joes in einer schweren Krise. Sandra entschließt sich zur Trennung, schließlich wird das Paar geschieden.
Sandra verlangt wegen der Mitwirkung im Betrieb von Joe eine angemessene Ausgleichszahlung. Kann eine solche Forderung begründet sein?

---

1. Ein güterrechtlicher Ausgleichsanspruch besteht nicht, da das Ehepaar durch Ehe-vertrag die Gütertrennung gewählt hat.

2. Auch Ansprüche aus ausdrücklich geschlossenem Dienst- oder Gesellschaftsvertrag sind lt. Sachverhalt nicht gegeben.

3. Es könnten aber sonstige Ansprüche aus allgemeinem bürgerlichen Recht begrün-det sein. Joe hat offenkundig von der Mitarbeit seiner Frau dauerhaft profitiert. Auch bei Gütertrennung kann es unangemessen sein, dass am Ende der Ehe ein Ehegatte durch Leistungen des anderen entschädigungslos bereichert bleibt. Deshalb lässt die Rechtsprechung auch bei Gütertrennung bestimmte Ausgleichsansprüche greifen.

a) In Betracht kommt ein *Ausgleichsanspruch entsprechend §§ 730ff wegen Beendigung einer konkludent geschlossenen Innengesellschaft*, d. h. einer Gesellschaft, bei der kein Gesamthandvermögen und keine Außenwirkungen entstehen, aber unter den Ehegatten ein Mitwirkungs- und Beteiligungsverhältnis angenommen wird (BGHZ 84, 361; NJW 1994, 1167; FamRZ 1999, 1580), dessen Auflösung bei Scheitern oder Auflösung der Ehe zu einem Ausgleich berechtigt.

b) Weiterhin kommt ein *Ausgleichsanspruch aus dem Gedanken des Wegfalls der Geschäftsgrundlage (§ 313)* in Frage. Dieser Anspruch kommt bei „ehebedingten Zuwendungen" (siehe oben Fall 68) in Frage, die nach Auffassung des BGH auf einem meist konkludent geschlossenen familienrechtlichen Vertrag eigener Art („sui generis") beruhen. Geschäftsgrundlage ist die Erwartung, dass die eheliche Gemeinschaft Bestand haben und der Zuwendende innerhalb dieser Gemeinschaft am zugewendeten Vermögenswert und seinen Früchten weiter teilhaben werde (BGH FamRZ 1999, 1580, 1582).

Unter welchen Voraussetzungen das eine oder das andere Instrument zu wählen ist, bildet eine schwierige Frage. Die Rechtsprechung hat früher die Innengesellschaft vor allem in Fällen bejaht, in denen ein Ehegatte in erheblichem Maß ohne ausdrücklichen Arbeits- oder Gesellschaftsvertrag im Betrieb des anderen mitgearbeitet hat, während der Wegfall der Geschäftsgrundlage eher bei Sachzuwendungen in Betracht kam. Nach aktueller Rechtsprechung wird danach unterschieden, ob die Ehegatten durch ihre Leistungen eine über den typischen Rahmen der ehelichen Lebensgemeinschaft hinausgehenden gemeinsamen Zweck wie gemeinsamen Vermögensaufbau oder gemeinsame berufliche Tätigkeit verfolgen (dann Innengesellschaft), oder ob der Einsatz von Arbeit und Vermögen dem Zweck dient, die Voraussetzungen für die Verwirklichung der ehelichen Lebensgemeinschaft, etwa durch Bau eines Familienheims zu schaffen (dann ehebezogene Zuwendung; zusammenfassend BGH FamRZ 1999, 1580, 1582). Es kommt also nicht primär auf die Art der Leistung an: Auch bei Sachzuwendungen kann Innengesellschaft gegeben sein (BGH FamRZ 1999, 1580) und Mitarbeit kann wie eine ehebedingte Zuwendung behandelt werden (BGH FamRZ 1994, 1167).

[handschriftlich am Rand: Unter-schei-dung]

In unserem Fall spricht Vieles für die *Innengesellschaft*. Die Mitarbeit der Ehefrau geschah nicht im bloß familiären Rahmen, sondern stellte sich als gemeinsame Berufsausübung dar, die über die Verwirklichung der ehelichen Lebensgemeinschaft hinausging. Spätestens mit dem Scheidungsantrag (nach BGH FamRZ 1999, 1580, 1584 schon mit der Trennung) ist die Innengesellschaft aufgelöst. Bei der Innengesellschaft ist kein Gesamthandsvermögen auseinanderzusetzen; das Rechtsverhältnis beschränkt sich im Wesentlichen auf einen Ausgleichsanspruch analog § 738 I 2 (BGH FamRZ 1999, 1580, 1585). In unserem Fall ist entscheidend, dass Sandra mit ihrer Mitarbeit wesentlich zur Entschuldung des Betriebes beigetragen hat, wofür ihr ein anteiliger, im Zweifel hälftiger Anteil an der Vermögensmehrung des Betriebs zusteht.

4) *Ergebnis:* Sandra hat gegen Joe einen Beteiligungsanspruch aus Innengesellschaft entsprechend § 738 I 2. Die Höhe des Anspruchs bemisst sich nach den Beiträgen, die Sandra zur Wertsteigerung des Betriebes geleistet hat; im Zweifel ist ein gleicher Anteil anzusetzen (§ 722 I).

71. Welches Gericht?

An welches Gericht müsste sich Sandra im Fall 70 wegen ihres Anspruchs wenden?

Zuständig könnte das Familiengericht sein (§ 23a I 1 Nr. 1, § 23b I GVG, § 111 FamFG). Zwar handelt es sich nicht um eine Güterrechtssache (§ 111 Nr. 9, § 261 FamFG), da kein Anspruch aus dem ehelichen Güterrecht, vielmehr als allgemeinem Zivilrecht geltend gemacht wird. Doch liegt eine „sonstige Familiensache" gemäß § 111 Nr. 10, § 266 I Nr. 3 FamFG vor: Es geht um einen Anspruch unter geschiedenen Ehegatten, der im Zusammenhang mit Trennung oder Scheidung der Ehe steht.

---

72. Das florierende Fitness-Studio II

Wie Fall 70, aber: Joe und Sandra haben keinen Ehevertrag geschlossen, sondern leben im gesetzlichen Güterstand. Bei Beginn der Ehe war Joe mit 100.000 EUR überschuldet, bei Rechtshängigkeit des Scheidungsantrags war seine Vermögensbilanz durch die Wertsteigerung des Fitness-Studios ausgeglichen. Sandra hatte weder zu Beginn der Ehe noch bei Erhebung des Scheidungsantrags zählbares Vermögen. Sie macht nach der Trennung gegen Joe einen Beteiligungsanspruch aus § 738 I 2 von 50.000 EUR geltend. Welche Ansprüche hat Sandra gegen Joe?

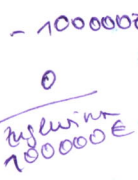

1. a) Wie bei Fall 70 dargestellt, sind die Voraussetzungen eines *Beteiligungsanspruchs aus Innengesellschaft* entsprechend § 738 I 2 gegeben.

b) Doch hier ist zu prüfen, ob diese Anspruchsgrundlage im Güterstand der *Zugewinngemeinschaft* überhaupt zum Zuge kommen kann. Das könnte daran scheitern, dass die Regeln des Zugewinnausgleichs als *leges speciales* den Anspruch aus Innengesellschaft verdrängen. Zu dieser Frage werden unterschiedliche Meinungen vertreten. aa) Es wird die Meinung vertreten, dass der gesellschaftsrechtliche Beteiligungsanspruch nur ausnahmsweise zur Anwendung kommt, *wenn besondere Umstände den güterrechtlichen Ausgleich als nicht tragbare Lösung erscheinen lassen.* Danach wäre das Konkurrenzproblem in gleicher Weise zu lösen wie für Ausgleichsansprüche bei ehebedingten Zuwendungen (diesbezüglich BGHZ 115, 132, 135). bb) Demgegenüber vertritt der BGH die Auffassung, dass Ansprüche aus Innengesellschaft vom Güterrecht nicht verdrängt werden, sondern ungehindert daneben zum Zuge kommen (BGH FamRZ 2006, 607).

c) *Ergebnis:* Folgt man der Auffassung des BGH, so ist der Anspruch von Sandra aus § 738 I 2 auch im Fall 72 begründet. Wenn sich die Wertsteigerung des Betriebes seit Sandras Einstieg auf 100.000 EUR beläuft, so beträgt ihr Anteil im Zweifel die Hälfte, also 50.000 EUR.

2. Da die geschiedenen Ehegatten im Güterstand der Zugewinngemeinschaft gelebt haben, kommt ferner zugunsten von Sandra auch ein *Anspruch auf Zugewinnausgleich nach § 1378 I 1* in Frage.

a) Voraussetzung ist, dass der von Joe erzielte Zugewinn denjenigen von Sandra übersteigt. aa) Joe hatte ein Anfangsvermögen von *minus* 100.000 EUR. Bei Erhebung des Scheidungsantrags war die Vermögensbilanz bei Joe an sich ausgeglichen. Sofern Sandra nach der Trennung jedoch den (wie gezeigt: begründeten) Beteiligungsanspruch aus § 738 I 2 geltend macht, ist das Endvermögen Joes zusätzlich mit dieser Verbindlichkeit belastet, beträgt also *minus* 50.000 EUR. Der Zugewinn von Joe beläuft sich also auf *plus* 50.000 EUR.

bb) Sandra hatte ein Anfangsvermögen von 0 EUR, das Endvermögen zeigt ebenfalls an sich den Wert 0 EUR. Doch ist auch hier zu berücksichtigen, dass sie gegen ihren früheren Ehemann einen gesellschaftsrechtlichen Ausgleichsanspruch hat, der sich positiv im Endvermögen niederschlägt. Ihr Zugewinn beträgt also 50.000 EUR.

b) Da beide Ehegatten einen Zugewinn in gleicher Höhe zu verzeichnen haben, ergibt sich kein Zugewinnüberschuss und folglich auch kein Anspruch auf Zugewinnausgleich.

c) *Ergebnis:* Es besteht kein Anspruch auf Zugewinnausgleich.

d) *Zusätzliche Erwägung:* Würde man den gesellschaftsrechtlichen Beteiligungsanspruch bei Errechung des Zugewinnausgleichs unberücksichtigt lassen, so würde sich gleichfalls kein Zugewinnausgleichsanspruch für Sandra ergeben. Sandra hätte dann einen Zugewinn von 0 EUR, Joe einen Zugewinn von 100.000 EUR. Daraus ergäbe sich an sich ein Zugewinnausgleichsanspruch für Sandra von 50.000 EUR. Doch würde dieser Anspruch an der Höhenbegrenzung nach § 1378 II 1 scheitern: Im relevanten Zeitpunkt der Erhebung des Scheidungsantrags (§ 1384) wäre bei Joe nach Abzug der Verbindlichkeiten kein positiver Vermögenssaldo vorhanden. Diese Erwägung zeigt, dass Sandra in diesem Fall nur über den gesellschaftsrechtlichen Beteiligungsanspruch zu einem Ausgleich für die Teilnahme an der betrieblichen Wertschöpfung gelangt.

6. Haushaltsgegenstände – Ehewohnung – Getrenntleben

73. Rosenkrieg I

Das Ehepaar Müller hat sich entfremdet. Eines Tages verlässt die Ehefrau heimlich die eheliche Wohnung und zieht in ein vorher gemietetes Appartement.
Sie stellt eine Liste von Haushaltsgegenständen auf, die sie in der neuen Wohnung benötigt, und verlangt die aufgelisteten Sachen von Herrn Müller heraus. Dieser fühlt sich wegen des heimlichen Weggangs seiner Frau in seiner Ehre gekränkt: „Was Du in der Wohnung gelassen hast, bleibt in der Wohnung", sagt er trotzig.
Welche rechtlichen Überlegungen sind anzustellen?

1. Es kommen Ansprüche aus *§ 1361a* in Betracht. Dabei ist nach der Eigentumslage zu unterscheiden.

a) aa) Die *Frau Müller allein gehörenden Sachen* kann sie nach Eintritt des Getrenntlebens gemäß § 1361a I 1 von ihrem Mann herausverlangen. Dazu ist keine weitere Voraussetzung nötig. Sie muss nur darlegen und im Streitfall beweisen, dass sie alleinige Eigentümerin der verlangten Gegenstände ist. Dabei ist zu beachten, dass Haushaltsgegenstände, die während der Ehe für den gemeinsamen Haushalt angeschafft wurden, als gemeinsames Eigentum vermutet werden (§ 1568b II; die Vorschrift gilt auch im Rahmen des § 1361a).

bb) Herrn Müller steht aber möglicherweise eine *Einwendung* zu Gebote: Er kann bei den herausverlangten Gegenständen geltend machen, dass er sie zur Führung seines abgesonderten Haushalts benötigt; dann kann Frau Müller nach Billigkeit verpflichtet sein, sie ihm zum Gebrauch zu überlassen (§ 1361a I 2).

b) Hausrat, der in *Miteigentum der Ehegatten* steht, wird nach Billigkeit verteilt (§ 1361a II). In erster Linie sollen die Eheleute sich einigen; wenn dies nicht gelingt, entscheidet das Familiengericht (§ 1361a III 1). Frau Müller wird zweckmäßigerweise zusammen mit ihrem Mann eine Gesamtliste der Gegenstände erstellen, die beiden gemeinsam gehören, und dann Aufteilung einvernehmlich regeln. Kommt es zu keiner Vereinbarung, so kann Frau Müller beim zuständigen Gericht beantragen, ihr die gewünschten Gegenstände zuzuweisen; das Gericht entscheidet nach Billigkeit.

c) Schließlich kann Frau Müller nach § 1361a I 2 auch die *Überlassung von Gegenständen* zum Gebrauch verlangen, die *Herrn Müller allein gehören*. Voraussetzung ist, dass sie die verlangten Gegenstände zur Führung ihres Haushalts benötigt und die Überlassung nach den Umständen der Billigkeit entspricht. Das kommt vor allem in Frage, wenn ein Gegenstand im ehelichen Haushalt doppelt vorhanden ist (z. B. zwei Fernsehgeräte), aber beide dem Antragsgegner gehören.

d) *Zuständig* für die möglichen Ansprüche aus § 1361a sind die Familiengerichte (§ 23b I GVG; §§ 111 Nr. 5, 200 II Nr. 1 FamFG).

2. *Ansprüche aus §§ 985, 1007* und die *Auseinandersetzungsregeln der §§ 752 ff.* werden durch § 1361a als *lex specialis* verdrängt.

---

74. Rosenkrieg II

Angenommen: In Fall 73 hat Frau Müller einen auswärtigen Termin ihres Mannes abgewartet, um mit Hilfe einer Spedition den Hausrat, den sie zu benötigten glaubte, ohne Wissen ihres Mannes in ihre neue Wohnung transportieren zu lassen.
Was kann Herr Müller tun?

1. Herr Müller hat die gleichen Möglichkeiten wie Frau Müller in Fall 73: Er kann grundsätzlich die ihm gehörigen Haushaltsgegenstände herausverlangen. Wegen der im Miteigentum stehenden Gegenstände muss er sich mit seiner Frau einigen oder kann das Gericht anrufen, das nach Billigkeit entscheidet. Zudem kann Herr Müller verlangen, ihm Gegenstände, die seiner Frau allein gehören, zu überlassen, sofern die Voraussetzungen des § 1361a I 2 gegeben sind.

2. Die allgemeinen Schutzansprüche des Sachenrechts werden auch in diesem Fall von § 1361a verdrängt. Ob dies auch für den *possessorischen Besitzschutz* gilt, ist streitig. Dagegen spricht, dass der gegen eigenmächtiges Handeln gerichtete Zweck dieser Ansprüche dem Regelungsziel des § 1361a (billige Verteilung des Hausrats) nicht widerspricht. Folgt man dem, so ergibt sich: Frau Müller hat ihrem Mann den unmittelbaren Mitbesitz durch verbotene Eigenmacht, d. h. ohne dessen Willen entzogen (§ 858 I), ihr Besitz ist fehlerhaft (§ 858 II 1). Herr Müller kann daher die Wiedereinräumung des entzogenen Besitzes, hier also des Mitbesitzes, verlangen

(§ 861 I). Das läuft darauf hinaus, dass Frau Müller die Sachen erst in die Ehewohnung zurückschaffen muss und somit keinen Vorteil aus ihrem eigenmächtigen Handeln hat. Das schließt nicht aus, dass unabhängig davon eine Hausratsteilung nach den Grundsätzen des § 1361a durchgeführt wird.

---

75. Sonnenuntergang

Sibylle und Torsten Pechstein sind kinderlos verheiratet, lassen sich aber nach neun Jahren erfüllten Ehelebens einvernehmlich scheiden. Beide finden, dass sie eine schöne Zeit miteinander gehabt hätten, nun aber ein Punkt erreicht sei, da sie einander nicht mehr weiter bringen könnten. Alles wird einvernehmlich geregelt, bis auf einen Punkt, über den sich die Eheleute – erstmals seit langem – streiten. Es geht um das Gemälde „Tramonto", das der sizilianische Künstler Giuseppe Rigatoni, ein inzwischen verstorbener Freund des Hauses, ihnen beiden einst zur Hochzeit gewidmet und geschenkt hatte und das seitdem über dem Kamin im Wohnzimmer hing. Sibylle ist der Ansicht, dass das Geschenk in erster Linie ihr gegolten habe, sie sei schließlich vor der Hochzeit Giuseppes Geliebte gewesen. Torsten dagegen fühlt sich als der eigentliche Adressat der Gabe; das Bild sei eine Erinnerung an die tiefen Gespräche über Nietzsche, die er mit Rigatoni nächtelang geführt habe.
Sibylle stellte beim dem örtlich zuständigen Familiengericht den Antrag, Torsten zu verpflichten, ihr das Bild zu überlassen und zu übereignen.
Welche Überlegungen wird das Gericht anstellen?

1. Das Gericht wird zunächst seine *Zuständigkeit* prüfen. Insofern der Antrag auf § 1568b gestützt wird, liegt eine „Haushaltssache" nach § 200 II Nr. 2 FamFG und somit eine Familiensache vor (§ 111 Nr. 5 FamFG). Hierfür sind die Familiengerichte zuständig (§ 23b I GVG). Soweit Rechtsfolgen aus allgemeinem Zivilrecht in Betracht kommen, sind die Familiengerichte zuständig für Ansprüche zwischen ehemals miteinander verheirateten Personen im Zusammenhang mit der Ehescheidung (§§ 111 Nr. 10, 266 I Nr. 3 FamFG, § 23b I GVG).

2. Der Anspruch Sibylles könnte aus *§ 1568b I* begründet sein. Danach kann jeder Ehegatte verlangen, dass ihm der andere anlässlich der Scheidung die im gemeinsamen Eigentum stehenden Haushaltsgegenstände überlässt und übereignet, wenn er auf deren Nutzung stärker angewiesen ist als der andere Ehegatte oder dies aus anderen Gründen der Billigkeit entspricht.

a) Zunächst müsste es sich um einen *Haushaltsgegenstand* handeln. Das könnte bei einem Kunstwerk zweifelhaft sein, das mit der Führung eines Haushalts auf den ersten Blick wenig zu tun hat. Doch umfasst der Begriff „Haushaltssache" alle Gegenstände, die nach den Lebens- und Lebensverhältnissen der Ehegatten für Wohnung, Hauswirtschaft und das Zusammenleben der Familie bestimmt sind; dazu zählen auch Kunstgegenstände, die der Ausschmückung der Wohnung dienen, soweit sie nicht so wertvoll sind, dass ihre Funktion als Kapitalanlage überwiegt.

b) Das Bild müsste, um nach § 1568b I zugeteilt werden zu können, im *gemeinsamen Eigentum der Eheleute* stehen. Das ist hier eindeutig der Fall. Der Dissens der Beteiligten, wer von ihnen „in erster Linie" Anlass zu dem Geschenk gewesen sei, betrifft den bloßen Motivbereich der Schenkung und ändert nichts daran, dass rechtlich beide die Adressaten des Hochzeitgeschenks waren.

c) Sibylle hat den Anspruch nur, wenn sie auf die Nutzung des Bildes *in stärkerem Maße angewiesen* ist als Torsten oder wenn die Überlassung an sie aus sonstigen Gründen der *Billigkeit* entspricht. Dafür, dass Sibylle auf die *Nutzung* des Bildes angewiesen sei, sind keine Anhaltspunkte erkennbar. Auch sonstige Gründe der Billigkeit sind schwer erkennbar: Beide Ehegatten haben offenbar eine tiefere innere Beziehung zu dem Künstler gehabt, für beide ist das Bild aus psychischen Gründen wichtig.

d) Sollten sich nicht weitere Gesichtspunkte im Verlaufe des Verfahrens ergeben, müsste der Antrag Sibylles daher abgelehnt werden. Für den Fall, dass das Gericht dem Antrag stattgibt, kann Torsten eine *angemessene Ausgleichszahlung* verlangen (§ 1568b III).

3. *Sonstige Rechtsgrundlagen* für das Begehren Sibylles sind nicht ersichtlich. Freilich steht den geschiedenen Ehegatten das Miteigentum am Bild zu (§ 1008), sie stehen also in einer Rechtsgemeinschaft (§§ 741 ff.). Jeder von ihnen kann daher jederzeit die Aufhebung der Gemeinschaft verlangen (§ 749 I). Diese wäre, da Teilung in Natur (§ 752) ausscheidet, durch Verkauf gemäß § 753 durchzuführen. Ein Anspruch auf Übereignung an einen der Miteigentümer ist aus dem Gemeinschaftsrecht nicht herzuleiten.

76. Die Kündigung

Herr Altmann wohnt zur Miete in einer Dreizimmerwohnung im Haus des Neumann. Er heiratet, seine Frau zieht in die Wohnung ein. Bald kriselt es in der Ehe. Als er glaubt, das Leben nicht mehr aushalten zu können, packt Herr Altmann das Notwendigste in einige Koffer, verlässt die Wohnung und zieht zu seiner Mutter. Dem Vermieter Neumann schreibt er, dass er die Wohnung kündige. Die vertraglich vereinbarte Kündigungsfrist wird dabei eingehalten. Ist die Kündigung wirksam?

Fraglich ist, ob Herr Altmann *allein kündigen* kann.

a) Zunächst war er alleiniger Vertragspartner des Vermieters Neumann. Auch durch den Zuzug von Frau Altmann hat sich an der Vertragslage nichts geändert, wenn die Beteiligten keinen Änderungsvertrag abgeschlossen haben. Die Kündigung ist auch frist- und formgerecht (§ 568 I) erfolgt.

b) Bedenken hiergegen könnte man daraus herleiten, dass Frau Altmann ihrem Mann gegenüber ein Recht zum Mitbesitz hat, das durch die Kündigung beendet wird, und dass der Mann ihr gegenüber *rücksichtslos und ehewidrig* handelt. Doch kommt der ehelichen Pflichtverletzung keine Außenwirkung im Verhältnis zum Vermieter zu.

c) Man könnte überlegen, ob sich aus *§ 1361b III 1* etwa anderes ergibt. Diese Vorschrift gebietet einem Ehegatten, alles zu unterlassen, was das Nutzungsrecht des anderen erschweren oder vereiteln könnte. Doch gilt diese Vorschrift nur für den Fall, dass einem Ehegatten – sei es durch Vertrag oder Gerichtsentscheidung – die

Ehewohnung oder ein Teil davon zur alleinigen Nutzung überlassen wurde. Das ist hier nicht der Fall.

d) *Ergebnis:* Die Kündigung ist wirksam.

77. Eine Frau will ihre Ruhe

Das Ehepaar Haverkamp ist stark zerstritten. Wegen jeder Kleinigkeit liegen sich die Eheleute in den Haaren. Die Auseinandersetzungen werden lautstark und in beleidigender Form ausgetragen. Die Kinder Tom (8) und Tina (6) leiden unter diesem Zustand sehr, was sich auch bei Toms schulischen Leistungen bemerkbar macht.
Frau Haverkamp möchte sich von ihrem Mann trennen. Sie beantragt beim zuständigen Familiengericht die Zuweisung der gemieteten Ehewohnung (drei Zimmer, Küche, Bad), in der sie mit den Kindern allein leben möchte.
Wie wird das Gericht entscheiden?

Nach *§ 1361b I 1* kann die trennungswillige Frau Haverkamp von ihrem Mann verlangen, dass er ihr die Ehewohnung oder einen Teil davon zur alleinigen Benutzung überlässt, soweit dies notwendig ist, um eine unbillige Härte zu vermeiden.

a) Bei der Beurteilung der *unbilligen Härte* wird das Gericht folgende Überlegungen anstellen: Die gegebene Situation ist vor allem für die Kinder schwer erträglich, sodass eine völlige Trennung des Paares einstweilen als die beste Lösung erscheint; die unbillige Härte ist schon dann gegeben, wenn das Wohl von im Haushalt lebenden Kindern beeinträchtigt ist (§ 1361b I 2). Doch steht noch nicht fest, dass die Kinder nach einer Trennung bei Frau Haverkamp leben werden. Es sollte also zumindest gleichzeitig eine Einigung oder eine gerichtliche Entscheidung (§ 1628 oder § 1671) über den Aufenthalt der Kinder im Falle der Trennung angestrebt werden. Ist geklärt, dass die Kinder bei ihrer Mutter leben werden, so sind die Interessen der Beteiligten und das Kindeswohl abzuwägen. Obwohl keine physische Gewalt im Spiel ist, spricht viel dafür, Frau Haverkamp die ganze Wohnung zur alleinigen Benutzung mit den Kindern zuzuweisen, weil eine teilweise Zuordnung die Konflikte nicht beenden würde.

b) Bei alledem sind jedoch auch die *Belange von Herrn Haverkamp* zu berücksichtigen, wie § 1361b I 1 ausdrücklich bestimmt. Ob Herrn Haverkamp das Verlassen der Wohnung, die seinen Lebensmittelpunkt bildet, zugemutet werden kann, hängt von den näheren Umständen ab. Es spielt vor allem eine Rolle, wie leicht es Herrn Haverkamp fällt, eine für ihn geeignete und erschwingliche andere Wohnung zu finden.

78. Ein rabiater Ehemann I

Herr Boss, seit fünf Jahren verheiratet, neigt mehr und mehr zu Gewalttätigkeiten gegenüber seiner Frau. Am Ostersonntag misshandelt er sie so schwer, dass sie ärztliche Hilfe in Anspruch nehmen muss. Sie möchte sich nun sofort von ihm trennen, aber in der Wohnung bleiben, die beide zusammen gemietet haben. Boss weigert sich aber, die Wohnung zu verlassen. Was kann Frau Boss tun?

1. Möglicherweise kann Frau Boss *nach § 1361b I 1* von ihrem Mann verlangen, dass er ihr die Ehewohnung ganz oder zum Teil zur alleinigen Benutzung zum Zwecke des Getrenntlebens überlässt.

a) Voraussetzung ist zunächst, dass die Eheleute *getrennt leben* oder einer von ihnen getrennt leben will. Letzteres ist der Fall.

b) Erforderlich ist ferner, dass die Wohnungszuweisung an Frau Boss erforderlich ist, um eine *unbillige Härte* zu vermeiden. Auch dies ist zu bejahen, da Frau Boss nach den Vorkommnissen um ihre körperliche Unversehrtheit fürchten muss und ihr als Opfer nicht zugemutet werden kann, sich eine andere Wohnung zu suchen.

c) Der Anspruch wäre *ausgeschlossen*, wenn keine weiteren Verletzungen zu besorgen wären (§ 1361b II 2); doch hält in unserem Fall die Gefährdungslage an, solange das Ehepaar noch unter einem Dach lebt.

d) Frau Boss kann also die Überlassung der Wohnung zur alleinigen Benutzung verlangen. Da Herr Boss eine vorsätzliche Körperverletzung gegen sie begangen hat, kommt gewöhnlich nicht die Zuweisung nur eines Wohnungsteils, sondern der ganzen Wohnung in Betracht (§ 1361b II 1).

2. Der Anspruch auf Überlassung der Wohnung zur alleinigen Benutzung kann sich ferner aus *§ 2 I des Gewaltschutzgesetzes* ergeben.

a) Es ist zwar streitig, ob § 2 GewSchG bei getrennt lebenden Ehegatten durch § 1361b als Spezialgesetz *verdrängt* wird; dies ist jedoch zu verneinen, weil sonst Ehegatten gegenüber Personen, die in sonstiger häuslicher Gemeinschaft leben, benachteiligt würden.

b) Die *Voraussetzungen des § 2 I GewSchG* sind erfüllt: Herr und Frau Boss haben einen auf Dauer angelegten gemeinsamen Haushalt geführt; ferner hat Herr Boss Körper und Gesundheit seiner Frau vorsätzlich verletzt.

c) Der Anspruch wäre *ausgeschlossen*, wenn keine weitere Verletzungen zu befürchten wären (§ 2 III Nr. 1 GewSchG). Das ist aber, solange das Ehepaar in derselben Wohnung lebt, nicht der Fall.

d) Da beide Eheleute Mieter sind, ist die Wohnungszuweisung zu befristen (§ 2 II 1 GewSchG).

3. *Ergebnis:* Frau Boss kann von ihrem Mann die Überlassung der Wohnung zur alleinigen Nutzung sowohl nach § 1361b I 1 als auch nach § 2 I GewSchG verlangen. Die Wohnungszuweisung nach § 2 I GewSchG wäre zu befristen. Andererseits bezöge sich die Zuweisung nach § 1361b I nur auf die Zeit bis zur Rechtskraft einer etwaigen Scheidung; für die Zeit danach stellt sich die Frage neu und wäre nach § 1568a zu beurteilen.

---

79. Ein rabiater Ehemann II

Wie Fall 78. Ist die Rechtslage anders zu beurteilen, wenn die Eheleute Boss nicht Mieter der Wohnung sind, vielmehr Herr Boss allein das Wohnungseigentum innehat?

1. *Zu § 1361b*: Die Rechtslage ist grundsätzlich dieselbe wie bei Fall 78 geschildert. Jedoch ist bei Abwägung der Frage, ob die Wohnungszuweisung an Frau Boss zur Vermeidung unbilliger Härte notwendig ist, die Eigentumslage zu berücksichtigen (§ 1361b I 3). Der Alleineigentümer soll also nicht so leicht aus der Wohnung gewiesen werden können wie der Mitmieter. Im Ergebnis ändert sich in unserem Fall indes nichts. Die Eigentümerinteressen wiegen weit weniger schwer als das Interesse von Frau Boss, an ihrem bisherigen Lebensmittelpunkt frei von körperlicher Gewalt leben zu können.

2. *Zu § 2 GewSchG*: Auch hier ändert das Alleineigentum des Herrn Boss nichts daran, dass er wegen vorsätzlicher Körperverletzung die Wohnung seiner Frau zur alleinigen Nutzung überlassen muss. Jedoch besteht in diesem Fall eine Höchstfrist von sechs Monaten; diese kann aus besonderen Gründen nur um weitere sechs Monate verlängert werden (§ 2 II 2–4 GewSchG).

80. Die sturmfreie Ehewohnung

Frau Leibl hält es mit ihrem Mann nicht mehr aus. Sie verlässt die von ihrem Mann gemietete Ehewohnung und wohnt vorläufig bei ihren Eltern. Herrn Leibl ist das ganz recht; kann er doch seine Freundin Eleonore nun ungestört zu sich einladen.
Als Frau Leibl dies erfährt, verbietet sie ihrem Mann, seiner Freundin den Zutritt zur Wohnung zu gestatten. Mit Recht?

In Betracht kommt ein *Unterlassungsanspruch analog § 1004 I 2* wegen drohender Beeinträchtigung des Rechts der Frau Leibl am *räumlich-gegenständlichen Bereich der Ehe* (siehe Fall 19). Fraglich ist, ob die Wohnung noch als ein solcher Bereich angesehen werden kann, nachdem Frau Leibl ausgezogen ist. Das ist aber zu bejahen: Die Trennung der Eheleute für sich gesehen hebt die Eigenschaft der gemeinsamen Wohnung als Ehewohnung noch nicht auf; es ist über das weitere Schicksal der Wohnung noch in keiner Weise entschieden. Ob etwas anderes gilt, wenn sich die Eheleute über eine dauerhafte Zuweisung der Wohnung an einen von ihnen geeinigt haben oder wenn eine gerichtliche Wohnungszuweisung ergangen ist, wird kontrovers diskutiert. Endgültig verliert die Wohnung ihre Eigenschaft als Ehewohnung mit rechtskräftiger Scheidung.

81. Es ist nicht gut, dass die Frau allein ist, oder?

Mehr und mehr neigt Herr Dümpel zu Gewalttätigkeiten gegenüber Frau und Kindern. Nachdem er seine Frau schwer misshandelt hat, erwirkt Frau Dümpel einen Beschluss des zuständigen Familiengerichts, wonach ihr die Ehewohnung, die sie allein gemietet hatte, zur alleinigen Nutzung zugewiesen wird.
Nachdem Herr Dümpel ausgezogen ist, nimmt Frau Dümpel den Junggesellen Abendroth, den sie nach der Trennung von ihrem Mann kennen und lieben gelernt hat, in die Wohnung auf.
Herr Dümpel verlangt von Abendroth, die Wohnung zu räumen. Mit Recht?

Herr Dümpel macht einen Anspruch auf Beseitigung der Beeinträchtigung eines Rechts geltend. Der Anspruch kann aus *§ 1004 I 1 analog und §§ 823 I, 249 I* (Naturalrestitution) begründet sein.

a) Als verletztes Recht kommt das absolut geschützte Recht jedes Ehegatten *am räumlich-gegenständlichen Bereich der Ehe* in Betracht. Dieses schützt jeden Ehegatten in seinem Interesse, sich in der Ehewohnung als seiner privaten und persönlichen Sphäre ungestört zu bewegen.

b) Fraglich ist hier, ob in diesem Fall die Wohnung noch als der räumlich-gegenständliche Bereich der Ehe angesehen werden kann, nachdem die Wohnung Frau Dümpel durch Gerichtsbeschluss zur alleinigen Benutzung zugewiesen ist. Dafür spricht, dass über das Schicksal der Ehe und damit auch der bisher gemeinsamen Wohnung mit dem Gerichtsbeschluss noch nichts Definitives gesagt ist. Eine gerichtliche Entscheidung nach § 1361b I regelt die Nutzung der Wohnung während des Getrenntlebens, trifft aber keine Bestimmung über die endgültigen Rechtsverhältnisse für den Fall einer Scheidung. Es ist Frau Dümpel zuzumuten, mit der Aufnahme eines neuen Partners in die Wohnung zu warten, bis die Ehe geschieden ist und eine endgültige Wohnungszuweisung zu ihren Gunsten erfolgt ist. Die gegenteilige Meinung ist vertretbar; sie wird darauf abstellen, dass die gerichtliche Wohnungszuweisung, solange sie besteht, dem begünstigten Ehegatten das Leben in der Wohnung ohne Einschränkungen gewährt.

82. Ein listiger Ehegatte

Die Eheleute Geißler wohnen in einer vom Ehemann allein angemieteten preiswerten und schönen Wohnung. Nach einigen Jahren möchten sie sich trennen, streiten aber darum, wer in der Ehewohnung bleiben darf. Frau Geißler beansprucht die Wohnung für sich allein; das Leben unter einem Dach mit dem alkoholsüchtigen Mann, der öfters seine Saufkumpane mit in die Wohnung bringe, sei ihr nicht zuzumuten. Sie stellt beim zuständigen Gericht einen Antrag auf Zuweisung der Wohnung zur alleinigen Benutzung. Herr Geißler rechnet sich vor Gericht wenig Chancen aus, da die Vorwürfe seiner Frau zutreffen. Seiner Frau mag er aber die Wohnung nicht gönnen. Er wendet sich daher an den Vermieter Hauser mit der Bitte, den Mietvertrag mit Wirkung zum nächsten Monatsersten aufzuheben. Hauser, der über die Auseinandersetzungen um die Wohnung informiert ist und die Geißlers schon lange loshaben möchte, stimmt erfreut zu.
Als schließlich ein Gerichtstermin anberaumt wird, erklärt Geißlers Anwalt, die Wohnung könne Frau Geißler nicht mehr sinnvoll zugewiesen werden, in wenigen Tagen ende das Mietverhältnis.
Wie wird das Gericht entscheiden?

Unter den Voraussetzungen des *§ 1361b I 1* kann Frau Geißler von ihrem Mann verlangen, ihr die Wohnung oder einen Teil zur alleinigen Benutzung zu überlassen, wenn dies notwendig ist, um eine unbillige Härte zu vermeiden.

a) Nach dem unbestrittenen Vortrag von Frau Geißler spricht vieles dafür, dass der Antrag begründet ist. Denn es bedeutet für sie eine *unbillige Härte*, mit einem häufig alkoholisierten Mann in einer Wohnung unter Umständen leben zu müssen, unter denen ihre Ruhe und ihre Privatsphäre erheblich gestört sind.

b) Die Frage ist aber, ob ihr *die Wohnung* vom Gericht *noch zugewiesen werden kann*, da das Mietverhältnis unmittelbar vor dem Ende steht. Denn das nach § 1361b I 1 zu begründende Nutzungsrecht ist dem Vermieter gegenüber vom Bestehen eines Mietverhältnisses abgeleitet. Grundsätzlich konnte Herr Geißler als alleiniger Mieter durch einen Aufhebungsvertrag mit dem Vermieter das Mietverhältnis zu einem beliebigen Zeitpunkt beenden. An der Wirksamkeit des Aufhebungsvertrages könnte man aber zweifeln.

aa) Wurde einem Ehegatten die Ehewohnung ganz oder zum Teil überlassen, so hat der andere nach *§ 1361b III 1* alles zu unterlassen, was geeignet ist, die Ausübung dieses Nutzungsrechts zu erschweren oder zu vereiteln. Darin könnte man ein gesetzliches Verfügungsverbot sehen, das den Ehegatten, der Mieter der Wohnung ist, hindert, das Mietverhältnis durch Kündigung oder Aufhebungsvertrag ohne Zustimmung des anderen, zur Nutzung berechtigten Ehegatten zu beenden (str.; Übertretungsfolge wäre gegebenenfalls Nichtigkeit der Kündigung nach § 134 oder relative Unwirksamkeit nach § 135). Selbst wenn man aus § 1361b III 1 ein solches Verfügungshindernis folgert, scheitert die Anwendung hier daran, dass im Zeitpunkt des Aufhebungsvertrages noch kein alleiniges Nutzungsrecht für Frau Geißler begründet war, weder durch eine gerichtliche Entscheidung noch durch eine Vereinbarung.

bb) Der zwischen Herrn Geißler und Herrn Hauser geschlossene Mietaufhebungsvertrag könnte aber *sittenwidrig* sein (§ 138 I), wenn die Vertragspartner dolos zusammengewirkt haben, um mögliche Rechte von Frau Geißler aus § 1361b zu vereiteln. Das ist hier zu bejahen: Der Vermieter konnte erkennen, dass sein Mieter die Wohnung nur aufgeben wollte, um seiner Frau die Chance zu verderben, die Wohnung allein nutzen zu können. Er selbst hatte demgegenüber keine triftigen Gründe für die Aufhebung des Mietverhältnisses; denn die bisherigen Störungen durch etwaige Alkoholexzesse wären mit dem Auszug des Ehemannes beseitigt. Der Aufhebungsvertrag ist unwirksam.

c) *Ergebnis:* Das Gericht kann Frau Geißler die Wohnung zur alleinigen Nutzung zuweisen.

Information: Die Frage, ob § 1361b III 1 ein Verfügungsverbot mit Wirkung gegenüber Dritten enthält und gegebenenfalls unter welchen Voraussetzungen es greift, ist in der Rechtsprechung noch nicht geklärt. Bei entsprechender Begründung sind auch gegenteilige Falllösungen vertretbar; bei jeder Lösung muss aber die *Problematik eines Verfügungsverbots* und seiner Tragweite angesprochen werden.

83. Eine unschöne Geschichte

Herr Glaser wird seines Lebens nicht froh. Ihn bedrücken melancholische Empfindungen, die in Aggressionen ausmünden. Er beginnt, seine Frau anzubrüllen, zu bedrohen und schließlich zu schlagen, ohne dass für sie ein Anlass erkennbar wäre. Nach einer schweren Misshandlung flieht Frau Glaser in ein Frauenhaus, wo sie sich vier Wochen aufhält. Anschließend verbirgt sie sich bei einer Freundin, die in einer anderen Stadt zur Miete wohnt, und unterzieht sich einer psychologischen Therapie, um das Erlebte verkraften zu können. Nach weiteren sechs Monaten ist Frau Glaser seelisch einigermaßen

wiederhergestellt. Sie möchte ihrer Freundin nun nicht länger zur Last fallen. Sie hat auch nun den Mut gefunden, sich mit ihrem Mann auseinander-zusetzen.
Sie verlangt von dem Ehemann, ihr gemäß § 1361b I 1 die Ehewohnung zur alleinigen Benutzung zu überlassen und stellt, nachdem dieser sich weigert, bei Gericht einen entsprechenden Antrag. Herr Glaser äußert. „Feige Flücht-linge kommen nicht wieder über diese Schwelle!"
Wie sind die Erfolgsaussichten des Antrags zu beurteilen?

In Betracht kommt ein Anspruch von Frau Glaser aus *§ 1361b I 1* gegen ihren Mann, ihr die Ehewohnung ganz oder zum Teil zur alleinigen Benutzung zum Zwecke des Getrenntlebens zu überlassen.

a) Die Eheleute leben getrennt. Auch handelt es sich um die Ehewohnung. Dass Frau Glaser nun schon seit sieben Monaten aus der Wohnung ausgezogen ist, ändert daran nichts.

b) Voraussetzung des Anspruchs ist, dass die Wohnungszuweisung an Frau Glaser erforderlich ist, um eine *unbillige Härte* zu vermeiden. Auch dies ist zu bejahen, da Frau Glaser nach den Misshandlungen um ihre körperliche Unversehrtheit fürchten müsste, wenn sie – wozu sie als Ehefrau berechtigt wäre – wieder zusammen mit ihrem Mann in der Wohnung leben würde. Es kann ihr als Gewaltopfer auch nicht zugemutet werden, sich eine andere Wohnung zu suchen.

c) Der Anspruch wäre *ausgeschlossen*, wenn keine weiteren Verletzungen zu besorgen wären (§ 1361b II 2). Dies ist für den Fall abzuschätzen, dass Frau Glaser ihrem Recht gemäß wieder in die Wohnung einziehen und dort zusammen mit ihrem Mann leben würde. Doch kann nicht davon ausgegangen werden, dass das Gefähr-dungsrisiko sich seit ihrer Flucht vermindert hat; die Äußerung von Herrn Glaser spricht für das Gegenteil.

d) Schließlich könnte der Anspruch an § 1361b IV scheitern. Danach wird *unwider-leglich vermutet*, dass ein Ehegatte, der aus der Ehewohnung ausgezogen ist, dem anderen das alleinige Nutzungsrecht an der Wohnung *überlassen* hat, wenn er nicht binnen sechs Monaten nach seinem Auszug dem anderen gegenüber seine ernstliche Rückkehrabsicht bekundet hat. Diese Voraussetzungen scheinen vorzuliegen: Seit der Flucht von Frau Glaser aus der Wohnung sind etwa sieben Monate vergangen; eine Rückkehrabsicht hat während dieser Zeit Frau Glaser ihrem Mann gegenüber nicht mitgeteilt. Doch sprechen gewichtige Gründe dagegen, dass die Vermutung des § 1361b IV in diesem Fall greift. Denn der „Auszug" aus der Wohnung war nicht freiwillig, sondern durch schwere vorsätzliche Delikte des Mannes erzwungen. Ein Wille zum Verzicht auf die Rechte an der Ehewohnung kann dem Verhalten der Frau unter diesen Umständen nicht unterlegt werden. Auch solange Frau Glaser sich vor ihrem Mann verbergen und einer psychologischen Therapie zur Wiederher-stellung ihres seelischen Gleichgewichts unterziehen muss, kann die Frist des § 1361b IV nicht zu laufen beginnen.

e) *Ergebnis:* Frau Glaser kann demnach die Überlassung der Wohnung zur alleinigen Benutzung verlangen. Im Hinblick auf die Bedrohungslage kommt nicht die Zu-weisung nur eines Wohnungsteils, sondern nur der ganzen Wohnung in Betracht (§ 1361b II 1).

84. Die Ehewohnung nach der Scheidung I

Die Eheleute Kunze haben gemeinsam eine Wohnung gemietet, in der sie zusammen mit ihren Kindern leben. Mit der Zeit tritt eine lähmende Entfremdung zwischen Frau und Herrn Kunze ein, sie entschließen sich zu Trennung und Scheidung. Nachdem sie ein Jahr lang „getrennt in der Ehewohnung" gelebt haben, wird die Ehe geschieden. Im Zusammenhang mit dem Scheidungsverfahren entsteht Streit darüber, wer in der schönen und preiswerten Wohnung bleiben darf. Nachdem vereinbart ist, dass die Kinder (jetzt neun und sieben Jahre) bei Frau Kunze leben sollen, möchte sie die Wohnung schon wegen der günstigen Nähe zur Schule für sich und die Kinder beanspruchen. Herr Kunze möchte in der Wohnung bleiben. Er findet die Wohnung ideal, um seine neue Freundin Olga – eine Karikaturistin – darin aufnehmen zu können, die das bisherige Kinderzimmer als Atelier nutzen könnte.
Frau Kunze stellt bei dem zuständigen Familiengericht gegen ihren Ex-Ehemann den Antrag, ihr die Ehewohnung zu überlassen. Wird sie Erfolg haben?

Gemäß *§ 1568a I* kann ein Ehegatte verlangen, dass ihm der andere Ehegatte anlässlich der Scheidung die Ehewohnung überlässt, wenn er in stärkerem Maße darauf angewiesen ist als der andere Ehegatte oder die Überlassung aus anderen Gründen der Billigkeit entspricht.

a) Der Anspruch wird von Frau Kunze aus Anlass der Scheidung erhoben.

b) Ihr Anspruch ist begründet, wenn sie *in stärkerem Maße* als ihr Mann auf die Wohnung *angewiesen* ist (§ 1568a I, Alt. 1). Dabei ist nach ausdrücklicher Gesetzesbestimmung das Wohl der im Haushalt lebenden Kinder zu berücksichtigen. Das Interesse der Kinder, ihre bisherigen Lebensmittelpunkt und den günstigen Schulweg zu behalten, wiegt entschieden schwerer als das Interesse von Herrn Kunze an der optimalen Lebensgestaltung mit seiner neuen Partnerin. Wenn keine anderen Gesichtspunkte dagegen sprechen, hat Frau Kunze den Anspruch auf Überlassung der Wohnung.

c) Wenn demzufolge das Gericht entscheidet, dass Herr Kunze verpflichtet ist, seiner geschiedenen Frau die vormalige Ehewohnung zu überlassen, so *setzt* mit Rechtskraft dieser Entscheidung Frau Kunze *das von beiden eingegangene Mietverhältnis allein fort* (§ 1568a III 1). Herr Kunze ist dann verpflichtet die Wohnung zu räumen und kann dazu durch eine gerichtliche Anordnung angehalten werden (§ 209 I FamFG).

85. Die Ehewohnung nach der Scheidung II

Wie wäre in Fall 84 die Lage, wenn die Wohnung vom Ehepaar Kunze nicht gemietet wäre, sondern im Alleineigentum von Herrn Kunze stünde?

a) In diesem Fall kann Frau Kunze die Überlassung der Wohnung nach § 1568a I nur unter der *zusätzlichen Voraussetzung* verlangen, dass die Überlassung *notwendig* ist, um eine *unbillige Härte* zu vermeiden (§ 1568 II 1, 2). Die Eigentümerstellung von Herrn Kunze ist also bei der Abwägung der Interessen zusätzlich zu berücksichtigen. Ob die Überlassung an die Ehefrau im Hinblick auf die Interessen zur Härtevermeidung notwendig ist, hängt von weiteren Umständen des Falles ab, z. B. davon, ob nach der Lage des Wohnungsmarktes für Frau Kunze die Chance besteht, eine andere Wohnung zu mieten, die den Kindern die Kontinuität ihres Lebensumfeldes ermöglicht. Aber auch die Interessen von Herrn Kunze sind im Hinblick darauf zu überprüfen, welche Alternativen für seine neue Lebensgestaltung bestehen.

b) Kommt das Gericht zur Auffassung, dass auch in diesem Fall Frau Kunze den Anspruch auf Wohnungsüberlassung hat, so ergeben sich *weitere Ansprüche*, welche das Rechtsverhältnis unter den Beteiligten konkretisieren. Frau Kunze kann dann von ihrem geschiedenen Mann verlangen, dass er mit ihr einen *Mietvertrag* über die Wohnung zu ortsüblichen Bedingungen *abschließt*. Den gleichen Anspruch hat die „zur Vermietung berechtigte Person", also Herr Kunze als Eigentümer gegenüber seiner Frau (§ 1568a V 1). Zum Abschluss des Mietvertrages sind beide Teile verpflichtet; sie können dazu gezwungen werden. Der Inhalt hängt im Detail von der Einigung ab, im Zweifel ist die ortübliche Vergleichsmiete anzusetzen (§ 1568a V 3).

c) Unter bestimmten Voraussetzungen kann der Vermieter – in unserem Falle also Herr Kunze – eine *angemessene Befristung des Mietverhältnisses* verlangen, z. B. wenn die Begründung eines unbefristeten Mietverhältnisses für ihn unbillig wäre (§ 1568a V 2).

7. Ehescheidung

86. Die schnelle Scheidung I

Frau Schulze unterhält ein Liebesverhältnis mit Herrn Maier. Ihr Ehemann merkt zunächst davon nichts. Nach einigen Jahren wird Herr Schulze von Freunden über die Untreue seine Frau informiert. Er ist tief erschüttert, lässt sich zu Hause aber zunächst nichts anmerken. Drei Monate später überrascht er seine Frau mit einem Scheidungsantrag. Frau Schulze erklärt, sie liebe ihren Mann immer noch und wolle an der Ehe festhalten.
Wie sind die Erfolgaussichten des Scheidungsantrags zu beurteilen?

Es ist zu prüfen, ob die Ehe nach *§ 1565* geschieden werden kann.

a) Eine Ehe wird auf Antrag eines oder beider Ehegatten geschieden, wenn sie „gescheitert" ist (§ 1565 I), d. h. wenn die Lebensgemeinschaft der Ehegatten nicht mehr besteht und nicht erwartet werden kann, dass die Ehegatten sie wiederherstellen (unheilbare Zerrüttung). In unserem Fall könnte die Ehe unheilbar zerrüttet sein. Ein Scheidungsantrag ist gestellt.

b) Doch kann der Scheidung *§ 1565 II* im Wege stehen. Regelvoraussetzung der Scheidung ist ein mindestens *einjähriges Getrenntleben*. In unserem Fall haben sich die Ehegatten aber überhaupt noch nicht getrennt. Jedoch ist auch ohne einjähriges Getrenntleben die Scheidung möglich, wenn die Fortsetzung der Ehe für den Antragsteller (hier: Herr Schulze) aus Gründen, die in der Person des anderen Ehegatten liegen, eine *unzumutbare Härte* darstellen würde. Einen solchen Härtegrund könnte man darin sehen, dass Frau Schulze ein ehebrecherisches Verhältnis mit Herrn Maier unterhält. Doch anerkennt die Rechtsprechung die Untreue des Partners nicht in jedem Fall als unzumutbare Härte; nur besonders gravierende Verstöße gegen die Treuepflicht, die ohne weiteres begreiflich machen, dass keine Versöhnungschancen bestehen, rechtfertigen die „schnelle Scheidung" (str.). In unserem Fall käme es darauf an, ob das Verhältnis von Frau Schulze und Herrn Maier eher flüchtiger Natur ist oder ob seine Intensität und die Begleitumstände für Herrn Schulze die unzumutbare Härte begründen.

c) Bejaht das Gericht die unzumutbare Härte, so prüft es, ob der Scheidungstatbestand des § 1565 I gegeben, ob also die Ehe *gescheitert*, d. h. das eheliche Verhältnis unheilbar zerrüttet ist. Dabei werden auch die Härtegründe berücksichtigt (BGH FamRZ 1981, 127, 129). Zu beachten ist, dass es genügt, wenn die Zerrüttung des ehelichen Verhältnisses für *einen* Ehegatten gegeben ist.

d) *Ergebnis:* Verneint das Gericht die unzumutbare Härte, so wird der Scheidungsantrag abgewiesen. Doch kann Herr Schulze nach einjährigem Getrenntleben erneut einen Scheidungsantrag einreichen.

---

87. Die schnelle Scheidung II

Herr Piefke tut sich schwer, das Leben zu ertragen. Häufig schlägt er angetrunken seine Frau und die beiden Kinder. Frau Piefke flieht schließlich mit den Kindern in ein Frauenhaus.
Vier Wochen später stellt Herr Piefke Scheidungsantrag, dem Frau Piefke in der ersten Verhandlung vor dem Familiengericht zustimmt.
Ist die Ehe zu scheiden?

Die Ehe könnte nach *§ 1565* zu scheiden sein.

a) Eine Ehe wird auf Antrag eines oder beider Ehegatten geschieden, wenn sie „gescheitert" ist (§ 1565 I), d. h. wenn die Lebensgemeinschaft der Ehegatten nicht mehr besteht und nicht erwartet werden kann, dass die Ehegatten sie wiederherstellen (unheilbare Zerrüttung). In unserem Fall könnte die Ehe unheilbar zerrüttet sein. Ein Scheidungsantrag ist gestellt.

b) Doch setzt die Scheidung nach *§ 1565 II* in der Regel ein mindestens einjähriges Getrenntleben voraus. Das ist hier nicht der Fall, da die Ehegatten erst vier Wochen getrennt leben. Anderes würde nur gelten, wenn die Fortsetzung der Ehe für den Antragsteller (also Herrn Piefke) aus Gründen, die in der Person des anderen Ehegatten liegen, eine unzumutbare Härte darstellen würde.

c) Fraglich ist jedoch, ob § 1565 II in unserem Fall *überhaupt zur Anwendung kommt*, da beide Ehegatten erklärtermaßen die Scheidung wollen (*einverständliche Scheidung*). Das wird indes von der h. M. bejaht (Gegenmeinung vertretbar). Folgt man der Gegenmeinung, so wäre das Hindernis des § 1565 II aus dem Wege geräumt; es käme nur noch darauf an, ob die Ehe unheilbar zerrüttet ist. Folgt man indes der herrschenden Auffassung, so kann die Ehe vor einjährigem Getrenntleben nur geschieden werden, wenn die Fortsetzung der Ehe für Herrn Piefke aus Gründen, die in der Person von Frau Piefke liegen, eine unzumutbare Härte bedeuten würde. Dafür liegen keine Anhaltspunkte vor – im Gegenteil: Durch seine häufigen

Übergriffe ist *er* es, der die Fortsetzung der Ehe *für seine Frau* unzumutbar macht. Ob Frau Piefke das weiter ertragen will, ist ihre Sache. Der Antrag von Herrn Piefke ist also abzuweisen.

d) *Umgekehrt* könnte *Frau Piefke* gestützt auf § 1565 II auch ohne einjähriges Getrenntleben die Scheidung erfolgreich beantragen, weil für sie die Fortsetzung der Ehe wegen des Verhaltens ihres Mannes unzumutbar ist.

88. Scheidung – eine harte Sache

Der städtische Rechtsrat Sammy Stryk, seit 20 Jahren mit seiner Frau Irene verheiratet, lernt im Winterurlaub in Kitzbühel die Fremdsprachensekretärin Hermine Conring kennen und verliebt sich in sie. Sein Werben um die Gunst Hermines hat schließlich Erfolg, freilich lehnt Hermine es ab, eine geheime Liebschaft zu unterhalten. „Ein gschlampertes Verhältnis gibt es bei mir nicht", pflegt sie zu bemerken. So verlässt Herr Stryk seine Frau und zieht zunächst bei seiner Freundin ein. Ein Jahr später stellt er Scheidungsantrag.
Irene Stryk lehnt vor Gericht die Scheidung ab und beantragt die Abweisung des Scheidungsantrags. Die Scheidung werde sie außerordentlich hart treffen. Nach ihrem katholischen Glauben sei die Ehe unauflöslich; eine Scheidung gegen ihren Willen greife in ihre Religionsfreiheit ein. Außerdem verliere sie durch eine Scheidung die Aussicht auf Witwenrente.
Wird das Gericht die Ehe scheiden?

Es ist zu prüfen, ob die Ehe nach *§ 1565* geschieden werden kann, weil sie gescheitert ist.

a) Ein Scheidungsantrag liegt vor.

b) Die Mindestvoraussetzung nach § 1565 II, nämlich *einjähriges Getrenntleben*, ist gegeben.

c) Doch ergibt sich das *Scheitern der Ehe* daraus allein noch nicht. Da die Eheleute sich über die Scheidung nicht einig sind (dann § 1566 I), muss das Gericht überprüfen, ob die Lebensgemeinschaft der Ehegatten nicht mehr besteht und ihre Wiederherstellung nicht erwartet werden kann (§ 1565 I 2). Dafür sprechen im vorliegenden Fall die Fakten: Die Eheleute leben schon einige Zeit getrennt, der Ehemann hat bereits eine neue Partnerin, mit der ihn eine neue Lebensplanung verbindet. Dass Frau Stryk die Scheidung ablehnt, steht dem Scheitern der Ehe nicht entgegen, da auch eine einseitige Zerrüttung aus der Sicht ihres Ehemannes genügt.

d) Dem Scheidungsantrag von Herrn Stryk könnte indes *§ 1568 Alt. 2* entgegenstehen. Danach soll eine Ehe, auch wenn sie gescheitert ist, nicht geschieden werden, wenn und solange die Scheidung für den sie ablehnenden Ehegatten aufgrund außergewöhnlicher Umstände eine so schwere Härte bedeuten würde, dass die Aufrechterhaltung der Ehe geboten erscheint. Zu prüfen ist, ob die von Frau Stryk vorgetragenen Härtegründe den Anforderungen der Härteklausel genügen.

aa) Die Scheidung wider die eigene *religiöse Überzeugung* kann einen Ehegatten zweifellos hart treffen, zumal wenn ihm seine Glaubensüberzeugung nach der Scheidung eine anderweitige Eheschließung verwehrt. Dennoch ist zu bedenken, dass staatliches und kirchliches Eherecht heute strikt getrennt sind. Wer eine Ehe nach bürgerlichem Recht schließt, muss sich damit abfinden, dass auch die mit diesem Recht gegebene Scheidungsmöglichkeit zum Zuge kommen kann. Das schließt nicht aus, dass im Einzelfall eine außergewöhnliche psychische Belastung des scheidungsunwilligen Ehegatten die Anwendung der Härteklausel rechtfertigt. Dazu muss aber ein konkreter Härtesachverhalt vorgetragen werden.

bb) Bei der Prüfung des § 1568 Alt. 2 können auch *wirtschaftliche oder versorgungsbezogene Härten* eine Rolle spielen, doch ist hier die Rechtsprechung sehr zurückhaltend (vgl. BGH FamRZ 1985, 912). Derartige Aspekte können wohl im Rahmen der Gesamtwürdigung die persönlichen Härten verstärken, aber nicht isoliert begründen (siehe auch BGH FamRZ 1984, 559). Die durch die Scheidung zu erwartenden Nachteile für Unterhalt und Versorgung lässt die Rechtsprechung allein nicht genügen (OLG Düsseldorf FamRZ 1978, 36; 1980, 780; BGH FamRZ 1985, 912).

e) *Ergebnis:* Dem Scheidungsantrag von Herrn Stryk ist stattzugeben.

89. Der Nebenjob

Herr und Frau Kunze sind seit 20 Jahren verheiratet. Mehr und mehr gerät die kinderlose Ehe in die Krise: Frau Kunze, unzufrieden mit dem Einkommen, das den Eheleuten zur Verfügung steht, betätigt sich ohne Wissen ihres Mannes als „Call-Girl", um sich ausgefallene Designer-Mode leisten zu können. Herr Kunze fällt in eine tiefe Traurigkeit, die sich einige Male in schweren Misshandlungen seiner Frau Luft verschafft. In einem Krisengespräch kommen die Eheleute überein, sich zu trennen und möglichst sofort scheiden zu lassen.
Ist eine sofortige Scheidung möglich?

Die Ehe könnte nach *§ 1565 I* zu scheiden sein, wenn sie gescheitert ist.

Generell setzt die Ehescheidung das Scheitern der Ehe, d. h. die unheilbare Zerrüttung der Lebensgemeinschaft der Ehegatten voraus (§ 1565 I). Doch kann eine Ehe gewöhnlich erst geschieden werden, wenn die Ehegatten *ein Jahr oder länger getrennt leben*; ein Scheidungsantrag vor Ablauf dieser Frist ist nur begründet, wenn die Fortsetzung der Ehe für den Antragsteller aus Gründen, die in der Person des anderen Ehegatten liegen, eine *unzumutbare Härte* darstellen würde (§ 1565 II). Die Vorschrift des § 1565 II ist nach h. M. auch bei einer einverständlichen Scheidung anwendbar. Das bedeutet, dass für denjenigen, der den Scheidungsantrag stellt, ein Härtegrund in der Person des Antragsgegners gegeben sein muss. Stellen beide Ehegatten einen Scheidungsantrag vor einjährigem Getrenntleben, so ist jeder dieser Anträge gesondert daraufhin zu prüfen, ob für den Antragsteller ein solcher Härtesachverhalt in der Person des jeweils anderen Ehegatten gegeben ist. In unserem Fall ist ein aus der Person des jeweils anderen Teils resultierender Härtegrund für beide Ehegatten gegeben. Die Ausübung der Prostitution durch die Frau macht die Fortsetzung der Ehe für den Mann ebenso unzumutbar wie die wiederholte Anwendung schwerer Gewalt für die Frau. Die Ehe ist daher auf *beiderseitigen Antrag* ohne Getrenntlebensfrist zu scheiden.

Die schnelle Scheidung wäre auch so durchführbar, dass *nur einer* der Ehegatten *den Scheidungsantrag stellt und der andere diesem Antrag zustimmt*. Auch dann ist die Ehe ohne Trennungsfrist zu scheiden, weil die Voraussetzungen des § 1565 II für den jeweiligen Antragsteller gegeben sind.

90. Ein sehr begrenzter Ehezweck

Eine Hamburger Prostituierte und ein aus einem südamerikanischen Land eingereister Mann kommen überein, einander zu heiraten. Ein gemeinsames Leben ist nicht geplant. Vielmehr hofft der Mann, mit Hilfe der Eheschließung eine Aufenthaltserlaubnis in der Bundesrepublik Deutschland erlangen zu können. Nachdem dies gelungen ist, soll die Ehe alsbald wieder geschieden werden. Die Frau soll durch einen Geldbetrag entschädigt werden.
Die Eheschließung findet wie geplant statt. Zwei Monate später erhält der Mann die Aufenthaltserlaubnis. Die Frau stellt verabredungsgemäß Scheidungsantrag. Wird dieser Erfolg haben?

Zu prüfen ist, ob die Voraussetzungen einer Ehescheidung nach *§ 1565 I* vorliegen.

a) Die Anwendbarkeit des deutschen Rechts ergibt sich aus Art. 8 lit. a) Rom III-VO.

b) Ein Scheidungsantrag ist gestellt.

c) Die Ehescheidung setzt grundsätzlich das *Scheitern der Ehe*, d. h. die unheilbare Zerrüttung der Lebensgemeinschaft der Ehegatten voraus (§ 1565 I). Die Anwendung dieses Grundsatzes stößt hier auf die Schwierigkeit, dass eine eheliche Lebensgemeinschaft *von vorn herein* nie bestand, so dass von einem „Scheitern" eigentlich nicht die Rede sein kann. Doch wird in Lit. und Rechtsprechung durchweg anerkannt, dass eine Ehe auch von Anfang an als gescheitert betrachtet werden kann, wenn eine eheliche Lebensgemeinschaft von vorn herein nicht intendiert war.

d) Die Scheidung vor einjährigem Getrenntleben setzt voraus, dass für den Antragsteller die Fortsetzung der Ehe aus Gründen, die in der Person des anderen Ehegatten liegen, eine *unzumutbare Härte* darstellen würde (§ 1565 II). Das ist hier nicht der Fall. Zwar kann gesagt werden, dass es für die Antragstellerin unzumutbar hart ist, mit einem Mann verheiratet zu sein, mit dem sie innerlich nichts verbindet. Doch liegt dieser Härtegrund nicht in der Person des Ehemannes, sondern in dem einvernehmlich geschaffenen Zustand einer „Scheinehe". Es muss folglich das einjährige Getrenntleben (§ 1565 II) abgewartet werden.

e) Der Umstand, dass die Ehe möglicherweise nach § 1314 II Nr. 5 i. V. m. § 1353 I aufhebbar ist, hindert die Ehescheidung nicht; beide Möglichkeiten der Eheauflösung stehen selbständig nebeneinander. Wird in demselben Verfahren Aufhebung und Scheidung beantragt und sind beide Anträge begründet, so ist nur die Aufhebung auszusprechen (§ 126 III FamFG).

91. Max und Moritz wehren sich

Die Eheleute Bergmann eröffnen nach 15-jähriger Ehe ihren Kinder Max (10) und Moritz (12) die Absicht, sich zu trennen und nach einem Jahr einverständlich scheiden zu lassen. Die Kinder sollen beim Vater leben. Max und Moritz, die eine glückliche Kindheit verbracht haben und ihre Eltern lieben, sind tief getroffen. Sie möchten die Scheidung verhindern. Besteht dafür eine Chance?

Wenn die Eltern, wie angekündigt, nach einem Jahr Getrenntleben einvernehmlich die Scheidung begehren, können die Kinder die Scheidung praktisch nicht verhindern.

a) Das *Scheitern der Ehe* wird vermutet, da die Ehegatten seit einem Jahr getrennt leben und erklärtermaßen beide die Scheidung wollen (§ 1566 I). Dagegen lässt sich auch nicht einwenden, die Ehe sei nicht gescheitert, weil sie noch eine soziale Funktion (Kinderziehung) erfüllen könnte. Denn zum einen ist die Vermutung des § 1566 I unwiderleglich. Zum anderen bezieht sich der Begriff der Scheiterns der Ehe nicht auf die Möglichkeit objektiver Sinnerfüllung, sondern auf die Zerrüttung des subjektiven ehelichen Verhältnisses („Lebensgemeinschaft der Ehegatten", § 1565 I 2).

b) Nach *§ 1568 I Alt. 1* soll eine Ehe, auch wenn sie gescheitert ist, nicht geschieden werden, wenn und solange die Aufrechterhaltung der Ehe im Interesse der aus der Ehe hervorgegangenen minderjährigen Kinder aus besonderen Gründen ausnahmsweise notwendig ist. Diese Härteklausel könnte hier zugunsten der Kinder angewendet werden. Doch spielt die Vorschrift in der Rechtspraxis kaum eine Rolle. Man sagt:
- Die Härteklausel sei ihrem Wortlaut nach auf besondere Ausnahmefälle beschränkt; das übliche Leid, das die Kinder bei Scheidung ihrer Eltern trifft, genüge nicht.
- Für die Kinder sei das Zusammenleben mit Eltern, deren Ehe gescheitert ist, regelmäßig nachteiliger als die Scheidung.
- Das seelische Leid entstehe für die Kinder nicht erst durch die Scheidung, sondern bereits durch die Trennung, die aber § 1568 nicht verhindern könne.

Die Chancen von Max und Moritz sind also, was die Rechtslage betrifft, gering.

92. Ein Schürzenjäger I

Der verheiratete Herr Fux, beruflich sehr erfolgreich, entwickelt sich mit zunehmendem Alter zu einem Schürzenjäger. Als seine Affären sich häufen, entschließt sich seine Ehefrau zur Trennung. Sie plant, nach einem Trennungsjahr die Scheidung einzureichen. Sie schlägt ihrem Mann vor, er solle zu einem seiner „gschlamperten Verhältnisse" ziehen und die angemietete Ehewohnung ihr mit den Kindern Maria (10) und Josef (8) zur alleinigen Nutzung überlassen. Nachdem Herr Fux damit nicht einverstanden ist, meint sie, dann müsse man halt in der ehelichen Wohnung getrennt leben: Der Mann solle das bisherige Schlafzimmer bewohnen, sie werde sich mit den Kindern die restlichen beiden Zimmer teilen, Küche und Bad sollen abwechselnd von allen benutzt werden.
Ist ein Getrenntleben in der vorgeschlagenen Weise möglich?

Nach § 1567 I 1 leben die Ehegatten getrennt, wenn zwischen ihnen keine häusliche Gemeinschaft besteht und ein Ehegatte sie erkennbar nicht herstellen will, weil er die eheliche Lebensgemeinschaft ablehnt. § 1567 I 2 stellt klar, dass die häusliche Gemeinschaft auch dann nicht mehr besteht, wenn die Ehegatten innerhalb der ehelichen Wohnung getrennt leben. Ein solches Getrenntleben innerhalb derselben Wohnung setzt voraus, dass soweit wie möglich eine räumliche Trennung der Eheleute erfolgt, kein gemeinsamer Haushalt geführt wird und sich ein gelegentliches Zusammentreffen als bloß räumliches Nebeneinander ohne persönliche Beziehung darstellt (BGH FamRZ 1979, 469, 470). Der Vorschlag der Ehefrau ist also durchführbar; auch die nebeneinander herlaufende Benutzung von Küche und Bad steht dem Getrenntleben nicht im Wege, sofern keine Gemeinsamkeit gepflegt wird, insbesondere keine gegenseitigen Haushalts- und Fürsorgeleistungen erbracht werden. Ein Problem entsteht in unserem Fall durch das Zusammenwohnen mit den Kindern, die auf eine strikte Trennung der Lebenssphären ihrer Eltern kaum Rücksicht nehmen werden und so die von der Rechtsprechung verlangte „Beziehungslosigkeit" erschweren. Doch ist zwischen Paarverhältnis und Eltern-Kind-Verhältnis zu unterscheiden: Solange sich die Gemeinsamkeiten der Eltern auf Kindesangelegenheiten beschränken, stehen sie einem „Getrenntleben" im Sinne des § 1567 I nicht entgegen.

93. Ein Schürzenjäger II

In Fall 92 ist Herr Fux mit der vorgeschlagenen Aufteilung der Wohnung nicht einverstanden. Frau Fux wendet sich daraufhin an das Familiengericht mit dem Antrag, ihr die für sich und die Kinder beanspruchten Räume zur gesonderten Benutzung zuzuweisen. Wie beurteilen Sie die Erfolgsaussichten dieses Antrags?

Nach *§ 1361b I 1* kann ein Ehegatte unter bestimmten Voraussetzungen vom anderen verlangen, dass dieser ihm die Ehewohnung oder einen Teil davon zur alleinigen Benutzung überlässt.

a) Der Anspruch setzt voraus, dass die Ehegatten *getrennt leben* oder zumindest einer von ihnen getrennt leben will. Die Ehefrau möchte sich von ihrem Mann trennen.

b) Voraussetzung ist weiterhin, dass die begehrte Wohnungsüberlassung auch unter Berücksichtigung der Belange des anderen Ehegatten notwendig ist, um eine *unbillige Härte* zu vermeiden. Fraglich ist also, ob die Zuweisung des beantragten Teils der Ehewohnung an Frau Fux zur Abwendung einer unbilligen Härte als nötig erscheint; es würde auch genügen, wenn ohne die Zuweisung das Wohl der Kinder beeinträchtigt wäre (§ 1361b I 2).

Die Entscheidung des Falles hängt von der Auslegung des Begriffs „unbillige Härte" ab. Früher war als Voraussetzung einer Wohnungszuteilung aus Anlass der Trennung die Vermeidung *schwerer Härte* verlangt; die Gerichte waren demzufolge sehr zurückhaltend. Als Hauptfälle wurden schwere körperliche Misshandlungen anerkannt. Mit dem Gewaltschutzgesetz von 2001 ist die Eingriffsschwelle auf *„unbillige Härte"* abgesenkt worden, um die Zuweisung der Ehewohnung zu erleichtern.

In unserem Fall lässt sich zugunsten von Frau Fux erwägen, dass ihr eine Trennung von ihrem Mann wesentlich erschwert würde, wenn sie entweder mit den Kindern eine neue Wohnung suchen oder ohne die Kinder ihre Familie verlassen müsste, um den Zustand des Getrenntlebens herzustellen. Der Wegzug mit den Kindern würde zudem voraussetzen, dass Herr Fux entweder damit einverstanden ist oder dass Frau Fux eine gerichtliche Entscheidung des Inhalts erwirken müsste, dass die Kinder bei ihr leben oder dass sie allein das Aufenthaltsbestimmungsrecht für die Kinder erhält. Da Frau Fux nur einen angemessenen Teil der Wohnung beansprucht, schießt ihr Antrag auch nicht über das Erforderliche hinaus. Für Herrn Fux hätte die Lösung den Vorteil, dass er mit seinen Kindern weiterhin täglichen Kontakt pflegen könnte.

c) *Ergebnis:* Frau Fux kann also von ihrem Mann aus § 1361b I 1 verlangen, ihr den angemessenen Teil der Ehewohnung zur alleinigen Benutzung zu überlassen.

94. Streit um die Scheidungsfolgen

Die kinderlosen Eheleute Schrammel haben sich entfremdet und schließlich getrennt. Ein Jahr nach der Trennung begehrt Frau Schrammel beim Familiengericht die Scheidung. Herr Schrammel stimmt dem Antrag zu. Über die Scheidungsfolgen hingegen, insbesondere die Unterhaltsfrage und das Schicksal der Ehewohnung besteht erbitterter Streit.
Was hat das Gericht zu prüfen?

Zu prüfen sind die Voraussetzungen, unter denen das Familiengericht (§ 23a I 1 Nr. 1, § 23b I GVG, §§ 111 Nr. 1, 121 Nr. 1 FamFG) die Scheidung der Ehe aussprechen kann.

1. Ein Scheidungsantrag liegt vor.

2. Die Ehescheidung setzt grundsätzlich das Scheitern der Ehe voraus, d. h. die Feststellung, dass die Lebensgemeinschaft der Ehegatten nicht mehr besteht und ihre Wiederherstellung nicht mehr erwartet werden kann (§ 1565 I). Dies hätte das Gericht an sich konkret zu prüfen.

3. Dem Gericht bleibt es jedoch erspart, sich mit dem inneren Zustand der Ehe zu beschäftigen, wenn eine der unwiderleglichen Zerrüttungsvermutungen des § 1566 zum Zuge kommt. In unserem Fall ist § 1566 I einschlägig: Die Eheleute leben schon ein Jahr getrennt und sind sich über die Scheidung einig.

4. Doch stellt sich die Frage, ob die Tatsache, dass die Ehegatten über *wichtige Scheidungsfolgen uneins* sind, einer Scheidung aufgrund der Zerrüttungsvermutung nach § 1566 I entgegensteht. Dies war bis zum Inkrafttreten des FamFG der Fall: § 630 I Nr. 3 ZPO a. F. verlangte für die einverständliche Scheidung zusätzlich, dass die Antragsschrift u. a. die Einigung der Ehegatten über die aus der Ehe resultierende gesetzliche Unterhaltspflicht sowie die Rechtsverhältnisse an der Ehewohnung und am Hausrat enthält. Nach dem FamFG ist diese Voraussetzung indes entfallen. Die auf Scheidung gerichtete Antragsschrift soll zwar die Erklärung enthalten, ob die Ehegatten über bestimmte Scheidungsfolgen eine Regelung getroffen haben (§ 133 I Nr. 2 FamFG). Das Fehlen solcher Vereinbarungen über Scheidungsfolgen steht der einverständlichen Scheidung aber nicht mehr im Wege.

5. *Ergebnis:* Die Ehe ist aufgrund § 1566 I zu scheiden.

8. Unterhalt geschiedener Ehegatten

95. Das Prüfungsprogramm

Welche Normelemente sind zu prüfen, wenn ein geschiedener Ehegatte von dem anderen Unterhalt verlangt?

1. Zunächst ist zu prüfen, ob das Unterhaltsbegehren *aus einem der Tatbestände* (§§ 1570 bis 1576 i. V. m. § 1569) begründet ist. Fehlt es daran, so scheidet ein Anspruch aus.

2. Ist ein Tatbestand erfüllt, so ist die *Höhe des Unterhalts* festzulegen. Ausgangspunkt dafür sind die Bemessung nach den ehelichen Lebensverhältnissen (§ 1578 I 1) und die Berücksichtigung des gesamten Lebensbedarfs (§ 1578 I 2, II und III).

3. Sodann ist zu prüfen, inwieweit der Berechtigte *bedürftig* ist, d. h. sich aus seinem Einkommen und Vermögen nicht selbst unterhalten kann (§ 1577).

4. Weiterhin ist zu untersuchen, ob die Inanspruchnahme des Verpflichteten in der soweit festgestellten Höhe nach den Kriterien des § 1578b *unbillig* wäre, sodass der Anspruch herabgesetzt oder befristet werden muss.

5. Weiterhin ist zu prüfen, ob dem Anspruch die in § 1579 genannten Gründe der *groben Unbilligkeit* entgegenstehen.

6. Die somit festgestellte Unterhaltsverpflichtung ist darauf zu überprüfen, inwieweit der Verpflichtete unter Berücksichtigung seiner sonstigen Pflichten leisten kann, ohne seinen eigenen angemessenen Unterhalt zu gefährden (*Leistungsfähigkeit*, § 1581); gegebenenfalls ist der Unterhaltsbetrag nach Billigkeit herabzusetzen. Bei konkurrierenden Ansprüchen ist deren Rang zu beachten (§§ 1582, 1609).

7. Schließlich sind *sonstige Rechtsgründe* zu bedenken, aus denen der Anspruch *nicht entstanden oder erloschen* sein könnte (Verzicht, § 1585c; Wiederheirat §§ 1586, 1586a; Tod des Berechtigten).

96. Zuständigkeit und Verfahren

Vor welchen Gerichten sind gesetzliche Unterhaltsansprüche zwischen geschiedenen Ehegatten geltend zu machen und welche Regeln gelten für das Verfahren?

a) *Sachlich zuständig* sind die Amtsgerichte (§ 23a I 1 Nr. 1 GVG) und zwar ausschließlich (§ 23a I 2 GVG). Die *funktionelle Zuständigkeit* liegt beim Familiengericht (§ 23b I GVG, § 111 Nr. 8, § 231 I Nr. 2 FamFG).

b) Das *Verfahren* ist im FamFG geregelt (§ 111 Nr. 8, § 231 I Nr. 2 FamFG). Es handelt sich um Familienstreitsachen (§ 112 Nr. 1 FamFG), bei denen überwiegend die Vorschriften der Zivilprozessordnung anzuwenden sind (§ 113 I 2 FamFG). Gleichwohl wird der Unterhaltsanspruch nicht durch „Klage", sondern durch „Antrag" geltend gemacht (§ 113 V FamFG); die Entscheidung ergeht durch Beschluss.

Einige Besonderheiten des Verfahrens in Unterhaltssachen ergeben sich aus §§ 231 bis 260 FamFG.

97. Auskunft

Wie kann ein Ehegatte, der nach der Scheidung vom anderen Unterhalt verlangen möchte, zu den nötigen Informationen über Einkommen und Vermögen des anderen Teils gelangen?

Nach § 1580 sind die geschiedenen Ehegatten einander verpflichtet, auf Verlangen über ihre Einkünfte und ihr Vermögen Auskunft zu erteilen. Der Auskunftspflichtige hat eine geordnete Aufstellung seiner gesamten Auskünfte über Einkommen und Vermögen vorzulegen, soweit diese Angaben für die Berechnung eines Unterhaltsanspruchs des anderen Teils nötig sind. Die Erfüllung dieser Pflicht kann gerichtlich erzwungen werden.

98. Das betreute Kleinkind I

Das Ehepaar Kruse lässt sich scheiden. Aus der Ehe stammt die Tochter Elly, die zum Zeitpunkt der Scheidung 2 Jahre alt ist und mit Zustimmung von Herrn Kruse bei der Mutter lebt. Ein Antrag auf Regelung des Sorgerechts wird nicht gestellt. Hat Frau Kruse, die während der Ehe nicht erwerbstätig war, aber als ausgebildete Fremdsprachensekretärin eine geeignete Stellung finden könnte, einen Unterhaltsanspruch gegen ihren geschiedenen Mann?

Der Anspruch kann aus *§ 1570 I 1* begründet sein. Danach kann ein geschiedener Ehegatte von dem andern wegen der Pflege oder Erziehung eines gemeinschaftlichen Kindes für mindestens drei Jahre nach der Geburt Unterhalt verlangen.

a) Elly ist das *gemeinschaftliche Kind* des Ehepaares.

b) Sie hat das *dritte Lebensjahr* noch *nicht* vollendet.

c) Zu prüfen ist, ob Frau Kruse ihre Tochter allein *pflegt und erzieht*. Dagegen könnte man einwenden: Trotz Trennung und Scheidung steht die elterliche Sorge weiterhin beiden Eltern gemeinsam zu, wenn keine anderweitige gerichtliche Regelung getroffen wird (§§ 1671, 1672). Doch kommt es bei § 1570 I 1 nicht auf die sorgerechtliche Lage an, sondern darauf, welcher Elternteil das Kind *tatsächlich* betreut. Das ist hier Frau Kruse, welche die faktische Alleinsorge auch rechtmäßig ausübt, da Herr Kruse damit einverstanden ist. Der Anspruch aus § 1570 I 1 hat den Sinn, den betreuenden Elternteil von Erwerbstätigkeit freizustellen, damit er sich ausreichend der Erziehung des Kindes widmen kann; dafür ist der faktische Betreuungsaufwand und nicht die abstrakte Sorgerechtslage maßgebend.

d) Der Umstand, dass Frau Kruse *einen Job finden könnte*, der ihrer Ausbildung entspricht, steht der Unterhaltsberechtigung nicht entgegen. § 1570 I 1 sieht keine Ausnahme vor und räumt dem kindesbetreuenden Elternteil die freie Entscheidung darüber ein, ob er das Kind in den ersten drei Lebensjahren selbst erziehen oder andere Betreuungsmöglichkeiten in Anspruch nehmen will.

99. Das betreute Kleinkind II

Wie Fall 98, aber: Die Eltern von Frau Kruse, die in derselben Stadt wohnen, sind bereit, sie bei der Betreuung ihrer Tochter zu unterstützen, um ihr wenigstens eine Teilzeitbeschäftigung zu ermöglichen. Daraufhin nimmt Frau Kruse eine Stelle mit 20 Wochenstunden bei der Fa. Klüber (Im- und Export) an und verdient netto 700 EUR im Monat. Steht dies einem Unterhaltsanspruch gegen ihren geschiedenen Mann entgegen?

a) Das Problem liegt hier in dem Normelement „Pflege und Erziehung" des Kindes (Fall 98, c). Doch ist diese Voraussetzung auch in dieser Fallvariante gegeben. *Zum einen* wird Frau Kruse durch ihre Eltern nicht als Mutter ersetzt, sondern nur unterstützt; die wesentliche Organisation des Lebens des Kindes bleibt in ihrer Hand. Entscheidend ist aber *zum andern*, dass Frau Kruse den Unterhaltsanspruch selbst dann hätte, wenn sie durch ihre Eltern in der Kindesbetreuung ganz entlastet würde. Denn mit dem „Basisunterhalt" für die Betreuung des Kindes in den ersten drei Lebensjahren hat der Gesetzgeber dem betreuenden Elternteil die freie Entscheidung darüber eingeräumt, ob er das Kind in dieser Zeit selbst erziehen oder andere Betreuungsmöglichkeiten in Anspruch nehmen will (BGH FamRZ 2009, 1124 Tz. 25). Der Tatbestand des § 1570 I 1 ist also auch in dieser Fallvariante erfüllt.

b) Bei der Berechnung der *Höhe des Unterhalts* ist freilich zu berücksichtigen, dass Frau Kruse in diesem Fall eigenes Einkommen hat und daher weniger bedürftig ist. Das Einkommen aus ihrer an sich nicht zugemuteten („überobligationsmäßigen") Erwerbstätigkeit wird indes nicht nach den gleichen Grundätzen angerechnet wie zumutbar erzieltes Einkommen, vielmehr nur gemäß § 1577 II nach Billigkeit im Einzelfall (siehe BGH FamRZ 2005, 1154, 1156; FamRZ 2009, 772 Tz. 22; FamRZ 2009, 1124 Tz. 25).

100. Das betreute Kleinkind III

Wie ist in Fall 98 die Rechtslage, wenn Frau Kruse während des ehelichen Zusammenlebens halbtags erwerbstätig gewesen war, obwohl die Betreuung von Elly hauptsächlich von ihr geleistet wurde.

Auch dann wird Frau Kruse nach der Scheidung keine Erwerbstätigkeit zugemutet. Der Anspruch aus § 1570 I 1 ist ohne Rücksicht darauf gegeben, wie die familiären Aufgaben während der intakten Ehe verteilt waren. Das ist auch gerechtfertigt. Denn ein alleinerziehender Elternteil wird durch die Betreuung des Kindes in höherem Maße in Anspruch genommen als der überwiegend betreuende Elternteil in einer funktionierenden ehelichen Lebensgemeinschaft. Frau Kruse hat also auch in diesem Fall den Unterhaltsanspruch gegen ihren Mann.

101. Das betreute Kleinkind IV

Wie ist in Fall 98 die Rechtslage einzuschätzen, wenn Elly in dem Zeitpunkt, in dem Frau Kruse den Anspruch geltend macht, bereits das fünfte Lebensjahr vollendet hat?

1. Die Anspruchsvoraussetzungen des *§ 1570 I 1* sind offensichtlich nicht gegeben.

2. Der Anspruch könnte sich aber aus *§ 1570 I 2, 3* herleiten. Danach verlängert sich die Dauer des Anspruchs auf Betreuungsunterhalt, solange und soweit dies der Billigkeit entspricht.

a) Elly ist über drei Jahre alt und noch minderjährig und wird von Frau Kruse betreut („gepflegt und erzogen").

b) Voraussetzung des Anspruchs ist, dass die Gewährung des Unterhaltsanspruchs „der Billigkeit" entspricht (§ 1570 I 2); dabei sind die Belange des Kindes und die Möglichkeiten der Kindesbetreuung zu berücksichtigen (§ 1570 I 3). Die Rechtsprechung. spricht von *„kindbezogenen Gründen".* Die Frage ist, wie das Kriterium der Billigkeit zu handhaben ist.

aa) Eine *verbreitete Meinung*, welche zur Rechtslage vor der Unterhaltsrechtsreform entwickelt worden war, ging von der allgemeinen Lebenserfahrung aus, dass die Betreuung von Kindern im Kindergartenalter und in den ersten beiden Grundschuljahren vom betreuenden Elternteil so viel Zuwendung, Einsatzbereitschaft und Zeitaufwand verlangt, dass ihm *zusätzlich keine oder keine volle Erwerbstätigkeit zugemutet werden kann* (vgl. BGH FamRZ 1983, 456; 1992, 1045). Die Erwerbsobliegenheit setzte dann je nach Alter und Zahl der Kinder in Stufen ein („Altersphasenmodell"). Nach diesem Konzept ließe sich ohne weiteres auch für das heute geltende Recht begründen, dass es der Billigkeit entspricht, Frau Kruse bei Betreuung einer fünfjährigen Tochter einen Unterhaltsanspruch zuzugestehen; allenfalls könnte man erwägen, der Mutter die Aufnahme einer Teilzeitbeschäftigung während der Kindergartenzeiten zuzumuten.

bb) Demgegenüber lehnt der BGH es ab, für die Billigkeit einer Verlängerung des Betreuungsunterhalts über das dritte Lebensjahr des Kindes hinaus Umstände zu berücksichtigen, die sich bereits aus allgemeiner Lebenserfahrung ergeben. Das Gericht verlangt vielmehr von dem betreuenden Elternteil, *konkrete Gründe* darzulegen und zu beweisen, welche die Billigkeit einer Unterhaltsverlängerung über das dritte Lebensjahr hinaus rechtfertigen. Es müssen „individuelle Gründe" sein (BGH FamRZ 2011, 1375 Tz. 16). Folglich scheiden Gründe aus, die *in der Regel* bei Kindern gleichen Alters gegeben sind. Das Gericht hat nach BGH stets zu prüfen, „ob und in welchem Umfang die Kindesbetreuung auf andere Weise gesichert ist oder in kindgerechten Einrichtungen gesichert werden könnte" (BGH FamRZ 2009, 1124 Tz. 32). Hintergrund ist die Auffassung des BGH, dass mit der heute geltenden Regelung des § 1570 der Gesetzgeber „grundsätzlich den Vorrang der persönlichen (nämlich elterlichen) Betreuung gegenüber anderen kindgerechten Betreuungsmöglichkeiten aufgegeben" habe. Das bedeutet, dass – im Spiegel des Unterhaltsrechts – die mögliche Fremdplatzierung des Kindes *in jedem Fall,* in dem sie nicht mit dem Kindeswohl kollidiert (BGH FamRZ 2009, 1391 Tz. 22), den Vorrang vor der persönlichen Betreuung durch die Eltern haben soll.

cc) Folgt man der Doktrin des BGH, so genügt die Tatsache, dass Frau Kruse ein Kind im Kindergartenalter pflegt und erzieht, für sich gesehen bei weitem noch nicht, um ihr einen Anspruch aus § 1570 I 2 zuzugestehen. Sie muss vielmehr darlegen und, soweit es bestritten wird, beweisen, dass gerade für ihr Kind keine, keine ausreichenden oder keine dem Kindeswohl unschädlichen anderen Betreuungsmöglichkeiten (Kindergarten, Krippe, Kindertagesstätte etc.) bestehen, oder dass das Kind aus besonderen individuellen Gründen (Krankheit, Behinderung) derartige Einrichtungen nicht ohne Gefahr für sein Wohl besuchen kann. Steht eine Kindertagesstätte zu Verfügung, so könnte Frau Kruse nach dieser Rechtsprechung sogar ein Vollzeiterwerb zugemutet werden (siehe den Fall BGH FamRZ 2011, 1375 – Verweis auf die Möglichkeit einer Ganztagsschule!).

c) Folgt man der BGH-Rechtsprechung, so hängt das *Ergebnis* davon ab, ob und inwieweit Frau Kruse darlegen und beweisen kann, dass eine Fremdbetreuung des Kindes im konkreten Fall unmöglich ist oder aus individuellen Gründen dem Kindeswohl widerspricht.

3. Weiterhin ist zu prüfen, ob der Unterhaltsanspruch sich auf den *Verlängerungsgrund des § 1570 II* ergeben kann. Dieser Verlängerungsgrund kommt nach BGH „nachrangig" in Betracht (BGH FamRZ 2009, 1124 Tz. 36), wenn „kindbezogene Gründe" nach § 1570 I 2 nicht gegeben sind. Danach „verlängert sich" der Anspruch auf Betreuungsunterhalt über die drei Jahre seit Geburt des Kindes hinaus, wenn dies unter Berücksichtigung der Gestaltung von Kindesbetreuung und Erwerbstätigkeit in der Ehe sowie der Dauer der Ehe der Billigkeit entspricht. Als solchen „elternbezogenen Grund" erkennt der BGH das „gewachsene Vertrauen in die vereinbarte und praktizierte Rollenverteilung und die gemeinsame Ausgestaltung der Kindesbetreuung" während der Ehe an (BGH FamRZ 2009, 1124 Tz. 37). Einfacher ausgedrückt: Es kann unbillig sein, dem Ehegatten, der bisher in der Ehe die Kinder betreut und dafür auf Erwerbstätigkeit verzichtet hat, einen plötzlichen Wechsel in den vollen Beruf zuzumuten.

Auch bei § 1570 II obliegt es freilich dem betreuenden Elternteil, die Voraussetzungen des Verlängerungsgrundes darzulegen und zu beweisen. Nach BGH genügt die bloße Tatsache bisheriger Rollenverteilung nicht, um den Unterhaltsanspruch über das dritte Lebensjahr des Kindes hinaus zu begründen, es müsse „auf individuelle Umstände abgestellt" werden (FamRZ 2009, 1124 Tz. 40). Frau Kruse müsste, um zum Erfolg zu kommen, also konkrete Umstände vortragen und – wenn bestritten – beweisen, die ihr besonderes Vertrauen auch in die künftige Möglichkeit, sich anstelle einer (vollen) Erwerbstätigkeit der Erziehung ihrer Tochter zu widmen, belegen.

4. *Ergebnis:* Die Tatsache allein, dass Frau Kruse ihre fünfjährige Tochter betreut und damit den mit der Erziehung eines Kindergartenkindes üblicherweise verbundenen Aufwand an Zeit, Zuwendung und Einsatzbereitschaft auf sich nimmt, genügt zur Begründung eines Anspruchs aus § 1570 I 2 und II nach der Rechtsprechung des BGH nicht. Um zu einem Anspruch wegen Kindesbetreuung zu gelangen, müsste Frau Kruse

– entweder darlegen und beweisen, dass und inwieweit die Zumutung von Erwerbstätigkeit trotz Kinderbetreuung aus *individuellen Gründen* des Kindeswohls im konkreten Fall der Billigkeit widerspricht;

– oder/und darlegen und beweisen, dass sich aus den konkreten Fallumständen besondere Gründe ergeben, aus denen eine Doppelbelastung mit Kindererziehung und Beruf für sie selbst als unbillig erscheint.

Information: 1. Die rigorose Rechtsprechung des BGH, die von der allgemeinen Lebenserfahrung absehen will, dass die Betreuung von Kindern ab drei Jahren einen erheblichen Aufwand an Zeit, Zuwendung und Einsatzbereitschaft verlangt und bei durchschnittlichen Lebensverhältnissen eine volle Berufstätigkeit erschwert, findet nicht überall und auch nicht bei allen Familiengerichten Beifall. Tatsache ist, dass auch in funktionierenden Ehen ein Elternteil (meist die Mutter) die Erwerbstätigkeit zurückzufahren pflegt, wenn Kinder geboren werden. *Die Rechtsprechung des BGH bedarf unter dem Gesichtspunkt der Gleichberechtigung der Geschlechter und der Elternpflicht (Art. 6 II GG) dringend der verfassungsrechtlichen Überprüfung.*

2. Der Aufbau der Prüfung der Unterhaltsberechtigung nach § 1570 ist deshalb schwierig, weil nicht ganz klar ist, ob es sich um *eine* Anspruchsgrundlage oder ob es sich um *drei* Anspruchsgrundlagen (§ 1570 I 1 – § 1570 I 2,3 – § 1570 II) handelt. Nach richtiger Auffassung handelt es sich um einen einheitlichen Anspruch, dessen Dauer variiert. Doch ist es gewiss auch nicht als Fehler zu bemängeln, wenn man der Einfachheit halber z. B. von einem „Anspruch aus § 1570 I 2, 3" spricht.

102. Das Ende eines gepflegten Haushalts

Der Ehe der Leinewebers entspringen die Söhne Jakob und Wilhelm. Als diese sechs und vier Jahre alt geworden sind, trennen sich die Eheleute. Ein Jahr später wird die Ehe geschieden. Herr Leineweber ist seit Beginn der Ehe als selbständiger Event-Manager tätig und als solcher finanziell sehr erfolgreich. Frau Leineweber ist ausgebildete Kunsthistorikerin; sie war während der Ehe nicht erwerbstätig, sondern kümmerte sich um ihren Mann, ihre Söhne und den Haushalt. Das war auch ganz der Wunsch ihres Mannes, dem, wie er sagte, die Familie „den Rücken frei" halten sollte und der Wert darauf legte, seinen anstrengenden Arbeitstag in einer ruhigen und gepflegten häuslichen Umgebung ausklingen zu lassen. Deshalb hatte Frau Leineweber auch das Angebot einer Gemäldegalerie abgelehnt, einen Teilzeitjob anzunehmen.
Nach der Scheidung verlangt Frau Leineweber, der gerichtlich das alleinige Sorgerecht für die Söhne übertragen worden war, von ihrem Mann Unterhalt. Berufstätig ist sie weiterhin nicht. Es wäre für sie auch sehr schwierig, eine Position zu finden, die ihrer Ausbildung auch nur annähernd entspricht.
Aus welchen Gesichtspunkten könnte das Unterhaltsbegehren begründet sein?

1. Ein *Anspruch aus § 1570 I* scheidet offenkundig aus, weil die zu betreuenden Kinder über drei Jahre alt sind.

2) Frau Leineweber könnte gegen ihren Mann indes einen *Anspruch aus § 1570 I 2, 3* haben.

a) Sie pflegt und erzieht die gemeinsamen minderjährigen Kinder, die über drei Jahre alt sind.

b) Zusätzliche Voraussetzung ist, dass eine Verlängerung des Anspruchs auf Betreuungsunterhalt über das dritte Lebensjahr der Kinder hinaus der Billigkeit entspricht; hierbei sind die Belange der Kinder und die bestehenden Möglichkeiten der Kindesbetreuung zu berücksichtigen *(kindbezogene Gründe, § 1570 I 3).*

aa) Es entspricht allgemeiner Lebenserfahrung, dass die Betreuung von zwei Kindern im Alter von sieben und fünf Jahren und die Führung eines Drei-Personenhaushalts wegen der damit verbundenen zeitlichen Belastung und der latent erforderlichen Einsatzbereitschaft auch außerhalb der Kindergarten- und Schulzeiten für sich gesehen die Billigkeit einer Unterhaltsgewährung begründen (siehe Fall 101 2b) aa). Zumindest könnte unter diesem Gesichtspunkt Frau Leineweber keine vollschichtige Berufstätigkeit neben der Kindesbetreuung, sondern allenfalls ein Teilzeitjob zugemutet werden.

bb) Dieser Auffassung steht aber die Rechtsprechung des BGH entgegen. Danach muss Frau Leineweber konkrete und individuelle kindbezogene Umstände darlegen und beweisen, aus denen sich die Billigkeit einer Unterhaltsverlängerung über das dritte Lebensjahr hinaus ergibt (siehe Fall 101 2b) bb). Dass im vorliegenden Fall *zwei* Kinder zu betreuen sind, spielt dann keine Rolle, wenn man mit dem BGH einen Rückgriff auf die allgemeine Lebenserfahrung in diesem Zusammenhang nicht zulässt.

cc) Den Anspruch aus § 1570 I 2, 3 hat Frau Leineweber demnach nur, soweit sie konkret darlegen und beweisen kann, dass für ihre Kinder keine anderen Betreuungsmöglichkeiten bestehen, die mit dem Kindeswohl vereinbar sind. Ein Recht darauf, ihre Kinder persönlich zu pflegen und zu erziehen, hat der sorgeberechtigte Elternteil nach Meinung des BGH nicht. Diese Auffassung kann allerdings wegen Verstoßes gegen Art. 6 II GG als verfassungswidrig angesehen werden.

2. Sollte Frau Leineweber keinen Anspruch aus § 1570 I 2, 3 herleiten können, so kann sie gleichwohl aus *§ 1570 II* zum Unterhalt berechtigt sein.

a) Dies setzt voraus, dass *elternbezogene Gründe* vorliegen, nach denen die Unterhaltsgewährung unter Berücksichtigung der Gestaltung von Kindesbetreuung und Erwerbstätigkeit in der Ehe sowie der Dauer der Ehe der Billigkeit entspricht. Auch hierfür trägt Frau Leineweber die Darlegungs- und Beweislast.

b) Folglich kann ein Unterhaltsanspruch begründet sein, soweit der Ehefrau wegen des gewachsenen Vertrauens in die Fortdauer der bisher praktizierten Rollenverteilung die Aufnahme einer Erwerbstätigkeit zusätzlich zur Kindesbetreuung billigerweise nicht zuzumuten ist. Dafür spricht in obigem Fall, dass der Herr Leineweber seine Frau während der Ehe, als sie noch eine angemessene Berufstätigkeit hätte finden können, davon abgehalten hat, erwerbstätig zu werden. Es ist dann widersprüchlich, wenn er sie nun nach der Scheidung auf eine Erwerbstätigkeit zusätzlich zur alleinigen Kindesbetreuung verweisen will. Freilich wird das angerufene Gericht diesen Gesichtspunkt im Zusammenhang mit „allen Umständen des Falles" prüfen, sodass ein Ergebnis nicht sicher vorauszusehen ist.

3. Soweit ein Anspruch auf Betreuungsunterhalt weder aus § 1570 I 2, 3 noch aus § 1570 II begründet ist, kommt eine Unterhaltsberechtigung aus *§ 1573 I* in Frage.

a) Ein solcher Anspruch kommt nur zum Zug, soweit Frau Leineweber keinen Unterhaltsanspruch aus §§ 1570 bis 1572 hat. In unserem Fall ist der Weg zum Anspruch aus § 1573 I also nur eröffnet, *soweit* ein Anspruch auf Betreuungsunterhalt nach § 1570 nicht gegeben ist. § 1573 I kann aber schon dann einen Anspruch begründen, wenn aus § 1570 nur ein teilweiser Anspruch gegeben ist, wenn also

Frau Leineweber neben der Kindesbetreuung ein Teilzeitjob zugemutet wird, den sie aber auf dem Arbeitsmarkt nicht findet.

b) Weitere Voraussetzung ist, dass Frau Leineweber nach der Scheidung *keine angemessene Erwerbstätigkeit zu finden vermag.* Als angemessen ist eine Erwerbstätigkeit anzusehen, die der Ausbildung, den Fähigkeiten, einer früheren Erwerbstätigkeit, dem Lebensalter und dem Gesundheitszustand des geschiedenen Ehegatten entspricht (§ 1574 II 1). In diesem Fall ist die Ausbildung das entscheidende Kriterium. Zwar ist die Erwerbsobliegenheit nicht auf Positionen beschränkt, die exakt der Ausbildung entsprechen; so käme für Frau Leineweber z. B. auch eine Tätigkeit als Lektorin in einem Verlag in Betracht, in dem sie für andere Felder als die Kunstgeschichte zuständig ist. Doch wird ihr kein Job zugemutet, der sie krass unterfordern würde. Sofern also Frau Leineweber keine nach oben genannten Kriterien geeignete Position zu finden vermag, kann sie Unterhalt aus § 1573 I verlangen. Sie muss allerdings darlegen und beweisen, dass sie sich kontinuierlich um einen geeigneten Arbeitsplatz bemüht.

4. *Ergebnis:* Das Unterhaltsbegehren kann aus § 1570 I 2, 3 oder § 1570 II begründet sein, wenn es Frau Leineweber gelingt, individuelle Umstände darzulegen und – wenn bestritten – zu beweisen, aus denen sich ergibt, dass die Unterhaltsgewährung im konkreten Fall der Billigkeit entspricht. Soweit ein solcher Anspruch nicht besteht, hat Frau Leineweber einen Unterhaltsanspruch aus § 1573 I.

103. Das voreheliche Kind

Nachdem Hans und Grete vier Jahre zusammen gelebt haben, wird ihnen ein gemeinsames Kind geboren, das den Vornamen Jakob erhält. Als Jakob drei Monate Jahre alt ist, heiraten seine Eltern. Bald schon nach der Eheschließung hält es Grete wegen der Gewalttätigkeiten ihres Mannes in der Ehe nicht mehr aus. Schon ein Jahr nach der Heirat wird die Ehe geschieden. Auf ihren Antrag beim Familiengericht erhält Grete das alleinige Sorgerecht. Hat Grete gegen Hans in der Zeit nach der Scheidung einen Anspruch auf Unterhalt?

Der Anspruch kann aus *§ 1570 I 1* begründet sein.

a) Grete *pflegt und erzieht* das Kind, das im Zeitpunkt der Scheidung unter drei Jahre, nämlich ein Jahr und drei Monate alt ist.

b) Es handelt sich um ein *gemeinsames Kind.* Fraglich ist aber, ob der Anspruch entfällt, weil das Kind vor der Ehe geboren und daher an sich nichtehelich ist. Für gemeinsame Kinder eines Ehepaares, die *nach* ihrer Scheidung geboren wurden, hat der BGH die Anwendung des § 1570 abgelehnt (FamRZ 1998, 426, str.). Zur Begründung wird angeführt, in diesem Fall könne der Unterhaltsanspruch nicht mehr Ausdruck der „nachehelichen Solidarität" sein; der Anspruch auf Betreuungsunterhalt der Mutter richte sich daher nicht nach § 1570, sondern nach § 1615l. Für den obigen Fall des *vorehelich* geborenen Kindes läuft dieses Argument ins Leere. Denn das Kind ist mit der Heirat seiner Eltern in die eheliche Gemeinschaft aufgenommen. Nach dem Recht, das bis zur Kindschaftsrechtsreform von 1998 galt, wäre § 1570 ohne weiteres anwendbar gewesen, weil Jakob durch nachfolgende Heirat seiner Eltern ehelich geworden („legitimiert") wäre. Freilich hat die genannte

Reform das Rechtsinstitut der Legitimation abgeschafft. Das kann aber nicht den Sinn gehabt haben, die Rechtslage der Kinder zu schmälern. Grete hat folglich den Anspruch aus § 1570 I 1.

c) Es könnte aber sein, dass der Anspruch gemäß der *Unbilligkeitsklausel des 1578b II* zu befristen ist. Das scheidet in unserem Fall schon deshalb aus, weil die Frage der Unterhaltsdauer im Tatbestand des § 1570 spezialgesetzlich geregelt ist (BGH FamRZ 2009, 770 Tz. 42).

d) Zu prüfen ist schließlich, ob Hans die *Härteklausel des § 1579 Nr. 1* mit der Begründung geltend machen kann, dass die Ehe nur von kurzer Dauer war.

aa) Die Ehedauer von nur einem Jahr (von der Eheschließung bis zur Rechtshängigkeit des Scheidungsverfahrens) wird in der Regel als kurz angesehen (BGH FamRZ 1989, 483). Doch ist hier zu bedenken, dass Hans und Grete schon vor der Ehe vier Jahre lang zusammengelebt haben. Die Frage ist, ob der Sinn der Härteklausel nicht gebietet, die Jahre des faktischen Zusammenlebens auf die „Ehezeit" anzurechnen oder zumindest bei Auslegung der „kurzen Dauer" zu berücksichtigen. Diese Frage kann pro und contra diskutiert werden.

bb) Auch wenn man eine solche Hinzurechnung ablehnt, darf Gretes Anspruch jedoch nicht an der Härteklausel des § 1579 scheitern. Denn diese setzt stets voraus, dass die Inanspruchnahme des Unterhaltspflichtigen *grob unbillig* wäre. Der Unterhaltsanspruch aus § 1570 I 1 hat den Sinn, dem Unterhaltsberechtigten die Betreuung des gemeinsamen Kindes zu ermöglichen. Für die Unbilligkeit ergibt sich in diesem Fall kein Anhaltspunkt. Das folgt auch aus dem Wortlaut des Gesetzes, wonach die Zeit der Unterhaltberechtigung nach § 1570 bei der Einschätzung der kurzen Ehedauer zu berücksichtigen ist (§ 1579 Nr. 1 Hs. 2). Die kurze Dauer der Ehe zwischen Grete und Hans steht in keinem Zusammenhang mit der notwendigen Betreuung des gemeinsamen Kindes.

e) *Ergebnis:* Grete hat gegen Hans Anspruch aus § 1570 I 1. Dieser ist bis zur Vollendung des dritten Lebensjahres des Kindes begründet, eine mögliche Verlängerung richtet sich nach § 1570 I 2, 3 und § 1570 II.

Würde man die Anwendung des § 1570 ablehnen (oben b), so wäre der Anspruch aus § 1615l II 2 zu prüfen.

104. Zu neuen Ufern

Die Eheleute Brunner sind seit 22 Jahren verheiratet, die Ehe ist kinderlos geblieben. Gleichwohl ist Frau Brunner seit der Eheschließung nicht mehr berufstätig gewesen, die Fürsorge für ihren Mann bildet ihren Lebensinhalt, zumal dieser als Prokurist einer Bank ganz gut verdient. Das entspricht auch ganz den Wünschen ihres Mannes, der, wie er sagt, auf ein „gemütliches Heim" und die Pflege der gesellschaftlichen Beziehungen durch seine Frau großen Wert legt. Eines Tages überkommt Frau Brunner ein Gefühl der Resignation und des Überdrusses, sie hält es in der Ehe nicht mehr aus. Nach einjähriger Trennung reicht sie einen Scheidungsantrag ein, die Ehe wird sodann geschieden.

> Zur Zeit der Scheidung ist Frau Brunner 54 Jahre alt. Vor der Ehe hatte sie eine Ausbildung als Hotelfachfrau durchlaufen und war bis zur Heirat in diesem Beruf tätig. In ihrem jetzigen Alter scheint es aber ausgeschlossen, dass sie ohne Berufserfahrung einen Arbeitsplatz in diesem Beruf finden kann.
> Hat sie einen Unterhaltsanspruch gegen Herrn Brunner?

1. Frau Brunner könnte gegen ihren geschiedenen Mann einen *Anspruch aus § 1571* haben.

Dafür ist erforderlich, dass von ihr im Zeitpunkt der Scheidung *wegen ihres Alters* eine Erwerbstätigkeit nicht mehr erwartet werden kann. Doch ist Frau Brunner in einem Alter, in dem durchaus noch eine Erwerbstätigkeit typisch ist, sie steht noch deutlich vor Erreichen der üblichen Ruhestandsgrenze. Man könnte hier aber sagen: Die *Wiederaufnahme* ihres Berufes *nach so langer Abstinenz* sei ihr in so fortgeschrittenem Alter nicht mehr zuzumuten. Ob derartige Fälle unter § 1571 zu subsumieren sind, ist zweifelhaft. Nach überwiegender Auffassung sind die allgemeinen Bestimmungen über das Rentenalter im Rahmen des § 1571 nicht schlechthin maßgebend; die Erwerbsobliegenheit ist vielmehr für den konkreten Fall nach den unterhaltsrechtlichen Kriterien des § 1574 II zu beurteilen. So hat das OLG Hamburg die Anwendung des § 1571 auch für einen Ehegatten vor Erreichung des Rentenalters bejaht, wenn er eine angemessene Erwerbstätigkeit nicht ohne weitere Ausbildung finden kann, eine solche aber wegen seines Alters nicht mehr sinnvoll ist (FamRZ 1991, 445, 447). Im konkreten Fall spricht zwar die lange Ehedauer gegen die Zumutung eines erneuten Einstiegs in das Berufsleben, auf der anderen Seite verfügt Frau Brunner über eine abgeschlossenen Ausbildung und war vor der Ehe in ihrem Beruf auch tätig gewesen. Sie befindet sich in einem Alter, in dem durchaus noch ein beruflicher Wiedereinstieg möglich und zumutbar erscheint. Wenn man dem folgt, sind die Voraussetzungen des § 1571 i. V. m. § 1574 II nicht erfüllt (gegenteilige Meinung bei entsprechender Begründung vertretbar; dann wäre eine Herabsetzung oder Befristung des Unterhalts nach § 1578b zu prüfen).

2. Soweit § 1571 nicht zum Zuge kommt, kann ein *Anspruch aus § 1573 I* gegeben sein.

a) aa) Frau Brunner hat diesen Anspruch dann, wenn sie nach der Scheidung trotz aller zumutbaren Bemühungen *keine angemessene Erwerbstätigkeit* zu finden vermag. Um eine Gelegenheit zu einer solchen Tätigkeit muss sie sich fortlaufend auf dem Stellenmarkt bemühen.

bb) Der *zeitliche Bezug zur Scheidung* („nach der Scheidung") ist im konkreten Fall gegeben. Die erforderlichen fortgesetzten und nachhaltigen Bemühungen um einen Arbeitsplatz (Agentur für Arbeit, Annoncen, vgl. BGH FamRZ 2008, 2104 Tz. 18) hat Frau Brunner darzulegen und zu beweisen.

cc) Für die Frage, *welche Tätigkeit* Frau Brunner zugemutet wird, sind die Kriterien des *§ 1574 II* maßgebend, also hauptsächlich ihre Ausbildung, ihre Fähigkeiten, eine frühere Erwerbstätigkeit, das Lebensalter und der Gesundheitszustand, sekundär auch die ehelichen Lebensverhältnisse. Was die *Ausbildung* und die *frühere Erwerbstätigkeit* betrifft wird sich Frau Brunner nicht darauf versteifen können, eine Stelle nur im Hotelmanagement zu suchen; es kommen auch andere Branchen in Betracht, in der sie ihre Ausbildung nutzen kann. Dabei ist auch zu berücksichtigen, dass ihre

Qualifikation durch die längere Unterbrechung der Berufstätigkeit gesunken sein kann (vgl. BGH FamRZ 1991, 416, 419). Freilich wird ihr nicht zugemutet, einen Job anzunehmen, der ihre aktuell gegebenen Fähigkeiten eindeutig unter- oder überfordert. Der *Gesundheitszustand* ist vor allem bei der Frage von Bedeutung, in welchem Umfang Frau Brunner eine Erwerbstätigkeit zugemutet werden kann.

dd) Die Zumutung einer Tätigkeit, die den bisher genannten Kriterien entspricht, kann gleichwohl nach den *ehelichen Lebensverhältnissen* unbillig sein (§ 1574 II 1, letzter Halbsatz). Im konkreten Fall ist zu überlegen, ob der Umstand, dass Frau Brunner durch die Ehe einen gehobenen sozialen Standard erlangt hat, die Obliegenheit zum Wiedereinstieg in das Berufsleben als unbillig erscheinen lässt. Das ist zu verneinen, da die Ausübung einer Berufstätigkeit keinen sozialen Abstieg bedeutet. Der Gesichtspunkt der ehelichen Lebensverhältnisse kann aber Einfluss darauf haben, *welche Tätigkeit* Frau Brunner nach der Scheidung abverlangt werden kann.

b) Soweit Frau Brunner ein Anspruch aus § 1573 I zusteht, kann dieser jedoch möglicherweise nach den *Billigkeitsklauseln des § 1578b* herabzusetzen oder zu befristen sein. Da in unserem Fall nach dem Bestehen eines Unterhaltsanspruchs gefragt ist, muss primär untersucht werden, ob der Anspruch befristet werden kann.

aa) Nach *§ 1578b II* erfolgt eine *Befristung,* wenn ein zeitlich unbegrenzter Anspruch unbillig wäre. Dabei sind die Kindesinteressen zu berücksichtigen, die in unserem Fall keine Rolle spielen, ferner die Gesichtspunkte des § 1578b I 2 und 3, auf die § 1578b II 2 verweist. Für die dem Gericht auferlegte *Billigkeitswertung* gibt die im Jahr 2013 reformierte Norm (BGBl. 2003 I 273) zwei Kriterien vor, die „insbesondere" zu berücksichtigen sind.

– Zum einen kommt es darauf an, inwieweit *durch die Ehe Nachteile* in Bezug auf die Möglichkeit eingetreten sind, für den eigenen Unterhalt zu sorgen; solche Nachteile können sich auch aus der Gestaltung von Haushaltsführung und Erwerbstätigkeit während der Ehe ergeben. Soweit und solange solche „ehebedingten Nachteile" gegeben sind, kommt eine Befristung nach § 1578b II nicht in Frage. Im obigen Fall sind ehebedingte Nachteile zweifelsfrei gegeben: Hätte sich Frau Brunner während der Ehe nicht auf das Dasein als Haushälterin beschränkt, so hätte sie aller Voraussicht nach voll berufstätig sein und eine nachhaltige Erwerbsposition aufbauen können. Die Arbeitsteilung zwischen den Ehegatten hat also die Fähigkeit von Frau Brunner, in angemessener Weise selbst für ihren Unterhalt zu sorgen, beeinträchtigt (siehe BGH FamRZ 2010, 538 Tz. 36). Da die Ehebedingtheit ihrer Erwerbslage solange gegeben ist, bis sie eine angemessene Erwerbstätigkeit findet, kommt eine Befristung nicht in Betracht.
– Zum anderen kann eine Limitierung des Unterhalts schon im Hinblick auf die Dauer der Ehe als unbillig erscheinen. Auch dieser Gesichtspunkt spricht bei einer Ehedauer von über 20 Jahren gegen eine zeitliche Begrenzung.

bb) Das schließt nicht aus, dass möglicherweise eine *Absenkung des Unterhalts nach § 1578b I 1* von der Bemessung nach ehelichen Lebensverhältnissen (§ 1578 I 1) auf den vom Gesetz so genannten „angemessenen Lebensbedarf" aus Gründen der Billigkeit vorzunehmen ist. Auch hier sind die unter aa) genannten Gesichtspunkte entscheidend. Unter dem Aspekt der ehebedingten Nachteile ist zu fragen, welche Einkünfte Frau Brunner nach der Scheidung haben könnte, wenn sie nicht geheiratet bzw. wenn sie während der Ehe ihre Berufstätigkeit fortgesetzt hätte. Liegen diese fiktiven Einkünfte (z. B. als Hoteldirektorin) unter dem Unterhalt, den ihr Ex-Mann aufgrund seines hohen Einkommens nach ehelichen Lebensverhältnissen schuldet (§ 1578 I 1), so kann es der Billigkeit entsprechen, den Unterhaltsanspruch herabzusetzen (BGH FamRZ 2010, 1633 Tz. 32). Denn die geschiedene Frau soll nicht auf Dauer zu Lasten ihres Ex-Gatten besser stehen, als sie ohne die Ehe stehen würde. Freilich sind auch hier die lange Ehedauer und die Verflechtung der beiderseitigen wirtschaftlichen Verhältnisse zu berücksichtigen (dazu BGH FamRZ 2010, 629 Tz. 369). Der nach § 1578b I abgesenkte Unterhalt darf nicht unter dem Existenzminimum liegen (BGH FamRZ 2010, 869 Tz. 46).

3. *Ergebnis:* Frau Brunner hat keinen Unterhaltsanspruch aus § 1571. Wohl aber kann ein Anspruch aus § 1573 I begründet sein, wenn sie trotz aller zumutbaren Bemühungen nach der Scheidung keine angemessene Erwerbstätigkeit zu finden vermag. Dieser Anspruch ist nicht nach § 1578b II zu befristen, wohl aber kommt eine Absenkung seiner Höhe gemäß § 1578b I in Betracht.

---

105. Ein schwerer Schlag

Alfons und Bettina sind seit 25 Jahren miteinander verheiratet. Alfons ist Zahnarzt, Bettina hat eine Ausbildung als Bankkauffrau. Seitdem die beiden Söhne in der Berufsausbildung sind, ist auch Bettina wieder voll erwerbstätig und bekleidet einen gut dotierten Posten im Managementbereich einer Bank. Kurz nach seinem 50. Geburtstag erleidet Alfons einen Schlaganfall, der eine halbseitige Lähmung zur Folge hat. Alfons kann nun in seinem Beruf nicht mehr arbeiten. Auch sonst ist es ihm nicht mehr möglich, einer bezahlten Tätigkeit nachzugehen. Wenige Jahre später wird die Ehe auf Antrag Bettinas geschieden. Kann Alfons einen Unterhaltsanspruch gegen Bettina haben?

Als Anspruchsgrundlage kommt *§ 1572* in Betracht.

a) Danach kann ein geschiedener Ehegatte von dem anderen Unterhalt verlangen, solange und soweit von ihm wegen Krankheit oder anderer Gebrechen oder Schwäche seiner körperlichen oder geistigen Kräfte eine Erwerbstätigkeit nicht erwartet werden kann. Diese Voraussetzung sind offensichtlich gegeben: Alfons ist infolge einer Krankheit zu einer beruflichen Tätigkeit nicht mehr in der Lage. Dass die Krankheit möglicherweise in keinem ursächlichen Zusammenhang mit der Ehe steht, ist für den Tatbestand des § 1572 nicht von Bedeutung; die Vorschrift umfasst auch Erwerbshinderungen, deren Eintreten nicht ehebedingt ist (BGH FamRZ 1981, 1163). Das krankheitsbedingte Unvermögen zur Erwerbstätigkeit ist auch zu einem relevanten Zeitpunkt, nämlich im Zeitpunkt der Scheidung, gegeben (§ 1572 Nr. 1).

b) Es ist jedoch zu prüfen, ob der Anspruch nach der *Billigkeitsklausel des § 1578b II* zu *befristen* ist, weil ein zeitlich unbegrenzter Anspruch unbillig wäre.

aa) Bei der Billigkeitswertung sind die Gesichtspunkte des § 1578b I 2 und 3 zu berücksichtigen, auf die § 1578b II 2 verweist. Zunächst ist zu prüfen, inwieweit durch die Ehe Nachteile in Bezug auf die Möglichkeit eingetreten sind, für den eigenen Unterhalt zu sorgen (siehe Fall 104 2b aa). Sind solche „ehebedingte Nachteile" nicht gegeben, so spricht dies gegen eine Befristung nach § 1578b II. Die Erkrankung des unterhaltsbedürftigen Ehegatten ist in der Regel nicht ehebedingt (BGH FamRZ 2010, 1414 Tz. 18 ff.); eine ehebedingte Bedarfslage kann bei Krankheit in der Regel nur bejaht werden, wenn ein Ehegatte aufgrund der Rollenverteilung in der Ehe nicht ausreichend für den Fall krankheitsbedingter Erwerbunfähigkeit versichert ist (BGH FamRZ 2011, 713 Tz. 19). Im obigen Fall liegen für eine Ehebedingtheit der Bedarfslage des Ehemannes indes keine Anzeichen vor; eine Befristung kommt also grundsätzlich in Betracht.

bb) Bei der Billigkeitswertung sind aber über die Frage der ehebedingten Nachteile hinaus sonstige Gesichtspunkte bedeutsam. Das ergibt sich auch daraus, dass der Gesetzgeber im Jahre 2013 die Dauer der Ehe als selbständiges Billigkeitskriterium eingeführt hat. In unserem Fall ist einerseits zu bedenken, dass es Bettina nicht zuzumuten ist, ihren erkrankten Ex-Gatten auf unabsehbare Zeit nach der Scheidung zu unterhalten; die Krankheit hätte Alfons wahrscheinlich auch ereilt, wenn er nicht mit Bettina verheiratet gewesen wäre. Andererseits ist zu berücksichtigen, dass die Ehe schon über zwanzig Jahre bestand und dass aus ihr zwei Kinder hervorgegangen sind. Die Ehegatten bildeten somit eine jahrzehntelange Solidargemeinschaft, aufgrund der sie gerade im Krankheitsfall ein Einstehen füreinander auch über die Dauer der Ehe hinaus erwarten dürfen. Der BGH betont, dass die Billigkeitswertung des § 1578b sich nicht auf die Frage der ehebedingten Nachteile verengen darf; auch wenn solche fehlen, kann der Gedanke der fortwirkenden Solidarität gegen eine Minderung des Unterhalts sprechen (vgl. BGH FamRZ 2009, 1207 Tz. 37; FamRZ 2010, 629 Tz. 25; BGH FamRZ 2010, 629 Tz. 25; BGH FamRZ 2010, 869 Tz. 45).

c) Weiterhin könnte die *Billigkeitsklausel des § 1578b I* zum Zuge kommen, nach der das Maß des Unterhalts gegenüber § 1578 I 1 auf den „angemessenen Lebensbedarf" *herabgesetzt* werden kann. Die Billigkeitskriterien sind die gleichen wie für die Befristung nach § 1571 II (oben b). Der BGH stellt in solchen Fällen unter anderem darauf ab, welches Einkommen der Ehegatte im Fall der Krankheit ohne die Ehe zur Verfügung hätte (BGH FamRZ 2010, 629 Tz. 29). Der Unterhaltsanspruch würde also – selbst wenn Bettina außerordentlich gut verdient – nicht höher angesetzt als das Nettoeinkommen, das Alfons ohne die Krankheit erzielen würde. Für die Billigkeitswertung sind aber auch hier alle Fallumstände heranzuziehen, insbesondere der Gedanke der nachehelichen Solidarität im Hinblick auf die Dauer der Ehe.

d) Herabsetzung und Befristung des Unterhalts nach § 1578b können miteinander verbunden werden (§ 1578b III). Das Gericht hat also nach der Gesamtheit der Umstände eine billige Lösung zu finden. Die Herabsetzung der Unterhaltshöhe hat den Vorzug vor dem scharfen Schwert der Befristung, wenn die Unbilligkeit auf diese Weise vermieden werden kann.

Information: Der Unterhaltsanspruch besteht selbstverständlich nicht, soweit der geschiedene Ehemann nicht bedürftig ist (§ 1577 I), d. h. hinreichendes eigenes Einkommen hat, etwa eine Rente wegen Erwerbsunfähigkeit aus einer Ärzteversorgung bezieht.

106. Das verflixte siebte Jahr

Das Ehepaar Auer war kinderlos verheiratet. Im verflixten siebten Jahr brach die Ehekrise aus. Nach einem Jahr Getrenntleben ließ sich das Paar scheiden. Herr Auer bekleidete zuletzt einen Posten bei einer Versicherungsgesellschaft und verdiente im Zeitpunkt der Scheidung 4.000 EUR netto im Monat. Frau

> **Auer war ebenfalls während der Ehe erwerbstätig; sie verdiente als Verlags-angestellte im Zeitpunkt der Scheidung monatlich 2.500 EUR netto.**
> **Frau Auer verlangt von ihrem geschiedenen Mann Unterhalt. Mit Recht?**

Frau Auer könnte ein Unterhaltsanspruch aus *§ 1573 II* zustehen („Ergänzungs-unterhalt", „Aufstockungsunterhalt").

a) Danach kann ein Ehegatte, obwohl er nach der Scheidung eine angemessene Erwerbstätigkeit ausübt, vom anderen Unterhalt verlangen, wenn die Einkünfte aus dieser Tätigkeit *nicht zum vollen Unterhalt ausreichen.* Er kann dann vom geschiede-nen Partner den Unterschiedsbetrag zwischen seinen Einkünften und dem vollen Unterhalt verlangen. Der volle Unterhalt bemisst sich nach § 1578 I 1, grundsätzlich also nach den ehelichen Lebensverhältnissen.

Während der Ehe standen den Eheleuten Auer aus ihren Erwerbseinkünften ins-gesamt 6.500 EUR netto monatlich zur Verfügung. Wenn man annimmt, dass dieser Betrag den Lebensstil nach den ehelichen Lebensverhältnissen geprägt hat, reichen der Ehefrau die 2.500 EUR zur Aufrechterhaltung ihres bisherigen Unter-haltsstandards nicht aus, sodass sie nach § 1573 II Ergänzungsunterhalt verlangen kann. Dieser könnte mit der Hälfte des Unterschiedsbetrags beziffert werden (also (4.000 EUR – 2.500 EUR) :2 = 750 EUR).

b) *Die Höhe betreffend* ist jedoch zu bedenken, dass bei einem kinderlosen Ehepaar zweifelhaft erscheint, ob das ansehnliche Monatseinkommen während der Ehe aus-schließlich für Unterhaltszwecke ausgegeben wurde. Herr Auer könnte also geltend machen, dass von den Einkommen ein bestimmter Betrag auf die hohe Kante gelegt wurde und daher nicht die unterhaltsbezogenen „ehelichen Lebensverhältnisse" geprägt hat. Dies müsste nach der herrschenden Gerichtspraxis allerdings konkret dargelegt und – wenn bestritten – bewiesen werden; gelingt dies, so sind die Ein-kommenshöhen, mit denen gerechnet wird, entsprechend zu verringern.

c) Weiterhin ist zu prüfen, ob der Anspruch nach der *Billigkeitsklausel des § 1578b II zu befristen* ist, weil ein zeitlich unbegrenzter Anspruch unbillig wäre. Bei der Bil-ligkeitswertung sind Gesichtspunkte des § 1578b I S. 2 und 3 zu berücksichtigen, auf die § 1578b II 2 verweist. Es kommt somit unter anderem darauf an, inwieweit durch die Ehe Nachteile in Bezug auf die Möglichkeit eingetreten sind, für den eigenen Unterhalt zu sorgen. Soweit und solange solche „ehebedingte Nachteile" gegeben sind, kommt eine Befristung nach § 1578b II nicht in Frage. In unserem Fall ist nicht ersichtlich, dass Frau Auer in ihrem Vermögen, sich selbst angemessen zu unterhalten, durch die Ehe irgendwelche Nachteile erlitten hätte. Sie war während der kinderlosen Ehe voll erwerbstätig; ihre jetzige Lage wäre voraussichtlich die gleiche, wenn sie nicht geheiratet hätte. Das spricht dafür, den Unterhaltsanspruch auf eine Übergangszeit zu befristen (z. B. auf fünf Jahre).

d) Weiterhin könnte die *Billigkeitsklausel des § 1578b I* zum Zuge kommen, nach der das Maß des Unterhalts gegenüber § 1578 I 1 auf den „angemessenen Lebens-bedarf" *herabgesetzt* werden kann. Die Billigkeitskriterien sind die gleichen wie für die Befristung nach § 1571 II. Auch hier spricht das Fehlen von ehebedingten Nachteilen für eine Absenkung des Unterhalts.

e) Herabsetzung und Befristung des Unterhalts nach § 1578b können *miteinander verbunden* werden (§ 1578b III). Im obigen Fall käme in Frage, den vollen Unterhalt nur für drei Jahre zu gewähren und für weitere drei Jahre einen auf den angemessenen Lebensbedarf herabgesetzten Unterhalt zuzusprechen.

Information: Die gerichtliche Tabellenpraxis (z. B. Düsseldorfer Tabelle FamRZ 2013, 96) lässt dem Mehrverdiener einen gewissen Bonus und gibt dem Unterhaltsberechtigten statt 1/2 nur 3/7 der Differenz der Erwerbseinkommen (hier also: 1.500 EUR x 3/7 = 642,86 EUR); für sonstige Einkommen gilt aber der Halbteilungsgrundsatz. In der Unterhaltspraxis wird z. T. auch mit anderen Berechnungsmethoden gerechnet.

107. Die reaktivierte Sportlehrerin

Das Ehepaar Fink hat zwei Kinder. Ungefähr um die Zeit, als diese volljährig und auch wirtschaftlich selbständig werden, gerät die Ehe in die Krise und wird dann auch geschieden. Frau Fink, die sich bisher ausschließlich dem Haushalt und den Kindern gewidmet hatte, wird nun wieder in ihrem Beruf als Sportlehrerin in einem Fitness-Studio tätig und verdient 1.800 EUR netto im Monat. Herr Fink verdient als Büroangestellter 3.600 EUR netto im Monat.

Hat Frau Fink nach der Scheidung einen Unterhaltsanspruch gegen ihren Mann?

1. Ein Anspruch aus *§ 1570* ist nicht gegeben, weil die Kinder nicht mehr betreuungsbedürftig sind.

2. In Frage kommt aber ein Anspruch aus *§ 1573 II.*

a) Voraussetzung ist, dass die Einkünfte von Frau Fink aus ihrer neuen Erwerbstätigkeit *zum vollen Unterhalt nicht ausreichen*. In diesem Fall kann sie den Unterschiedsbetrag zwischen ihren Einkünften und dem vollen Unterhalt verlangen. Das Maß des vollen Unterhalts richtet sich nach den ehelichen Lebensverhältnissen (§ 1578 I 1).

Der erste Anschein spricht gegen einen Anspruch der Frau Fink. Denn sie hat aus ihrer jetzigen Erwerbstätigkeit ein Einkommen, welches der Hälfte des bisherigen Familieneinkommens entspricht. Also könnte man sagen: Sie hat so viel wie vorher, als sie noch nicht arbeitete, aber am Manneseinkommen partizipierte. Diese Auffassung vertrat bis 2001 auch die Rechtsprechung: Man errechnete den Unterhaltsanspruch in solchen Fällen allein aus dem Manneseinkommen (nach Düsseldorfer Tabelle also 3.600 EUR x 3/7 = 1.542,86 EUR). Davon zog man das Einkommen aus der neu aufgenommenen Tätigkeit direkt ab („Anrechnungsmethode"). In unserem Fall ergäbe sich kein Anspruch, weil das Arbeitseinkommen höher ist als der so errechnete Unterhaltsanspruch.

Diese Berechnungsmethode unterschied sich grundlegend von der bei Doppelverdienern angewandten Differenzmethode (Fall 106) und benachteiligte die Hausfrau, die erstmals aus Anlass von Trennung und Scheidung wieder erwerbstätig wurde. Der BGH (FamRZ 2001, 986) hat daher seine Rechtsprechung geändert (siehe auch BVerfG FamRZ 2002, 527). Danach werden auch Fälle wie der vorliegende nicht anders behandelt als die Fälle, in denen der bedürftige Ehegatte schon während der

Ehe berufstätig war. Grundgedanke ist, dass auch die Tätigkeit als Hausfrau die ehelichen Verhältnisse geprägt hat und ihre nach der Scheidung aufgenommene Erwerbstätigkeit sich als Fortsetzung des vordem häuslichen Einsatzes der Arbeitskraft verstehen lässt. Legt man die Differenzmethode der Düsseldorfer Tabelle zugrunde, so wäre wie folgt zu rechnen: Frau Fink hat einen Anspruch auf 3/7 der Differenz der beiden Einkommen, also (3.600 EUR – 1.800 EUR) x 3/7 = 771,43 EUR. Damit hätte Frau Fink insgesamt 2.571,43 EUR; Herrn Fink verblieben 2.828,57 EUR.

b) Der Anspruch könnte indes nach *§ 1578b I herabzusetzen und/oder nach § 1578b II zu befristen* sein. Auf die Erwägungen zu den Fällen 104–106 sei verwiesen. Hier spricht gegen eine Herabsetzung oder Befristung, dass Frau Fink durch die Übernahme der Familienarbeit und der Kindesbetreuung während der Ehe erhebliche Nachteile in ihrer beruflichen Entfaltung auf sich genommen hat. Eine Absenkung oder Befristung des Aufstockungsunterhalts nach § 1578b kommt regelmäßig nicht Frage, wenn die Einkommensdifferenz zwischen den Ehegatten auf fortwirkenden ehebedingten Nachteilen zu Lasten des Unterhaltsberechtigten beruht (BGH FamRZ 2009, 1990 Tz. 23). Andererseits ist es vielleicht auch nicht angemessen, Herrn Fink auf unabsehbare Zeit mit einem Unterhaltsanspruch zu belasten, solange die Einkommen unterschiedlich hoch sind. Allerdings wäre eine Befristung auf nur wenige Jahre im Hinblick auf die Leistungen der Ehefrau für die Familie und die lange Dauer der Ehe nicht angemessen.

108. Erkrankung nach der Scheidung I

Herr und Frau Mosbichler, kinderlos, werden geschieden. Beide Ehegatten waren während der Ehe erwerbstätig und verdienten je 2.500 EUR netto im Monat. Zwei Jahre nach Rechtskraft des Scheidungsurteils erkrankt Frau Mosbichler schwer und kann auf Dauer nicht mehr arbeiten.
Kann sie einen Unterhaltsanspruch gegen ihren geschiedenen Mann haben?

In Betracht kommt ein Anspruch aus *§ 1572*.

a) Vorausgesetzt ist, dass von Frau Mosbichler wegen Krankheit eine Erwerbstätigkeit nicht erwartet werden kann. Dies trifft nach dem Sachverhalt zu.

b) Der Tatbestand des § 1572 verlangt aber weiterhin, dass das Unvermögen zur Erwerbstätigkeit zu bestimmten „Einsatzzeitpunkten" gegeben ist, nämlich im *Zeitpunkt der Scheidung* oder gleichgestellter Ereignisse. Das ist hier nicht der Fall: Zur Zeit der Scheidung war Frau Mosbichler voll berufstätig. Die Zeitspanne von zwei Jahren zwischen Scheidung und Erkrankung ist zu groß, als dass man die Erkrankung noch dem Zeitpunkt der Scheidung zurechnen könnte. Auch einer der weiteren in § 1572 genannten Zeitpunkte ist nicht gegeben. Frau Mosbichler steht aus § 1572 kein Anspruch zu.

109. Erkrankung nach der Scheidung II

Wie wäre Fall 108 zu lösen, wenn Frau Mosbichler zur Zeit der Scheidung arbeitslos geworden und zwei Jahre später erkrankt wäre?

Dann könnte sie einen Anspruch aus *§ 1572* haben.

a) Von ihr kann wegen Krankheit keine Erwerbstätigkeit erwartet werden.

b) Diese Lage ist zwar nicht zur Zeit der Scheidung gegeben (§ 1572 Nr. 1), aber zu einer Zeit, in der die *Voraussetzungen eines Unterhaltsanspruchs nach § 1573 weggefallen* sind (§ 1572 Nr. 4). Denn zunächst war bei Scheidung ein Anspruch aus § 1573 I wegen Arbeitslosigkeit begründet. Die Voraussetzungen dieses Anspruchs sind jedoch in dem Augenblick entfallen, in dem sie wegen Krankheit erwerbsunfähig und damit das Bemühen um einen Arbeitsplatz gegenstandslos wurde.

c) Zu prüfen ist auch hier die Anwendung der *Billigkeitsklauseln des § 1578b*. Diesbezüglich sei auf die Ausführungen zu den Fällen 104–107 verwiesen.

---

110. Das Schicksal eines Aktionskünstlers

Das kinderlose Ehepaar Schindler wurde geschieden. Herr Schindler hatte kein nennenswertes Einkommen, denn er führte den Haushalt und entfaltete sich daneben ohne zählbaren Erfolg als Aktionskünstler. Nach der Scheidung konnte Herr Schindler zunächst als Verkäufer in einer Kunsthandlung seinen angemessenen Lebensunterhalt verdienen. Als die Kunsthandlung indes nach einem Jahr mangels Erfolg schließen musste, gelang es Herrn Schindler trotz nachhaltiger Bemühungen nicht mehr, einen Job zu finden.
Hat er Anspruch auf Unterhalt gegen seine Frau, die als Abteilungsleiterin in einem Kaufhaus 3.000 EUR netto verdient?

Herr Schindler könnte gegen seine Frau einen Anspruch aus *§ 1573 I* haben.

a) Nach dem Sachverhalt ist es ihm nicht möglich, eine angemessene Erwerbstätigkeit zu finden.

b) Doch könnte der Anspruch daran scheitern, dass diese Lage nicht *„nach der Scheidung"* oder einem gleichgestellten Einsatzzeitpunkt (§ 1573 III) gegeben war. Zur Zeit der Scheidung konnte sich Herr Schindler nämlich durchaus durch eigene Erwerbstätigkeit ernähren, die Arbeitslosigkeit trat ein Jahr später ein.

c) Doch greift hier zugunsten des Unterhaltsberechtigten die Vorschrift des *§ 1573 IV* korrigierend ein: Ein geschiedener Ehegatte kann auch dann Unterhalt verlangen, wenn er zunächst eine angemessene Erwerbstätigkeit ausüben konnte, deren Einkünfte aber später wegfallen, weil es ihm trotz seiner Bemühungen nicht gelungen war, den Unterhalt durch die Erwerbstätigkeit nach der Scheidung *nachhaltig* zu sichern. Diese Vorschrift will verhindern, dass Ehegatten, die nach der Scheidung die Rückkehr in das Berufsleben versuchen, den Unterhaltsanspruch nur deshalb verlieren, weil sie gewisse Anfangserfolge hatten, die sich aber nicht als dauerhaft erwiesen. Von einer nachhaltigen Unterhaltssicherung kann bei einer Erwerbstätigkeit von nur einem Jahr nicht gesprochen werden, sodass die Voraussetzungen des § 1373 IV erfüllt sind.

d) Der Anspruch könnte nach den *Billigkeitsklauseln des § 1578b* herabzusetzen und/ oder zu befristen sein. Diesbezüglich wird auf die Erwägungen zu den Fällen 104–107 verwiesen

111. Frau Holle und ihre Kinder

Frau Holle hat aus einer vorehelichen Verbindung zwei Kinder. Sie heiratet nun Herrn Grimm. Die Kinder leben mit Frau Holle und Herrn Grimm zusammen, Frau Holle führt den Haushalt und ist nicht berufstätig. Die Ehe ist nicht glücklich, sodass das Paar nach zwei Jahren geschieden wird. Die Kinder sind in diesem Zeitpunkt sieben und fünf Jahre alt.

Frau Holle könnte ohne weiteres in ihrem Beruf als Schneiderin arbeiten, möchte aber ihre Kinder betreuen. Sie verlangt von Herrn Grimm Unterhalt. Mit Recht?

1. Frau Holle könnte gegen Herrn Grimm einen *Anspruch aus § 1570* wegen Kindesbetreuung haben. Doch scheitert der Anspruch daran, dass es sich nicht um *gemeinsame* Kinder des Ehepaares handelt.

2. In Betracht kommt weiterhin ein *Anspruch aus § 1576*.

a) Dieser setzt zunächst voraus, dass von Frau Holle *aus schwerwiegenden Gründen eine Erwerbstätigkeit nicht erwartet* werden kann. Wenn man die zu § 1570 für gemeinsame Kinder entwickelten Grundsätze hier entsprechend heranzieht, kommt es vor allem auf das Vorliegen kindbezogener Gründe an, die eine Erwerbsobliegenheit für Frau Holle als unzumutbar erscheinen lassen (§ 1570 I 2). Von ihr kann also eine Erwerbstätigkeit insbesondere nicht erwartet werden, soweit keine mit dem Kindeswohl vereinbare Möglichkeit besteht, die über drei Jahre alten Kinder anderweitig betreuen zu lassen. Das ist nach den konkreten Umständen zu entscheiden.

b) Weitere Voraussetzung ist, dass die Versagung eines Unterhaltsanspruchs gegen Herrn Grimm *grob unbillig* wäre. Das ist im vorliegenden Fall zweifelhaft: Herr Grimm hat an sich keine elterliche Verantwortung für die Kinder seiner Frau. Andererseits hat er dadurch, dass er mit ihnen in einer Familiengemeinschaft gelebt hat, eine faktische Verantwortung übernommen. Als Stiefvater wuchsen ihm auch gewisse sorgerechtliche Befugnisse zu (§ 1687b). Diese Umstände ausreichen aber für sich gesehen nicht aus, um schon nach zweijähriger Ehe einen Unterhaltsanspruch von Frau Holle mit dem Ziel zu rechtfertigen, ihre Kinder persönlich betreuen zu können.

c) Wenn man für Frau Holle eine Unterhaltsberechtigung nach § 1576 bejahen sollte, wäre weiter zu prüfen, ob dem Anspruch die *Billigkeitsklauseln des § 1578b* entgegenstehen.

d) Ferner wäre zu prüfen, ob gegen einen möglichen Anspruch die *Härteklausel nach § 1579 Nr. 1* („Ehe von kurzer Dauer") greift. Das ist bei zweijähriger Ehe der Fall (BGH FamRZ 1999, 710, 712), doch ist zusätzliche Voraussetzung, dass die Inanspruchnahme des Verpflichteten grob unbillig wäre. Das ist nicht schlüssig begründbar, wenn man bei Prüfung des Unterhaltstatbestandes des § 1576 die Versagung des Anspruchs auf grobe Unbilligkeit gestützt hat.

e) *Ergebnis:* Frau Holle steht kein Anspruch aus § 1576 gegen Herrn Grimm zu. Die gegenteilige Meinung ist bei entsprechender Begründung vertretbar; bei dieser Lösung scheitert der Anspruch nicht an § 1579 Nr. 1, wohl aber kann er unter Umständen nach § 1578b herabgesetzt und befristet werden.

112. Das vertagte Jura-Studium

Clara (19) und Dieter (27) heiraten. Clara macht zur Zeit der Eheschließung gerade ihr Abitur, während Dieter bereits in der Informationstechnologie-Branche arbeitet. Beide sind sich einig, möglichst bald Kinder haben zu wollen. Daher schiebt Clara das geplante Jura-Studium auf. Aus der Ehe entspringen die Kinder Tim und Tom. Nach 20-jähriger Ehe – die Söhne sind nun 17 und 18 Jahre alt –, zerbricht die Ehe und wird geschieden.
Clara fragt ihren Rechtsanwalt, ob sie einen Unterhaltsanspruch gegen Dieter haben könne. Welche Gedanken wird sich der Rechtsanwalt machen?

1. Ein *Anspruch aus § 1570* besteht nicht, weil die Söhne bereits in einem Alter sind, in dem sie nicht mehr ständig betreut werden müssen; einer von ihnen ist sogar schon volljährig.

2. Auch ein *Anspruch aus § 1571* scheidet aus. Klara ist nun 39 Jahre alt, ein Alter, in dem man mitten im Berufsleben zu stehen pflegt.

3. Clara könnte gegen Dieter einen *Unterhaltsanspruch aus § 1575 I 1* haben.

a) Es kommt die *erste Variante* des § 1575 I 1 in Betracht: Clara hat während der Ehe eine geplante Berufsausbildung nicht aufgenommen. Die Heirat und die Lebensgestaltung in der Ehe waren ursächlich dafür, dass das geplante Jurastudium nicht begonnen und durchgeführt wurde. Weitere Voraussetzungen erfordert die Vorschrift nicht. Clara kann also von ihrem geschiedenen Ehemann Unterhalt verlangen, um so bald wie möglich die seinerzeit unterlassene oder eine entsprechende Ausbildung aufzunehmen. Clara kann von Dieter also die Finanzierung eines Studiums verlangen, wenn zu erwarten ist, dass sie dieses erfolgreich abschließen und künftig eine angemessene Erwerbstätigkeit ausüben wird.

b) Zu prüfen ist, ob dem Anspruch die *Billigkeitsklauseln des § 1578b* entgegenstehen können. Eine Befristung nach § 1578b II ergibt aber keinen Sinn, weil die Unterhaltsberechtigung ohnehin längstens für die Zeit besteht, in der die nachzuholende Ausbildung im Allgemeinen abgeschlossen wird (§ 1575 Abs. 1 S. 2). Auch für eine Herabsetzung des Unterhalts nach § 1578b I ergibt sich kein Argument, da die Notwendigkeit, das Studium nachzuholen, durch die Ehe verursacht ist.

4. Zu prüfen ist schließlich, ob auch ein *Anspruch aus § 1573 I* gegeben sein kann, wenn Clara, selbst wenn sie es wollte, nach der Scheidung keine angemessene Erwerbstätigkeit zu finden vermag.

Fraglich ist jedoch, ob § 1573 I überhaupt anzuwenden ist, wenn bereits ein Anspruch aus § 1575 besteht. Die Frage der Konkurrenz ist nur für das Verhältnis zu den Tatbeständen nach §§ 1570 bis 1572 geregelt: § 1573 I kommt nur zum Zug, „soweit ein geschiedener Ehegatte keinen Unterhaltsanspruch nach den §§ 1570 bis 1572 hat". Die Frage ist, ob Gleiches auch gilt, wenn ein Anspruch nach § 1575 gegeben ist. Das ist zu bejahen: Die Anwendung des § 1573 I setzt voraus, dass den Unterhaltsberechtigten an sich eine Erwerbsobliegenheit trifft. Das ist in den Fällen des § 1575 aber gerade nicht der Fall: Dem Berechtigten wird hier keine Erwerbstätigkeit zugemutet, damit er die bisher versäumte Berufsausbildung nachholen kann. Soweit ein Anspruch aus § 1575 begründet ist, kommt folglich ein Anspruch aus § 1573 I logischerweise nicht in Frage.

5. *Ergebnis:* Clara hat gegen Dieter einen Anspruch aus § 1575 I, um ein Jurastudium oder eine gleichwertige Ausbildung nachholen zu können.

---

113. Ein Mediziner im Aufwind

Anton ist Assistenzarzt am Krankenhaus St. Josef. Er heiratet Beatrice, eine Studentin der Kunstgeschichte. Vier Jahre später – Beatrice hat gerade einen Sohn zur Welt gebracht – geht die Ehe in die Brüche und wird geschieden. Anton hat zum Zeitpunkt der Scheidung seine Habilitationsschrift eingereicht. Der Sohn lebt nach der Trennung des Paares bei der Mutter. Anton wird nun habilitiert und erhält ein Jahr nach der Scheidung eine Stelle als Oberarzt am Krankenhaus St. Rita.
Gestritten wird um die Höhe des an Beatrice zu zahlenden Unterhalts. Anton ist der Meinung, der von ihm an Beatrice zu zahlende Unterhalt berechne sich nach dem Gehalt eines Assistenzarztes, denn dieses habe die ehelichen Lebensverhältnisse geprägt; sein neues Einkommen als Oberarzt gehe Beatrice nichts an.
Hat er mit dieser Auffassung Recht?

---

a) Der Anspruch ist aus *§ 1570 I 1* begründet, weil das von Beatrice betreute Kind unter drei Jahre alt ist.

b) *Die Höhe des Anspruchs* richtet sich grundsätzlich nach den ehelichen Lebensverhältnissen (§ 1578 I 1).

aa) Nach der Rechtsprechung ist grundsätzlich das im Zeitpunkt der Scheidung für den Unterhalt verfügbare Einkommen zugrunde zu legen. Das wäre an sich das damalige Gehalt eines Assistenzarztes, erhöht um die seither vollzogenen Anpassungen der Gehälter an die wirtschaftliche Entwicklung.

bb) Jedoch wird der nach der Scheidung erfolgte Aufstieg zum Oberarzt noch den ehelichen Lebensverhältnissen zugerechnet, wenn er einen Anknüpfungspunkt in der Ehe findet, also gleichsam in ihr angelegt war, oder wenn er bei Fortbestand der Ehe auch deren Verhältnisse geprägt hätte (BVerfGE 128, 193 Tz. 70). Übereinstimmend mit diesem Grundsatz bezieht der BGH in die „ehelichen Verhältnisse" auch die *nach der Scheidung eintretende Einkommensverbesserungen* ein, wenn ihnen eine Entwicklung zugrunde liegt, die zum Zeitpunkt der Scheidung mit hoher Wahrscheinlichkeit zu erwarten war, und wenn diese Erwartung die ehelichen Lebensverhältnisse bereits mit geprägt hat (BGH FamRZ 1987, 459 f.; 1988, 701, 703). Freilich müsse – so der BGH – eine Einkommensverbesserung, die zur Zeit der Scheidung noch im Ungewissen lag, außer Betracht bleiben; entscheidend sei, ob sie zur Zeit der Scheidung derart wahrscheinlich war, dass die Ehegatten ihren Lebenszuschnitt vernünftigerweise bereits darauf einstellen konnten.

cc) In unserem Fall war die weitere berufliche Entwicklung Antons schon zum Zeitpunkt der Scheidung hinreichend wahrscheinlich. Zwar konnte das Ehepaar nicht sicher voraussehen, dass Anton gerade *diese* Oberarztstelle erhalten würde.

Doch war die berufliche Planung schon während der Ehe konkret darauf angelegt, über die Stellung eines Assistenzarztes deutlich hinauszugelangen; darauf deutet insbesondere Antons Habilitation hin. Dass hier keine *absolute* Erfolgsgarantie bestand, ändert nichts daran, dass die Erwartung bereits die ehelichen Lebensverhältnisse geprägt hat.

c) *Ergebnis:* Der Anspruch von Beatrice berechnet sich aus dem Gehalt, das Anton als Oberarzt erhält.

114. Deutschland sucht den Suppenstar

Der Automechaniker Jeff, verheiratet mit Kirsten, ist Hobbymusiker. Regelmäßig betreibt er Rockmusik mit seinen Freunden; gelegentlich wird die Gruppe auch zu Auftritten bei Vereinsfeiern gebeten. Jeff ist Sänger der Gruppe.
Er wird von Kirsten geschieden. Zwei Jahre später beteiligt er sich an dem vom Tütensuppenhersteller Knorz gesponserten Fernsehcasting „Deutschland sucht den Suppenstar" und kommt dort groß heraus. Er gewinnt den Wettbewerb und wird von Angeboten der Plattenfirmen überhäuft. Sein Einkommen beträgt nun das Zwanzigfache seines einstigen Lohns als Mechaniker.
Angenommen, Kirsten hat gegen Jeff wegen einer schweren, bei der Scheidung vorliegenden Krankheit einen Unterhaltsanspruch aus § 1572, dessen Höhe zunächst nach Jeffs Mechanikergehalt berechnet wurde. Kirsten ist der Meinung, die Höhe ihres Unterhalts müsse nun nach dem neuen Einkommen ihres geschiedenen Mannes berechnet werden. Trifft diese Auffassung zu?

Nach § 1578 I 1 ist grundsätzlich das Einkommen bei der Scheidung, folglich das Arbeitseinkommen als Automechaniker zugrunde zu legen. Der Aufstieg zum Rockstar ist den ehelichen Lebensverhältnissen nur dann zuzurechnen, wenn er einen hinreichenden Bezug zur Ehe hat (BVerfGE 128, 193 Tz. 70), z. B. wenn er zum Zeitpunkt der Scheidung mit hoher Wahrscheinlichkeit zu erwarten war und wenn diese Erwartung die ehelichen Lebensverhältnisse bereits mit geprägt hat (BGH FamRZ 1987, 459 f.; 1988, 701, 703). Das ist zu verneinen. Zwar hat sich Jeff schon während der Ehe als Musiker betätigt. Auch kann man annehmen, dass er schon damals bereit gewesen wäre, alle Chancen zu nutzen, um seine Musik beruflich zu verwerten. Ein Aufstieg, wie er hier nach der Scheidung gelungen ist, liegt jedoch außerhalb der Wahrscheinlichkeit und kann die Erwartungen des Ehepaares nicht geprägt haben.

115. Verhältnisse im Wandel I

Der bayerische Politiker Aloys Schneiblmoser ist seit 27 Jahren mit Cäcilie Schneiblmoser verheiratet. Aus der Ehe gingen drei Kinder hervor, die nun 27, 25, und 24 Jahre alt und selbständig sind. Bei einem seiner Aufenthalte in der Bundeshauptstadt lernt Aloys auf einem Empfang die ledige Schauspielerin Eva Grünspecht kennen. Diese hat nach erfolgreicher Ausbildung an einer

Schauspielschule noch kein festes Engagement, sondern lebt notdürftig von Nebenrollen, die ihr gelegentlich angeboten werden. Aloys fängt sogleich Feuer, das von Eva nach einigem Zögern erwidert wird. Er mietet für Eva eine großzügige Wohnung, in der auch er bei seinen nun gehäuften Aufenthalten in Berlin übernachtet. Frau Schneiblmoser bleibt dies nicht verborgen, zumal ihr Mann mit Eva in der Öffentlichkeit auftritt und die Presse über das „junge Glück" berichtet. Sie trennt sich von Aloys und lässt sich scheiden. Drei Monate, nachdem die Scheidung rechtskräftig geworden ist, gebiert Eva eine Tochter, für die Aloys mit Evas Zustimmung die Vaterschaft anerkennt. Frau Schneiblmoser betraut ihre Anwältin damit, von Aloys die Zahlung von Unterhalt zu verlangen. Dabei macht sie zutreffend geltend, dass ihr wegen einer bei Geburt des dritten Kindes zugezogenen Herzschwäche keine Erwerbstätigkeit zugemutet werden kann. **Mit welchen Fragen wird sich die Anwältin beschäftigen?**

Frau Schneiblmoser könnte gegen ihren geschiedenen Mann einen Unterhaltsanspruch *aus § 1572* haben.

a) Nach dem Sachverhalt kann von ihr im Zeitpunkt der Scheidung wegen Krankheit eine Erwerbstätigkeit nicht erwartet werden kann.

b) aa) Die *Höhe dieses Anspruchs* bemisst sich nach den ehelichen Lebensverhältnissen (§ 1578 I 1), also nach dem Einkommen, das Herr Schneiblmoser im Zeitpunkt der Scheidung hatte. Soweit dieses Einkommen den ehelichen Unterhalt geprägt hat, steht seiner Ex-Frau grundsätzlich die Hälfte zu (nach der Rechtsprechung unter Berücksichtigung eines gewissen „Erwerbstätigenbonus" zugunsten des Ehemannes).

bb) Bei der Einschätzung des Unterhaltsmaßes nach den ehelichen Lebensverhältnissen (§ 1578 I 1) ist jedoch zu berücksichtigen, dass Herr Schneiblmoser gleichzeitig *andere Unterhaltsverpflichtungen* hat. Zum einen ist er dem Kind unterhaltspflichtig, dessen rechtlicher Vater er durch Anerkennung geworden ist (§ 1592 Nr. 2; § 1595). Zum anderen hat er auch gegenüber Frau Grünspecht eine Unterhaltsverpflichtung nach § 1615l II 2, 3, weil sie ein gemeinsames Kind betreut, das unter drei Jahre alt ist.

cc) Es ist nun die Frage, ob die genannten *Unterhaltspflichten den ehelichen Lebensverhältnissen zuzurechnen* sind. Grundsätzlich kommt es auf die Verhältnisse an, die zur Zeit der Rechtskraft der Scheidung gegeben sind (BVerfGE 128, 193 Tz. 69). In diesem Zeitpunkt war freilich Evas Tochter noch nicht geboren, ihr Unterhaltsanspruch und auch der Anspruch auf Betreuungsunterhalt waren noch nicht entstanden. Gleichwohl sind auch Entwicklungen, die sich nach der Scheidung ergeben, noch den ehelichen Lebensverhältnissen zuzurechnen, wenn sie einen Anknüpfungspunkt in der Ehe finden oder wenn sie bei Fortbestand der Ehe auch deren Verhältnisse geprägt hätten (BVerfGE 128, 193 Tz. 70). Das ist hier der Fall: Bei Rechtskraft der Scheidung war Frau Grünspecht bereits schwanger. Hätte die Geburt vor Rechtskraft stattgefunden, so wären die genannten Unterhaltsansprüche zweifellos den ehelichen Lebensverhältnissen zuzurechnen gewesen (BGH FamRZ 2012, 281 Tz. 20). Der Umstand, dass die Geburt wenige Monate später erfolgt, hebt den engen Zusammenhang mit den ehelichen Lebensverhältnissen nicht auf. Bei Bemessung der Unterhaltshöhe für Frau Schneiblmoser ist also das verfügbare Einkommen ihres Mannes um diejenigen Beträge zu mindern, die dessen Unterhaltsverpflichtungen gegenüber Eva und ihrer Tochter entsprechen.

c) Sollte das Einkommen von Herrn Schneiblmoser nicht ausreichen, den Unterhalt an seine frühere Frau, an seine neue Freundin und an das Kind zu zahlen, ohne seinen eigenen angemessenen Unterhalt zu gefährden, so kommt eine *Minderung des Unterhalts nach Billigkeit gemäß § 1581* in Frage. Dabei sind die Rangverhältnisse der konkurrierenden Unterhaltsverpflichtungen zu berücksichtigen. Der Kindesunterhalt hat jedenfalls den Vorrang vor den anderen Verpflichtungen (§ 1609 Nr. 1). Die Unterhaltsansprüche der beiden Frauen fallen beide in den zweiten Rang (§ 1609 Nr. 2): Evas Anspruch, weil sie wegen Kindesbetreuung unterhaltsberechtigt ist, Cäcilies Anspruch, weil die Ehe von langer Dauer war. Die somit gleichrangigen Ansprüche der Frauen sind also im Mangelfall anteilig zu kürzen, während der Anspruch des Kindes möglichst nicht angetastet werden sollte.

d) *Herabsetzung oder Befristung des Unterhaltsanspruchs* von Frau Schneiblmoser *nach § 1578b* scheiden aus, weil ihr Unvermögen, sich selbst zu unterhalten, eindeutig durch die Ehe bedingt ist.

116. Verhältnisse im Wandel II

Wie wäre in Fall 115 die Lage, wenn Frau Grünspecht das Kind erst zwei Jahre nach rechtskräftiger Scheidung geboren hätte?

Zu prüfen ist auch in diesem Fall, ob bei Festlegung des *Unterhaltsmaßes nach ehelichen Lebensverhältnissen* (§ 1578 I 1) die Unterhaltsverpflichtungen des geschiedenen Mannes gegenüber seiner neuen Lebensgefährtin und dem Kind einkommensmindernd anzusetzen sind. Dagegen spricht, dass zum Zeitpunkt, in dem die Scheidung rechtskräftig geworden ist, diese Unterhaltsbelastungen noch nicht entstanden waren. Zwar hat der BGH früher im Rahmen seiner Theorie von den „wandelbaren ehelichen Lebensverhältnissen" die Auffassung vertreten, auch gesetzliche Unterhaltspflichten, die zeitlich nach der rechtskräftigen Scheidung entstanden sind, wirkten auf das Maß des eheangemessenen Unterhalts zurück (BGHZ 179, 196 Tz. 29 – Unterhaltsanspruch eines neuen Ehegatten). Diese Rechtsprechung ist jedoch vom BVerfG beanstandet worden, weil sie die Grenzen der richterlichen Rechtsfortbildung überschreitet (BVerfGE 128, 193). Demzufolge ist nun auch der BGH der Auffassung, dass die Unterhaltsansprüche etwa eines neuen Ehegatten oder einer Mutter, die erst nach rechtskräftiger Ehescheidung entstanden sind, nicht auf das Unterhaltsmaß für den geschiedenen früheren Ehegatten zurückwirken; gleiches gilt für den Anspruch eines nachehelich geborenen Kindes (BGH FamRZ 2012, 281 Tz. 26, 27). Der Unterhaltsanspruch von Frau Schneiblmoser bemisst sich also nach dem Einkommen ihres geschiedenen Mannes, soweit es die ehelichen Verhältnisse geprägt hat; die neuen Unterhaltspflichten sind dabei nicht zu berücksichtigen.

Sollte Herr Schneiblmoser im Hinblick auf den so errechneten Unterhalt nicht voll leistungsfähig sein, so kommt eine *Reduzierung nach § 1581* in Betracht. Bei der Billigkeitswertung sind nun aber die Unterhaltspflichten gegenüber Frau Grünspecht und dem Kind mit in Ansatz zu bringen. Auch hier wirkt sich aus, dass der Unterhaltsanspruch des Kindes vorrangig ist und die Unterhaltspflicht gegenüber Frau

Grünspecht gleichen Rang mit derjenigen gegenüber Frau Schneiblmoser hat. Bei der Kürzung des Unterhalts der beiden Frauen im Rahmen einer Mangelfallberechnung wäre zu bedenken, dass für den Unterhalt der früheren Ehefrau ein höherer Ausgangsbetrag anzusetzen ist (Höhe nach dem eheprägenden Einkommen ohne Rücksicht auf die neuen Unterhaltspflichten), während beim Unterhaltsmaß für Frau Grünspecht deren Lebensstellung (hier als wenig beschäftigte Schauspielerin) maßgebend ist. Es würde also nicht angehen, im Ergebnis für die geschiedene Ehefrau und für Frau Grünspecht Unterhalt in gleicher Höhe zu gewähren.

Information: Im Verhältnis zwischen der *gleichrangig* unterhaltsberechtigten geschiedenen Ehefrau und einer neuen Ehefrau des Pflichtigen hat der BGH es auch noch nach der genannten BVerfG-Entscheidung für zulässig gehalten, im Rahmen der Mangelfallberechnung nach § 1581 das nach Abzug des Kindesunterhalts verbleibende Einkommen zu drei gleichen Teilen dem Pflichtigen selbst, der geschiedenen sowie der neuen Ehefrau zuzuordnen („Dreiteilungsmethode"; BGH FamRZ 2012, 281 Tz. 44 ff.). Diese Methode vernachlässigt den Umstand, dass der Anspruch der geschiedenen Frau ein höheres Unterhaltsmaß zum Ausgangspunkt hat. Ob sie der verfassungsrechtlichen Prüfung standhält, erscheint offen.

117. Einmal Chefarztgattin – immer Chefarztgattin?

Dr. Harro Mittermaier, Chefarzt der Inneren Medizin eines Krankenhauses, heiratet Beate Wachtlmoser, die als Sekretärin im gleichen Betrieb beschäftigt ist und auch nach der Ehe bleibt. Ein gemeinsamer Ehename wird nicht bestimmt. Die Ehe verläuft unglücklich. Nach drei Jahren trennt sich das Paar, ein Jahr später wird Scheidungsantrag eingereicht und bald darauf die Ehe geschieden.
Beate verlangt von ihrem geschiedenen Mann Unterhalt. Dr. Mittermaier hat ein Monatseinkommen von 10.000 EUR, sie selbst von 1.600 EUR, jeweils netto.
Wie ist die Rechtslage zu beurteilen?

Da beide geschiedenen Ehegatten die volle Erwerbstätigkeit fortsetzen, die sie während der Ehe ausgeübt haben, kommt nur ein Aufstockungsanspruch nach *§ 1573 II* in Betracht.

a) Voraussetzung ist, dass Beates Einkünfte, die sie als Sekretärin hat, nicht ausreichen, um ihren vollen, d. h. nach den ehelichen Lebensverhältnissen bemessenen Unterhalt zu bestreiten. Das liegt hier auf der Hand: Das Ehepaar hatte während der Ehe insgesamt Einkünfte von 11.600 EUR zur Verfügung. Das bei einem solchen Einkommen typische Unterhaltsniveau kann Frau Wachtlmoser von ihrem relativ kleinen Gehalt nicht aufrechterhalten.

b) *Die Höhe betreffend* beliefe sich der Unterhalt nach der Differenzmethode der Düsseldorfer Tabelle auf 3/7 vom Einkommensunterschied, also 3/7 aus 8.400 EUR = 3.600 EUR. Dabei ist aber zu bedenken, dass bei einem so hohen Einkommen während der Ehe üblicherweise nicht der gesamte Betrag für den Unterhalt verwendet worden ist, so dass der Unterhalt „nach ehelichen Lebensverhältnissen" (§ 1578 I 1) von einem niedrigeren Einkommensbetrag geprägt wurde. Bei der Differenzrechnung bleiben folglich diejenigen Einkommensteile unberücksichtigt, die während der Ehe nicht für den Unterhalt ausgegeben, sondern für Rücklagen verwendet wurden.

c) Gegen den Unterhaltsanspruch könnte jedoch die *Härteklausel des § 1579 Nr. 1* sprechen, wenn die Ehe von kurzer Dauer war. Als Ehedauer versteht die Rechtsprechung den Zeitraum bis zur Rechtshängigkeit des Scheidungsantrags, also nicht nur bis zur Trennung (BGH FamRZ 1995, 1405, 1407). Hier ist also eine Dauer von vier Jahren anzunehmen. Ob dieser Zeitraum als „kurz" anzusehen ist, kann kontrovers diskutiert werden. Entscheidend ist, ob die Ehegatten ihren Lebensplan schon so weit aufeinander ausgerichtet hatten, dass sie auch künftig von einer gegenseitigen Solidarität ausgehen konnten. Nach der Rechtsprechung. des BGH ist eine Ehedauer von weniger als zwei Jahren in der Regel als kurz, eine solche von mehr als drei Jahren nicht mehr als kurz zu bezeichnen (BGH FamRZ 1999, 710, 712), im Einzelfall soll aber auch eine Dauer von knapp über drei Jahren noch als kurz zu begreifen sein (BGH FamRZ 1995, 1405, 1407). In unserem Fall ist die Ehedauer wohl nicht mehr als kurz zu bewerten.

d) Weiterhin ist zu prüfen, ob der Anspruch nach den *Klauseln des § 1578b* herabzusetzen und/oder zu befristen ist, weil die unbegrenzte Unterhaltsgewährung unbillig wäre. Wie bereits bei anderen Fällen ausgeführt (Fälle 104, 105, 107), kommt es für die Billigkeitswertung insbesondere auf die Dauer der Ehe sowie darauf an, inwieweit durch die Ehe Nachteile in Bezug auf die Möglichkeit eingetreten sind, für den eigenen Unterhalt zu sorgen; solche Nachteile können sich vor allem aus der Dauer der Betreuung eines gemeinschaftlichen Kindes und aus der Gestaltung von Haushaltsführung und Erwerbstätigkeit während der Ehe ergeben (§ 1578b I 2, 3 und § 1578b II 2). Der Unterhalt darf nicht abgesenkt oder gekürzt werden, soweit er solche „ehebedingten Nachteile" ausgleicht. In unserem Fall ist zu bedenken, dass aus der Ehe keine Kinder hervorgegangen sind, dass ferner die Eheleute nur relativ kurz verheiratet waren und dass Beate während der Ehe ihre Erwerbstätigkeit ungemindert fortgeführt hat. Es wäre unbillig, wenn sie für unabsehbare Zeit auf Kosten ihres Ex-Mannes ein Leben auf Chefarztniveau beanspruchen könnte. Der volle Unterhalt wird ihr folglich nur für eine Übergangszeit von etwa drei Jahren zugemessen und dann auf ein niedrigeres Niveau abgesenkt werden (§ 1578b I); ferner gebietet es die Billigkeit, auch den herabgesetzten Anspruch zeitlich zu begrenzen (§ 1578b II), etwa auf weitere drei Jahre.

e) *Ergebnis:* Beate hat einen Anspruch aus § 1573 II, der nach § 1578b I und II nach einer gewissen Übergangszeit herabzusetzen und insgesamt zu befristen ist. Das Maß der Herabsetzung und die zeitlichen Grenzen können nicht exakt benannt werden, sondern hängen von der konkreten Billigkeitswertung des angerufenen Familiengerichts ab: Billigkeitsklauseln stehen nicht für berechenbare Ergebnisse.

118. Ein attraktiver Tennislehrer

Frau Gerber ist ihres als langweilig empfundenen Ehemannes überdrüssig. Sie hat sich ihrem Tennislehrer Knut zugewandt, den sie innig liebt und mit dem sie sich häufig in dessen Wohnung trifft. Herrn Gerber bleibt dies nicht verborgen. Er stellt seine Frau zur Rede, die ihm unter Tränen alles gesteht und sagt: „Ich werde Knut niemals aufgeben."
Herr Gerber trennt sich daraufhin von seiner Frau. Eineinhalb Jahre später wird das Paar geschieden. Die beiden Kinder Hans (8) und Jakob (6) bleiben

bei Frau Gerber, die nach wie vor nicht erwerbstätig ist. Knut hat indes das Interesse an Frau Gerber verloren.
Als diese von ihrem geschiedenen Mann Unterhalt verlangt, erwidert er schroff: „Von mir bekommst du nichts, du hast unsere Ehe zerstört."
Wie ist die Rechtslage?

a) Der Anspruch von Frau Gerber könnte sich auf *§ 1570 I 2, 3* gründen. Da die Kinder über drei Jahre alt sind, ist Voraussetzung, dass die Gewährung von Betreuungsunterhalt der Billigkeit entspricht. Dabei sind die Belange der Kinder und die bestehenden Möglichkeiten der Kindesbetreuung zu berücksichtigen. Es kommt also darauf an, ob und inwieweit im konkreten Fall die Kinder bei einer Berufstätigkeit der Mutter nicht angemessen und ihrem Wohl gemäß gepflegt und erzogen werden könnten (siehe die Fälle 101, 102).

b) Ferner könnte der Anspruch aus *§ 1570 II* hergeleitet werden. Dies ist der Fall, wenn eine Verlängerung des Betreuungsunterhaltes über das vollendete dritte Lebensjahr des Kindes hinaus unter Berücksichtigung der Gestaltung von Kinderbetreuung und Erwerbstätigkeit in der Ehe sowie der Dauer der Ehe der Billigkeit entspricht. Auch das hängt von den Umständen des Falles ab.

c) Soweit hiernach eine Unterhaltsberechtigung gegeben ist, muss geprüft werden, ob der Unterhalt nach *§ 1579 wegen grober Unbilligkeit* zu versagen oder zu limitieren ist.

aa) In Betracht kommt der *Härtegrund nach § 1579 Nr. 7*. Es könnte sein, dass Frau Gerber ein offensichtlich schwerwiegendes, eindeutig bei ihr liegendes Fehlverhalten gegen ihren Ehemann zur Last fällt, das dessen Unterhaltspflicht nach der Scheidung als unzumutbar erscheinen lässt. Da die Ehe zur geschlechtlichen Treue verpflichtet, bildet die Zuwendung zu einem anderen Mann ein Fehlverhalten gegenüber dem Ehemann. Bei dem Kriterium „offensichtlich schwerwiegend" ist zu bedenken, dass Frau Gerber nicht nur vorübergehend eine außereheliche Beziehung unterhielt, sondern auch künftig nicht davon lassen will. Damit setzt sie sich in einen grundsätzlichen Widerspruch zur ehelichen Bindung, es handelt sich um ein evident schwerwiegendes Fehlverhalten (siehe BGH FamRZ 1989, 1279, 1280). Dieses liegt auch „eindeutig bei ihr", da nach dem Sachverhalt Herr Gerber zu einem Ausbrechen aus der Ehe keinen besonderen Anlass gegeben hat. Das vom Gesetz verlangte einseitige Fehlverhalten erfordert kein moralisches Unwerturteil; es genügt ein gravierendes Abweichen von dem Verhalten, das der andere Teil aufgrund der ehelichen Bindung erwarten darf. Die Verpflichtung zur Unterhaltsleistung an seine geschiedene Frau ist daher für Herrn Gerber als grob unbillig anzusehen.

bb) Fraglich ist jedoch, ob der Unterhaltsanspruch nicht gleichwohl aufrechterhalten bleiben muss, weil, wie § 1579 anordnet, die *Interessen der gemeinsamen Kinder* wahren sind. Der Unterhaltsanspruch aus § 1570 gründet sich auf den Gedanken des Kindeswohls: Dem betreuenden Elternteil wird keine Erwerbstätigkeit zugemutet, damit er sich ausreichend der Erziehung und Pflege der Kinder widmen kann. Folglich darf die Anwendung der Härteklausel zu keinem Ergebnis führen, das die genannten Belange der Kinder vernachlässigt. In dem Widerstreit zwischen den Interessen des Unterhaltspflichtigen und der Kinder versucht die Rechtsprechung einen Kompromiss: Die Versagung oder Begrenzung des Unterhalts des geschiedenen, die Kinder betreuenden Ehegatten kommt grundsätzlich nur in Betracht, soweit die Pflege und Erziehung der Kinder trotzdem gesichert sind (BGH FamRZ 1989, 1279, 1280). Je nach der Lage im Einzelfall ist gleichwohl eine gewisse Absenkung des Unterhalts möglich, in besonders krassen Fällen auf das Existenzminimum (vgl. BGH FamRZ 1998, 541; zur verfassungsrechtlichen Problematik BVerfGE 57, 361, 388).

d) Zusätzlich könnte geprüft werden, ob der Anspruch aus § 1570 auch nach der *Unbilligkeitsklausel des § 1578b I* herabgesetzt werden könnte. Hier zeigt sich die rechtsdogmatische Fehlkonstruktion des Nebeneinanders von Unbilligkeitsregelungen. Jedenfalls dürften bei der Unbilligkeitswertung des § 1578b I diejenigen Gesichtspunkte keine Rolle spielen, die für die Tatbestände der „groben Unbilligkeit" nach § 1579 charakteristisch sind, hier also die einseitige Eheverfehlung. Bei § 1578b I könnten aber andere Gesichtspunkte wie die Frage der ehebedingten Nachteile eine Rolle spielen. Insgesamt macht es aber wenig Sinn, einen nach § 1579 geminderten Unterhaltsanspruch nach § 1578b I ein weiteres Mal herabzusetzen.

e) *Ergebnis:* Es kommt ein Unterhaltsanspruch nach § 1570 in Frage. Soweit dessen Voraussetzungen gegeben sind, steht ihm an sich die Härteklausel nach § 1579 Nr. 7 entgegen. Doch ist bei Anwendung dieser Klausel das Kindeswohl zu wahren; es kommt allenfalls eine Absenkung des Unterhalts in Betracht.

119. Die Freundin des Chefarztes I

Die Ehe von Carl und Caroline, aus der keine Kinder hervorgegangen sind, wird geschieden. Caroline, die sich mit Zustimmung ihres Mannes auf die Führung des Haushalts beschränkt hat, ist im Zeitpunkt der Scheidung 51 Jahre alt. In ihrem erlernten Beruf als Masseurin kann sie keine Anstellung finden. Ihr Ex-Mann zahlt ihr daher monatlichen Unterhalt von 950 EUR gemäß Düsseldorfer Tabelle.

Ein Jahr nach der Scheidung lernt Caroline den Chefarzt Professor Gemelius (58) kennen und lieben. Sie zieht in dessen großzügige Vorort-Villa ein und führt in der neuen Partnerschaft den Haushalt.

Carl stellt, als er von Caroline sogleich darüber informiert wird, seine Unterhaltszahlungen ein. Mit Recht?

a) Der Unterhaltsanspruch beruht auf § 1573 I.

b) In Betracht käme eine Befristung des Unterhaltsanspruchs nach *§ 1578b II.* Doch möchte Carl die Zahlungen, die erst seit einem Jahr laufen, sofort beenden. Außerdem ergibt sich aus dem Sachverhalt, dass die Erwerbslosigkeit Carolines ehebedingt ist.

c) Der Unterhaltsanspruch würde gemäß *§ 1586 I erlöschen*, wenn Caroline den Prof. Gemelius heiraten würde. Doch lebt sie mit ihm in einer nichtehelichen Lebensgemeinschaft. Das bloße Zusammenleben mit einem neuen Partner ist in dieser Norm der Eheschließung nicht gleichgestellt.

d) Doch kann die *Härteklausel des § 1579 Nr. 2* greifen, wenn die Inanspruchnahme des geschiedenen Ehemannes grob unbillig ist, weil Caroline in einer verfestigten Lebensgemeinschaft lebt.

aa) Unter *verfestigter Lebensgemeinschaft* versteht die Rechtsprechung eine dauerhafte Beziehung zu einem neuen Partner, bei der objektive, nach außen tretende Umstände (über einen längeren Zeitraum hinweg geführter gemeinsamer Haushalt, Erscheinungsbild in der Öffentlichkeit, größere gemeinsame Investitionen wie der Erwerb eines gemeinsamen Familienheims, die Dauer der Verbindung) den Schluss nahelegen, dass der Unterhaltsberechtigte sich endgültig aus der nachehelichen Solidarität herausgelöst hat (Definition vereinfacht nach BGH FamRZ 2011, 1498 Tz. 27). Der Einzug Carolines bei ihrem neuen Partner mit Führung der Hausfrauenrolle spricht für das Vorliegen einer verfestigten Lebensgemeinschaft. Dafür sprechen auch die finanziellen Verhältnisse, in der Caroline jetzt lebt, obwohl nach Meinung des BGH (a. a. O.) die Leistungsfähigkeit des neuen Partners für den Begriff der verfestigten Gemeinschaft keine Rolle spielen soll. Zweifel daran, dass die Lebensgemeinschaft „verfestigt" ist, ergeben sich aus der noch kurzen Dauer. Caroline ist erst seit kurzem bei Gemelius eingezogen; ob sich die Partnerschaft verfestigt, muss noch abgewartet werden. Ab etwa zwei Jahren wird man von Verfestigung sprechen können.

bb) Soweit das Vorliegen einer verfestigten Lebensgemeinschaft bejaht wird, ist weiter zu prüfen, inwieweit deswegen die Inanspruchnahme des früheren Ehemannes grob unbillig ist. Das ist zu bejahen, denn es ist nicht einzusehen, dass der offenbar in bescheidenen Verhältnissen lebende Carl seiner früheren Frau noch Unterhalt zahlen soll, wenn sie in einer neuen Verbindung bestens versorgt ist. Deshalb ist hier nicht bloß eine Herabsetzung oder zeitliche Begrenzung, sondern eine völlig Versagung des Unterhalts angemessen.

e) Wenn der Härtegrund des § 1579 Nr. 2 noch nicht zum Zuge kommt, weil die neue Lebensgemeinschaft noch nicht „verfestigt genug" erscheint, lässt sich überlegen, ob Caroline dafür, dass sie bei Gemelius den Haushalt führt, ein *fiktives Einkommen zuzurechnen* ist, das den Unterhaltsanspruch mindern würde (so wurde in einigen Fällen von der Rechtsprechung verfahren, siehe z. B. BGH 2001, 1693; 2003, 1170).

120. Die Freundin des Chefarztes II

Angenommen, in Fall 119 hat Caroline fünf Jahre mit Herrn Gemelius zusammengelebt, dann geht auch diese Beziehung in die Brüche. Mittlerweile hat Carl seine Zahlungen eingestellt. Caroline, die nach wie vor keine angemessene Erwerbstätigkeit finden kann, möchte von Carl nun wieder Unterhalt. Wie stehen ihre Aussichten?

Wenn die verfestigte Lebensgemeinschaft, die zur Versagung des Unterhalts nach § 1579 Nr. 2 geführt hat, beendet wird, kann der Unterhaltsanspruch wieder aufleben, wenn seine tatbestandlichen Voraussetzungen noch gegeben sind (hier § 1573 I). Doch steht dem die Erwartung des Unterhaltspflichtigen gegenüber, dass mit der Neuorientierung des Ex-Gatten seine Unterhaltsbelastung endgültig entfallen ist. Der ehemalige Ehegatte kann also nur dann erneut unterhaltsverpflichtet werden, wenn ihm dies nach den gesamten Fallumständen zumutbar ist (in diesem Sinne einschränkend BGH FamRZ 2011, 1498 Tz. 33). Es kommt dies z. B. in Frage, wenn die neue Lebensgemeinschaft des Unterhaltsberechtigten erwartungsgemäß nach relativ kurzer Dauer zerbrochen ist oder der Unterhaltspflichtige in besonders guten Verhältnissen lebt.

---

121. Der gut versorgte Lyriker

Die Eheleute Wasner werden nach zehnjähriger Ehe geschieden. Sie haben drei Kinder (drei, vier und sechs Jahre), die fortan bei Frau Wasner leben und von ihr betreut werden. Herr Wasner zahlt für Frau und Kinder Unterhalt.
Kurz nach der Scheidung lernt Frau Wasner den Schriftsteller Oskar Wild kennen und lieben, dessen Werke zwar in den Feuilletons der Tagespresse hoch gelobt werden, sich aber schlecht verkaufen. Wild zieht zu Frau Wasner und ihren Kindern und wird dort versorgt. Was er in die gemeinsame Haushaltskasse einbringt, deckt in etwa die durch ihn verursachten Mehrkosten.
Nachdem Frau Wasner nun schon zwei Jahre mit Herrn Wild zusammenlebt, will Herr Wasner für den Unterhalt seiner Ex-Frau nicht mehr aufkommen. Mit Recht?

Es kommt ein Anspruch aus § 1570 in Frage.

a) Zwar entfällt § 1570 I 1, weil die Kinder sämtlich über drei Jahre alt sind (nunmehr fünf, sechs und acht Jahre). Auch wenn man die strengen Maßstäbe des BGH ansetzt (oben Fall 101), wird es Frau Wasner wohl gelingen, darzulegen und zu beweisen, dass die Betreuung von drei Kindern dieses Alters einer gleichzeitigen vollen Erwerbstätigkeit im Wege steht. Bei entsprechendem Vortrag kann Frau Wasner derzeit überhaupt keine Berufstätigkeit zugemutet werden.

b) Zu prüfen ist, ob dem Anspruch die *Härteklausel nach § 1579 Nr. 2* entgegensteht.

aa) Voraussetzung ist, dass Frau Wasner mit Herrn Wild in einer verfestigten Lebensgemeinschaft lebt. Unter verfestigter Lebensgemeinschaft versteht die Rechtsprechung eine dauerhafte Beziehung zu einem neuen Partner, bei der objektive, nach außen tretende Umstände den Schluss nahelegen, dass der Unterhaltsberechtigte sich endgültig aus der nachehelichen Solidarität herausgelöst hat (Definition vereinfacht nach BGH FamRZ 2011, 1498 Tz. 27). Dafür spricht im obigen Fall, dass Frau Wasner und Herr Wild einen gemeinsamen Haushalt führen und dass sie schon zwei Jahre zusammen sind. Dagegen kann man einwenden, dass von einem „Herauslösen aus der nachehelichen Solidarität" insofern nicht die Rede sein kann, als Frau Wasner von ihrem neuen Lebensgefährten keinerlei finanzielle Unterstützung erhält. Doch meint der BGH (a. a. O.), die Leistungsfähigkeit des neuen Partners spiele für den Begriff der verfestigten Lebensgemeinschaft keine Rolle. Wenn man dem folgt (was nicht zwingend ist), so kann das Bestehen einer verfestigten Lebensgemeinschaft angenommen werden.

bb) Weitere Voraussetzung ist aber, dass wegen der Aufnahme dieser Lebensgemeinschaft die Inanspruchnahme des früheren Ehemanns *grob unbillig* ist.

– Dagegen spricht in unserem Fall zunächst, dass sich die Unterhaltslage von Frau Wasner durch die Aufnahme der neuen Beziehung überhaupt nicht verbessert hat. Zumindest bei der Billigkeitswertung muss die Versorgungslage, in der sich der Unterhaltsberechtigte befindet, eine Rolle spielen.

– Gegen die grobe Unbilligkeit der Unterhaltsgewährung ist vor allem das *Interesse der Kinder* ins Feld zu führen, deren Belange nach der ausdrücklichen gesetzlichen Bestimmung in § 1579 zu wahren sind. Der Anspruch aus § 1570 ist hauptsächlich um der Kinder willen gegeben, deren angemessene Betreuung sichergestellt werden soll. Zwar ist in den Fällen des Betreuungsunterhalts die Anwendung der Härteklausel nicht völlig ausgeschlossen (siehe BVerfGE 57, 361, 388), aber wesentlich eingeschränkt. Die Beschneidung des Anspruchs nach Billigkeitsgesichtspunkten setzt voraus, dass Pflege und Erziehung des Kindes trotzdem gesichert bleiben (BGH FamRZ 1989, 1279, 1280). Eine *völlige* Versagung des Unterhalts kommt auch in „besonders krassen Härtefällen" nur in Betracht, wenn dies nicht zu Lasten des Kindes geschieht. Von einem krassen Fall kann aber hier nicht die Rede sein. Frau Wasner hat sich nicht etwa des Ehebruchs schuldig, sondern von ihrer persönlichen Freiheit Gebrauch gemacht, nach der Scheidung einen neuen Lebensgefährten zu suchen. Es ist nicht einzusehen, warum dies ein Grund sein soll, durch Versagung oder Kürzung ihres Unterhalts die Möglichkeit, die gemeinsamen Kinder persönlich zu betreuen, einzuschränken (gegenteilige Meinung „vertretbar", aber kaum überzeugend).

c) *Ergebnis:* Ein nach § 1570 I 2, 3, II begründeter Anspruch ist nicht nach § 1579 Nr. 2 zu versagen, zu mindern oder zeitlich zu begrenzen (Gegenmeinung begründbar).

122. Living apart together

Beate ist von ihrem Ehemann Arnold geschieden und erhält von ihm Unterhalt, weil sie wegen einer schweren, dauerhaften Erkrankung nicht berufstätig sein kann. Sie lernt den Web-Designer Mick kennen und lieben. Doch ziehen die beiden nicht zusammen und führen auch keinen gemeinsamen Haushalt. Jeder behält seine Wohnung. Das Paar trifft sich unter der Woche einige Male abwechselnd in der einen oder anderen Wohnung. Die Wochenenden werden gleichfalls unregelmäßig bei dem einen oder dem anderen oder in einem Hotel verbracht.

Nachdem Arnold dies zwei Jahre lang beobachtet hat, wendet er sich an seinen Anwalt. „Meine Ex hat nun schon seit zwei Jahren einen neuen Macker, da gibt´s doch was im Gesetz von wegen verfestigter Lebensgemeinschaft." Was wird ihm der Anwalt sagen?

a) Beates Anspruch leitet sich aus *§ 1572* her. Bei dem Anspruch wegen Krankheit ist stets zu prüfen, ob nicht nach der *Unbilligkeitsklausel des § 1578b* eine Herabsetzung oder Befristung erreicht werden kann. Dabei kommt es auf die näheren, hier nicht bekannten Fallumstände an, insbesondere darauf, ob Beates Unvermögen, sich selbst zu unterhalten, ehebedingt ist oder nicht (siehe die Fälle 104, 105, 107, 117).

b) Arnolds Frage zielt aber auf die *Härteklausel des § 1579 Nr. 2* ab. Der Unterhalt kann versagt, herabgesetzt oder befristet werden, wenn zwischen Beate und Mick eine verfestigte Lebensgemeinschaft entstanden ist. Dagegen spricht, dass das Paar nicht in einer Wohnung zusammenlebt und keinen gemeinsamen Haushalt führt. Gleichwohl hält der BGH (FamRZ 2002, 23) die Annahme einer verfestigten Beziehung auch in solchen Fällen des „Living apart together" für möglich, wenn die

Intensität der Gemeinschaft einem eheähnlichen Zusammenleben entspricht. Es kommt also darauf an, aus welchem Grund Beate und Mick die „alternierende" Lebensgestaltung wählen. Drückt sich darin aus, dass sie doch eine gewisse Distanz zueinander halten wollen („Ich will meine persönliche Freiheit behalten!"), so spricht dies gegen eine Verfestigung. Ist andererseits erkennbar, dass sie nur deshalb nicht zusammenziehen, um Beates Unterhaltsanspruch vor der Härteklausel zu retten, so steht das der Annahme einer verfestigten Lebensgemeinschaft nicht im Wege.

---

123. Heiraten ja, aber …

Jolanthe teilt ihrem Freund Heiner mit, dass sie ein Kind von ihm erwartet. Heiner ist nicht begeistert, möchte aber, wie er sagt, „die Sache in Ordnung bringen". Er erklärt sich bereit, Jolanthe zu heiraten, wenn sie zuvor einen Vertrag mit ihm schließe, wonach für den Fall einer Scheidung gegenseitig jeglicher Unterhaltsanspruch ausgeschlossen sei. Der Vertrag wird notariell beurkundet, dann findet die Hochzeit statt. Schließlich wird auch das Kind – ein Sohn – geboren, der den Namen Tobias erhält.
Schon kurz nach der Geburt trennt sich das Paar. Als Tobias zwei Jahre alt ist, wird die Ehe geschieden. Mit Zustimmung Heiners lebt das Kind bei seiner Mutter.
Heiner ist, wie er sagt, „selbstverständlich" bereit, für Tobias Unterhalt zu zahlen, nicht aber für Jolanthe. „Das haben wir doch so vereinbart", sagt er.
Hat Heiner mit dieser Auffassung Recht?

---

a) Jolanthe hat einen Anspruch aus *§ 1570 I 1*. Bei einem Kind dieses Alters mutet das Gesetz dem betreuenden Elternteil keine Erwerbstätigkeit zu.

b) Dem könnte entgegenstehen, dass Jolanthe wirksam auf Unterhaltsansprüche nach der Scheidung *verzichtet* hat.

aa) Die Vereinbarung ist so auszulegen, dass alle Unterhaltsansprüche für die Zeit nach der Scheidung ausgeschlossen sein sollen, auch der Betreuungsunterhalt nach § 1570.

bb) Eine Vereinbarung über den Unterhalt nach der Scheidung ist nach *§ 1585c S. 1* grundsätzlich möglich. Die dafür erforderliche Form der notariellen Beurkundung (§ 1585c S. 2) ist gewahrt. Ein solcher Vertrag kann auch schon vor der Eheschließung zustande kommen.

cc) Zu prüfen ist, ob durch einen solchen Vertrag auch auf Unterhalt *verzichtet* werden kann. Der mögliche Inhalt der Unterhaltsvereinbarungen ist im Gesetz nicht näher festgelegt, folglich kommt auch ein Unterhaltsverzicht grundsätzlich in Frage. Beim Anspruch aus § 1570 könnte das mit der Begründung verneint werden, dass der Betreuungsunterhalt um der Kinder willen gewährt wird, ein Verzicht also zu Lasten Dritter ginge. Doch hat die Rechtsprechung anders entschieden: Abstrakt gesehen sind Verzichte auf nacheheliche Unterhalt, auch auf den Betreuungsunterhalt nach § 1570, möglich.

Solche Verträge stehen aber seit den Entscheidungen des BVerfG (FamRZ 2001, 343 und 985) und des BGH (FamRZ 2004, 601) unter einer besonderen gerichtlilichen Kontrolle. Nach dem BVerfG müssen die Gerichte korrigierend eingreifen, wenn der Vertrag nicht Ausdruck und Ergebnis gleichberechtigter Partnerschaft ist, sondern eine auf ungleichen Verhandlungspositionen basierende einseitige Dominanz des durch den Vertrag begünstigten Teils widerspiegelt. Nach BGH ist die richterliche Korrektur gefordert, wenn durch den Vertrag eine evident einseitige und durch die individuelle Gestaltung der ehelichen Lebensverhältnisse nicht gerechtfertigte Lastenverteilung entstünde, die hinzunehmen für den benachteiligten Partner bei verständiger Würdigung des Wesens der Ehe unzumutbar erscheint. Die Kontrolle geschieht mit Hilfe der zivilrechtlichen Generalklauseln. § 138 I kommt zum Zug, wenn schon zur Zeit des Vertragsschlusses erkennbar ist, dass die Vereinbarung zu einer nicht hinnehmbaren einseitigen Lastenverteilung führt oder führen wird. § 242 ist anzuwenden, wenn sich die unzumutbare Lastenverteilung erst in einem späteren Zeitpunkt absehen lässt; dann verbieten Treu und Glauben dem Begünstigten, die ihm vertraglich eingeräumte Rechtsmacht zu missbrauchen; er darf sich insoweit auf den Inhalt des Vertrages nicht berufen.

In unserem Fall ist der völlige Ausschluss eines Anspruchs wegen Kindesbetreuung im Fall der Scheidung sittenwidrig (§ 138 I). Heiner nutzt die psychische Lage seiner schwangeren Freundin und damit seine Verhandlungsposition aus, um seine Heiratsbereitschaft vom Abschluss eines für Jolanthe äußerst nachteiligen Unterhaltsverzichts abhängig zu machen. Dies führt zu einer *schon bei Vertragsschluss evidenten* einseitigen Lastenverteilung für den Fall einer Scheidung, denn Jolanthe wäre – bei Gültigkeit des Vertrages – im Scheidungsfall gezwungen, für ihren Unterhalt erwerbstätig zu sein, auch wenn ihr das wegen Betreuung des Kindes nicht zumutbar wäre. Es kommt hinzu, dass der Betreuungsunterhalt (§ 1570) nach Auffassung des BGH zum Kernbereich des Scheidungsfolgenrechts gehört, der nur unter besonderen Umstände vertraglich angetastet werden darf.

c) *Ergebnis:* Der Unterhaltsverzicht ist in diesem Fall nach § 138 I nichtig.

---

124. Ein Gemütsathlet

Katharina und Stefan leben zusammen, sie sind aber nicht miteinander verheiratet. Als Katharina von Stefan ein Kind erwartet, wird sie von Stefan dazu überredet, folgende Vereinbarung mit ihm zu schließen: „Da wir uns für eine rechtsfreie Lebensform entschieden haben, verzichten wir gegenseitig auf sämtliche denkbaren Unterhaltsansprüche, woraus immer sie begründet sein mögen." Das Kind wird geboren, das Paar trennt sich, das Kind lebt bei seiner Mutter.
Katharina verlangt von Stefan Unterhalt.

In Betracht kommt ein Unterhaltsanspruch aus § 1615l II 2 (dazu Fälle 275–277), weil von der Mutter wegen der Pflege und Erziehung des Kindes eine Erwerbstätigkeit nicht erwartet werden kann.

Die Frage ist, ob diesem Anspruch der *vertragliche Verzicht* entgegensteht. Das ist zu verneinen: Auf den Anspruch der Mutter eines nichtehelichen Kindes auf Betreuungsunterhalt aus § 1615l ist § 1614 I anzuwenden (§ 1615l III 1). Ein Unterhaltsverzicht für die Zukunft ist deshalb wegen Gesetzeswidrigkeit nichtig (§ 134).

125. Eine teure Heirat

Das Ehepaar Schmiedel hat zwei Kinder. Als diese zwei und vier Jahre alt sind, wird das Paar geschieden. Die Kinder leben vereinbarungsgemäß bei Frau Schmiedel. Diese heiratet sogleich nach der Scheidung Herrn Trautwein. Wegen der Kinder aus erster Ehe ist sie weiterhin nicht berufstätig.
Kann sie von ihrem geschiedenen Mann Unterhalt verlangen?

a) Der Anspruch stützt sich auf *§ 1570*. Der Anspruch ist auf jeden Fall begründet, weil eines der Kinder noch unter drei Jahre alt ist (§ 1570 I 1).

b) Der Anspruch erlischt jedoch *nach § 1586 I* mit der Wiederheirat des Berechtigten. Von der Heirat mit Herrn Trautwein an hat Frau Schmiedel keinen Anspruch mehr gegen ihren früheren Ehemann. Diese Bestimmung des Gesetzes erscheint beim Betreuungsunterhalt (§ 1570) rechtspolitisch problematisch, wenn man annimmt, dass dieser Anspruch um der Kinder willen gegeben ist. Man muss sich nur den Fall vorstellen, dass Herr Trautwein seinerseits zur Leistung von Unterhalt an seine Frau außerstande ist.

126. Überraschung für den Erben

Die geschiedene Frau Zach schuldet ihrem früheren Ehemann Unterhalt, weil dieser seit der Scheidung wegen Krankheit nicht erwerbstätig sein kann (§ 1572). Frau Zach stirbt und wird von ihrem Freund Zeisig aufgrund Testaments allein beerbt.
Muss nun Zeisig den Unterhalt an Herrn Zach zahlen?

Mit dem Tod des Unterhaltsschuldners geht die Unterhaltspflicht auf den Erben als Nachlassverbindlichkeit über (§ 1586b I 1). Zeisig schuldet also den Unterhalt. Nach § 1586b I 3 haftet er jedoch nicht über den Betrag hinaus, der dem Pflichtteil entspricht, welcher Herrn Zach zustünde, wenn die Ehe nicht geschieden worden wäre.

II. Kindschaftsrecht, Verwandtschaft

1. Abstammung

127. Mater semper certa?

Herr und Frau Beckmesser sind miteinander verheiratet. Nachwuchs will sich nicht einstellen. Der medizinische Befund ergibt, dass Frau Beckmesser unfruchtbar ist. Da die Eheleute sich aber sehnlichst ein Kind wünschen, nutzen sie die Möglichkeiten der modernen Medizin: Das Ei einer anderen Frau wird *in vitro* mit dem Samen des Ehemannes befruchtet, der daraus entstehende Embryo Frau Beckmesser implantiert. Alles geht gut und Frau Beckmesser bringt einen gesunden Jungen zur Welt, der den Namen David erhält.

Nachdem David 18 Jahre alt geworden ist, halten die Beckmessers den Zeitpunkt für gekommen, ihn über seine Herkunft aufzuklären. David, ohnehin in einer Phase des Selbstzweifels begriffen, ist tief erschüttert. Er will wissen: „Wer ist meine wirkliche Mutter?"

1. Kann David die Mutterschaft von Frau Beckmesser anfechten?
2. Kann David auf andere Weise feststellen lassen, dass Frau Beckmesser nicht seine Mutter ist?
3. Hat David Anspruch gegen Frau und Herrn Beckmesser auf Auskunft über die Identität der Eispenderin?

Zu Frage 1:

Nach § 1591 ist Mutter diejenige Frau, die das Kind geboren hat, in unserem Falle also Frau Beckmesser. Eine Anfechtungsmöglichkeit für den Fall, dass das Kind genetisch nicht von der Gebärenden abstammt, ist nach deutschem Recht nicht vorgesehen.

Zu Frage 2:

Das Gesetz sieht eine solche Möglichkeit nicht vor. Zwar kennt das FamFG ein Verfahren auf Festellung des Bestehens oder Nichtbestehens eines Eltern-Kind-Verhältnisses (§ 169 Nr. 1). Die Möglichkeit der Feststellung des Nichtbestehens der Mutterschaft von Frau Beckmesser scheitert aber an der Aussage des § 1591: Frau Beckmesser *ist* kraft gesetzlicher Fiktion Davids Mutter.

Zu Frage 3:

a) Nach § 1598a I 1 Nr. 3 könnte David von seinen Eltern verlangen, dass diese in eine genetische *Abstammungsuntersuchung einwilligen* und die *Entnahme einer dafür geeigneten genetischen Probe (z. B. Blutprobe) dulden*, um seine Abstammung klären zu können. Dieser Anspruch ist ohne weitere Voraussetzungen gegeben. Doch nutzt der Anspruch in diesem Falle dem David nichts: Aus den genetischen Proben (z. B. Blutproben) von Herrn und Frau Beckmesser könnte sich lediglich ergeben, dass Frau Beckmesser nicht seine Mutter ist; das aber weiß David bereits. Wer die wirkliche Mutter ist, könnte auf diese Weise nicht festgestellt werden.

b) Ein *Auskunftsanspruch des Kindes gegen seine Eltern* bzw. die kraft Gesetzes als Eltern geltenden Personen auf Auskunft über seine genetische Herkunft ist im Gesetz nicht speziell geregelt. Ein solcher Anspruch wird unter bestimmten Voraussetzungen aus den Generalklauseln des § 1618a oder § 242 i. V. m. Art. 2 I i. V. m. 1 I GG hergeleitet. (BVerfGE 79, 256; BVerfG FamRZ 1997, 869; näheres siehe unten Fall 165). Ob ein solcher Anspruch hier in Betracht kommt, ist zweifelhaft. Da das Gesetz die gebärende Frau als Mutter fingiert, erklärt es die genetische Herkunft in diesem Fall für rechtlich irrelevant, sodass folgerichtig auch ein Anspruch auf Auskunft darüber ausscheiden müsste. Zu einem anderen Ergebnis könnte man kommen, wenn man die Fiktion des § 1591 wegen eines Eingriffs in die Persönlichkeitsrechte des Kindes als verfassungswidrig beurteilt.

128. Abstammungsregeln

Eine Frau gebiert ein Kind. Nach welchen Rechtsregeln wird bestimmt, wer die Eltern des Kindes sind?

1. Mutter ist die Frau, die das Kind geboren hat (§ 1591).

2. Vater des Kindes ist a) entweder der Mann, der zum Zeitpunkt der Geburt des Kindes mit der Mutter verheiratet war, b) oder der Mann, der seine Vaterschaft wirksam anerkannt hat, c) oder der Mann dessen Vaterschaft gerichtlich festgestellt ist (§ 1592).

129. Die Abstammung zwischen Recht und Faktum

Gibt es Regeln, mit denen ein Auseinanderfallen der rechtlichen Zuordnung und der tatsächlichen (genetischen) Abstammung eines Kindes korrigiert werden kann?

Die Zuordnungsregeln der §§ 1591 ff. zielen zwar darauf ab, ein Kind den genetischen Eltern zuzuordnen, doch wird dieses Ergebnis nicht immer erreicht. Die Rechtsordnung nimmt dies vor allem um des Kindeswohles willen in gewissem Ausmaß hin, sodass rechtliche und genetische Elternschaft nicht schlechthin identisch sind. Für die möglichen Korrekturen eines Auseinanderfallens von genetischer Abstammung und rechtlicher Zuordnung ist zwischen Mutterschaft und Vaterschaft zu unterscheiden.

1. Für die *Mutterschaft* wird unverrückbar bestimmt, dass die Gebärende die Mutter des Kindes ist. Das gilt auch dann, wenn das Kind – wie z. B. im Fall der Embryonenspende – genetisch nicht von der Gebärenden abstammt. Eine Korrektur ist hier im deutschen Recht nicht vorgesehen.

2. Bei der *Vaterschaft* kann das Auseinanderfallen von rechtlicher Zuordnung und genetischer Abstammung durch das Rechtsinstitut der *Vaterschaftsanfechtung* (§§ 1600 ff.) korrigiert werden.

130. Familie ohne Ehe

Anton Kohl und Beate Wirsching, beide ledig, leben ehelos zusammen und bekommen ein Kind. Sie möchten wie eine Familie zusammenleben und gemeinsam das Kind erziehen, aber nicht heiraten.
Was raten Sie ihnen, zu tun?

1. Wichtig ist zunächst, dass die Vaterschaft Anton zugeordnet wird. Da keine Ehe zwischen ihm und Beate besteht, sollte Anton das Kind möglichst umgehend *anerkennen* (§ 1592 Nr. 2, § 1594). Dazu bedarf er der Zustimmung Beates (§ 1595 I). Anerkennung und Zustimmung müssen öffentlich beurkundet werden (§ 1597 I). Sie können schon vor Geburt des Kindes erklärt werden (§ 1594 IV).

2. Da Anton und Beate sich einig sind, dass sie das Kind gemeinsam erziehen wollen, sollten sie die *gemeinsame elterliche Sorge begründen*. Dies geschieht gemäß § 1626a I Nr. 1 in der Weise dass sie beide erklären, die Sorge für das Kind gemeinsam übernehmen zu wollen. Auch diese Erklärungen können sie schon vor Geburt des Kindes abgeben (§ 1626b II).

131. Und der Name?

Im Fall 130 möchten Anton Kohl und Beate Wirsching einen gemeinsamen Familiennamen führen, den dann auch das Kind tragen soll. Ist dies nach derzeitigem deutschem Recht möglich?

1. Das Paar ist nicht verheiratet, sondern lebt in einer nichtehelichen Lebensgemeinschaft. Für diesen Fall sieht das BGB nicht die Möglichkeit vor, einen gemeinsamen Familiennamen zu bestimmen. Dies ergibt sich als Umkehrschluss aus der für Ehegatten geltenden Namensregelung nach § 1355.

2. Der Name des Kindes muss *bestimmt* werden. Besteht, wie hier, das gemeinsame Sorgerecht, so können die Eltern für das Kind als Geburtsnamen den Namen wählen, den entweder die Mutter oder der Vater zur Zeit der Namensbestimmung trägt (§ 1617 I 1), also entweder Kohl oder Wirsching. Für das Kind einen Doppelnamen aus Vater- und Muttername zu bilden, ist nach derzeitigem deutschen Recht nicht möglich.

132. Anfechtung der Vaterschaft

Was ist unter einer Anfechtung der Vaterschaft zu verstehen?

1. Die Vaterschaftsanfechtung ist ein gerichtliches Verfahren mit dem Ziel, die bestehende rechtliche Zuordnung eines Kindes zu einem bestimmten Mann als Vater zu beseitigen. Die Anfechtung wird durch den Antrag einer zur Anfechtung berechtigten Person (§ 1600) bei Gericht eingeleitet (§ 171 I FamFG). Zuständig sind die Familiengerichte (§ 23a I 1 Nr. 1, § 23b I GVG; § 111 Nr. 3, § 169 Nr. 4 FamFG).

2. Sofern die Verfahrensvoraussetzungen erfüllt sind, gibt das Familiengericht dem Antrag statt, wenn es die Überzeugung gewonnen hat, dass der rechtlich als Vater geltende Mann in Wirklichkeit nicht der genetische Vater des Kindes ist. Dafür muss die Vermutung des § 1600c I widerlegt werden, wonach derjenige Mann, dem nach § 1592 Nr. 1 oder 2 oder nach § 1593 die Vaterschaft zugerechnet wurde, als wirklicher Vater angesehen wird.

3. Wird dem Antrag stattgegeben, so wird die angefochtene Vaterschaft mit Rechtskraft der Entscheidung rückwirkend beseitigt; der Beschluss wirkt für und gegen alle (§ 184 II FamFG).

---

133. Wie aus dem Gesicht geschnitten

Die Eheleute Sieglinde und Theo Bischoff haben zwei während ihrer Ehe geborene Kinder. Die Tochter Ute ist nun acht Jahre alt, der Sohn Volker sechs Jahre. Bei dem Sohn fällt auf, dass er Herrn Pabst, einem Tennisfreund der Familie, sehr ähnlich sieht – „wie aus dem Gesicht geschnitten", pflegt man im Tennisclub unter vorgehaltener Hand zu sagen. Herrn Bischoff bleibt das Getuschel im Club nicht verborgen, allmählich regen sich auch bei ihm Zweifel, ob er Vater von Volker ist. Er stellt seine Frau zur Rede und fragt sie, ob sie seinerzeit „etwas mit dem Pabst gehabt" habe. Frau Bischoff ist über diese Verdächtigung empört, sie streitet jegliche intime Beziehung zu Herrn Pabst ab. Auch Herr Pabst, den Bischoff schließlich fragt, weist den Verdacht einer außerehelichen Beziehung zu Frau Bischoff weit von sich.
Herr Bischoff ist sich nicht sicher. Welche rechtlichen Schritte kann er unternehmen, um Gewissheit zu erlangen?

1. Herr Bischoff könnte berechtigt sein, *seine Vaterschaft anzufechten*.

a) Nach *§ 1592 Nr. 1* ist er Vater von Volker, weil dieser während seiner Ehe mit der Kindesmutter geboren wurde. Herr Bischoff ist daher grundsätzlich nach § 1600 I Nr. 1 zur Anfechtung befugt.

b) Das BGB verlangt für die Befugnis zur Anfechtung an sich keine weiteren sachlichen Voraussetzungen. Doch halten die Gerichte einen Antrag auf Vaterschaftsanfechtung nur dann für schlüssig, wenn der Anfechtende Umstände vorträgt, die bei objektiver Betrachtung geeignet sind, Zweifel an der Abstammung des Kindes vom rechtlichen Vater zu wecken und die Abstammung von einem anderen Mann als nicht ganz fernliegend erscheinen zu lassen (*Anfangsverdacht*, BGH FamRZ 2008, 501). Nach § 171 II 2 FamFG „sollen" in dem Antrag die Umstände angegeben werden, die gegen die Vaterschaft sprechen. Durch dieses Erfordernis sollen Anfechtungen „ins Blaue hinein" verhindert werden. In unserem Fall könnte die physiognomische Ähnlichkeit des Kindes mit einem anderen Mann aus dem Umfeld des Ehepaares gegen die Vaterschaft von Herrn Bischoff sprechen. Doch erscheint zweifelhaft, ob dieser Umstand allein für den Anfangsverdacht reicht: Ähnlichkeiten im Aussehen *können* genetisch bedingt sein, *müssen* es aber nicht. In einem Menschen kommen die Erbanlagen von Generationen von Vorfahren in immer neuer Mischung zusammen. Der BGH hat erkennen lassen, dass ein Anfangsverdacht bejaht werden kann, wenn frappierende Ähnlichkeiten mit einem bestimmten anderen Mann konkret dargelegt werden, der mit der Kindesmutter in einer Beziehung gestanden hat, die einen Geschlechtsverkehr mit ihr als möglich erscheinen lässt (BGH FamRZ 2008, 501). Doch ist in unserem Fall außer der Mitgliedschaft im selben Tennisclub keine nähere Beziehung zwischen Frau Bischoff und Herrn Pabst bekannt.

c) Bejaht man den Anfangsverdacht, so ist weiter zu prüfen, ob die *Anfechtungsfrist* noch gewahrt werden kann. Die zweijährige Frist beginnt in dem Zeitpunkt, in dem der Anfechtende von den Umständen erfährt, die gegen die Vaterschaft sprechen (§ 1600b I). In obigem Fall ist zweifelhaft, ob die Anfechtungsfrist überhaupt schon zu laufen begonnen hat, weil die bloße Ähnlichkeit des Kindes mit einem Freund nicht schon für sich gesehen gegen die Vaterschaft von Herrn Bischoff spricht. Anders wäre die Lage, wenn Herr Bischoff konkrete Hinweise dafür erhalten hätte, dass seine Frau eine sexuelle Beziehung zu Herrn Pabst unterhalten hat.

d) Bejaht man einen ausreichenden Anfangsverdacht und kann die Frist noch gewahrt werden, so kann Herr Bischoff den Antrag auf Anfechtung seiner Vaterschaft beim zuständigen Familiengericht (§ 23a I 1 Nr. 1, § 23b I GVG; § 111 Nr. 3, § 169 Nr. 4 FamFG) stellen. Es wird dann ein *Beweisverfahren* mittels Abstammungsgutachten darüber stattfinden, ob Herr Bischoff genetisch der Vater des Kindes ist. Stellt sich heraus, dass er es nicht ist, so wird das Nichtbestehen der Vaterschaft durch gerichtlichen Beschluss festgestellt. Wer der wirkliche Vater des Kindes ist, wird damit nicht entschieden. Ergibt sich hingegen, dass Herr Bischoff der genetische Vater von Volker ist, so wird sein Antrag abgewiesen (§ 182 II FamFG).

e) Man sieht, dass das Anfechtungsverfahren für Herrn Bischoff riskant ist. Er kann zwar auf diese Weise erfahren, ob er wirklich der Vater seines Sohnes ist. Bestätigt sich seine Vaterschaft, so droht indes die Zerrüttung seiner Ehe und – soweit das Kind davon erfährt – des Verhältnisses zu seinem Kind.

2. Herr Bischoff könnte, um Gewissheit zu erlangen, nach *§ 1598a* vorgehen.

a) Nach dieser im Jahre 2008 aufgrund der Entscheidung BVerfGE 117, 202 eingeführten Vorschrift stehen bestimmten Personen im Verhältnis untereinander Ansprüche zu, mit deren Hilfe die leibliche Abstammung eines Kindes geklärt werden kann, *ohne dass* zugleich die rechtliche Zuordnung des Kindes verändert wird. Inhalt der Ansprüche ist die Verpflichtung, in eine genetische Abstammungsuntersuchung einzuwilligen und die Entnahme einer für die Untersuchung geeigneten genetischen Probe (Blut, Speichel) zu dulden (§ 1598a I 1). Die Erfüllung der Ansprüche kann gerichtlich durchgesetzt werden (§ 1598a II BGB; § 96a FamFG). Werden sie erfüllt, so können die Beteiligten die Abstammung des Kindes durch biogenetische Begutachtung klären lassen. Auswirkungen auf den familienrechtlichen Status des Kindes hat die so herbeigeführte Abstammungsklärung nicht.

b) *Anspruchsberechtigt* ist unter anderem der rechtliche Vater des Kindes (§ 1598a I 1 Nr. 1). Dessen Ansprüche richten sich gegen Mutter und Kind. Herr Bischoff könnte also von seiner Frau und von seinem Sohn Volker verlangen,

– in eine genetische Abstammungsuntersuchung einzuwilligen,
– *und* die Entnahme einer für diese Untersuchung geeigneten genetischen Probe zu dulden.

Die Ansprüche sind ohne weitere Voraussetzungen gegeben. Weder ist ein „Anfangsverdacht" nötig, noch eine Frist einzuhalten. Es genügt, dass Vater, Mutter und Kind einander rechtlich als solche zugeordnet sind. Das Kind Volker könnte freilich in diesem Verfahren durch seine Eltern nicht vertreten werden (§ 1629 II a); es müsste ein Ergänzungspfleger bestellt werden (§ 1909 I 1).

c) Dem Verfahren könnte aber *§ 1598a III entgegenstehen.* Danach hat das Gericht das Verfahren auszusetzen, wenn und solange die Klärung der leiblichen Abstammung eine erhebliche Beeinträchtigung des Wohls des noch minderjährigen Kindes mit sich führen würde, die für das Kind unzumutbar wäre. Das trifft in unserem Fall mit großer Wahrscheinlichkeit zu: Dem sechsjährigen Volker wird nicht verborgen bleiben, aus welchem Grund eine körperliche Probe bei ihm genommen wird. Er wird auch merken, dass derjenige, den er bisher als seinen Vater geliebt hat, sich möglicherweise von ihm distanzieren will. Diese Art von Abstammungsklärung kann sich für das Kind auch dann als psychische Katastrophe auswirken, wenn die Vaterschaft des Zweiflers am Ende bestätigt wird. Wenn Herr Bischoff nach § 1598a vorgeht, muss er folglich damit rechnen, dass das eingeleitete Verfahren für längere Zeit ausgesetzt wird.

d) Will Herr Bischoff die genannten Ansprüche gleichwohl geltend machen, so muss er sich an das *Familiengericht* wenden (§ 23a I 1 Nr. 1, § 23b I GVG; § 111 Nr. 3, § 169 Nr. 2 FamFG). Sollte das Verfahren nicht ausgesetzt, sondern durchgeführt werden, so werden Kind und Mutter antragsgemäß verpflichtet. Werden die Verpflichtungen erfüllt, so liegt es nun an Herrn Bischoff, ob er auf seine private Initiative hin durch ein biomedizinisches Institut prüfen lässt, ob Volker von ihm abstammt oder nicht. Bei verneinendem Ergebnis kann Herr Bischoff nun ein Verfahren zur Vaterschaftsanfechtung einleiten, soweit die Anfechtungsfrist noch nicht verstrichen ist; der Anfangsverdacht wäre nun zweifelsfrei gegeben.

Information: Herr Bischoff könnte auf die Idee kommen, auf die schon viele „rechtliche Väter" gekommen sind, nämlich von Volker heimlich ohne Wissen der Mutter eine Speichelprobe zu nehmen und diese zusammen mit Proben von ihm selbst von einem privaten Institut untersuchen zu lassen. Auch so könnte er in Erfahrung bringen, ob er wirklich der Vater ist, und im negativen Falle das Anfechtungsverfahren betreiben. Doch erkennt die Rechtsprechung solche heimlichen Tests wegen der Verletzung des Persönlichkeitsrechts des Kindes und des Sorgerechts des anderen Elternteils nicht an (BVerfGE 117, 202; BGH FamRZ 2005, 340). Im Rahmen eines Anfechtungsverfahrens kann der „Anfangsverdacht" also nicht auf heimlich entnommene genetische Proben gestützt werden.

134. Ein Kind mit zwei Vätern I

Herr und Frau Krautbauer sind miteinander verheiratet. Herr Krautbauer stirbt am 3.1.2010 an den Folgen eines Verkehrsunfalls. In diesem Zeitpunkt ist Frau Krautbauer im zweiten Monat schwanger.
Am 5.5.2010 heiratet Frau Krautbauer ihren Jugendfreund Lehmann. Das Kind wird am 28.8.2010 geboren.
Wer ist Vater des Kindes?

a) Sowohl Herr Krautbauer als auch Herr Lehmann kommen als Vater des Kindes in Betracht. Herr Lehmann ist Vater, weil er zur Zeit der Geburt mit der Mutter des

Kindes verheiratet ist (§ 1592 Nr. 1). Herr Krautbauer ist Vater nach der Regel des § 1593 S. 1: Der Ehemann der Mutter ist als Vater auch dann anzusehen, wenn die Ehe durch Tod aufgelöst ist und innerhalb von 300 Tagen nach Auflösung der Ehe ein Kind geboren wird.

b) Da das Kind aber nicht zwei Väter haben soll, fragt sich, wer den Vorrang hat. Dies entscheidet § 1593 S. 3 zugunsten des neuen Ehemanns der Mutter, also von Herrn Lehmann.

135. Ein Kind mit zwei Vätern II

Wer kann in Fall 134 die Vaterschaft des Herrn Lehmann anfechten?

a) Anfechtungsberechtigt sind Herr Lehmann, der rechtlich als Vater angesehen wird, außerdem die Kindesmutter und das Kind selbst (§ 1600 I Nr. 1, 3, 4).

b) *Für das Kind* müsste der gesetzliche Vertreter handeln (§ 1600a III). Das sind an sich die Mutter und Herr Lehmann gemeinschaftlich, weil das Kind Herrn Lehmann kraft Ehe zugerechnet wird. Fraglich ist aber, ob die Eltern in diesem Verfahren das Kind vertreten können. Das ist nicht der Fall, wenn es sich um einen Rechtsstreit zwischen dem Kind einerseits und Verwandten in gerader Linie andererseits handelt (§ 1795 I Nr. 3 mit Nr. 1 i. V. m. § 1629 II 1). Gegen die Anwendung des § 1795 I Nr. 3 spricht, dass es sich bei dem Verfahren der Vaterschaftsanfechtung nicht um einen „Rechtsstreit", sondern ein Verfahren der freiwilligen Gerichtsbarkeit handelt; Herr Lehmann ist unter der Geltung des FamFG auch nicht eigentlich „Anfechtungsgegner". Andererseits ist der Zweck des § 1795 zu berücksichtigen, die gesetzliche Vertretung in Fällen typischer Interessenkollision zu beschränken. Hier stehen insbesondere die Interessen des Vaters und die des Kindes in potentiellem Gegensatz zueinander. Deshalb hat der BGH (für die Rechtlage vor dem FamFG) entschieden, dass das Kind im Anfechtungsverfahren eine „parteiähnliche prozessuale Rolle" spiele, die es rechtfertige, § 1795 I Nr. 3 analog anzuwenden, wenn der sorgeberechtigte Elternteil die Vaterschaft im Namen des Kindes anfechten will (BGH FamRZ 2002, 880, 882). Folgt man dem auch für das Verfahren nach FamFG, so wären beide Elternteile nach § 1795 I Nr. 3 mit Nr. 1 von der gesetzlichen Vertretung ausgeschlossen; es müsste, wenn in Vertretung des Kindes das Verfahren betrieben werden soll, ein Pfleger bestellt werden (§ 1909 I 1). Zudem ist die Anfechtung durch einen gesetzlichen Vertreter nur zulässig, wenn sie dem Wohl des Kindes dient (§ 1600a IV).

Information: In der Frage der Vaterschaftsanfechtung durch das minderjährige Kind unterscheidet die Lit. den *Verfahrensantrag* einerseits, der möglicherweise dem § 1795 I Nr. 3 unterliegt, von der *zugrundeliegenden Entscheidung der Eltern*, ein solches Verfahren zu betreiben; diese „Vorstufe" sei weder Rechtsgeschäft noch Rechtsstreit und unterliege daher nicht der Vorschrift des § 1795. Auch wenn man dem zustimmt, folgt aber daraus nicht, dass der für das Verfahren nach § 1909 I 1 bestellte Pfleger den Willen der sorgeberechtigten Eltern einfach ungeprüft vollziehen müsste; vielmehr hat er seinerseits zu erforschen, ob die Anfechtung dem Wohl und der zu berücksichtigenden Selbstbestimmung des Kindes entspricht (§ 1793 I 1 und 2).

136. Ein Kind mit zwei Vätern III

Angenommen, im Fall 134/135 wird die Vaterschaft des Herrn Lehmann erfolgreich angefochten.
Wer ist nun Vater des Kindes?

a) Mit Rechtskraft des Gerichtsbeschlusses steht nur fest, dass Herr Lehmann nicht Vater des Kindes ist. Dagegen enthält die erfolgreiche Vaterschaftsanfechtung an sich keine Feststellung darüber, wer der wirkliche Vater ist. Sie stellt nur *negativ* fest, dass der bisher als Vater geltende Mann nicht der tatsächliche Vater ist.

b) Im obigen Fall gilt aber eine Besonderheit, weil ja nicht nur Herr Lehmann, sondern auch der verstorbene Herr Krautbauer als Vater in Betracht kam. Entfällt nun die Vaterschaft von Herrn Lehmann durch Anfechtung, so kommt logischerweise die nach § 1593 S. 3 „verdrängte" Vaterschaft von Herrn Krautbauer wieder zum Zug. Daher ist gemäß § 1593 S. 4 nun der verstorbene Herr Krautbauer als Vater anzusehen, nachdem die Vaterschaft von Herrn Lehmann durch Anfechtung beseitigt ist.

137. Eine Beziehung kühlt ab

Anton und Berta sind miteinander verheiratet. Vergeblich wünschen sie sich ein Kind. Es stellt sich heraus, dass Anton unfruchtbar ist. Um zu Nachwuchs zu gelangen, ist er damit einverstanden, dass sich seine Frau mit dem Samen eines anderen Mannes künstlich befruchten lässt. Dies geschieht. Berta bringt eine gesunde Tochter zur Welt, die den Namen Yvonne erhält. Mittlerweile ist freilich die Beziehung unter den Eheleuten merklich abgekühlt.
Anton denkt an Trennung und möchte auch von dem Kind nichts mehr wissen.
1. Ist Anton rechtlich der Vater des Kindes?
2. Wenn ja, kann er seine Vaterschaft anfechten?

Zu Frage 1:

Anton ist nach § 1592 Nr. 1 Vater des Kindes, weil er zur Zeit der Geburt des Kindes mit der Mutter verheiratet war. Diese Regel gilt auch, wenn ein Kind mit Hilfe künstlicher Insemination gezeugt ist.

Zu Frage 2:

Anton könnte nach *§ 1600 I Nr. 1* berechtigt sein, seine Vaterschaft anzufechten.

a) Die *Voraussetzungen* des Anfechtungsrechts sind an sich gegeben, da Antons Vaterschaft nach § 1592 Nr. 1 besteht. Auch in der Sache ist die Anfechtung erfolgversprechend, da durch medizinische Gutachten nachgewiesen werden kann, dass Anton nicht der genetische Vater ist.

b) Dem Anfechtungsrecht Antons könnte jedoch der Umstand entgegenstehen, dass er mit der heterologen Insemination einverstanden gewesen war. Man könnte sagen: Es ist rechtsmissbräuchlich, wenn der Mann zuerst der künstlichen Befruchtung seiner Frau mit dem Samen eines Dritten zustimmt und hinterher sich von der

Vaterschaft distanziert. So sieht es auch das Gesetz. Nach *§ 1600 V* ist die Anfechtung durch den Mann, dem das Kind rechtlich zugeordnet wird, ausgeschlossen, wenn das Kind mit seiner und der Mutter Einwilligung durch künstliche Befruchtung mittels Samenspende eines Dritten gezeugt worden ist. Auch die Mutter könnte in solchem Fall die Vaterschaft nicht anfechten.

138. Die Entfremdung

Angenommen, in Fall 137 erfährt die Tochter Yvonne vier Wochen, nachdem sie volljährig geworden ist, von den Umständen ihrer Zeugung. Sie möchte die Vaterschaft des Anton, von dem sie sich schon seit der Pubertät entfremdet hat, anfechten.
Ist das möglich?

a) Die Tochter ist nach *§ 1600 I Nr. 4* zur Anfechtung befugt.

b) Dieses Anfechtungsrecht ist auch nicht durch die Regel des *§ 1600 V* ausgeschlossen. Zwar ist Yvonne durch künstliche Befruchtung mittels Samenspende gezeugt, doch betrifft die Vorschrift nur das Anfechtungsrecht des rechtlichen Vaters und der Mutter, nicht aber des Kindes selbst.

c) Das Anfechtungsrecht Yvonnes ist auch nicht durch *Ablauf der zweijährigen Anfechtungsfrist (§ 1600b I)* untergegangen. Zwar hätte Yvonne durch ihren gesetzlichen Vertreter schon während seiner Minderjährigkeit anfechten können, das Wissen des gesetzlichen Vertreters würde ihr zugerechnet (§ 166 I). Doch läuft die Anfechtungsfrist für das Kind ab dessen Volljährigkeit neu: Hat der gesetzliche Vertreter eines minderjährigen Kindes die Vaterschaft nicht rechtzeitig angefochten, so kann das Kind nach dem Eintritt der Volljährigkeit selbst anfechten. In diesem Fall beginnt die Frist nicht vor Eintritt der Volljährigkeit und nicht vor dem Zeitpunkt, in dem das Kind von den gegen die Vaterschaft sprechenden Umständen erfährt (§ 1600b III). Da seit der Volljährigkeit erst vier Wochen verstrichen sind, kann die Frist noch gewahrt werden.

d) *Ergebnis:* Die Tochter kann also Antons Vaterschaft anfechten.

139. Die Sache bleibt in der Familie

Karin und Ludwig leben unverheiratet zusammen. Sie möchten brennend gerne gemeinsame Kinder, doch der Nachwuchs will sich nicht einstellen. Auch der Versuch, bei Karin eine Schwangerschaft mit Hilfe einer Samenspende herbeizuführen, führt nicht zum Erfolg. Nun schlägt Ludwig vor, dass Karin versuchen solle, mit seinem Bruder Norbert „auf natürliche Weise" ein Kind zu zeugen, das er – Ludwig – dann als sein eigenes Kind anerkennen werde. So bleibe die Sache wenigstens „in der Familie". Nach einigem Zögern erklärt sich Karin bereit. Auch Norbert lässt sich für das Projekt gewinnen, das schließlich nach Plan durchgeführt wird. Alsbald wird Karin schwanger. Schon vor der Geburt des Kindes erkennt Ludwig die Vaterschaft an. Nach der Geburt des Kindes erkaltet das Verhältnis zwischen Karin und Ludwig. Dieser möchte seine Vaterschaft anfechten. Wird er damit Erfolg haben?

1. *Vorerwägung*: Ludwig ist gemäß § 1592 Nr. 2 Vater des Kindes. Die Anerkennung ist auch schon vor Geburt des Kindes möglich (§ 1594 IV) und begründet dann mit Eintritt der Geburt automatisch das Eltern-Kind-Verhältnis. Dass das Kind nicht von ihm stammt, ändert daran nichts.

2. Ludwig ist nach *§ 1600 I Nr. 1* zur Anfechtung befugt.

a) Fraglich ist, ob sein Anfechtungsrecht nach *§ 1600 V ausgeschlossen* ist, weil das Kind mit seiner Zustimmung von seinem Bruder gezeugt worden ist. Nach dem Gesetzeswortlaut greift ein solcher Ausschluss nicht; denn die Vorschrift setzt den Fall einer künstlichen Befruchtung mittels Samenspende voraus. Man kann aber überlegen, ob die Vorschrift auf konsentierte natürliche Zeugung analog anwendbar ist. Dagegen spricht der Ausnahmecharakter der Vorschrift, die vom Gesetzgeber mit Bedacht auf die besondere Konstellation der künstlichen Fortpflanzung eingeschränkt worden ist.

b) Zu prüfen ist schließlich, ob der Anfechtung durch Ludwig nicht das *Prinzip von Treu und Glauben (§ 242)* entgegensteht. Ludwig setzt sich durch eine Vaterschaftsanfechtung eindeutig in einen eklatanten Widerspruch zu seinen vorhergehenden Verhalten. Dieser Punkt kann kontrovers diskutiert werden. Gegen einen Ausschluss der Anfechtung wegen Verstoßes gegen Treu und Glauben spricht, dass das Bestehen der Vaterschaft den höchstpersönlichen Bereich einer Person betrifft, in dem das Recht zur Selbstbestimmung nicht ohne weiteres verwirkt werden kann. Auch die Regelung des § 1600 V zeigt, dass der Gesetzgeber eine solche Möglichkeit auf eng geführte Ausnahmefälle beschränken will (Gegenmeinung vertretbar).

c) *Ergebnis:* Ludwig kann die Vaterschaft anfechten.

140. Lohengrin zwischen Tannhäuser und Parsifal

Dem Ehepaar Tannhäuser wird ein Sohn geboren, der den Vornamen Lohengrin erhält. Leiblicher Vater des Kindes ist aber nach Überzeugung von Frau Tannhäuser ihr Liebhaber namens Parsifal. Sie bringt es indes nicht übers Herz, ihren Mann über die geheime Liebschaft aufzuklären. Herr Tannhäuser ist stolz auf „sein Söhnchen" und kümmert sich hingebungsvoll um dessen Wohl. Davon ist Frau Tannhäuser beeindruckt; ihr Verhältnis zu Parsifal kühlt merklich ab und wird schließlich von ihr beendet.
Ein Jahr nach der Geburt des Kindes erwachen in Herrn Parsifal väterliche Gefühle. Er möchte die Vaterschaft von Herrn Tannhäuser anfechten, um selbst rechtlicher Vater werden zu können. Kann Herr Parsifal das erreichen?

Ein Recht des Parsifal, die Vaterschaft von Herrn Tannhäuser anzufechten, könnte sich aus *§ 1600 I Nr. 2* ergeben.

a) Voraussetzung ist zunächst, dass Herr Tannhäuser *rechtlicher Vater* des Kindes ist. Dies folgt aus § 1592 Nr. 1, da er im Zeitpunkt der Geburt Lohengrins mit der Mutter des Kindes verheiratet war.

b) Ein Anfechtungsrecht Parsifals setzt weiterhin voraus, dass er *an Eides statt versichert*, der Mutter des Kindes während der Empfängniszeit beigewohnt, d. h. Geschlechtsverkehr mit ihr gehabt zu haben (§ 1600 I Nr. 2). Zu einer solchen Versicherung wird Parsifal bereit sein.

c) Weitere Voraussetzung des Anfechtungsrechts von Herrn Parsifal ist, dass das Kind *tatsächlich von ihm stammt* (§ 1600 II Alt. 2). Dadurch soll vermieden werden, dass das Kind vaterlos wird, wenn die genetischen Gutachten ergeben, dass weder der Ehemann noch der Anfechtende der Kindesvater ist. Ob die genannte Voraussetzung im konkreten Fall vorliegt, hängt vom Ergebnis der medizinischen Gutachten ab.

d) Das Anfechtungsrecht des Parsifal setzt schließlich voraus, dass zwischen dem Kind und seinem (bisherigen) rechtlichen Vater *keine sozial-familiäre Beziehung* besteht (§ 1600 II Alt. 1). Eine „sozial-familiäre Beziehung" nimmt das Gesetz an, wenn der rechtliche Vater zum maßgeblichen Zeitpunkt für das Kind „tatsächliche Verantwortung trägt oder getragen hat" (§ 1600 IV 1). Dies soll „in der Regel" vorliegen soll, wenn der rechtliche Vater mit der Mutter verheiratet ist oder mit dem Kind längere Zeit in häuslicher Gemeinschaft zusammengelebt hat (§ 1600 IV 2). Diese Regelung verstößt nach Auffassung des EGMR (FamRZ 2012, 691) nicht gegen Art. 8 der Europäischen Menschenrechtskonvention. In unserem Fall ist die Anfechtung schon deshalb ausgeschlossen, weil Herr Tannhäuser mit der Mutter des Kindes verheiratet ist, zumal er dem Kind väterliche Zuwendung entgegenbringt. Selbst wenn die Ehe der Tannhäusers geschieden würde, stünde der Anfechtung durch Herrn Parsifal entgegen, dass Tannhäuser mit dem Kind längere Zeit in häuslicher Gemeinschaft gelebt hat (§ 1600 III 2); in diesem Fall besteht eine sozial-familiäre Beziehung zwischen dem Kind und Tannhäuser zumindest dann noch, wenn dieser weiterhin die elterlichen Verpflichtungen erfüllt (Kindesunterhalt, Umgang) und somit die „tatsächliche Verantwortung" für das Kind trägt.

e) *Ergebnis:* Herr Parsifal kann die Vaterschaft von Herrn Tannhäuser nicht anfechten. Damit ist es ihm auch verwehrt, durch Vaterschaftsanerkennung selbst rechtlicher Vater des Kindes zu werden; denn eine Anerkennung ist nicht wirksam, solange die Vaterschaft eines anderen Mannes besteht (§ 1594 II).

Information: Ein Anfechtungsrecht des potenziellen leiblichen Vaters hatte das BGB ursprünglich verneint, auch noch in der Fassung des Kindschaftsrechtsreformgesetzes von 1997. Diese Regelung wurde jedoch vom BVerfG beanstandet (BVerfGE 108, 82). Das Gesetz vom 23.4.2004 (BGBl. I 598) führte das beschränkte Anfechtungsrecht des (möglichen) leiblichen Vaters eines Kindes ein.

141. Parsifal möchte es wissen

Wie Fall 140, aber: Herr Parsifal möchte die Vaterschaft von Herrn Tannhäuser nicht anfechten. Er möchte lediglich gerichtlich geklärt haben, dass er selbst in Wirklichkeit der genetische Vater Lohengrins ist.
Eröffnet das Gesetz eine solche Möglichkeit?

a) Nach dem im Jahr 2008 eingeführten *§ 1598a* stehen bestimmten Personen im Verhältnis untereinander Ansprüche zu, mit deren Hilfe die leibliche Abstammung eines Kindes geklärt werden kann, ohne dass zugleich die rechtliche Zuordnung des Kindes verändert wird (siehe oben Fall 133). Inhalt der Ansprüche ist die Verpflichtung, in eine genetische Abstammungsuntersuchung einzuwilligen und die

Entnahme einer für die Untersuchung geeigneten genetischen Probe (Blut, Speichel) zu dulden (§ 1598a I 1).

b) Indes gehört Herr Parsifal nicht zu dem Personenkreis, dem die Ansprüche aus § 1598a eingeräumt sind. *„Klärungsberechtigt"* sind nur der rechtliche Vater, die Mutter und das Kind im Verhältnis zueinander (§ 1598a I 1 Nr. 1 bis 3), nicht aber ein Dritter, der nicht rechtlicher Vater ist, aber der leibliche Vater des Kindes zu sein behauptet. Der Ausschluss des potentiellen leiblichen Vaters aus dem Kreis der Klärungsberechtigten ist rechtspolitisch stark umstritten, das BVerfG sieht in der Regelung aber keinen Verstoß gegen das Grundgesetz (BVerfG FamRZ 2008, 2257).

c) Herr Parsifal hat folglich auch nicht die Ansprüche aus § 1598a.

Information: Die Regelung des § 1598a durch Gesetz vom 28.3.2008 beruht auf der Entscheidung des BVerfG vom 13.2.2007 (BVerfGE 117, 202).

142. Die abgeschaffte Legitimation

Frau Wanner und Herr Zenker leben zusammen. Sie haben eine Tochter namens Anja. Herr Zenker hat die Vaterschaft anerkannt. Weder Frau Wanner noch Herr Zenker geben eine Erklärung ab, dass sie die elterliche Sorge gemeinsam ausüben wollen; auch wird kein Sorgerechtsantrag bei Gericht gestellt. Zwei Jahre nach der Geburt Anjas heiraten ihre Eltern.
Welche Bedeutung hat dieser Schritt für das Eltern-Kind-Verhältnis?

1. Den *Status des Kindes* betreffend ändert sich nichts: Frau Wanner ist Mutter nach § 1591, Herr Zenker ist Vater aufgrund seiner Vaterschaftsanerkennung (§ 1592 Nr. 2). Die Legitimation eines nichtehelich geborenen Kindes durch nachfolgende Ehe kennt das deutsche Recht seit 1998 nicht mehr. Der Gesetzgeber war der Auffassung, dass es einer Legitimation nicht mehr bedürfe, nachdem grundsätzlich gleiche Regeln für eheliche und nichteheliche Kinder gelten.

2. Doch hat die Heirat Auswirkungen auf die *elterliche Sorge*. Da Frau Wanner und Herr Zenker keine Sorgerechtserklärungen abgegeben haben und die gemeinsame Sorge auch nicht durch Gerichtsbeschluss begründet ist, übte Frau Wanner zunächst die alleinige Sorge für Anja aus (§ 1626a III). Mit der Heirat der Eltern tritt automatisch die gemeinsame Sorge (§ 1626a I Nr. 2).

143. Vater trotz Trennung?

Die Eheleute Artmann sind in eine Partnerkrise geraten und leben seit zwei Jahren getrennt. Herr Artmann hat auch schon einen Scheidungsantrag gestellt. Nun bringt Frau Artmann, die sich auf ein intimes Verhältnis mit ihrem Arbeitskollegen Bartel eingelassen hat, eine Tochter zur Welt. Herr Artmann lässt seine Frau wissen, das sei ihre Sache, er habe damit nichts zu tun.
Wer ist der Vater?

1. Gemäß *§ 1592 Nr. 1* wird die Vaterschaft Herrn Artmann zugerechnet, da dieser zum Zeitpunkt der Geburt der Tochter mit deren Mutter verheiratet war. Der Umstand, dass die Ehegatten schon seit zwei Jahren getrennt leben und dass folglich die Vaterschaft des Ehemannes ganz unwahrscheinlich ist, ändert daran nichts.

2. Eine Änderung dieser Zuordnung könnte durch eine erfolgreiche *Vaterschafts-anfechtung* erreicht werden. Anfechtungsberechtigt sind Herr Artmann, Frau Artmann und das Kind sowie unter den Voraussetzungen des § 1600 I Nr. 2, II, IV Herr Bartel. Eine „sozial-familiäre Beziehung" zwischen dem rechtlichen Vater und dem Kind (§ 1600 II, IV) steht in diesem Fall der Anfechtung durch Herrn Bartel nicht im Wege, da Herr Artmann für das Kind keine tatsächliche Verantwortung trägt oder getragen hat (§ 1600 IV 1). Zwar ist er noch mit der Mutter des Kindes verheiratet, doch begründet dies eine sozial-familiäre Beziehung nur „in der Regel" (§ 1600 IV 2); dagegen spricht hier, dass Herr Artmann mit dem zwei Jahre nach der Trennung von seiner Frau geborenen Kind nichts zu tun haben will. Aufgrund des von ihm gestellten Scheidungsantrags ist die baldige Auflösung der Ehe zu erwarten. Herr Bartel kann also die Vaterschaft von Herrn Artmann anfechten; wenn der Antrag erfolgreich ist, wird die Verwandtschaftsbeziehung zwischen Herrn Artmann und dem Kind aufgelöst.

3. Wird die Vaterschaft des Herrn Artmann erfolgreich angefochten, so steht im Allgemeinen noch nicht fest, wer der wirkliche Vater des Kindes ist; es wird nur der Weg zur Vaterschaftsanerkennung durch Herrn Bartel eröffnet. Anders ist die Lage jedoch, wenn Herr Bartel selbst die Vaterschaft erfolgreich anficht. Da er das nur kann, wenn seine leibliche Vaterschaft erwiesen ist (§ 1600 II), wird mit der erfolgreichen Anfechtung zugleich seine eigene Vaterschaft festgestellt (§ 182 I FamFG); einer Anerkennung der Vaterschaft bedarf es nicht mehr.

144. Das nacheheliche Kind

Die Ehe der Guldenburgs befindet sich in einer Krise. Nach einjähriger Trennung stellt Herr Guldenburg Scheidungsantrag. Die Ehe wird daraufhin rechtskräftig zum 17.10. geschieden. Am 23.12. desselben Jahres bringt Frau Guldenburg einen Sohn zur Welt, der den Vornamen Detlef erhält. Als Vater kommt nach der festen Überzeugung der geschiedenen Eheleute nur Herr Guldenburg in Betracht. Zur fraglichen Zeit waren sie nämlich für kurze Zeit wieder zusammengezogen, um eine Versöhnung zu versuchen, leider ohne dauerhaften Erfolg.
Wer ist Vater von Detlef?

1. Alles spricht hier für die faktische Vaterschaft des Ehemannes. Doch wird diesem das Kind *nicht kraft Ehe* zugerechnet, denn *bei Geburt* war Herr Guldenburg nicht mehr mit der Kindesmutter verheiratet (§ 1592 Nr. 1).

2. Um die rechtliche Anerkennung seiner Vaterschaft zu erreichen, muss Herr Guldenburg die Vaterschaft anerkennen (§ 1592 Nr. 2), oder er muss gerichtlich als Vater festgestellt werden (§ 1592 Nr. 3). Zur Anerkennung bedarf Herr Guldenburg der Zustimmung der Mutter (§ 1595 I). Wird diese verweigert, so bleibt nur das Verfahren der gerichtlichen Vaterschaftsfeststellung (§ 1600d).

145. Ein ereignisreicher Urlaub I

Die Eheleute Opitz sind entzweit, seit Frau Opitz im Urlaub den Reiseleiter Kurt kennen und lieben gelernt hat. Nachdem Frau Opitz schwanger geworden ist, reicht ihr Mann die Scheidung ein; denn er kann sich nicht vorstellen, der Vater des erwarteten Kindes zu sein. Daraufhin erklärt Kurt formgerecht, dass er die Vaterschaft für das Kind anerkenne. Herr und Frau Opitz stimmen dem durch öffentlich beurkundete Erklärungen zu. Einige Monate vor Rechtskraft des Scheidungsurteils – es sind noch im Verbund stehende Folgesachen streitig – gebiert Frau Opitz ein Mädchen.
Wer bestimmt den Vornamen des Kindes?

Die Bestimmung des Vornamens des Kindes obliegt als Angelegenheit der Personensorge *den sorgeberechtigten Eltern* (§ 1626 I).

a) Das könnte das Ehepaar Opitz sein, da diese bei Geburt des Kindes miteinander verheiratet sind (§ 1626 I 1). Doch ist fraglich, ob Herr Opitz als Vater anzusehen ist. Nach § 1592 Nr. 1 wäre dies zu bejahen, doch könnte die Sondervorschrift des § 1599 II eingreifen: Das Kind ist nach Anhängigkeit des Scheidungsverfahrens geboren; ein Dritter (Kurt) hat die Vaterschaft anerkannt und konnte dies trotz des Bestehens einer Vaterschaft auch tun, weil in diesem Fall § 1594 II nicht anzuwenden ist (§ 1599 II 1 Hs. 2). Es liegen auch die nötigen Zustimmungen vor. Sobald die Rechtskraft des Scheidungsurteils eintritt, wird die Anerkennung durch Kurt wirksam (§ 1593 II 3).

b) Die Bestimmung des Vornamens erfolgt indes schon bei der Geburtsanzeige an das Standesamt (vgl. § 21 I PStG), spätestens binnen eines Monats ist der Vorname dem Standesamt anzuzeigen (§ 22 PStG). Diese Frist endet jedoch erhebliche Zeit vor Eintritt der Rechtskraft des Scheidungsurteils. Es fragt sich also, wer die Personensorge im Zeitpunkt der Geburt innehat. Kurt kommt von vorne herein nicht in Betracht, weil die Anerkennung frühestens mit Rechtskraft des Scheidungsurteils wirksam wird (§ 1599 II 3). Die Frage, wer im Zeitpunkt der Namensbestimmung das Sorgerecht innehat, hängt davon ab, ob der Tatbestand des § 1599 II 1 schon für die Zeit *vor* Rechtskraft des Scheidungsurteils die Wirkung des § 1592 Nr. 1, wonach der Ehemann der Vater ist, beseitigt oder erst *ab* Eintritt der Rechtskraft.

– Meinung 1: Die Zurechnung kraft Ehe entfällt durch *Abgabe der für die Anerkennung nötigen Erklärungen* in jedem Falle, auch wenn das Scheidungsurteil noch nicht rechtskräftig ist. Folge: Das Kind hat bei Geburt keinen rechtlichen Vater. Die Mutter hat dann das alleinige Sorgerecht (§ 1626a III) und bestimmt den Vornamen.
– Meinung 2: Die Zurechnung kraft Ehe entfällt erst mit *Wirksamkeit der Anerkennung* und das heißt: mit Rechtskraft des Scheidungsurteils (§ 1599 II 3). Dann wird das Kind bei Geburt noch dem Ehemann zugerechnet, die Eheleute Opitz üben das gemeinsame Sorgerecht aus und bestimmen gemeinsam den Vornamen. Diese Sorgerechtslage ist auch durch die später wirksam gewordene Anerkennung *nicht rückwirkend* beseitigt worden (§ 1594 I). Die Meinung 2 ist m. E. die richtige, die Gegenmeinung aber vertretbar.

146. Ein ereignisreicher Urlaub II

Welchen Geburtsnamen trägt in Fall 145 das Kind?

Der Familienname ist auf jeden Fall „Opitz", die Begründung dieses Ergebnisses hängt aber von der bei Fall 145 erörterten Zweifelsfrage ab.

– Meinung 1: Beseitigt der Tatbestand § 1599 II 1 die Zurechnung kraft Ehe auch schon für die Zeit vor Rechtskraft des Scheidungsurteils, so kann sich der Name des Kindes nicht aus § 1616 ableiten, da Herr Opitz nicht Vater des Kindes ist. Das Kind erhält den Namen des sorgeberechtigten Elternteils, das ist, wie gezeigt die Mutter (§ 1626a III, § 1617a I).

– Meinung 2: Steht erst die Rechtskraft des Scheidungsurteils der Zurechnung nach § 1592 I Nr. 1 im Wege, so wird bei Geburt das Kind noch Herrn Opitz zugerechnet, das Kind erhält als Familiennamen den Ehenamen seiner rechtlichen Eltern (§ 1616). Auch in diesem Fall hat das Kind also den Geburtsnamen Opitz.

147. Ein Liebesbrief von Vetter Franz

Die Eheleute Schiffer haben zwei Kinder, Horst (12) und Emma (10). Nun kommen Herrn Schiffer Zweifel, ob er wirklich Vater von Emma ist. Denn er findet in einer Truhe einen Liebesbrief von Vetter Franz an seine Frau, der aus der fraglichen Zeit datiert. Herr Schiffer ficht die Vaterschaft erfolgreich an. Franz wird als Emmas Vater gerichtlich festgestellt.
Herr Schiffer möchte nun von Franz Ersatz für die Unterhaltsleistungen, die er an Emma während ihres bisherigen Lebens erbracht hat. Zu Recht?

1. *Vorüberlegung:* Der einem Anfechtungsantrag stattgebende Beschluss beseitigt die Vaterschaftszurechnung rückwirkend. Damit steht fest, dass Herr Schiffer an Emma Unterhalt geleistet hat, obwohl er dazu nicht verpflichtet war, da kein Verwandtschaftsverhältnis bestand (§ 1601).

2. Ein Regressanspruch des Scheinvaters gegen den wirklichen Vater des Kindes *aus eigenem Recht* besteht in aller Regel nicht.

a) Schadensersatzansprüche des Ehegatten *gegen den Ehestörer aus Deliktsrecht* werden von der Rechtsprechung nur bei Verletzung des Rechts am räumlich-gegenständlichen Bereich der Ehe anerkannt (siehe Fall 19). Davon ist in obigem Fall nicht die Rede.

b) Auch ein Anspruch *aus ungerechtfertigter Bereicherung* erscheint zweifelhaft. Die Leistungskondiktion (§ 812 I Alt. 1) scheidet aus, da Herr Schiffer an Franz nichts geleistet hat. In Betracht kommt eine Bereicherung „in sonstiger Weise" (§ 812 I 1 Alt. 2). Eine Bereicherung tritt bei Franz in Form ersparter Unterhaltsaufwendungen für Emma ein, doch beruht diese Bereicherung nicht unmittelbar auf dem Vorgang, der zur Entreicherung des Schiffer geführt hat (Unterhaltsaufwendungen für Emma), sondern auf der bis zur Anfechtung bestehenden Vaterschaftszurechnung; folglich ist zweifelhaft, ob das Merkmal „auf dessen Kosten" gegeben ist. Eine Rückgriffskondiktion kommt nicht zum Zuge, weil der Scheinvater nicht mit dem Ziel geleistet hat, die Unterhaltspflicht eines anderen (des wahren Vaters) zu erfüllen (BGHZ 46, 319, 325).

3. Doch kommt ein Regress *aus abgeleitetem Recht* in Betracht. Nach § 1607 III 2 geht der Unterhaltsanspruch eines Kindes gegen einen Elternteil auf denjenigen Dritten über, der dem Kind „als Vater" Unterhalt gewährt hat. Das trifft auf Herrn Schiffer zu, der zur Zeit der Unterhaltsleistungen rechtlicher Vater des Kindes war. Herr Schiffer kann also gegen Franz die Unterhaltsansprüche, die Emma gegen Franz in der Vergangenheit hatte, geltend machen. Dabei sind die Regeln, welche die Geltendmachung von Unterhalt für die Vergangenheit einschränken (§ 1613 I), außer Kraft gesetzt: Herr Schiffer kann den Unterhalt für die Vergangenheit verlangen, weil er vor erfolgreicher Vaterschaftsanfechtung aus rechtlichen Gründen an der Geltendmachung der Ansprüche gehindert war (§ 1613 II Nr. 2a). Da es sich bei der langen Zeit um einen hohen Betrag handeln wird, sieht § 1613 III eine Billigkeitskontrolle („unbillige Härte") vor, die auch für Fälle dieser Art gilt (§ 1613 III 2).

148. Der irrig geleistete Betreuungsunterhalt

Die Eheleute Frohgemut haben eine Tochter namens Gunda. Wegen tiefgreifender Zerwürfnisse kommt es schon bald nach der Geburt zur Ehescheidung. Die elterliche Sorge für Gunda wird Frau Frohgemut zugewiesen. Herr Frohgemut zahlt Unterhalt für das Kind und außerdem Betreuungsunterhalt für seine frühere Frau gemäß § 1570. Nach der Scheidung erhält Herr Frohgemut Informationen, dass er möglicherweise nicht der Vater Gundas ist. Er ficht seine Vaterschaft fristgerecht und erfolgreich an. Als Vater wird sodann der Nachbar Heigl festgestellt.
Kann Herr Frohgemut von Heigl Ersatz für den an seine Frau nach der Scheidung bezahlten Betreuungsunterhalt verlangen?

1. *Vorüberlegung:* Mit erfolgreicher Anfechtung der Vaterschaft des Herrn Frohgemut steht rückwirkend fest, dass dieser seiner Frau keinen Scheidungsunterhalt aus § 1570 schuldete. Denn dieser Anspruch wird nur bei der Pflege eines „gemeinschaftlichen Kindes" gegeben. Als Anspruchsgrundlage käme allenfalls die Generalklausel des § 1576 in Betracht, für dessen Anwendung aber keine hinreichenden Tatsachen ersichtlich sind. Mit der Vaterschaftsfeststellung des Heigl nach § 1600d steht ferner fest, dass unter gewöhnlichen Umständen dieser gemäß § 1615l II 2–5 Frau Frohgemut zumindest für die ersten drei Jahre nach der Geburt des Kindes, möglicherweise auch darüber hinaus, Unterhalt schuldete.

2. Ein Ersatzanspruch des Frohgemut gegen Heigl könnte aus *gerechtfertigter GoA* auf Ersatz der Aufwendungen (§ 683 S. 1, 670) begründet sein. Dieser Anspruch scheitert aber schon daran, dass Frohgemut mit den Unterhaltsleistungen an seine Ex-Frau ausschließlich eine eigene Verpflichtung erfüllen wollte, mithin keinen Willen zur Fremdgeschäftsführung hatte (§ 687 I).

3. Den Anspruch aus *ungerechtfertigter Bereicherung (§ 812 I 1 Alt. 1)* betreffend hat sich Herr Heigl zwar möglicherweise Unterhaltsleistungen erspart und könnte dadurch bereichert sein. Dies beruht aber nicht auf den Unterhaltsleistungen des Frohgemut, sondern auf der fehlerhaften Vaterschaftszurechnung durch Ehe, die Frau Frohgemut daran gehindert hat, ihre Unterhaltsansprüche gegenüber dem wahren Vater geltend zu machen.

4. Zu prüfen ist weiterhin ein *Anspruch aus § 823 I*. Als geschütztes Rechtsgut kommt hier allenfalls das Recht der Ehegatten auf ungestörte Ehe in Betracht, das Herr Heigl durch den Ehebruch verletzt haben könnte. Auch soweit ein solches Recht anerkannt wird, lehnt es die weitaus h. M. aber ab, unter diesem Gesichtpunkt einen deliktischen Schadensersatz herzuleiten. Aus der Wertung des § 120 III FamFG folgt, dass das persönliche Eheleben möglichst frei vom Rechtszwang gehalten werden soll. Gegen den Anspruch spricht auch, dass der Ehebruch die Mitwirkung eines Ehegatten, also einer im geschützten Rechtskreis stehenden Person voraussetzt (siehe Fall 18).

5. Fraglich ist ein *Regress aus abgeleitetem Recht*. Ein gesetzlicher Forderungsübergang nach Art des § 1607 III ist bei Leistung von Geschiedenenunterhalt für die Betreuung eines fälschlich zugeordneten Kindes aber nicht vorgesehen. Der BGH (FamRZ 2012, 200 Tz. 14) hat die Auffassung vertreten, dass die *cessio legis* des § 1607 III 2 sich auch auf den einer Mutter nach § 1615l II geleisteten Betreuungsunterhalt beziehe; das Gericht folgert dies aus der Verweisung des § 1615l auf die Vorschriften des Verwandtenunterhalts und damit auch auf § 1607. Diese Auffassung ist nicht begründbar, weil sich § 1607 III ausdrücklich nur auf den „Unterhaltsanspruch eines Kindes" bezieht. Auch wenn man dem BGH folgen würde, ergäbe sich in unserem Fall kein gesetzlicher Forderungsübergang, weil hier der Betreuungsunterhalt als Unterhalt unter geschiedenen Ehegatten (§ 1570) geleistet wurde; beim Geschiedenenunterhalt verweist das Gesetz im Gegensatz zu § 1615l III *gerade nicht* auf die Vorschriften des Verwandtenunterhalts.

6. *Ergebnis:* Der von Herrn Frohgemut gegen Herrn Heigl geltend gemachte Anspruch ist nicht begründet. Herr Frohgemut muss sich wegen etwaiger Ansprüche an seine geschiedene Frau halten.

---

149. Tristan will Auskunft

Die Eheleute Tristan und Isolde Huber waren seit 1996 verheiratet. Im Jahre 1998 gebar Isolde den Knaben Siegfried, im Jahre 2000 das Mädchen Kriemhild. In einem Ehestreit gestand Frau Huber im August 2001 ihrem Mann, dass die Kinder wahrscheinlich nicht von ihm stammten. Mit Erfolg focht Herr Huber daraufhin die Vaterschaft an; die medizinischen Gutachten ergaben, dass er nicht der Vater sein könne.
Vergeblich fordert Tristan Huber seine Frau auf, ihm den Namen des in Betracht kommenden Vaters zu nennen, weil er ihn auf Ersatz des für die Kinder aufgewendeten Unterhalts verklagen will. Ist Isolde Huber zur Auskunft verpflichtet?

1. Der Anspruch auf Information über den (möglichen) Vater der Kinder könnte sich aus § 1353 I 2 ergeben.

a) Die eheliche Lebensgemeinschaft verpflichtet auch zu gegenseitiger Rücksicht und gegenseitigem Beistand. Aus diesem Gedanken lässt sich eine Auskunftpflicht von Frau Huber begründen: Ihr Ehemann hat ein gerechtfertigtes Interesse daran, den Namen des Kindesvaters zu erfahren, um seine Ansprüche gegen ihn durchsetzen zu können; Frau Huber ist die einzige, die ihm diese Information verschaffen kann. Es kommt hinzu, dass Frau Huber durch ihr vorausgegangenes ehewidriges Tun ihren Mann erst in die Lage gebracht hat, aus der sein Informationsbedarf resultiert.

b) Einer Auskunftspflicht könnte das *Persönlichkeitsrecht (Art. 2 I GG)* von Frau Huber entgegenstehen. Ein mit Hilfe des Gerichts durchsetzbarer Zwang zur Offenbarung früherer sexueller Beziehungen bedeutet einen erheblichen Eingriff in das Persönlichkeitsrecht der Frau. Die Frage ist, ob die Interessen des Ehemannes am Unterhaltsregress schwer genug wiegen, um einen solchen Eingriff zu rechtfertigen. Bei der Abwägung ist zu berücksichtigen, dass das Persönlichkeitsrecht gegenüber rein finanziellen Interessen das höherrangige Gut bildet. Andererseits ist zu bedenken, dass das Verhalten von Frau Huber das Recht ihres Mannes auf effektiven Rechtsschutz vereitelt (darauf stellt der BGH ab, siehe FamRZ 2012, 200 Tz. 26). Der Persönlichkeitsbereich von Frau Huber ist schon dadurch angetastet, dass die Kinder nun bekanntermaßen aus einer Liebesbeziehung mit einem anderen Mann stammen; die Offenbarung der Identität dieses Mannes bedeutet demgegenüber keinen allzu gravierenden weiteren Eingriff in ihre Intimsphäre. Die Abwägung wird also zu Lasten von Frau Huber ausfallen (gegenteilige Auffassung ist begründbar).

2. Als Anspruchsgrundlage könnte auch *§ 242 (Treu und Glauben)* angesetzt werden. Doch kommt dieser Gesichtspunkt bereits innerhalb der Festlegung der ehelichen Beistands- und Rücksichtspflichten nach § 1353 I 2 zum Tragen. Eine gesonderte Rechtsgrundlage müsste allerdings gefunden wären, wenn Tristan und Isolde nicht verheiratet wären und Tristan durch Vaterschaftsanerkenntnis die Stellung eines rechtlichen Vaters erlangt hätte (BGH FamRZ 2012, 200 Tz. 19 ff.).

3. *Ergebnis:* Tristan Huber kann von seiner Frau Auskunft über die Identität des möglichen leiblichen Vaters der Kinder verlangen (gegenteilige Meinung begründbar).

Information: Der BGH hat einen auf § 242 gestützten Auskunftsanspruch in einem Fall bejaht, in dem die Mutter eines nichtehelichen Kindes ihren Lebensgefährten zu einem irrigen Vaterschaftsanerkenntnis veranlasst hatte (FamRZ 2012, 200); „jedenfalls" in solchen Fällen wiege das allgemeine Persönlichkeitsrecht der Mutter nicht stärker als der Anspruch des Mannes auf effektiven Rechtsschutz.

2. Kindschaft allgemein

150. Woglinde oder Penelope?

Das Ehepaar Bülow kann sich nicht einigen, welchen Vornamen ihre neugeborene Tochter erhalten soll. Herr Bülow, ein Verehrer der Opern Wagners, möchte die Tochter Woglinde nennen, während Frau Bülow, eine Altphilologin, zum Namen Penelope neigt.
Wie kann der Konflikt gelöst werden?

Der Vorname eines Kindes wird durch die sorgeberechtigten Eltern bestimmt, denn die Vornamensbestimmung ist Teil der Personensorge (§ 1626 I 2). Die Bestimmung muss gemeinsam erfolgen. Wenn sich die Eltern in dieser wichtigen Angelegenheit nicht einigen können, kann jeder von ihnen das Familiengericht anrufen (§ 1628 S. 1). Dieses kann dann die Entscheidung in der betreffenden Angelegenheit einem Elternteil allein übertragen. Die Entscheidung wird davon abhängen, welcher Elternteil die besseren Gründe für die Namensbestimmung hat. Im konkreten Fall ist die Frage aber kaum justiziabel. Das Familiengericht wird versuchen, die Eltern von den vorgeschlagenen Vornamen abzubringen und gemeinsam einen geläufigeren zu wählen.

151. Zwischen Schwarz und Weiss I

Herr Schwarz und Frau Weiss heiraten. Zum Ehenamen bestimmen sie Weiss, doch fügt der Ehemann für sich selbst dem Ehenamen seinen Geburtsnamen an, heißt also Weiss-Schwarz. Dem Ehepaar wird ein Sohn geboren, der den Vornamen Ignaz erhält.
Wie ist sein Geburtsname?

Ignaz trägt als Geburtsnamen den Ehenamen seiner Eltern, also Weiss (§ 1616). Der Begleitname, den der Ehemann nach § 1355 IV trägt, wirkt sich auf den Kindesnamen nicht aus.

152. Zwischen Schwarz und Weiss II

Im Fall 151 ist Herr Weiss-Schwarz der Meinung gewesen, sein Sohn werde als Geburtsnamen seinen vollen Namen, also „Weiss-Schwarz" erhalten: „Der Sohn muss doch heißen wie der Vater!" Über die Rechtslage aufgeklärt möchte er seine Erklärung, mit der er seinerzeit sein Einverständnis mit dem Ehenamen „Weiss" bekundete, wegen Irrtums anfechten und so zu einer Neubestimmung des Ehenamens gelangen.
Ist das möglich?

1. Wenn beide Partner den gleichen Ehenamen bestimmt haben und die Ehe geschlossen ist, kann die Namenswahl von keinem Ehegatten mehr *widerrufen* werden.

2. In Betracht kommt möglicherweise eine *Anfechtung wegen Inhaltsirrtums* (§ 119 I Alt. 1). Doch ist streitig, ob die Vorschriften des BGB über Willensmängel überhaupt auf Erklärungen zur Namensbestimmung anwendbar sind. Bejaht man dies, so ist gleichwohl kein Anfechtungsrecht für Herrn Weiss-Schwarz gegeben, weil die Voraussetzungen des Inhaltsirrtums nicht vorliegen. Denn der Ehemann irrte nicht über eine von seinem Willen abhängige Rechtswirkung der Erklärung (der Ehename ist Weiss), sondern über eine *vom Gesetz* an die Namensbestimmung geknüpfte *Folgewirkung* (der Kindesname bestimmt sich ausschließlich nach dem Ehenamen, nicht nach dem Begleitnamen). Der Irrtum über gesetzliche Sekundärwirkungen einer Erklärung berechtigt nicht zur Anfechtung.

153. Zwischen Schwarz und Weiss III

Wie Fall 151, aber: Die Eheleute konnten sich nicht entschließen, einen gemeinsamen Ehenamen anzunehmen, sie führen nach der Heirat ihre bisherigen Namen fort.
Wie ist der Geburtsname von Ignaz?

Nach der Heirat heißt der Ehemann weiterhin Schwarz, die Ehefrau weiterhin Weiss (§ 1355 I 3). In diesem Fall muss der Name des Kindes Ignaz durch Erklärung der Eltern bestimmt werden. Da beiden Eltern das Sorgerecht kraft Ehe gemeinsam zusteht, obliegt es ihnen, den Geburtsnamen des Kindes zu bestimmen. Zur Wahl steht der Name, den die Mutter oder der Vater zur Zeit der Erklärung führt (§ 1617 I 1). Eine wirksame Namensbestimmung liegt nur vor, wenn beide Eltern gegenüber dem Standesbeamten eine übereinstimmende Erklärung abgegeben haben.

Ignaz erhält also entweder den Geburtsnamen Weiss oder den Geburtsnamen Schwarz, je nachdem, wie die Eltern sich übereinstimmend entscheiden.

154. Zwischen Schwarz und Weiss IV

Angenommen, in Fall 153 können sich die Eltern nicht einigen, Herr Schwarz möchte, dass Ignaz den Namen Schwarz erhält, die Mutter besteht auf Weiss. Wie ist die Rechtslage?

Da die gemeinsam sorgeberechtigten Eltern keine wirksame Namensbestimmung getroffen haben, hat Ignaz noch keinen Geburtsnamen. Dauert dieser Zustand über einen Monat nach der Geburt des Kindes an, so hat das Familiengericht das Bestimmungsrecht auf einen Elternteil allein zu übertragen (§ 1617 II 1), der dann die Wahl unter den nach § 1617 I 1 zur Verfügung stehenden Namen trifft. Freilich ist es für das Gericht schwer, diese Entscheidung zu treffen, denn wie soll beurteilt werden, ob Vater oder Mutter für die Namenswahl geeigneter ist?

Überträgt das Gericht die Namensbestimmung z. B. auf Frau Weiss, so kann sie entweder Weiss oder Schwarz als Geburtsnamen von Ignaz bestimmen. Sie ist nicht an ihre ursprüngliche Favorisierung des eigenen Namens gebunden.

155. Zwischen Schwarz und Weiss V

Angenommen in Fall 154 ist die Bestimmungsbefugnis auf Frau Weiss übertragen worden. Frau Weiss jedoch, inzwischen in eine neue Liebesaffäre verstrickt, hat nun andere Sorgen und bleibt, was den Geburtsnamen von Ignaz betrifft, untätig.
Was hat zu geschehen?

Das Gericht kann Frau Weiss eine Frist zur Ausübung des Bestimmungsrechts setzen. Nach deren fruchtlosem Ablauf erhält Ignaz *kraft Gesetzes* als Geburtnamen den Namen, den der Bestimmungsbefugte (hier: Frau Weiss) trägt (§ 1617 II 3, 4), also Weiss.

156. Zwischen Schwarz und Weiss VI

Angenommen, in Fall 155 hat Ignaz schließlich durch fruchtlosen Ablauf der bestimmten Frist den Namen Weiss erhalten. Sodann wird dem Ehepaar eine Tochter geboren. Als Vornamen der Tochter bestimmen die Eltern „Sabine",

als Geburtsname soll sie den Namen des Ehemannes, also Schwarz tragen. Die Eltern meinen, auf diese Weise eine gewisse Gleichberechtigung in der Namensfrage herstellen zu sollen.
Ist diese Bestimmung des Geburtsnamens zulässig?

Die Eltern haben in diesem Fall keine Möglichkeit, den Geburtsnamen der Tochter zu bestimmen. Denn der für das erste Kind bestimmte Geburtsname gilt auch für alle weiteren gemeinsamen Kinder der Eltern (§ 1617 I 3). Freilich ist in unserem Fall der Geburtsnamen des ersten Kindes Ignaz nicht von den Eltern bestimmt worden, sondern kraft Gesetzes eingetreten (§ 1617 II 4). Doch gilt das Prinzip der Namensgleichheit von Geschwistern auch in diesem Fall. Zweck des § 1617 I 3 ist es, möglichst zu vermeiden, dass Geschwister ungleiche Geburtsnamen erhalten. So soll das Zusammengehörigkeitsgefühl gestärkt werden.

157. Gsell oder Meister?

Agathe Schreiner war mit Walter Gsell verheiratet. Als Ehename wurde Gsell gewählt, doch stellte Agathe ihren Geburtsnamen voran, hieß also Schreiner-Gsell. Die Ehe wurde geschieden.
Nun heiratet Agathe den Boris Meister. Die Ehegatten sehen davon ab, einen gemeinsamen Ehenamen zu wählen. Aus dieser Ehe geht nun ein Knabe hervor. Als Vorname wird Udo bestimmt, zum Geburtsnamen möchten die Eltern eine Kombination aus Schreiner und Meister (z. B. „Schreiner-Meister") wählen.
1. Ist diese Namensbestimmung zulässig?
2. Welche Möglichkeiten bestehen für die Bestimmung von Udos Geburtsnamen im Übrigen?

Zu Frage 1:

Den Namen „Schreiner-Meister" können die Eltern nicht als Geburtsnamen für Udo bestimmen. Zwar steht ihnen gemäß § 1617 I 1 das Bestimmungsrecht über den Geburtsnamen ihres Sohnes zu. Doch kann nur einer derjenigen Namen gewählt werden, welche die sorgeberechtigten Eltern zur Zeit der Erklärung geführt haben (§ 1617 I 1). Eine Kombination von Bestandteilen des Namens beider Eltern ist unzulässig.

Zu Frage 2:

a) Zur Wahl stehen diejenigen Namen, die von den Eltern in dem Zeitpunkt, in dem sie von ihrem Bestimmungsrecht Gebrauch machen, geführt haben. Für Udo kommt also entweder der Name des Vaters „Meister" in Frage oder der Name, den die Mutter im Zeitpunkt der Namensbestimmung trägt. Dies ist „Schreiner-Gsell", da Agathe diesen Doppelnamen auch nach Scheidung von ihrem ersten Mann weiterführt. Der Umstand, dass sie den Namen „Schreiner" in erster Ehe nur als persönlichen Begleitnamen geführt hat, ändert daran nichts; es kommt auf den Namen an, den die Mutter „zur Zeit der Erklärung führt", und das kann auch ein in erster Ehe entstandener Doppelname sein. An dem Ergebnis fällt auf, dass Udo zwar einen Doppelnamen erhalten kann, der sich teilweise von dem früheren Ehemann seiner Mutter ableitet, aber keinen Doppelnamen aus den Namen seiner Eltern.

b) Die Möglichkeiten der Namenswahl für das Kind können dadurch erweitert werden, dass die Mutter nach der Scheidung der ersten Ehe gemäß § 1355 V 2 ihren vor dieser Ehe geführten Geburtsnamen (also „Schreiner") wieder annimmt. In diesem Fall kann für Udo „Schreiner" oder „Meister" gewählt werden (aber auch in diesem Fall kein aus diesen Namen kombinierter Doppelname).

158. Der Name des nichtehelichen Kindes I

Frau Sailer und Herrn Trautwein, die nicht miteinander verheiratet sind, wird eine Tochter geboren, welche Paula genannt wird. Sorgeerklärungen geben die Eltern Paulas nicht ab. Auch wird kein Antrag auf eine gerichtliche Regelung des Sorgerechts gestellt.
Welchen Geburtsnamen trägt Paula?

Mangels Sorgeerklärungen steht die elterliche Sorge Frau Sailer allein zu (§ 1626a III). Daher ist Paulas Geburtsname Sailer (§ 1617a I).

159. Der Name des nichtehelichen Kindes II

Wie Fall 158. Als Paula 14 Jahre alt geworden ist, äußert sie den Wunsch, auch den Namen des Vaters, zu dem sie gute Beziehungen entwickelt hat, zu tragen.
Kann dieser Wunsch erfüllt werden, gegebenenfalls wie?

1. Die Bildung eines *Doppelnamens* aus Mutter- und Vaternamen ist nicht möglich.

2. Wohl aber könnte Frau Sailer gemäß *§ 1617a II* durch Erklärung gegenüber dem Standesbeamten dem Kind den *Namen des Vaters*, also Trautwein, *erteilen*. Voraussetzung dafür ist die Zustimmung von Herrn Trautmann, weiterhin die Zustimmung von Paula, da diese das fünfte Lebensjahr vollendet hat (§ 1617a II 2). Die Zustimmung zur Namenserteilung muss die 14-jährige Paula selbst geben, bedarf dazu aber wiederum der Zustimmung ihres gesetzlichen Vertreters, hier also der Mutter (§ 1617a II 4 i. V. m. § 1617c I 2).

3. *Ergebnis:* Eine Kombination „Sailer-Trautwein" ist nicht möglich. Wohl aber kann Paulas Namen von „Sailer" in „Trautwein" umgetauscht werden, wenn Frau Sailer dies mit Zustimmung von Herrn Trautwein und von Paula (deren Erklärung Frau Sailer wiederum als gesetzliche Vertreterin zustimmen muss) so bestimmt.

160. Zwischen Roth und Grün

Herr Roth und Frau Grün leben ehelos zusammen. Sie haben zwei Söhne namens Gerd und Joschka. Sorgeerklärungen sind nicht abgegeben, die elterli-

che Sorge wird auch nicht gerichtlich geregelt. Die Kinder tragen also als Geburtsnamen den Namen der allein sorgeberechtigten Mutter „Grün". Als Gerd acht und Joschka vier Jahre alt ist, kann Herr Roth Frau Grün davon überzeugen, dass das gemeinsame Sorgerecht doch besser wäre. Daraufhin geben beide Eltern Sorgeerklärungen ab.
Hat dies Auswirkungen auf den Geburtsnamen der Kinder?

1. Die Sorgeerklärungen verändern den Kindesnamen *nicht automatisch*.

2. Doch können die Eltern nun binnen drei Monaten den Namen der Kinder *neu bestimmen* (§ 1617b I 1). Zur Wahl stehen nach § 1617b I 4 i. V. m.§ 1617 I 1 die Namen, die Vater und Mutter zur Zeit der Erklärung führen, also Roth oder Grün. Der Name der Kinder kann also von Grün auf Roth verändert werden. Freilich muss dies für beide Kinder einheitlich geschehen (§ 1617b I 4 i. V. m. § 1617 I 3).

3. Einer *Zustimmung* des vierjährigen Joschka zur Neubestimmung des Namens bedürfte es nicht, wohl aber der Zustimmung des achtjährigen Gerd (§ 1617b I 3). Doch kann diese Zustimmung im Namen von Gerd durch seine sorgeberechtigten Eltern als gesetzliche Vertreter erklärt werden (oder durch das beschränkt geschäftsfähige Kind mit Einwilligung der Eltern). Dagegen können sich freilich Bedenken aus § 1629 II 1 i. V. m. §§ 1795 II, 181 ergeben: Die Eltern erklären die Neubestimmung des Namens einerseits im eigenen Namen, andererseits stimmen sie demselben Geschäft im Namen ihres Kindes zu. Doch hält die h. M. in diesem Fall §§ 1795 II, 181 nicht für anwendbar, weil Eltern und Kind nicht auf verschiedenen Seiten stünden und es sich bei der Zustimmung um ein eigenständiges Rechtsgeschäft handele.

Information: Lehnt man – vertretbarerweise – diese Meinung ab, dann sind die Eltern bei der Zustimmung des Kindes zur Namensbestimmung von der Vertretung ausgeschlossen, es müsste für diese Angelegenheit ein Ergänzungspfleger (§ 1909 I 1) bestellt werden.

161. Eheschließung und Kindesname

Herr Stein und Frau Hardenberg heiraten. Einen gemeinsamen Ehenamen wählen sie nicht. Für ihre Tochter Carla bestimmen sie zum Geburtsnamen „Stein". Als Carla drei Jahre alt geworden ist, entschließt sich das Ehepaar zu einem gemeinsamen Ehenamen, und zwar Hardenberg.
Wirkt sich das auf den Geburtsnamen von Carla aus?

Ehegatten, die zunächst keinen Ehenamen gewählt haben, können dies noch später zu beliebigem Zeitpunkt durch öffentlich beglaubigte Erklärung nachholen (§ 1355 III 2). Kraft Gesetzes richtet sich dann auch der Geburtsname des Kindes nach dem Ehenamen (§§ 1616, 1617c I 1). Nur dann wenn das Kind das fünfte Lebensjahr vollendet hat, ist zusätzliche Voraussetzung, dass das Kind sich der Namensgebung anschließt. Da Carla erst drei Jahre alt ist, kommt dieses Erfordernis nicht zum Zuge. Carla heißt nun also Hardenberg.

162. Mutters neuer Name I

Herr Struve und Frau Stryk haben geheiratet und den Ehenamen Stryk bestimmt. Sie haben einen Sohn namens Johann. Als Johann neun Jahre alt ist, wird die Ehe seiner Eltern geschieden. Seine Mutter heiratet nun Herrn Boehmer; in der neuen Ehe wird „Boehmer" als Ehename gewählt.
Erstreckt sich der neue Name der Mutter auch auf den Geburtsnamen Johanns?

Eine solche Namenserstreckung ist *nicht möglich*. Johann trägt – dem Ehenamen seiner Eltern folgend – den Geburtsnamen Stryk (§ 1616). Dass die Mutter nun in der neuen Ehe einen anderen Ehenamen annimmt, ändert daran nichts. Zwar gilt die Namenserstreckung nach § 1617c I nicht nur für den Fall der Neubestimmung eines Ehenamens der Kindeseltern, sondern grundsätzlich auch für andere Namensänderungen, die sich bei den Eltern ergeben (§ 1617c II). Ausgenommen sind aber Änderungen, die *durch Eheschließung* oder Begründung einer eingetragenen Lebenspartnerschaft eintreten (§ 1617c II Nr. 2). Auch wenn sich Johann – mit Zustimmung des gesetzlichen Vertreters – anschließen würde, könnte sich der neue Ehename seiner Mutter nicht auf seinen Geburtsnamen erstrecken. Johann heißt weiterhin Stryk, auch wenn seine Mutter nun Boehmer heißt.

163. Mutters neuer Name II

Im Fall 162 findet es Johanns Mutter nicht schön, dass ihr Sohn anders heißt als sie selbst. Sie möchte unbedingt erreichen, dass auch Johann den Namen Boehmer trägt, zumal Johann bei ihr – zusammen mit den Kindern aus zweiter Ehe – in der neuen Familie lebt.
Besteht hierfür eine Möglichkeit?

Nach § 1618 können ein Elternteil, dem die elterliche Sorge allein oder gemeinsam mit dem anderen Elternteil zusteht, und sein Ehegatte, der nicht Elternteil des Kindes ist, dem Kind ihren Ehenamen erteilen (Einbenennung).

Doch besteht diese Möglichkeit nur unter engen Voraussetzungen:

a) Die Einbenennung muss auch vom neuen Ehemann der Mutter, also Herrn Boehmer, erklärt werden.

b) Die Einbenennenden müssen das Kind in ihren gemeinsamen Haushalt aufgenommen haben.

c) Der andere Elternteil (hier: Herr Stryk) muss einwilligen, wenn er mit dem einbenennenden Elternteil gemeinsam sorgeberechtigt ist oder wenn das Kind seinen Namen führt. Johanns Vater, geb. Struve, erhielt durch Bestimmung des Ehenamens den Namen Stryk, führt also denselben Namen wie Johann. Seiner Zustimmung bedarf es auch deshalb, weil er zusammen mit der Mutter gemeinsam sorgeberechtigt ist (§ 1618 S. 3).

d) Weiterhin bedarf die Einbenennung der Einwilligung des Kindes, wenn es das fünfte Lebensjahr vollendet hat (§ 1618 S. 3). Für die Erfordernisse der Einwilligung gelten die schon erörterten Regeln des § 1617c I (§ 1618 S. 6). Wenn z. B. die allein sorgeberechtigte Mutter für Johann Erklärungen als gesetzliche Vertreterin abgeben will, ergeben sich dieselben Probleme wie in Fall 160. Es ist fraglich, ob die Mutter bei einem rechtsgeschäftlichen Vorgang als gesetzliche Vertreterin handeln kann, an dem sie selbst und zudem ihr Ehemann durch Erklärungen beteiligt ist (§ 1629 II 1 i. V. m. § 1795 I Nr. 1, II, § 181). Eine verbreitete Meinung bejaht das, doch sprechen erhebliche Gründe für die abstrakte Möglichkeit der Interessenkollision und daher für die Anwendbarkeit des § 1795. Stellt man sich auf den letztgenannten Standpunkt, so müsste ein Pfleger bestellt werden, der statt der sorgeberechtigten Mutter die Zustimmung des Kindes erklären würde (§ 1909 I 1).

164. Mutters neuer Name III

Angenommen: In Fall 163 verweigert Johanns Vater seine Zustimmung zur Einbenennung. Ist dann die Einbenennung in jedem Fall ausgeschlossen?

Die *Zustimmung* des anderen Elternteils kann durch das Familiengericht *ersetzt* werden, wenn ihre Erteilung zum Wohl des Kindes erforderlich ist (§ 1618 S. 4). Dafür bedürfte es aber wirklich schwerwiegender Gründe. Die bloße Tatsache, dass Johann einen anderen Namen als seine Mutter und seine Stiefgeschwister trägt, reicht dafür nicht aus. Es ist weder ungewöhnlich noch bedrückend, in einer Familie zu leben, in der Kinder unterschiedlicher Herkunft zusammen sind und dies auch namentlich sichtbar wird.

165. Wer ist mein Vater?

Josefine, unverheiratet, bringt einen Knaben zur Welt, der den Namen Friedrich erhält. Der Vater ist unbekannt. Josefine hat in der Empfängniszeit mit mehreren Männern verkehrt und davon abgesehen, die Feststellung der Vaterschaft zu betreiben. Friedrich wächst, von der Mutter nach Kräften gefördert, zu einem ansehnlichen jungen Mann heran, der schließlich Jura studiert. Nun möchte er wissen, wer sein Vater ist.
Er verlangt von seiner Mutter Auskunft über die Person seines Vaters oder – wenn sie dazu außerstande sei – Auskunft über die Identität der Männer, die als Vater in Frage kommen. Josefine, die inzwischen eine bekannte Kommunalpolitikerin geworden ist, weigert sich.
Besteht der Anspruch?

1. *Vorüberlegung:* Ein solcher Auskunftsanspruch ist im Gesetz nicht speziell geregelt. Aus Art. 2 I i. V. m. Art. 1 I GG wird hergeleitet, dass jeder Mensch ein verfassungsrechtlich verbürgtes Recht auf Kenntnis seiner eigenen Abstammung hat (BVerfGE 79, 256). Dieses Recht verbietet in erster Linie die Vorenthaltung erlangbarer Informationen durch staatliche Organe. Doch hat es das BVerfG nicht beanstandet, dass auch zivilrechtliche Ansprüche aus der genannten Grundrechtsposition hergeleitet werden (vgl. BVerfG FamRZ 1997, 869). Als Rechtsgrundlage kommen die Generalklauseln des BGB in Frage.

2. Der Auskunftsanspruch könnte sich aus *§ 1618a* ergeben, wonach Eltern und Kinder einander *Beistand und Rücksicht* schuldig sind.

a) Zwar stellt dieser Grundsatz nach h. M. nur eine Maxime dar, deren Einhaltung im Allgemeinen nicht unmittelbar erzwungen werden kann. Doch strahlt er auf die konkrete Inhaltsbestimmung von familienrechtlichen Positionen aus und kann in besonderen Fällen auch *familienrechtliche Ansprüche begründen*. So kann aus § 1618a ein Anspruch des Kindes gegen die Mutter auf Auskunft über die Person des Vaters hergeleitet werden, wenn das Kind nur auf diese Weise sein Recht auf Kenntnis der eigenen Abstammung verwirklichen kann. Der hohe Rang dieses Rechts verpflichtet die Mutter dazu, dem Kind nach Möglichkeit bei seiner Realisierung zu helfen (Leistung von Beistand).

b) Andererseits ist durch den Zwang zu einer derartigen Auskunft das Recht der Mutter auf *Schutz ihrer Intimsphäre* tangiert, das gleichfalls durch das Grundgesetz geschützt ist (Art. 2 I i. V. m. Art. 1 I GG). Folglich ist bei der Frage, ob die Mutter zivilrechtlich zur Auskunft gezwungen werden kann, zwischen den genannten Grundrechtspositionen abzuwägen (BVerfG FamRZ 1997, 869). Gerade der Grundsatz des § 1618a verpflichtet umgekehrt auch den Sohn, auf seine Mutter Rücksicht zu nehmen. Im konkreten Fall steht dem Interesse Friedrichs, die Person des Vaters zu kennen und möglicherweise ein rechtliches Eltern-Kind-Verhältnis durch Abstammungsfeststellung herzustellen, ein Diskretionsinteresse der Mutter gegenüber: Wenn sie ihrem Sohn die Namen der möglichen Väter nennt, ist wahrscheinlich, dass dieser sich an die betreffenden Männer wendet, sodass die Angelegenheit bekannt zu werden droht. Dies kann ihre Position als Politikerin gefährden.

c) Die *Interessenabwägung* kann unterschiedlich ausfallen, doch hat das Interesse Friedrichs, den Namen seines Vaters zu erfahren oder erfahren zu können, großes Gewicht: Es geht um das Finden der eigenen Identität. Die neuere Rechtsprechung lässt die Bedeutung des Persönlichkeitsrechts der Mutter sogar hinter den Interessen des Scheinvaters auf Ersatz des zu Unrecht bezahlten Unterhalts zurücktreten (siehe den Fall BGH FamRZ 2012, 200 Tz. 23 ff.). Das Ergebnis der Abwägung wird letztlich danach ausfallen, wie hoch man das Recht auf Kenntnis der eigenen Abstammung unter dem Aspekt der Menschenwürde ansetzt. Dieses Problem kann kontrovers diskutiert werden. Ist man der Auffassung, dass die Persönlichkeitsinteressen Friedrichs den Vorrang haben, so ist sein Anspruch gegeben (Gegenteil begründbar).

Information: Wenn man den Anspruch bejaht, ergibt sich die Frage nach dem zuständigen Gericht. Im Katalog der *Abstammungssachen* (§ 169 FamFG) finden wir die Angelegenheit nicht. Da der Anspruch aus § 1618a „aus dem Eltern-Kind-Verhältnis herrührt", handelt es sich um eine *sonstige Familiensache* im Sinne des § 266 I Nr. 4 FamFG; zuständig sind die Familiengerichte (§ 23a I 1 Nr. 1, § 23b I GVG, § 111 Nr. 10 FamFG).

166. Eine wilde Faschingsnacht

Die unverheiratete Frau Bauer bringt eine Tochter zur Welt, für die der Vorname Clara bestimmt wird. Frau Bauer sieht sich aufgrund sehr schwieriger Lebensumstände außerstande, für das Kind zu sorgen. Deshalb willigt sie in eine Adoption ein. Im Adoptionsverfahren gibt Frau Bauer an, den Namen des Kindesvaters nicht zu kennen. Es habe sich um eine wilde Faschingsnacht gehandelt, in der vieles passiert sei. Clara wird vom Ehepaar Schulze als Kind angenommen. Als sie 18 Jahre alt geworden ist, wird sie von den Adoptiveltern darüber aufgeklärt, dass sie nicht deren leibliches Kind ist. Die seelisch labile Clara ist tief erschüttert. Sie beginnt, unter psychischen Störungen zu leiden, die eine langfristige therapeutische Behandlung nötig machen. Clara bedrängt nun ihre Adoptiveltern so lange, bis diese schließlich ihr den Namen der leiblichen Mutter preisgeben.

Clara fordert nun Frau Bauer auf, ihr den Namen ihres Vaters zu sagen. Frau Bauer weigert sich: Sie habe ihrem Vater, der ein bekannter Bürger sei und eine eheliche Familie habe, das Ehrenwort gegeben, seine Identität geheim zu halten.

Hat Clara einen Anspruch gegen Frau Bauer auf Auskunft über die Identität des Vaters?

1. Zu prüfen ist, ob Clara aufgrund des *§ 1618a* von ihrer leiblichen Mutter Auskunft über die Identität des genetischen Vaters verlangen kann.

Jedoch ist zweifelhaft, ob § 1618a die Grundlage eines solchen Anspruchs sein kann. Zwar ist Frau Bauer die leibliche Mutter Claras, doch durch die Adoption erlöschen die Verwandtschaftsverhältnisse des Kindes zu seinen bisherigen Verwandten, daher auch zu den leiblichen Eltern (§ 1755 I 1). Folglich besteht auch keine Eltern-Kind-Beziehung im Sinne von § 1618a mehr. Vertretbar wäre es allenfalls, § 1755 im Hinblick auf das rechtsethische Prinzip des § 1618a insoweit einschränkend zu interpretieren und § 1618a als kindschaftsrechtliche Grundnorm auch auf die leiblichen, nicht rechtlichen Eltern anzuwenden; hierzu besteht aber noch keine gefestigte Rechtsmeinung.

2. Scheidet § 1618a aus, so kommt aber *§ 242* als allgemeines Prinzip des gesamten Zivilrechts als Rechtsgrund für einen Auskunftsanspruch Claras in Betracht.

Frau Bauer könnte demnach nach Treu und Glauben verpflichtet sein, ihrer leiblichen Tochter durch Auskunft zu helfen, ihr Recht auf Kenntnis der eigenen Abstammung zu verwirklichen. Wie im Fall 165 sind auch hier das Interesse Claras an der Klärung ihrer Identität und das Interesse von Frau Bauer an der Wahrung ihrer Intimsphäre gegeneinander abzuwägen. Für die Berechtigung von Claras Begehren spricht ihr Gesundheitszustand, wenn dieser in einer Identitätskrise seine Ursache hat. Für den Standpunkt der Mutter spricht der Gewissenskonflikt, in den sie durch eine Auskunft wegen des gegebenen Versprechens geraten kann. In einem ähnlichen Fall ist das Auskunftsbegehren für begründet erachtet worden (LG Bremen FamRZ 1998, 1039; OLG Bremen FamRZ 2000, 618). Wie im Fall 165 ist auch hier die Interessenabwägung ergebnisoffen.

Information: Das adoptierte Kind hat mit Vollendung seines 16. Lebensjahres die Möglichkeit, die Personenstandsbücher einzusehen, vgl. § 63 II PStG.

167. Die Bürgschaft

Ein Immobilienmakler möchte seinen Betrieb vergrößern. Er braucht dazu ein Bankdarlehen, in Höhe von 50.000 EUR. Die Bank ist zur Kreditgewährung bereit, verlangt aber Sicherheiten. Sie schlägt vor, dass die 21-jährige Tochter des Maklers, die als Arbeiterin in einer Fischfabrik ca. 1.150 EUR netto im Monat verdient und über kein weiteres Vermögen verfügt, für den Kredit bürgt. Der Vater wendet sich daraufhin an seine Tochter und legt ihr die von der Bank ausgestellte Bürgschaftsurkunde zur Unterschrift vor. Die Tochter möchte die Bitte ihres Vaters nicht ausschlagen und unterzeichnet die Urkunde. Der Vater schickt die Urkunde an die Bank, das Darlehen wird ausbezahlt. Die Bank nimmt die Tochter bei Fälligkeit des Anspruchs auf Darlehensrückzahlung in Anspruch. Mit Recht? (Fall gebildet nach BGH NJW 1994, 1341)

Der Anspruch kann sich aus *§ 765 I/§ 488 I 2* ergeben.

a) Der Bürgschaftsvertrag ist formgerecht *zustande gekommen* (§ 766).

b) Es könnte aber sein, dass er *gegen die guten Sitten verstößt (§ 138 I)*, weil sich die Tochter bei Abschluss der Bürgschaft nicht frei entscheiden konnte und dies der Bank als Vertragspartner zuzurechnen ist (siehe grundlegend BVerfGE 89, 214). Der Vater hat seine Tochter zur Übernahme einer Verpflichtung veranlasst, die sie voraussichtlich nie wird erfüllen können. Dass dies der Bank anzulasten ist, kann mit Bezug auf die Pflichten aus § 1618a begründet werden (so BGH NJW 1994, 1341): Der Vater hat durch seine Bitte an die Tochter, die Bürgschaft zu übernehmen, grob gegen die Rücksichtspflicht aus § 1618a verstoßen, denn der Vater musste damit rechnen, dass seine Tochter diese Bitte gegen alle wirtschaftliche Vernunft nur aus persönlichen Gefühlen erfüllen würde; der Bank ist dies bekannt oder evident. Man kann auch sagen: Die Bank nutzt die emotionalen Bindungen der Tochter an ihren Vater dazu aus, um die Tochter zur Eingehung einer völlig unrealistischen Verbindlichkeit zu veranlassen. Ein besonderes eigenes Interesse der Tochter, das eine andere Beurteilung rechtfertigen könnte, ist nicht sichtbar; vor allem ist nicht daran gedacht, dass die Tochter in absehbarer Zeit selbst den Betrieb übernehmen soll. Daraus ergibt sich, dass der Bürgschaftsvertrag sittenwidrig und damit nichtig ist (§ 138 I).

c) *Ergebnis:* Die Tochter kann aus der Bürgschaft nicht in Anspruch genommen werden.

168. Ein Unglück auf dem Lande

Josef Landmann wächst auf dem Bauernhof seiner Eltern heran und arbeitet hier nach Kräften mit. Ohne dass viel darüber geredet wurde, gehen die Familie und auch Josef selbst davon aus, dass Josef eines Tages den Hof übernehmen wird. Deshalb bleibt er auch, nachdem er 18 Jahre alt geworden ist, bei seinen Eltern, wo er ganztägig in der Landwirtschaft arbeitet und Unterkunft, Verpflegung und ein Taschengeld erhält.
Nachdem Josef 20 Jahre alt geworden ist, wird er auf dem Heimweg vom Feld von Möller mit dessen PKW überfahren; Möller ist bei nasser Straße und überhöhter Geschwindigkeit ins Schleudern geraten. Noch im Notarztwagen verstirbt Josef Landmann.
Haben die Eltern Josefs einen Ersatzanspruch gegen Möller?

1. Als Anspruchsgrundlagen kommen wegen der Verletzung von Leib und Leben die *Deliktstatbestände des § 823 I und 823 II i. V. m. § 222 StGB*, ferner *§ 18 StVG* und die *Gefährdungshaftung nach § 7 I StVG* in Betracht.

Doch wird nach diesen Vorschriften Schadensersatz nur „dem Verletzten" geschuldet (so auch in § 7 I StVG), das ist in diesem Falle Josef. Die Eltern, um deren Anspruch es geht, sind aber nicht die Träger des verletzten Rechts, vielmehr nur „Drittgeschädigte", die nur in Ausnahmefällen Schadensersatzansprüche für sich herleiten können.

2. Ein solcher Ausnahmefall ist in *§ 845* geregelt. Danach hat der deliktisch Ersatzpflichtige u. a. im Falle der Tötung einer Person auch einem Dritten Schadensersatz zu leisten, wenn der Verletzte kraft Gesetzes diesem Dritten zur Leistung von Diensten in dessen Hauswesen oder Gewerbe verpflichtet war. Der Ersatzanspruch richtete sich auf die Zahlung einer Geldrente für die entgehenden Dienste.

a) Möller hat widerrechtlich und fahrlässig das Leben Josefs verletzt (§ 823 I), zugleich auch eine unerlaubte Handlung nach § 823 II i. V. m. § 222 StGB begangen.

b) aa) Die Eltern können daraus einen deliktischen Schadensersatzanspruch nach § 845 nur herleiten, wenn Josef ihnen *kraft Gesetzes* zu Arbeitsleistungen auf dem Bauernhof verpflichtet war. Eine solche Pflicht kann sich aus § 1619 ergeben: Ein Kind ist, solange es dem elterlichen Hausstand angehört und von den Eltern erzogen oder unterhalten wird, verpflichtet, in einer seinen Kräften und seiner Lebensstellung entsprechenden Weise den Eltern in ihrem Hauswesen und Geschäfte Dienste zu leisten. Diese Pflicht trifft auch noch das volljährige, im Hause der Eltern lebende Kind, wenn es von den Eltern unterhalten wird. Diese Voraussetzungen sind in unserem Fall gegeben.

bb) Etwas anderes würde gelten, wenn Josef und seine Eltern die Mitarbeit auf *vertraglicher Grundlage*, etwa durch Abschluss eines Arbeitsvertrages geregelt hätten. Dafür bestehen aber keine Hinweise. Das gewährte Taschengeld ist nicht als Entgelt für die Arbeit anzusehen, sondern als Teil des von den Eltern gewährten Unterhalts.

c) *Ergebnis:* Die Eltern Josefs können von Möller Ersatz für die ihnen entgehenden Dienste ihres Sohnes in Form einer Geldrente verlangen. Sofern die Eltern die Beerdigungskosten zu tragen haben (vgl. § 1968) können sie zudem den Ersatz dieser Kosten von Möller verlangen (§ 844 I).

169. Eine Anwältin in Schneizlfing

Franziska Heilmeier hat die zweite juristische Staatsprüfung bestanden und will in der noch anwaltfreien Kleinstadt Schneizlfing eine Anwaltskanzlei eröffnen. Ihr Vater, ein Industrieller, beglückwünscht sie zu ihrem Erfolg und verspricht ihr mündlich, für die Einrichtung des Büros 40.000 EUR zur Verfügung zu stellen.
Franziska mietet geeignete Räume an und bestellt Büromöbel und die nötige elektronische Ausrüstung. Als die Rechnungen kommen, bittet sie den Vater um das versprochene Geld. Diesen reut sein großzügiges Versprechen, er will davon nichts mehr wissen.
Hat Franziska einen Anspruch auf Zahlung von 40.000 EUR gegen ihren Vater?

1. In Betracht käme ein Anspruch aus *Schenkung,* und zwar aus einem Vertrag, durch den eine Leistung schenkweise versprochen wird (§ 518 I 1). Doch wäre ein solcher Vertrag in unserem Falle nichtig, da die Erklärung des Versprechenden der notariellen Beurkundung bedarf (§ 518 I 1 i. V. m. § 125). Diese Form ist hier nicht gewahrt.

2. Jedoch könnte es sich um das *Versprechen einer Ausstattung* handeln, auf die das Schenkungsrecht grundsätzlich nicht anzuwenden ist (§ 1624 I).

a) Unter Ausstattung versteht das Gesetz eine Zuwendung der Eltern an ihr Kind, die „mit Rücksicht auf seine Verheiratung oder auf die Erlangung einer selbständigen Lebensstellung zur Begründung oder zur Erhaltung der Wirtschaft oder der Lebensstellung" erfolgt. Hier dient die Zuwendung der Hilfe bei Begründung einer selbständigen beruflichen Existenz Franziskas. Zweck ist es, der Tochter bei der Erlangung einer selbständigen Lebensstellung durch Gründung einer eigenen Praxis zu helfen. Es handelt sich folglich um eine Ausstattung. Diese gilt nicht als Schenkung, außer soweit sie den Umständen und Vermögensverhältnissen nach als übermäßig erscheint (§ 1624 I), wofür in unserem Fall nichts spricht.

b) Ist Schenkungsrecht nicht anzuwenden, so kommt auch die Formvorschrift des § 518 I 1 nicht zum Zuge. Das vom Vater mündlich gegebene und von der Tochter akzeptierte Versprechen ist formfrei gültig.

c) *Ergebnis:* Franziska steht der Anspruch zu.

170. Anonyme Geburt

Eine Frau ist ungewollt schwanger. Da sie niemand hat, der zu ihr steht, ist sie verzweifelt. Vom Vater des Kindes, einem bekannten Kommunalpolitiker, wird sie bedrängt, das Kind abzutreiben; keinesfalls dürfe etwas bekannt werden. Die Frau bringt das Kind insgeheim zur Welt und trägt es zu einer Klinik, die eine „Babyklappe" für anonyme Geburten bereithält. Das Kind wird in der Klinik versorgt, die Identität der Mutter bleibt dort unbekannt. Kann das Kind zur Adoption gegeben werden?

Zu prüfen ist, ob die Voraussetzungen einer Adoption gegeben sind.

a) Zur Adoption eines Kindes ist grundsätzlich die Einwilligung der Eltern erforderlich (§ 1747 I 1). Diese Einwilligung kann erst erteilt werden, wenn das Kind acht Wochen alt ist (§ 1747 II 1). Danach wäre, wenn Mutter und Vater sich nicht melden oder sonst bekannt werden, eine Adoption des Kindes nicht möglich.

b) Das Gesetz sieht jedoch Möglichkeiten vor, wonach ein Kind auch ohne Zustimmung seiner Eltern adoptiert werden kann:

– Das Familiengericht (§ 111 Nr. 4, § 186 FamFG) kann die Einwilligung der Eltern ersetzen, wenn diese durch ihr Verhalten gezeigt haben, dass ihnen das Kind gleichgültig ist, sofern das Unterbleiben der Adoption dem Kind zu unverhältnismäßigem Nachteil gereichen würde (§ 1748 I 1).

– Die Einwilligung eines Elternteils ist überhaupt nicht erforderlich, wenn sein Aufenthalt dauerhaft unbekannt ist (§ 1747 IV).

In unserem Fall ist zu bedenken: Da der Familienstand des Kindes nicht zu ermitteln ist, muss ihm ein Vormund bestellt werden (§ 1773 II). Man könnte erwägen, ob das Jugendamt gemäß § 1791c kraft Gesetzes Vormund wird; doch weiß man bei Findelkindern nicht, ob – wie die Vorschrift verlangt – die Eltern nicht miteinander verheiratet sind. Der Vormund wird das Kind zunächst zu Pflegeeltern geben und nach einiger Zeit, wenn die Nachforschungen nach den Eltern des Kindes erfolglos bleiben, das Adoptionsverfahren betreiben. Die Einwilligung der Eltern zur Adoption wird dann entweder nach § 1748 I 1 ersetzt oder ist nach § 1747 IV nicht erforderlich; die zuletzt genannte Norm spricht zwar von dauerhaft unbekanntem Aufenthalt der Eltern; dem steht aber die dauerhaft unbekannte Identität gleich.

171. Annahme als Kind

Wie wird die Adoption eines Kindes durchgeführt?

Die Annahme als Kind geschieht durch Beschluss des Familiengerichts (§ 111 Nr. 4, § 186 FamFG) auf Antrag des Annehmenden (§ 1752 I). Eine bloß privatrechtliche Vereinbarung zwischen dem Annehmenden, dem Angenommenen und dessen Eltern genügt nicht.

Information: In rechtsvergleichender Sicht unterscheidet man zwei Grundformen der Adoption. Nach dem *Vertragssystem* kommt die Adoption durch Vertrag zwischen dem Annehmenden und dem Angenommenen zustande; meist ist außer der Zustimmung weiterer Personen zusätzlich eine staatliche Genehmigung erforderlich. Nach dem *Dekretsystem* geschieht die Adoption durch öffentlich-rechtlichen Akt eines Gerichts oder einer Behörde; die erforderlichen Erklärungen der Beteiligten sind als bloße Voraussetzungen für das staatliche Adoptionsdekret gestaltet. Das deutsche Recht folgte ursprünglich dem Vertragssystem und ging 1976 zum Dekretsystem über (Adoptionsgesetz vom 2.7.1976).

172. Voraussetzungen der Adoption

Welches sind die sachlichen Voraussetzungen der Adoption eines minderjährigen Kindes?

1. Antrag des Annehmenden (§ 1752 I; nicht nur Verfahrenshandlung, sondern auch materiellrechtliche Zustimmung);

2. ausreichendes Alter des Annehmenden (regelmäßig 25 Jahre, siehe § 1743);

3. der Verlauf einer Probezeit, in welcher der Annehmende das Kind in Pflege gehabt hat (§ 1744);

4. die Einwilligung des Kindes, bzw. seines gesetzlichen Vertreters (§ 1746; in Fall 170 z. B. des Vormunds des Findelkindes);

5. die Einwilligung der Eltern des Kindes (§ 1747, 1748);

6. eventuell: die Einwilligung des Ehegatten des Annehmenden (§ 1749);

7. die Überzeugung des Familiengerichts, dass die Adoption dem Wohl des Kindes dient und zu erwarten ist, dass zwischen dem Annehmenden und dem Kind ein Eltern-Kind-Verhältnis entsteht (§ 1741 I 1).

173. Adoption und nichteheliche Kinder

Dirk und Caroline haben zusammen ein Kind, sind aber nicht miteinander verheiratet. Gemeinsame Lebenspläne verbindet das Paar nicht, Dirk vermag auch für das Kind kein Interesse aufzubringen. Weder er noch Caroline geben eine Sorgeerklärung ab; es wird auch keine Sorgerechtsregelung bei Gericht beantragt. Caroline möchte das Kind adoptieren lassen.
Wie ist dabei die rechtliche Stellung von Dirk?

1. Caroline übt die elterliche Sorge allein aus (§ 1626a III). Doch bedarf die Adoption des Kindes der *Einwilligung beider Eltern* (§ 1747 I 1), also auch des nicht sorgeberechtigten Dirk. Wenn Dirk nicht zustimmen will, könnte seine Einwilligung durch das Familiengericht ersetzt werden, aber nur unter den strengen Voraussetzungen des § 1748 I bis III, sofern das Unterbleiben der Adoption dem Kind zu unverhältnismäßigem Nachteil gereichen würde (§ 1748 IV).

2. Dem Wunsch der Mutter, das Kind von einem Dritten adoptieren zu lassen, könnte Dirk darüber hinaus durch *Sorgerechtsanträge* entgegentreten.

a) Dirk kann noch immer beim Familiengericht den Antrag stellen, die elterliche Sorge *auf ihn und die Kindesmutter gemeinsam* zu übertragen (§ 1626a I Nr. 3, II); das Gericht wird dem folgen, wenn die Übertragung dem Kindeswohl nicht widerspricht (§ 1626a II 1).

b) Stattdessen könnte Dirk nach § 1671 II beantragen, dass ihm das Gericht die *alleinige Sorge* überträgt. Das Gericht wird diesem Antrag stattgeben, wenn entweder die Mutter zustimmt oder eine gemeinsame Sorge nicht in Betracht kommt und zu erwarten ist, dass die Alleinsorge des Vaters dem Wohl des Kindes am besten entspricht (§ 1671 II).

Hat Dirk mit einem dieser Anträge Erfolg, so scheidet eine Adoption aus.

3. Dirk könnte durch öffentlich beurkundete Erklärung darauf verzichten, eine Sorgerechtsübertragung nach § 1626a II oder § 1671 II zu beantragen (§ 1747 III Nr. 2). In diesem Fall könnte er den Weg zur Adoption durch die genannten Sorgerechtsanträge nicht mehr versperren.

4. Wenn Dirk einen Antrag auf gemeinsame Sorge nach § 1626a II oder auf alleinige Sorge nach § 1671 II stellt, so darf die Adoption durch einen Dritten erst beschlossen werden, *nachdem* über Dirks Antrag entschieden worden ist (§ 1747 III Nr. 3). Der Vater eines nichtehelichen Kindes soll also die Chance erhalten, selbst die elterliche Sorge für sein Kind zu erhalten oder daran beteiligt zu werden, bevor das Kind durch eine dritte Person adoptiert werden kann.

Information: Die dargestellte Rechtslage beruht auf dem Gesetz zur Reform der elterlichen Sorge nicht miteinander verheirateter Eltern aus dem Jahr 2013.

174. Helena und Paris I

Helena und Paris leben unverheiratet und glücklich zusammen. Sie möchten Kinder, die sich aber nicht einstellen. Nun denken sie daran, ein Kind zu adoptieren. Können sie dies gemeinsam tun?

Nach § 1741 II 1 kann, wer nicht verheiratet ist, *ein Kind nur allein* annehmen. Die gemeinschaftliche Adoption ist nach deutschem Recht Ehepaaren vorbehalten (§ 1741 II 2). Ein eheloses Zusammenleben erscheint dem deutschen Gesetzgeber bisher nicht als ausreichend feste Basis für eine gemeinsame Adoption. Die Adoption eines Kindes müsste also entweder durch Helena oder durch Paris erfolgen.

175. Helena und Paris II

Angenommen, im Fall 174 heiraten Helena und Paris nach einigen Jahren des Zusammenlebens. Als sich auch dann kein Nachwuchs meldet, meint Helena, sie sollten ein Kind adoptieren. Für diesen Plan ist Paris jedoch nicht zu gewinnen. Er möchte, wie er sagt, „eigene Kinder oder keine". Helena gibt sich mit der ablehnenden Haltung des Paris nicht zufrieden. Sie meint, wenn ihr Mann nicht wolle, dann adoptiere sie ein Kind eben allein. Ist das möglich?

Nach § 1741 II 2 kann ein Ehepaar ein Kind *nur gemeinschaftlich* annehmen. Von diesem Prinzip macht das Gesetz nur eng begrenzte Ausnahmen für den Fall, dass ein Ehegatte das Kind des anderen Ehegatten adoptieren will (§ 1741 II 3, 4); ein solcher Sonderfall liegt hier aber nicht vor. Durch die Regelung des § 1741 II 2 soll gewährleistet werden, dass das Kind möglichst in einer vollständigen Familie aufwachsen kann.

176. Die Adoption Volljähriger

Die Eheleute Freundlich hatten Paula, die Tochter der früh verstorbenen Schwester von Frau Freundlich, bei sich aufgenommen und erzogen. Jetzt ist Paula 22 Jahre alt. Frau Freundlich möchte nun Paula als Kind annehmen, auch deshalb, weil sie Paula als Alleinerbin einsetzen will und Paula dann nach Auskunft des Steuerberaters der Familie im Erbfall viel an Steuern sparen kann. Ist eine solche Adoption möglich?

Grundsätzlich ist nach deutschem Recht auch die Adoption von Volljährigen möglich *(§§ 1767 ff.)*.

a) Sie wird auf Antrag des Annehmenden und des Angenommenen vom Familiengericht ausgesprochen (§ 1768 I 1). Sachliche Voraussetzung ist, dass die Adoption „sittlich gerechtfertigt" erscheint (§ 1767 I), und das ist insbesondere der Fall, wenn bereits ein faktisches Eltern-Kind-Verhältnis entstanden ist (§ 1767 I Hs. 2). Diese Voraussetzung ist hier erfüllt.

b) In unserem Fall ist problematisch, dass Frau Freundlich Paula *allein* – und nicht gemeinschaftlich mit ihrem Ehegatten – adoptieren will. Das verstößt gegen die

Regel des § 1741 II 2. Fraglich ist, ob diese Regel auch für die Volljährigenadoption gilt. § 1767 II 1 verweist auf die Vorschriften zur Minderjährigenadoption, soweit nicht die nachfolgenden Vorschriften etwas anderes vorsehen; diese aber sehen eine Nichtanwendung des § 1741 II 2 nicht vor. Daraus hat man geschlossen, dass auch die Annahme Volljähriger grundsätzlich nicht durch einen Ehegatten allein erfolgen kann, wenn kein Ausnahmefall des § 1741 II 3, 4 gegeben ist (OLG Hamm FamRZ 2000, 257). Dagegen spricht aber der Sinn des § 1741 II 2: Da Paula schon volljährig ist, braucht sie nicht mehr „in einer Familie aufzuwachsen" (siehe Fall 175). Bei sinngerechter Anwendung des Gesetzes kann Frau Freundlich Paula auch allein als Kind annehmen.

c) Dass auch *steuerliche Effekte* angestrebt werden, macht die Adoption nicht unzulässig, solange ihre Voraussetzungen im Übrigen gegeben sind (BGHZ 35, 75).

3. Elterliche Sorge allgemein

177. Begriff

Was bedeutet „elterliche Sorge"?

Der Begriff „elterliche Sorge" umschreibt das Recht und die Pflicht der Eltern, für ihr minderjähriges Kind zu sorgen (§ 1626 I 1). Die Sorge umfasst sowohl die persönlichen Angelegenheiten (Personensorge) als auch die Vermögensangelegenheiten (Vermögenssorge) des Kindes (§ 1626 I 2). Mit der elterlichen Sorge sind auch Bestimmungsbefugnisse gegenüber dem Kind wie gegenüber Dritten verbunden, z. B. die Befugnis, den Aufenthalt (vgl. § 1632 I) und den Umgang (§ 1632 II) des Kindes zu bestimmen sowie das Kind gesetzlich zu vertreten (§ 1629 I 1).

178. Erwerbsgründe

Wie wird das elterliche Sorgerecht erworben?

Das Sorgerecht beruht auf der rechtlich anerkannten Elternschaft. Im Einzelnen lassen sich verschiedene Erwerbsgründe unterscheiden:

a) Erwerb kraft Gesetzes, z. B. sind beide Eltern kraft Gesetzes sorgeberechtigt, wenn sie bei Geburt des Kindes miteinander verheiratet sind (§ 1626a *arg. e contr.*);

b) Erwerb kraft Erklärung, z. B. wenn Eltern, die nicht miteinander verheiratet sind, Sorgeerklärungen abgeben (§ 1626a I Nr. 1);

c) Erwerb kraft gerichtlicher Entscheidung, z. B. wenn bei Trennung der Eltern nach § 1671 die Sorge auf einen Elternteil allein übertragen wird.

179. Sorge für ein nichteheliches Kind

Frau Arndt und Herrn Brause, die nicht miteinander verheiratet sind, wird eine Tochter geboren. Wer hat die elterliche Sorge inne?

Wird ein nichteheliches Kind geboren, so bestehen mehrere Möglichkeiten der Sorgerechtsgestaltung. Es kommt darauf an, wie sich Frau Arndt und Herr Brause verhalten.

1. Wenn die Eltern beide beim Jugendamt oder einem Notar erklären, die Sorge gemeinsam übernehmen zu wollen *(Sorgeerklärungen)*, so wird das *gemeinsame Sorgerecht* begründet (§ 1626a I Nr. 1).

2. Von Gesetzes wegen erhalten die Eltern die *gemeinsame Sorge,* wenn sie einander heiraten (§ 1626a I Nr. 2).

3. Werden Sorgeerklärungen nicht oder nicht von beiden Eltern abgegeben, so kann auf Antrag eines Elternteils das *Familiengericht das Sorgerecht regeln.* Es hat dabei folgende Möglichkeiten:

a) Es kann auf Antrag das Sorgerecht oder ein Teil davon *beiden Eltern gemeinsam* übertragen, wenn zu erwarten ist, dass dies dem Kindeswohl nicht widerspricht (§ 1626a II 1). Das Letztere wird vermutet, wenn der andere Elternteil keine Gründe vorträgt, die der Übertragung der gemeinsamen elterlichen Sorge entgegenstehen können und wenn solche Gründe auch sonst nicht ersichtlich sind (§ 1626a II 2).

b) Das Gericht kann aber auch, wenn die Eltern getrennt leben, das Sorgerecht oder einen Teil davon *allein dem Vater* auf dessen Antrag einräumen. Diesem Antrag ist in zwei Fallkonstellationen stattzugeben:

aa) *Entweder* die Mutter stimmt dem Antrag zu; diese Zustimmung ist allerdings unbeachtlich, wenn die Übertragung auf den Vater dem Wohl des Kindes widerspricht oder wenn das Kind, welches das 14. Lebensjahr vollendet hat, Widerspruch erhebt (§ 1671 II 2 Nr. 1).

bb) *Oder* es kommt im konkreten Fall die gemeinsame Sorge nicht in Betracht und es ist zu erwarten, dass die Übertragung auf den Vater dem Wohl des Kindes am besten entspricht (§ 1671 II Nr. 2).

4. Wenn weder Sorgeerklärungen abgegeben werden noch eine gerichtliche Regelung erfolgt, hat *kraft Gesetzes* die Mutter das Sorgerecht allein (§ 1626a III). Bezieht sich die gerichtliche Regelung nach Nr. 3 nur auf *einen Teil* des Sorgerechts, bleibt es im Übrigen bei dieser gesetzlichen Lage.

Information: Die dargestellte Rechtslage beruht auf dem Gesetz zur Reform der elterlichen Sorge nicht miteinander verheirateter Eltern aus dem Jahr 2013. Die Möglichkeit, das Sorgerecht für ein nichteheliches Kind von vornherein durch gerichtliche Entscheidung zu regeln, war vom früheren Recht nicht vorgesehen; darin hatte das Bundesverfassungsgericht (FamRZ 2010, 1403) eine Verletzung des Elternrechts des Vaters gesehen (vgl. auch EGMR FamRZ 2010, 103).

180. Die antizipierte Sorgeerklärung

Könnten in Fall 179 Frau Arndt und Herr Brause die Sorgeerklärung auch schon vor Geburt des Kindes abgeben?

a) Die Sorgeerklärungen können auch *vor Geburt des Kindes abgegeben* werden (§ 1626b II). Freilich muss das Kind bereits empfangen sein; Sorgeerklärungen vor der Zeugung eines Kindes („Wenn wir einmal gemeinsame Kinder haben sollten, wollen wir die elterliche Sorge gemeinsam übernehmen") wären wirkungslos. Ferner muss feststehen, dass Herr Brause der Vater ist; die Vaterschaft kann gleichfalls schon vor Geburt des Kindes anerkannt werden (§ 1594 IV).

b) Die *Wirkung* des gemeinsamen Sorgerechts tritt bei vorgeburtlichen Sorgeerklärungen gleichwohl erst bei Geburt des Kindes ein.

---

181. Ein untauglicher Familienmensch

Elfriede (20) und Fridolin (36) haben eine Liebschaft miteinander. Als Elfriede ihrem Geliebten eröffnet, dass sie schwanger sei, bleibt die erhoffte Begeisterung aus. Fridolin meint, das komme ungelegen, am besten wäre es, das Kind abtreiben zu lassen. Er stellt auch klar, dass er an einem Zusammenziehen mit Mutter und Kind nicht interessiert sei; er sei als Familienmensch untauglich. Elfriede bringt das Kind zur Welt. Dazu aufgefordert erkennt Fridolin die Vaterschaft an. Als er hört, dass er für das Kind Unterhalt zahlen soll, erklärt er, dann aber müsse er auch am Sorgerecht beteiligt werden und gibt eine Sorgeerklärung ab. Das möchte Elfriede aber unter keinen Umständen tun.
Kann Fridolin trotzdem erreichen, dass das gemeinsame Sorgerecht begründet wird?

---

a) Solange nicht beide Eltern eine Sorgeerklärung abgegeben haben oder das Familiengericht das Sorgerecht nicht anderweitig geregelt hat, übt Elfriede die elterliche Sorge für das Kind allein aus (§ 1626a III).

b) Fridolin kann aber beim Familiengericht *beantragen,* das Sorgerecht ihm und Elfriede *gemeinsam* zu übertragen (§ 1626a I Nr. 3, II). Voraussetzung ist lediglich, dass diese Gestaltung des Sorgerechts dem *Kindeswohl nicht widerspricht* (§ 1626a II 1). Das hat das Gericht anhand der konkreten Umstände des Falles zu prüfen. Das Gesetz erlegt der Mutter, die das gemeinsame Sorgerecht vermeiden will, allerdings eine Art Darlegungslast auf: Es wird vermutet, dass die gemeinsame Sorge dem Kindeswohl nicht widerspricht, wenn die Mutter keine Gründe vorträgt, die dieser Sorgerechtslösung entgegenstehen und wenn solche Gründe „auch sonst nicht ersichtlich" sind (§ 1626a II 2). Das Verfahrensrecht verschärft diese Situation zu Lasten der Mutter noch weiter: Das Gericht setzt der Mutter eine Frist zur Stellungnahme, die für die Mutter frühestens sechs Wochen nach Geburt des Kindes endet (§ 155a II 2 FamFG). Macht die Mutter Gründe, die gegen die gemeinsame Sorge sprechen, nicht fristgemäß geltend, soll das Gericht im schriftlichen Verfahren entscheiden, ohne die Eltern – also auch die betroffene Mutter – persönlich anzuhören (§ 155 III 1 FamFG). Bei all dem ist zu betonen, dass das Familiengericht gleichwohl verpflichtet ist, die nötigen Ermittlungen einzuholen, um eine für das Kind schädliche Sorgerechtsregelung zu vermeiden; eine „blinde" Entscheidung in Sachen Kindeswohl würde die Rechte des Kindes verletzen.

c) Im konkreten Fall wird Elfriede das bisher gezeigte Desinteresse Fridolins am Kind ins Feld führen, das für eine gemeinschaftliche Sorge nichts Gutes verheißt. Fridolin hatte sogar vorgeschlagen, das Kind abzutreiben, und dadurch die Gefühle der Mutter verletzt. Das Motiv Fridolins, als Unterhaltsschuldner müsse er auch am Sorgerecht beteiligt sein, zeigt, dass es ihm weniger um das Kind selbst geht. Je nachdem wie die weiteren Umstände des Falles liegen, ist die Entscheidung offen; es kommt auch darauf an, aus welchen Gründen Elfriede die gemeinsame Sorge ablehnt.

Information: Die dargestellte Regelung beruht auf dem Gesetz zur Reform der elterlichen Sorge nicht miteinander verheirateter Eltern aus dem Jahr 2013. Siehe Fall 179.

182. Der minderjährige Vater I

Doris (20 Jahre alt) und Engelbert sind nicht miteinander verheiratet. Ihnen wird ein Sohn geboren. Engelbert ist bei der Geburt seines Kindes 17 Jahre alt. Kann er gleichwohl eine wirksame Sorgeerklärung abgeben?

Engelbert ist beschränkt geschäftsfähig (§ 106). Er kann eine wirksame Sorgeerklärung nur mit Zustimmung seines gesetzlichen Vertreters abgeben (§ 1626c II 1). Verweigert dieser die Zustimmung, so kann sich Herr Engelbrecht an das Familiengericht wenden. Dieses ersetzt die Zustimmung, wenn die Sorgeerklärung dem Wohl des 17-Jährigen nicht widerspricht (§ 1626c II 3).

183. Der minderjährige Vater II

Welche Sorgerechtslage tritt in Fall 182 ein, wenn Doris und Engelbert – dieser mit Zustimmung seines gesetzlichen Vertreters – Sorgeerklärungen abgeben?

In diesem Fall tritt im Prinzip die gemeinsame elterliche Sorge ein. Doch ruht zugleich Engelberts elterliche Sorge (§ 1673 II 1), er ist nicht zur gesetzlichen Vertretung des Kindes berechtigt (§ 1673 II 2 Hs. 2). Engelbert steht allerdings die *Personensorge* zusammen mit Doris mit Ausnahme der gesetzlichen Vertretung zu (§ 1673 II 2). Im Übrigen übt die Kindesmutter Doris die elterliche Sorge allein aus. Sobald Engelbert volljährig wird, wächst ihm kraft Gesetzes das volle Sorgerecht zu, das er dann gemeinschaftlich mit Doris ausübt.

184. Die Versöhnung

Frau Kunz und Herr Hinz sind nicht miteinander verheiratet. Sie leben zusammen und haben einen gemeinsamen Sohn. Durch Sorgeerklärungen erwerben sie die gemeinsame Sorge. Dann trennen sie sich. Durch gerichtliche Entscheidung gemäß § 1671 I wird Frau Kunz die alleinige elterliche Sorge zuerkannt.
Später kommt es wieder zu einer Aussöhnung des Paares, das wieder zusammenzieht. Frau Kunz und Herr Hinz möchten nun wieder gemeinsam sorgeberechtigt sein. Was müssen sie unternehmen?

1. Man könnte daran denken, dass die Eltern nun *erneut Sorgeerklärungen* abgeben können. Dies führt indes nicht zum Ziel. Nach § 1626b III sind Sorgeerklärungen unwirksam, soweit eine gerichtliche Entscheidung über die elterliche Sorge nach

§ 1671 getroffen wurde. Die Eltern sollen eine gerichtliche Entscheidung nicht durch privatrechtliche Erklärungen verändern dürfen.

2. Frau Kunz und Herr Hinz können sich aber an das Familiengericht wenden mit dem Antrag, die *Sorgerechtsentscheidung*, die nach § 1671 getroffen worden war, *abzuändern* und die gemeinsame Sorge wiederherzustellen. Eine solche Abänderung ist unter der Voraussetzung möglich, dass dies aus triftigen, das Wohl des Kindes nachhaltig berührenden Gründen angezeigt ist (§ 1696 I 1).

3. Schließlich könnten Frau Kunz und Herr Hinz *einander heiraten* und so nach § 1626a I Nr. 2 die gemeinsame Sorge erwerben. Die Eheschließung der Eltern setzt nach h. M. eine vorherige Sorgerechtsregelung nach § 1671 außer Kraft.

---

185. Der Kurschatten

Frau Moll, mit Herrn Moll verheiratet, gebiert einen Sohn, der den Vornamen Lorenz erhält. Leiblicher Vater des Kindes ist Herr Lauterbach, den Frau Moll während einer Kur in Bad Frankenhausen kennengelernt hat. Herr Moll ficht die Vaterschaft erfolgreich an, hält aber an der Ehe fest und hat auch nichts dagegen, dass das Kind weiterhin in seiner Familie aufwächst. Auch Frau Moll will sich von ihrem Ehemann nicht trennen; sie hat an Herrn Lauterbach kein weiteres Interesse. Herr Lauterbach, der seine Vaterschaft anerkannt hat, möchte nun am Sorgerecht für seinen Sohn beteiligt sein. Er gibt bei einem Notar eine Sorgeerklärung ab und fordert Frau Moll auf, desgleichen zu tun. Diese folgt dieser Aufforderung, weil sie keinen Krach will. Ihrem Mann sagt sie davon nichts.
Kann in solchem Fall durch Sorgeerklärungen das gemeinsame Sorgerecht erworben werden?

Die gemeinsame Sorge entsteht nach § 1626a I Nr. 1 in dem Augenblick, in dem beide Eltern formgerecht (§ 1626d) jeweils eine Sorgeerklärung abgeben, die den Vorgaben der §§ 1626b bis 1626e entspricht. Weitere Erfordernisse verlangt das Gesetz nicht.

a) Eine *Sorgeerklärung der Mutter* liegt vor, desgleichen eine *Sorgeerklärung des Vaters*. Rechtlicher Vater war zunächst Herr Moll (§ 1592 Nr. 1), der seine Vaterschaft indes erfolgreich angefochten hat. Folglich konnte Herr Lauterbach durch Vaterschaftsanerkennung (§ 1592 Nr. 2) rechtlicher Vater werden und somit die Sorgeerklärung abgeben.

b) Dass Frau Moll *anderweitig verheiratet* ist, hindert die Begründung der gemeinsamen Sorge durch Sorgeerklärungen nicht. Frau Moll bedarf zur Wirksamkeit ihrer Erklärung auch nicht der Zustimmung ihres Ehemannes.

c) Auch der Umstand, dass die Kindeseltern *nicht zusammenleben*, hindert die Begründung der gemeinsamen Sorge nicht. Es ist allerdings § 1687 I zu beachten, der auch dann gilt, wenn die Eltern von Anfang an getrennt leben: Der gemeinsamen Sorge unterliegen nur Entscheidungen in Angelegenheiten, deren Regelung für das Kind von erheblicher Bedeutung ist. In Angelegenheiten des täglichen Lebens entscheidet derjenige Elternteil allein, bei dem sich das Kind gewöhnlich aufhält. Frau Moll müsste also, wenn das Kind weiterhin bei ihr leben soll, sich über diese Frage mit Herrn Lauterbach einig werden.

186. Die Ziele der elterlichen Sorge

Welchen Zielen ist die Ausübung der elterlichen Sorge verpflichtet?

Oberste Maxime für die Ausübung der elterlichen Sorge ist das *Kindeswohl*. Dieses umfasst hauptsächlich die Wahrung der Erhaltungs- und Integritätsinteressen (*Pflege des Kindes*) und die Hinführung zur Selbständigkeit (*Erziehung des Kindes*, § 1631 I). Das Kindeswohl schließt auch die Hinführung zur ökonomischen Selbständigkeit (Ausbildung) und die Wahrung der Vermögensinteressen des Kindes ein.

187. Konkretisierungen des Kindeswohls

Welche allgemeinen Regeln enthält das Gesetz zur Konkretisierung des Kindeswohls?

1. Nach § 1626 II berücksichtigen die Eltern die wachsende Fähigkeit und das wachsende Bedürfnis des Kindes zu selbständigem verantwortungsbewusstem Handeln. Zu diesem „partnerschaftlichen Konzept" gehört auch, dass die Eltern Fragen der elterlichen Sorge mit dem Kind besprechen, soweit es nach dessen Entwicklungsstand angezeigt ist, und Einvernehmen mit dem Kind anstreben.

2. Nach § 1626 III gehört zum Wohl des Kindes in der Regel der Umgang mit beiden Elternteilen. Auch der Umgang mit anderen Personen gehört zum Kindeswohl, wenn das Kind zu ihnen Bindungen besitzt und die Aufrechterhaltung des Umgangs für seine Entwicklung förderlich ist.

3. Nach § 1631 II haben Kinder ein Recht auf gewaltfreie Erziehung; körperliche Bestrafungen, seelische Verletzungen und andere entwürdigende Maßnahmen sind unzulässig.

4. Nach § 1631a S. 1 nehmen die Eltern in Angelegenheiten der Ausbildung und des Berufes insbesondere auf Eignung und Neigung des Kindes Rücksicht.

188. Bestimmungsbefugnisse der Eltern

Welche Bestimmungsbefugnisse sind den Eltern zur Durchführung ihres Sorgerechts eingeräumt?

Generell sind die Eltern berechtigt und verpflichtet, im Rahmen der Pflege und Erziehung im Sinne des Kindeswohls auf die Kinder einzuwirken. Die Bestimmungen der Eltern sind auch von Dritten zu achten. Insbesondere haben die Eltern folgende Befugnisse:

1. das Aufenthaltsbestimmungsrecht (§ 1631 I);

2. das Recht und die Pflicht, die Kinder zu beaufsichtigten (§ 1631 I);

3. das Recht, den Umgang des Kindes zu bestimmen (§ 1632 II);

4. die Befugnis, das Kind gesetzlich zu vertreten (§ 1629).

189. Supernanny

Das Ehepaar Krause hat eine zweijährige Tochter Beate. Da beide Eltern berufstätig sind, wird ein Kindermädchen namens Luise engagiert, die das Kind untertags betreut. Luise freundet sich mit Beate an und erfüllt zwei Jahre lang ihre Aufgabe zur Zufriedenheit aller. Freilich findet sie auch Gefallen an diversen in der Wohnung befindlichen Wertsachen. Vor allem das Verschwinden eines silbernen Leuchters macht die Krauses stutzig. Nach einem Geständnis Luises wird ihr gekündigt.
Luise glaubt, ohne Beate nicht mehr leben zu können, und nimmt das Kind heimlich mit in ihre Wohnung. Was können Krauses tun?

1. Die Krauses könnten von Luise *nach § 1632 I Herausgabe des Kindes* verlangen.

a) Voraussetzung ist zunächst, dass das Ehepaar die Personensorge innehat. Herr und Frau Krause sind kraft Ehe Inhaber der elterlichen Sorge und damit der Personensorge (§ 1626 I 2).

b) Weiterhin setzt der Anspruch voraus, dass Luise das Kind seinen Eltern widerrechtlich vorenthält. Auch das ist der Fall. Die innige Beziehung zu Beate gibt Luise nicht das Recht, das Kind dessen Eltern zu entziehen.

Der Anspruch ist gegeben.

2. Der gleiche Anspruch ist auch aus *§ 823 I i. V. m. § 249 I* (Naturalrestitution) und aus *§ 1004 I 1 analog* begründet, da Luise widerrechtlich die elterliche Sorge als absolutes Recht verletzt.

Information: Zuständig für die Entscheidung über das Herausgabeverlangen nach § 1632 I ist das Familiengericht (§ 1632 III BGB, § 23a I 1 Nr. 1, § 23b I GVG, § 111 Nr. 2, § 151 Nr. 3 FamFG). Wird Luise durch gerichtlichen Beschluss verpflichtet, das Kind herauszugeben, so kann sie durch Festsetzung von Ordnungsgeld oder Ordnungshaft zur Erfüllung dieser Pflicht angehalten werden (§ 89 FamFG).

190. Kindesentführung I

Die Eheleute Wegner lassen sich scheiden. Sie haben zwei Kinder, nämlich Cyndy (6) und Bert (5). Die elterliche Sorge wird nach § 1671 I 2 Nr. 2 Frau Wegner allein übertragen, weil Herr Wegner aufgrund einer Alkoholsucht derzeit nicht für die Erziehung seiner Kinder als geeignet erscheint. Die Kinder leben nun bei ihrer Mutter. Darüber ist Herr Wegner nicht glücklich. Eines Sonntags bringt der Vater, der die Kinder turnusmäßig zum verabredeten Umgang abgeholt hatte, nicht wie vereinbart am Abend zur Mutter zurück. Vielmehr taucht er mit den Kindern in einem Ferienhotel an der Ostsee unter. Dort entdeckt, weigert er sich, die Kinder an die Mutter herauszugeben.
Wie ist die Rechtslage?

1. Frau Wegner hat gegen ihren geschiedenen Mann Anspruch auf *Herausgabe der Kinder nach § 1632 I*: Sie ist allein zur Personensorge berechtigt; Herr Wegner enthält ihr die Kinder widerrechtlich vor, da er die Kinder nach Ende des verabredeten Umgangs nicht zurückgibt.

2. Der gleiche Anspruch ist auch aus *§ 823 I i. V. m. § 249 I* (Naturalrestitution) und aus *§ 1004 I 1 analog* begründet, da Herr Wegner widerrechtlich die elterliche Sorge von Frau Wegner als absolutes Recht verletzt.

3. Freilich könnte sich der Vater an das Gericht wenden, um eine *Änderung* der bei Scheidung getroffenen *Sorgerechtsentscheidung* zu erreichen. Das Familiengericht hat seine Entscheidung zu ändern, wenn dies aus triftigen, das Wohl des Kindes nachhaltig berührenden Gründen angezeigt ist (§ 1696 I 1). Das wäre z. B. der Fall, wenn die Gründe, die seinerzeit zur Zuweisung der Alleinsorge an Frau Wegner geführt hatten, entfallen sind. Das träfe möglicherweise zu, wenn Herr Wegner nun von seiner Sucht geheilt ist. Das widerrechtliche und rücksichtslose Vorgehen von Herrn Wegner ist indes nicht geeignet, die Bedenken gegen seine Erziehungsfähigkeit auszuräumen.

4. Aufgrund des Vorgefallenen könnte es sein, dass die *Ausübung des Umgangsrechts* von Herrn Wegner eingeschränkt oder zeitweilig ausgeschlossen werden muss, soweit dies zum Wohl der Kinder erforderlich ist (§ 1684 IV 1).

191. Kindesentführung II

Fall 190 wie zuvor. Frau Wegner hat Reise- und Übernachtungskosten aufwenden müssen, um an die Ostsee zu fahren und ihre Kinder dort abholen zu können. Kann sie von Herrn Wegner Ersatz der dafür notwendigen Aufwendungen verlangen?

1. Der Anspruch ist aus *§ 823 I* begründet. Herr Wegner hat durch die Vorenthaltung der Kinder das elterliche Sorgerecht von Frau Wegner verletzt; dieses bildet ein absolutes Recht im Sinne des § 823 I (BGH FamRZ 1990, 966). Dies geschah widerrechtlich, d. h. ohne Bestehen eines Rechtfertigungsgrundes, und vorsätzlich. Zu ersetzen ist der Frau Wegner aus der Verletzung ihres Sorgerechts entstandene Schaden. Soweit die Kosten der Rückführung der Kinder erforderlich und angemessen waren, sind sie von Herrn Wegner zu ersetzen.

2. Im Verhältnis zwischen Umgangs- und Sorgeberechtigten hat der BGH bei Pflichtverletzungen einen Schadensersatzanspruch auch *aus positiver Forderungsverletzung* hergeleitet (für den Umgangsberechtigten BGH FamRZ 2002, 1099). Das setzt voraus, dass zwischen den Elternteilen überhaupt ein Rechtsverhältnis mit Rücksichtspflichten nach § 241 II angenommen werden kann. Bejaht man dies, so käme auch in unserem Fall ein derartiger Schadensersatzanspruch für Frau Wegner in Betracht (§ 280 I).

192. Ein Haussegen hängt schief

Der Haussegen bei den Tremls hängt nach fünfjähriger Ehe schief. Herr Treml interessiert sich mehr und mehr nur für Fußball, Frau Treml hingegen für ihren Freund Guido, den sie auf einem Vereinsausflug kennen gelernt hat. Frau Treml beschließt, sich von ihrem Mann zu trennen. Sie mietet insgeheim eine neue Wohnung an. An einem Vormittag, als sich ihr Mann im Dienst befindet, lässt sie durch eine Spedition einen großen Teil des Hausrats aus der

Ehewohnung räumen und in die neue Wohnung verbringen. Sie schreibt ihrem Mann einen kurzen Abschiedsbrief und begibt sich mit der vierjährigen ehelichen Tochter Anja in die neue Wohnung.

Herr Treml ist, als er nach Haus kommt und den Brief liest, wie vom Donner gerührt. Dann begibt er sich zu seinem Anwalt. Er möchte, dass Anja weiter bei ihm lebt, und verlangt von seiner Frau deren Herausgabe.

Wie ist die Rechtslage?

1. Herr Treml könnte einen *Anspruch aus § 1632 I* haben.

a) Die Voraussetzungen sind an sich gegeben, weil Frau Treml ihrem Mann als dem Mitsorgeberechtigten das Kind widerrechtlich vorenthält.

b) Gleichwohl kann Herr Treml den Anspruch nicht geltend machen, weil bei gemeinsam sorgeberechtigten Eltern das Verlangen nach § 1632 I nur von beiden gemeinsam gestellt werden kann. Ein Herausgabeanspruch des Herrn Treml würde voraussetzen, dass ihm zuvor durch eine gerichtliche Entscheidung die Befugnis zur alleinigen Aufenthaltsbestimmung eingeräumt wurde.

2. Da sich die Eltern über den Aufenthalt des Kindes nicht einig sind, könnte Herr Treml nach *§ 1628* beim Familiengericht beantragen, *ihm die Entscheidung* über diese Frage allein *zu übertragen*.

a) Die Voraussetzungen sind gegeben: aa) die gemeinsam sorgeberechtigten Eltern sind in einer Angelegenheit der elterlichen Sorge uneins; bb) die Regelung dieser Angelegenheit ist für das Kind von erheblicher Bedeutung, denn es ist für Anja wichtig, ob sie bei Mutter oder Vater lebt.

b) Das Gericht wird die Entscheidung über den Aufenthalt demjenigen Elternteil übertragen, dessen Grundhaltung dem Kindeswohl am ehesten entspricht. Das hängt von den weiteren Umständen ab. Frau Treml hat sich durch die heimliche Mitnahme der Tochter zwar ins Unrecht gesetzt; doch ist für das Gericht letztlich entscheidend, bei welchem Elternteil das Kind die besseren Voraussetzungen für seine Betreuung und persönliche Entwicklung findet. Überträgt das Gericht nach der Abwägung des Kindeswohls die Aufenthaltsentscheidung an Herrn Treml, so kann dieser bestimmen, dass das Kind bei ihm lebt; er kann sodann auch von Frau Treml die Herausgabe des Kindes gemäß § 1632 I verlangen.

3. Herr Treml könnte nach Eintritt des Getrenntlebens ferner versuchen, das *alleinige Sorgerecht oder das alleinige Aufenthaltsbestimmungsrecht* durch eine Entscheidung des Familiengerichts *nach § 1671* zu erhalten. Gelingt ihm dies, so kann er sodann ebenfalls nach § 1632 I die Herausgabe des Kindes an sich begehren.

193. Ein Kind in Not

Das Kind eines gemeinsam sorgeberechtigtes Elternpaares leidet unter einer schweren geistig-seelischen Erkrankung, aufgrund derer es in ständiger Suizidgefahr lebt. Die Eltern glauben, die ständige Beaufsichtigung nicht mehr leisten zu können und erwägen, das Kind in der geschlossenen Abteilung eines psychiatrischen Krankenhauses leben zu lassen. Sind sie dazu befugt?

Das *Aufenthaltsbestimmungsrecht* der Eltern *(§ 1631 I)* umfasst auch die Befugnis, das Kind in einer Einrichtung leben zu lassen. Diese Befugnis wird durch § 1631b S. 1 eingeschränkt, wenn mit der geplanten Unterbringung die Freiheitsentziehung verbunden ist. Eine solche Maßnahme bedarf – außer in Fällen akuter Gefahr – der Genehmigung des Familiengerichts. Das Gericht darf die Genehmigung nur erteilen, wenn die Unterbringung vom Kindeswohl gefordert ist (arg. § 1631b S. 2). Die Eltern müssen also zuvor um gerichtliche Genehmigung nachsuchen; vor seiner Entscheidung wird das Gericht ein Sachverständigengutachten einholen.

Information: Das Genehmigungsverfahren ist Kindschaftssache, zuständig sind die Familiengerichte (§ 23a I 1 Nr. 1, § 23b I GVG, §§ 111 Nr. 2, 151 Nr. 6 FamFG). Zum Verfahren s. § 167 FamFG.

194. Attila soll ins Internat

Anton und Bettina Brause haben einen zehnjährigen Sohn namens Attila, der das Gymnasium besuchen soll. Da Attila sich bisher nicht sehr lernfreudig gezeigt hat, möchten sie, dass er in einem Internat unterkommt. Sie haben das „Studienseminar St. Christophorus" ausfindig gemacht hat, das durch seine pädagogischen Leistungen, aber auch Strenge bekannt ist. Die im Internat geltende Hausordnung sieht vor, dass die Schüler an feste Studierzeiten in gemeinsamen Studiersälen gebunden sind und abends spätestens um 20 Uhr im Hause sein müssen.
Bedürfen die Eltern Brause einer gerichtlichen Genehmigung, um Attila in diesem Internat unterzubringen?

Genehmigungspflichtig ist nach *§ 1631b S. 1* eine Unterbringung, die mit Freiheitsentziehung verbunden ist. Freiheitsentziehende Unterbringung liegt vor, wenn der Betroffene ohne seinen Willen in seiner gesamten Lebensführung auf einen bestimmten räumlichen Bereich begrenzt und seine Möglichkeit der Fortbewegung auf diesen Bereich eingeschränkt ist. Das ist hier nicht der Fall: Die erzieherisch bedingten Einschränkungen sind nur partieller Natur. Sie hindern den Internatszögling nicht, den räumlichen Bereich des Instituts zu verlassen, auch wenn er damit disziplinarische Maßnahmen riskiert.

Die Eltern können Attila also ohne gerichtliche Genehmigung im Internat unterbringen.

195. Ein Pflegekind I

Frau Grammel und Herr Haas, beide unverheiratet, haben ein gemeinsames Kind namens Annemarie, für das sie aufgrund von Sorgeerklärungen das Sorgerecht gemeinsam ausüben. Da sie nicht zusammenleben und voll berufstätig sind, sehen sie sich außerstande, das Kind selbst zu betreuen. Sie geben es gegen Zahlung einer bestimmten Aufwandsentschädigung als Pflegekind in die Familie Beimer, wo Annemarie zusammen mit den eigenen Kindern der Pflegeeltern fröhlich heranwächst. Ihre Eltern sieht Annemarie selten.
Als Annemarie fünf Jahre alt geworden ist, kommen sich Frau Grammel und Herr Haas erneut näher. Sie beschließen, zu heiraten. Herr Haas will seine

berufliche Tätigkeit einschränken und den Haushalt versorgen. Nun möchten sie auch ihre Tochter Annemarie bei sich haben.
Sie verlangen ihr Kind von den Pflegeeltern zurück. Müssen die Beimers dem Folge leisten?

Frau Grammel und Herr Haas könnten *aufgrund § 1632 I* berechtigt sein, die *Herausgabe* von Annemarie zu verlangen.

a) Voraussetzung ist, dass sie die *Personensorge* innehaben. Das ist der Fall. Die Kindeseltern sind zwar nicht miteinander verheiratet, haben das gemeinsame Sorgerecht aber durch Sorgeerklärungen erlangt (§ 1626a I Nr. 1). Das gemeinsame Sorgerecht von Herrn Grammel und Frau Haas umfasst auch die Aufenthaltsbestimmung (§ 1631 I), die auch Dritte zu beachten haben. Danach haben die Eltern den Anspruch aus § 1632 I. Schuldrechtliche Bindungen, wie z. B. ein langfristiger Pflegevertrag, hindern die leiblichen Eltern nicht, ihr Kind jederzeit herauszuverlangen.

b) Dem Herausgabeverlangen könnte jedoch in unserem Fall *§ 1632 IV entgegenstehen*. Zum Schutz der gewachsenen Bindungen des Pflegekindes zu seinen Pflegeeltern kann das Familiengericht gegenüber einem Herausgabeverlangen der leiblichen Eltern den Verbleib des Kindes in der Pflegefamilie anordnen. Voraussetzungen ist:

– dass das Kind bereits längere Zeit in Familienpflege lebt (hier zweifellos gegeben);
– dass das Kindeswohl durch die Wegnahme aus der Pflegefamilie gefährdet würde. Das ist eine Frage der einzelnen Umstände.

Im konkreten Fall kann das Wohl Annemaries gefährdet sein, wenn sie abrupt und ohne Vorbereitung aus ihrer bisherigen Lebenswelt gerissen würde. Die Pflegeeltern können also bei Gericht das Verbleiben Annemaries bei ihnen für eine gewisse weitere Zeit erreichen, bis der Kontakt zu den leiblichen Eltern soweit wiederhergestellt und gefestigt ist, dass eine Änderung der familiären Umwelt für Annemarie tragbar erscheint. Das bedarf von Seiten aller Beteiligten erheblicher Anstrengungen.

196. Ein Pflegekind II

Angenommen im vorstehenden Fall haben die leiblichen Eltern kein Interesse an ihrem Kind. Die Pflegeeltern Beimer sind mit der Lage unzufrieden, weil sie jederzeit mit einem Herausgabeverlangen der leiblichen Eltern rechnen müssen. Sie möchten eine Absicherung ihrer Rechtsposition bei der Betreuung von Annemarie.
Überlegen Sie die in Betracht kommenden Möglichkeiten.

1. Das Familiengericht kann, wenn ein Kind für längere Zeit in Familienpflege gegeben wird, *Angelegenheiten der elterlichen Sorge auf die Pflegeperson übertragen (§ 1630 III 1)*. Dazu bedarf es entweder eines Antrags der leiblichen Eltern oder eines Antrags der Pflegeperson, welchem die leiblichen Eltern zustimmen müssen (§ 1630 III 2). Soweit die Übertragung geschieht, haben die Pflegeeltern die Stellung eines Pflegers (§ 1630 III 3), d. h. sie haben in dem übertragenen Umfang das Sorgerecht und sind insoweit gesetzliche Vertreter des Kindes (§§ 1915 I 1, 1793 I 1, 1800). Diese Rechtstellung besteht dann auch gegenüber den leiblichen Eltern.

2. Weiterhin wäre an eine *Adoption* des Kindes durch die Pflegeeltern zu denken. Eine Adoption ist nur unter den Voraussetzungen der §§ 1741 ff. durch Beschluss des Familiengerichts möglich und setzt in aller Regel die Einwilligung der leiblichen Eltern voraus (§ 1747, 1748). Durch das Gerichtsdekret erhielte das Kind die Stellung eines gemeinschaftlichen Kindes der annehmenden Pflegeeltern (§ 1754 I), die rechtlichen Beziehungen zu den leiblichen Eltern würden erlöschen (§ 1755 I 1).

3. Sollte beiden leiblichen Eltern wegen schwerer Verstöße gegen das Kindeswohl gemäß § 1666 die elterliche Sorge oder die gesetzliche Vertretung gänzlich entzogen werden müssen, wird die *Bestellung eines Vormunds* nötig *(§ 1773 I)*. In diesem Fall wäre auch denkbar, dass das Familiengericht die Pflegeeltern zu Vormündern bestellt (§ 1779; beachte aber den Vorrang der nach § 1776 von den Eltern benannten Personen).

---

197. Der Hinauswurf

Zwischen der Schülerin Katharina (15) und ihrem allein sorgeberechtigten Vater kommt es hinsichtlich des Lebensstils häufig zu lautstarken Meinungsverschiedenheiten, insbesondere um die Frage, wie lange Katharina abends ausgehen darf. Als eines Nachmittags der Streit eskaliert und Katharina ihren Vater als „spießigen Kleinbürger" bezeichnet, verweist dieser sie aus der Wohnung: „Pack dein Zeug und geh' wohin du willst!" Katharina findet Unterschlupf bei ihrer Tante Käthe, bei der sie stets Verständnis für ihre Lebensprobleme gefunden hat. Dort lebt sie ein Jahr lang ohne Probleme, besucht auch weiterhin die Schule. Nach einem Jahr möchte der Vater, dass Katharina wieder zu ihm zurückkehrt. Kann Katharina sich gegen dieses Ansinnen wehren?

---

a) Die Aufforderung des Vaters, zurückzukommen, stellt aus der Sicht Katharinas eine Maßnahme der *Aufenthaltsbestimmung (§ 1631 I)*, aus der Sicht von Tante Käthe ein *Herausgabeverlangen (§ 1632 I)* dar. Beide Akte sind, da der Vater das alleinige Sorgerecht hat, im Prinzip verbindlich.

b) Die Bestimmungsbefugnisse finden indes ihre *Grenze in § 1666 I 1*: Der Vater kann weder die Rückkehr noch die Herausgabe bestimmen, wenn dadurch Katharinas Wohl gefährdet würde und der Vater nicht gewillt oder in der Lage ist, die Gefährdung abzuwenden. Dafür spricht in unserem Fall einiges: Durch das „Hinauswerfen" der Tochter aus dem Haus, ohne sich weiter um ihren Verbleib und ihr Wohlergehen zu kümmern, hat der Vater eine schwere Pflichtverletzung begangen, die ein Einschreiten des Familiengerichts nach § 1666 gerechtfertigt hätte. Die Rückkehr der Tochter aus einer für sie förderlichen Umgebung in das Elternhaus würde sie der Gefahr erneuter Auseinandersetzungen und unberechenbarer Reaktionen ihres Vaters aussetzen. Der Vater müsste, um solchen Bedenken zu begegnen, glaubhaft darlegen, dass er zu einer Änderung seines Verhaltens der Tochter gegenüber bereit ist.

c) Zu überlegen ist auch, ob das Gericht nach *§ 1632 IV* anordnen kann, dass Katharina *bei ihrer Tante bleibt*. Das setzt voraus, dass das Leben Katharinas bei ihrer

Tante als Pflegeverhältnis begriffen werden kann. Bedenken dagegen könnten aus der Tatsache hergeleitet werden, dass der Vater der Aufnahme seiner Tochter durch die Tante nicht zugestimmt hat; ein Pflegeverhältnis kann nicht angenommen werden, wenn die sorgeberechtigten Eltern seiner Begründung widersprechen. In unserem Fall war es dem Vater aber gleichgültig, bei wem seine Tochter Unterkunft findet; die Voraussetzungen eines Pflegeverhältnisses sind daher zu bejahen. Auch dauert das Pflegeverhältnis nun schon „längere Zeit". Dem Herausgabeverlangen des Vaters gegenüber könnte das Familiengericht also anordnen, dass Katharina bei ihrer Tante verbleibt. Voraussetzung dafür ist, dass das Wohl Katharinas durch die Herausnahme aus der Familienpflege gefährdet wäre (zu einem ähnlichen Fall Bay-ObLG FamRZ 1998, 1040).

198. Der brennende Weihnachtsbaum

Der sechsjährige Dirk ist vom Feuer fasziniert. Besonders beeindruckt ist er vom Weihnachtsbaum, den seine Eltern – Antonius und Cleopatra Magerl – mit Naturkerzen bestücken. Diese werden mit großen Streichhölzern entzündet. Am zweiten Weihnachtsfeiertag sind die Eltern von Frau Magerl zu Besuch, es gibt Kaffee und Kuchen sowie ausführliche Gespräche über die Fernsehserie „Sturm der Liebe". Dirk langweilt sich und geht ins Nebenzimmer, wo der Weihnachtsbaum steht. Er findet die Streichhölzer und versucht, die Kerzen zum Brennen zu bringen. Dies gelingt, nur fängt auch der schon etwas trockene Baum Feuer. Es kommt zu einem Zimmerbrand, die Rauchentwicklung verursacht auch Schäden in der Eigentumswohnung des Nachbarn Noske.
Ist Dirk und/oder sind seine Eltern dem Noske zum Schadensersatz verpflichtet?

1. *Dirk* könnte nach *§ 823 I (Eigentumsverletzung)* schadensersatzpflichtig sein, doch ist er aufgrund seines Alters deliktisch nicht verantwortlich (§ 828 I). Das schließt auch weitere Deliktsansprüche aus.

2. Eine *Schadensersatzpflicht der Eltern* Magerl kann sich aus *§ 832* ergeben.

a) Die *positiven Voraussetzungen* sind gegeben:
– Die Eltern Magerl waren kraft Gesetzes zur Aufsicht über den minderjährigen Dirk verpflichtet (§§ 1626 I, 1631 I).
– Der zu beaufsichtigende Dirk hat dem „Dritten" Noske durch widerrechtliches Tun (d. h. tatbestandsmäßig-widerrechtliches Verhalten im Sinne des Deliktsrechts, hier § 823 I) einen Schaden zugefügt.

b) Die Eltern *haften allerdings nicht*, wenn sie ihrer Aufsichtspflicht gegenüber dem Kind genügt haben oder der Schaden auch bei gehöriger Aufsicht entstanden sein würde *(§ 832 I 2)*. Dafür sind die Eltern darlegungs- und beweispflichtig. Indes wird die Entlastung im konkreten Fall wohl nicht gelingen. Die Eltern wussten von der Faszination, die Feuer auf Dirk ausübte oder konnten zumindest davon wissen. Sie durften die Streichhölzer nicht für Dirk zugänglich halten und ihn damit unbeaufsichtigt lassen.

199. Eine junge Liebe I

Das Ehepaar Ziegler hat eine Tochter Gundula, die nun 16 Jahre alt ist. Während eines Familienurlaubs in Reit im Winkl lernt Gundula den 29-jährigen Online-Broker Ramm kennen und lieben. Ramm ist verheiratet und hat zwei kleine Kinder. Gleichwohl setzt er die Beziehungen zu Gundula fort, die „unsterblich" in ihn verliebt ist. Die Eltern Ziegler sind sehr beunruhigt. Sie verbieten ihrer Tochter, sich mit Ramm zu treffen, ferner dem Ramm, Kontakt mit ihrer Tochter aufzunehmen.
Können die Eltern das Kontaktverbot gegenüber Ramm rechtlich durchsetzen?

a) Die elterliche Sorge der Eheleute Ziegler umfasst auch die *Befugnis, den Umgang* des Kindes mit Wirkung für und gegen Dritte *zu bestimmen (§ 1632 II)*. Das dem Ramm gegenüber ausgesprochene Kontaktverbot ist für diesen grundsätzlich verbindlich.

b) Freilich ist das elterliche Umgangsbestimmungsrecht bei einem schon 16 Jahre alten Jugendlichen *nicht schrankenlos*. Die Befugnis der Eltern endet, wenn ihre Ausübung das Wohl des Kindes gefährdet *(§ 1666 I)*. Darüber hinaus verlangt eine vordringende Lehre bei Kindern nahe der Volljährigkeitsgrenze für die Beachtlichkeit eines elterlichen Umgangsverbots triftige oder zumindest plausible Gründe. Diese sind im vorliegenden Fall allerdings gegeben: Nicht ohne Grund fürchten die Eltern, dass der verheiratete Ramm bei ihrer Tochter nur ein Abenteuer sucht. Es ist auch ihre Sorge begreiflich, dass die Tochter in ihrem Alter die Risiken eines Verhältnisses mit Ramm noch nicht voll einschätzen kann.

c) *Ergebnis:* Die Eltern Ziegler können ihrer Tochter und Herrn Ramm den Kontakt miteinander verbieten. Wenn sich Herr Ramm nicht daran hält, kann das Familiengericht Maßnahmen gegen ihn treffen (§ 1666 IV).

Information: Zum gleichen Ergebnis kann man auch gelangen, wenn man in der Kontaktaufnahme durch Ramm gegen das elterliche Verbot einen Eingriff in das elterliche Sorgerecht als absolutes Recht (§ 823 I) sieht. Dann könnte ein Unterlassungsanspruch analog § 1004 I 2 begründet werden.

200. Eine junge Liebe II

Wie Fall 199, aber: Das Ehepaar ist sich über das Vorgehen uneins. Frau Ziegler meint, „mit Gewalt" werde man Gundula nur noch weiter in ihren Liebeswahn treiben, man solle abwarten, bis sich die Sache von selbst beruhigt. Herr Ziegler hingegen will unbedingt gegen Ramm vorgehen. Ist ihm das möglich?

Da die Eltern Ziegler das Sorgerecht *gemeinsam* ausüben, muss eine Umgangsbestimmung auch von beiden getroffen werden, Herr Ziegler kann allein nicht handeln. Doch kann er sich an das Familiengericht mit dem Antrag wenden, ihm in dieser Angelegenheit die Entscheidung allein zu übertragen (§ 1628 S. 1). Gelingt ihm dies, so kann er nun als der insoweit allein Bestimmungsbefugte gegen Ramm nach § 1632 II, III vorgehen.

201. Eine junge Liebe III

Wie Fall 199, aber: Als die geschilderten Ereignisse geschehen, befindet sich Herr Ziegler auf einer längeren berufsbedingten Reise in der Mongolei, wo er schwer erreichbar ist. Frau Ziegler verbietet Ramm, zu Gundula Kontakt aufzunehmen. Ist das Verbot für Ramm wirksam?

a) Zwar müssen Befugnisse der elterlichen Sorge *gemeinsam ausgeübt* werden, wenn beide Eltern sorgeberechtigt sind. Doch bedeutet das nicht notwendig, dass beide Eltern in eigener Person handeln müssen. Vielmehr kann ein Elternteil den anderen *ermächtigen*, zugleich für ihn zu handeln. Eine solche Ermächtigung ist in unserem Fall aufgrund konkludenten Handelns anzunehmen: Wenn ein Elternteil aus beruflichen oder anderen Gründen unterwegs ist, entspricht es in der Regel seinem Willen, dass der andere Teil zumindest diejenigen Angelegenheiten der elterlichen Sorge allein erledigen kann, die keinen Aufschub bis zu einer Rücksprache dulden. Frau Ziegler kann daher zugleich im Namen ihres Mannes das Umgangsverbot wirksam aussprechen.

b) Eine *alleinige Handlungsbefugnis* von Frau Ziegler ließe sich auch auf *§ 1629 I 4* stützen. Zwar handelt es sich bei Erteilung eines Umgangsverbots streng genommen nicht um einen Akt gesetzlicher Vertretung, doch kann der Rechtsgedanke des § 1629 I 4 analog angewendet werden. Voraussetzung ist allerdings nach dieser Vorschrift „Gefahr im Verzug", d. h. es müssen ohne sofortiges Eingreifen Gefahren für wichtige Rechtsgüter oder Rechte des Kindes drohen, deren Abwehr ein Zuwarten bis zur Rücksprache mit dem anderen Elternteil nicht gestattet. Ob das in unserem Fall zutrifft, ist Tatfrage.

202. Die minderjährige Ehefrau

Die 17-jährige Bettina, Tochter des Ehepaars Müller, heiratet den 25-jährigen Christoph. Da sie ihre Tante Josefine beerbt hat und deshalb über einiges an Kapital verfügt, möchte sie eine Eigentumswohnung kaufen. Sie findet auch ein geeignetes Objekt, das der Rentner Klammer ihr anbietet. Kann Bettina den Kaufvertrag selbständig, d. h. ohne Mitwirkung anderer abschließen?

1. a) Nach *§ 107* bedarf ein beschränkt geschäftsfähiger Minderjähriger zu einer Erklärung, durch den er nicht lediglich einen rechtlichen Vorteil erlangt, der *Einwilligung seines gesetzlichen Vertreters*. Bettina ist trotz der Eheschließung noch beschränkt geschäftsfähig, denn Heirat macht nicht mündig; nur die faktische Personensorge der Eltern endet (§ 1633). Da der Kauf eines Grundstücks nicht lediglich einen rechtlichen Vorteil bringt, sondern zur Kaufpreiszahlung verpflichtet, bedarf Bettina zur entsprechenden vertraglichen Erklärung der Zustimmung der gesetzlichen Vertreter, d. h. ihrer Eltern (§ 1629 I).

b) Diese Zustimmung der Eltern allein könnte der Willenserklärung jedoch nicht zur Wirksamkeit verhelfen. Denn die Eltern benötigen, wenn sie ihre Zustimmung geben wollen, eine *Genehmigung des Familiengerichts* (§ 1643 I i. V. m. § 1821 I Nr. 5). Der Genehmigungsvorbehalt gilt nicht nur für Grundstückverträge, welche die Eltern als gesetzliche Vertreter im Namen ihres Kindes abschließen, sondern auch für Zustimmungen zu solchen Verträgen, die das Kind selbst tätigen will.

2. a) Der *Zustimmung ihres Mannes* bedarf Bettina nicht. Wenn ein Minderjähriger heiratet (vgl. § 1303), erwirbt nicht etwa sein volljähriger Ehepartner ein Sorgerecht über ihn.

b) Auf die Zustimmung des Ehemanns käme es nur dann an, wenn die Eheleute im gesetzlichen Güterstand lebten und der Kauf des Grundstücks eine *Verfügung* Bettinas *über ihr Vermögen im Ganzen* bedeuten würde (§ 1365 I). Das hat aber mit der Minderjährigkeit Bettinas nichts zu tun.

---

203. Praying Events

Die 15-jährige Cäcilia kommt in Kontakt mit einer kleinen religiösen Vereinigung, deren Gemeinschaftsleben mit ekstatischer Musik und ausdrucksvollem Tanz ihr sehr gut gefällt. Nachdem sie einige Male als Gast an den „Praying Events" teilgenommen hat, möchte sie aus ihrer christlichen Kirche austreten und sich der neuen Vereinigung, einer als eingetragener Verein organisierten Glaubensgemeinschaft, anschließen.
Kann sie das ohne Einwilligung ihrer Eltern?

---

1. Der *Austritt* aus einer Kirche geschieht nach den staatlichen Kirchenaustrittsgesetzen durch einseitige empfangsbedürftige Erklärung. Dazu bedürfte die 15-jährige Cäcilie an sich der Zustimmung ihrer Eltern, weil sie mit dem Austritt ihre Mitgliedschaftsrechte in der bisherigen Religionsgemeinschaft verliert, die Erklärung also nicht lediglich einen rechtlichen Vorteil bringt (§ 107). Jedoch ist in § 5 S. 1 des Gesetzes über die religiöse Kindererziehung bestimmt, dass einem Kind ab Vollendung des 14. Lebensjahres die selbständige Entscheidung darüber zusteht, zu welchem religiösen Bekenntnis es sich halten will. Das schließt die Möglichkeit ein, die Mitgliedschaft in einer Religionsgemeinschaft aufzugeben.

2. Fraglich ist, ob Cäcilia ohne Zustimmung der Eltern in eine andere Religionsgemeinschaft *eintreten* kann.

a) Der Vereinsbeitritt geschieht durch eine Willenserklärung des Beitretenden und durch Annahme dieses Beitritts durch den Verein. Zur Beitrittserklärung bedarf Cäcilia der Einwilligung ihrer Eltern, wenn sie dadurch nicht lediglich einen rechtlichen Vorteil erlangt (§ 107). Die Mitgliedschaft hat indes nicht nur Rechte, sondern auch Verpflichtungen zur Folge, etwa zur Leistung der satzungsmäßig verankerten Mitgliedsbeiträge. Danach bedürfte Cäcilia der Einwilligung ihrer Eltern.

b) Jedoch kommt auch hier § 5 S. 1 des Gesetzes über die religiöse Kindererziehung zum Zuge, wonach der junge Mensch ab Vollendung des 14. Lebensjahres selbständig entscheiden kann, zu welchem religiösen Bekenntnis er sich halten will. Daraus könnte sich ergeben, dass das 14-jährige Kind in Fragen seiner religiösen Orientierung voll geschäftsfähig ist und sich daher auch ohne Elternzustimmung beliebigen religiösen Organisationen anschließen kann.

c) Ob die Aussage des genannten § 5 S. 1 so weit trägt, ist zweifelhaft. Die Vorschrift ist eindeutig dann anwendbar, wenn ein Akt der religiösen Selbstbestimmung keine nachteiligen Folgen für das Vermögen nach sich zieht, z. B. beim Abmelden vom Religionsunterricht. Das gilt aber nicht ohne weiteres für den Beitritt zu einer

Religionsvereinigung. Denn dieser zieht außer einer persönlichen Zugehörigkeit auch Rechtspflichten nach sich, namentlich auch vermögensrechtlicher Art (Pflicht zur Leistung von Mitgliedsbeiträgen). Dass die vom genannten Gesetz gewährte „Religionsmündigkeit" auch solche Vorgänge umfasst, kann mit gutem Grund bestritten werden. Denn mit dem Vereinsbeitritt wird nicht nur die religiöse Sphäre berührt, sondern auch in den Vermögensbereich eingegriffen, für den die Eltern das Sorgerecht ausüben. In dieser Frage besteht allerdings noch keine Rechtsklarheit.

d) Folgt man der oben entwickelten Auffassung, so kann Cäcilia selbständig aus der Kirche austreten, sich auch persönlich zu der neuen Religionsvereinigung bekennen. Sie kann ohne Einwilligung ihrer Eltern aber nicht dem Verein mit der Wirkung beitreten, dass sie die damit verbundenen Verpflichtungen übernimmt (Gegenmeinung vertretbar).

204. Eine dringende Operation

Angelika und Hannes Müller üben die gemeinsame elterliche Sorge für ihre 16-jährige Tochter Tina aus. Diese wird von einem Automobil überfahren. Der Rettungsdienst verbringt Tina in ein Krankenhaus, wo der diensthabende Arzt eine sofortige Operation für medizinisch indiziert hält. Tina selbst und die eilends herbeigerufene Mutter erklären dem Arzt ihr Einverständnis mit der Operation. Der Vater Tinas befindet sich auf einem Kongress und ist nicht zu erreichen. Darf der Arzt operieren?

1. Ein ärztlicher Eingriff stellt nach herrschender Rechtsprechung eine Körperverletzung dar, die durch die *Einwilligung des hinreichend aufgeklärten Patienten* gerechtfertigt wird. Tina hat ihre Einwilligung erklärt, die Frage ist jedoch, ob diese wirksam ist, da Tina in der *Geschäftsfähigkeit beschränkt* ist und sie durch die Einwilligung nicht lediglich einen rechtlichen Vorteil erlangt (§ 107). Jedoch kommt es nach h. M. für die Fähigkeit, in eine medizinische Behandlung einzuwilligen, nicht auf die Geschäftsfähigkeit an. Als Grund wird angeführt, bei der Einwilligung handle es sich nicht um eine Willenserklärung (stattdessen: geschäftsähnliche Handlung oder überhaupt kein rechtlicher Akt). Vielmehr ist nach h. M. die „natürliche Einsichts- und Urteilsfähigkeit" entscheidend, d. h. die Fähigkeit, Bedeutung und Tragweite des Eingriffs zu erkennen (BGHZ 29, 33). Eine solche „natürliche Einsichtsfähigkeit" wird im Allgemeinen schon Jugendlichen ab dem 16. Lebensjahr, zum Teil schon in einem früheren Alter (ab 14) zuerkannt. Zum Teil wird zwischen alltäglichen und gravierenden medizinischen Behandlungen unterschieden. Kommt in unserem Fall der Arzt mit gutem Grund zum Ergebnis, dass Tina die genannte Einsichtsfähigkeit besitzt, so darf er hierauf gestützt operieren. Auf die Zustimmung der Mutter bzw. die fehlende Zustimmung des Vaters kommt es dann nicht an.

2. a) Kann Tina die *natürliche Einsichtsfähigkeit nicht* attestiert werden, so kommt es auf die *Einwilligung des gesetzlichen Vertreters* an. Die gesetzliche Vertretung steht bei gemeinsamem Sorgerecht beiden Eltern als Gesamtvertreter zu, sie müssten also beide einwilligen. In obigem Fall liegt nur die Einwilligung der Mutter vor, aber nicht die des Vaters.

b) Doch kann angenommen werden, dass sich gemeinsam sorgeberechtigte Eltern gegenseitig *bevollmächtigen*, sodass jeder Elternteil im Notfall zugleich im Namen des anderen handeln kann, wenn dieser nicht erreichbar ist (zum Problem BGH NJW 1988, 2946, 2947).

c) Zudem ergibt sich eine alleinige Notlagenkompetenz auch aus § 1629 I 4: Bei Gefahr im Verzug ist jeder Elternteil dazu berechtigt, alle Rechtshandlungen vorzunehmen, die zum Wohl des Kindes notwendig sind. Wenn die Operation zur Vermeidung schwerer Körperschäden oder zur Lebensrettung notwendig erscheint, sind diese Voraussetzungen zweifellos gegeben.

3. *Ergebnis:* Die Operation kann durchgeführt werden.

---

205. Oben ohne

Almut und Bertha, 16, sonnen sich am Strand. Das Oberteil ihres Bikinis haben sie ausgezogen, um gleichmäßig zu bräunen. Der Berufsfotograf v. Pappratz fotografiert mit Hilfe einer hervorragenden, mit starkem Zoom ausgestatteten Kamera alles, was er hofft verwerten zu können. Die anmutigen Mädchen gefallen ihm besonders. Er fotografiert sie zunächst unbemerkt. Dann nimmt er mit ihnen Kontakt auf. Er überredet sie, gegen Zahlung von je 100 EUR in eine gewerbliche Verwendung der von ihnen gemachten Fotos einzuwilligen. Die Mädchen fühlen sich geschmeichelt, können auch die 100 EUR gut gebrauchen und geben schriftlich ihr Einverständnis.
Almut und Bertha informieren freudestrahlend ihre jeweiligen Eltern, die entsetzt sind. Die Eltern von Almut, ebenso die von Bertha fordern v. Pappratz auf, die Verwertung der Bilder zu unterlassen. Mit Recht?

Der *Anspruch auf Unterlassung* könnte sich aus *§ 1004 I 2* ergeben. Die Vorschrift schützt ihrem Wortlaut nach zwar nur das Eigentum, wird aber entsprechend auch zum Schutz anderer deliktisch geschützter Rechtspositionen angewendet.

a) Hier kommt eine drohende Beeinträchtigung des *Rechts am eigenen Bild* in Betracht. Nach § 22 S. 1 KunstUrhG dürfen Bildnisse nur mit *Einwilligung* des Abgebildeten verbreitet oder öffentlich zur Schau gestellt werden. Die Einwilligung gilt im Zweifel als erteilt, wenn der Abgebildete dafür, dass er sich abbilden ließ, eine Entlohnung erhielt. Eine solche Einwilligung der betroffenen Mädchen liegt hier vor.

b) Es ist jedoch zu prüfen, ob diese *Erklärung wirksam* ist. Denn die Mädchen sind minderjährig und bedürfen zu einer Willenserklärung, die ihnen nicht lediglich einen rechtlichen Vorteil bringt, der Zustimmung ihrer Eltern als gesetzlicher Vertreter (§ 107). Die Einwilligung in die Veröffentlichung persönlicher Bildnisse bringt nicht nur rechtliche Vorteile: Sie rechtfertigt Eingriffe in ein absolut geschütztes Rechtsgut. Daher war die Zustimmung der Eltern notwendig.

c) Man könnte erwägen, ob nicht entsprechend der Lage bei den medizinischen Behandlungen (oben Fall 204) eine *vorgezogene („natürliche") Einwilligungsfähigkeit* anzunehmen ist, sodass § 107 nicht zum Zuge käme. Man könnte das damit begründen, dass es sich auch hier um ein höchstpersönliches Rechtsgut handelt, über das ein 16-Jähriger schon selbst disponieren kann. Jedoch ist diese Auffassung abzulehnen. Das Recht am eigenen Bild hat nicht nur eine persönliche, sondern auch eine wirtschaftliche Seite, wie unser Fall beweist. Die Einwilligung ist, wie bei § 185 I, als Willenserklärung anzusehen. Zum Schutz der Minderjährigen muss es mit den gesetzlichen Regeln sein Bewenden haben.

d) Somit liegen die *Voraussetzungen des § 1004 I 2* vor: V. Pappratz hat schon durch das heimliche Fotografieren das Recht am eigenen Bild der Mädchen verletzt (grundlegend BGHZ 20, 345, 347; 24, 208), mit der in Anspruch genommenen Verwertung sind weitere Beeinträchtigungen zu besorgen. Da keine wirksame Einwilligung vorliegt, haben die Mädchen die drohende Störung auch nicht zu dulden.

e) *Ergebnis:* Die Eltern können als gesetzliche Vertreter ihrer Töchter Unterlassung der Bildverwertung verlangen.

---

206. Der Traumberuf

Die 16-jährige Veronica sehnt sich danach, Schauspielerin zu werden. Sie will unbedingt jetzt schon eine Schauspielschule besuchen. Der allein sorgeberechtigte Vater möchte hingegen, dass Veronica das Abitur macht und „etwas Solides", vorzüglich Jura, studiert. Veronica stellt den Schulbesuch ein und unterschreibt bei der „Mimenakademie Iffland-GmbH" einen Vertrag über entgeltlichen Schauspielunterricht.
1. Ist der Vertrag gültig?
2. Kann Veronica ihre Vorstellungen ihrem Vater gegenüber durchsetzen?

Zu Frage 1:

Da der Vertrag nicht lediglich rechtliche Vorteile bringt, bedarf Veronica zum Abschluss des Vertrages der *Einwilligung* ihres Vaters als ihres *gesetzlichen Vertreters*. Da diese nicht vorliegt, ist der Vertrag schwebend unwirksam. Seine Gültigkeit hängt von der nachträglichen Genehmigung des Vaters ab (§ 108 I).

Zu Frage 2:

Es fragt sich, ob Veronica ihre Vorstellungen aufgrund *§ 1631a* gegenüber ihrem Vater durchsetzen kann. Danach sollen die Eltern in Angelegenheiten der Ausbildung und des Berufes insbesondere auf Eignung und Neigung des Kindes Rücksicht nehmen; bei Zweifeln soll der Rat eines Lehrers oder einer anderen geeigneten Person eingeholt werden. Die Erfüllung dieser Maximen ist aber nicht unmittelbar erzwingbar. Sie verdrängt auch nicht die Vorschriften der §§ 107 ff. Erst wenn die Eltern durch eine missbräuchliche Versagung der neigungs- und begabungsgerechten Ausbildung des Kindes dessen Wohl gefährden, könnte das Familiengericht zugunsten der Ausbildungswünsche Veronikas eingreifen (§ 1666 I). Es könnte dann auch die fehlende Einwilligung des Vaters zum Unterrichtsvertrag ersetzen (§ 1666 III Nr. 5).

207. Eine Mutter in Nöten

Aus der Ehe der Biermanns ist der Sohn Hans hervorgegangen. Als Hans zehn Jahre alt geworden ist, stirbt Herr Biermann. In der Folgezeit wird Frau Biermann mit der Erziehung ihres zehnjährigen Sohnes nicht fertig. Der Junge treibt sich spätabends noch herum und vernachlässigt die Schule. Was kann sie tun?

1. Frau Biermann übt nach dem Tode ihres Mannes die elterliche Sorge allein aus (§ 1680 I). Sie kann sich an das *Familiengericht* wenden, das die Eltern auf Antrag bei der Ausübung der Personensorge in geeigneten Fällen *zu unterstützen* hat *(§ 1631 III)*. Das Gericht kann die elterlichen Ermahnungen und Verwarnungen bekräftigen. Eingriffe in die elterliche Sorge (z. B. Entziehung eines Teiles des Sorgerechts) sind indes nur unter den Voraussetzungen des § 1666 I zulässig, d. h. wenn das körperliche, geistige oder seelische Wohl des Kindes oder sein Vermögen gefährdet ist und die Eltern nicht gewillt oder in der Lage sind, die Gefahr abzuwenden. Solche Maßnahmen kommen auch dann in Betracht, wenn Frau Biermann an der Gefährdung des Kindeswohls kein Verschulden trifft.

2. Weiterhin kann sich die Mutter an das *Jugendamt* wenden und die nach §§ 16 ff. KJHG vorgesehenen Hilfen in Anspruch nehmen, z. B. das Beratungs- und Unterstützungsangebot nach §§ 16 II, 18 KJHG.

3. Ein Antrag auf die *Beistandschaft des Jugendamtes nach § 1712 I* kommt in diesem Fall nicht in Frage, da keine der im Gesetz genannten Angelegenheiten (Feststellung der Vaterschaft, Geltendmachung von Unterhaltsansprüchen) betroffen ist.

4. Gesetzliche Vertretung insbesondere

208. Gesetzliche Vertreter

Wem steht die gesetzliche Vertretung eines minderjährigen Kindes zu?

1. Gesetzliche Vertretung ist eine Funktion der elterlichen Sorge (§ 1629 I 1). Gesetzlicher Vertreter des Kindes ist daher, wer die *elterliche Sorge* innehat. In der Regel sind dies beide Eltern gemeinschaftlich (§ 1626 I 1, § 1629 I 2). Doch gibt es Konstellationen, unter denen nur Vater oder Mutter allein sorgeberechtigt sind und daher allein die gesetzliche Vertretung ausüben (z. B. aufgrund einer Gerichtsentscheidung nach § 1671).

2. Steht ein Minderjähriger nicht unter elterlicher Sorge oder sind die Eltern von der gesetzlichen Vertretung vollständig ausgeschlossen, so wird die gesetzliche Vertretung durch einen *Vormund* ausgeübt (§§ 1773 I, 1793 I 1). Soweit bei Verhinderung der Eltern oder des Vormunds in bestimmten Angelegenheiten ein *Pfleger* bestellt wird (§ 1909), übt dieser im seinem Aufgabenbereich die gesetzliche Vertretung für das Kind aus (§ 1915 I 1 i. V. m. § 1793 I 1).

209. Partielle Vertretungsmacht

Kann es sein, dass den Eltern oder einem Elternteil die gesetzliche Vertretung nur *teilweise* zusteht? Bilden Sie gegebenenfalls Beispiele.

Es kann sein, dass das Sorgerecht geteilt oder eingeschränkt ist; dies wirkt sich automatisch auch auf die Befugnis zur gesetzlichen Vertretung aus.

Beispiel: Wenn sich die Eltern trennen, behalten sie im Regelfall die gemeinsame Sorge und damit die gemeinsame gesetzliche Vertretung. Doch hat der Elternteil, bei dem sich das Kind gewöhnlich aufhält, die alleinige Entscheidung in Angelegenheiten des täglichen Lebens (§ 1687 I 2) und ist insoweit alleiniger gesetzlicher Vertreter. Dem anderen Elternteil steht die gesetzliche Vertretung (gemeinschaftlich mit dem betreuenden Elternteil) dann nur in Angelegenheiten zu, deren Regelung für das Kind von erheblicher Bedeutung ist (§ 1687 I 1).

Weiteres Beispiel: Wenn einem Elternteil *ein Teil* der elterliche Sorge nach § 1666 I entzogen wird (z. B. die Vermögenssorge), dann verliert er in diesem Bereich auch die gesetzliche Vertretungsmacht. Auf den übrigen Feldern der elterlichen Sorge bleibt er sorgeberechtigt und insoweit auch zur gesetzlichen Vertretung befugt.

210. Arten der Ausübung

In welcher Weise können die Eltern die gesetzliche Vertretung ausüben, wenn das Kind beschränkt geschäftsfähig ist?

Die vertretungsberechtigten Eltern können in doppelter Weise handeln:

1. Entweder sie tätigen ein Rechtsgeschäft *im Namen des Kindes*, dann wird aufgrund der gesetzlichen Vertretungsmacht das Kind aus dem Geschäft berechtigt und verpflichtet (§ 164 I 1).

2. Oder die Eltern geben als gesetzliche Vertreter ihre – grundsätzlich nötige – Einwilligung zu einem rechtsgeschäftlichen Handeln, welches das beschränkt geschäftsfähige Kind selbst vornimmt (§§ 107 ff.). Auch dann wirkt das Rechtsgeschäft für das Kind. Die Zustimmung zum Rechtsgeschäft eines beschränkt geschäftsfähigen Kindes geschieht gleichfalls in Ausübung der gesetzlichen Vertretungsmacht.

211. Haftung der Eltern

Sind die Eltern aus einem Rechtsgeschäft, das sie im Namen des Kindes vornehmen, auch selbst berechtigt und verpflichtet?

1. Wenn die Eltern für den Geschäftspartner erkennbar im Namen des Kindes und im Rahmen ihrer Vertretungsmacht handeln, wird aus der Erklärung grundsätzlich nur das Kind berechtigt und verpflichtet.

2. Es ist jedoch stets genau zu prüfen, ob die Eltern bei einem Geschäft, das dem Kind zugute kommen soll, wirklich in dessen Namen und nicht im eigenen Namen

handeln wollen. Kaufen z. B. die Eltern Kleidung für ihr Kind, so tun sie es im Allgemeinen zwar *zugunsten* des Kindes, aber *nicht in seinem* Namen; vielmehr handeln sie im eigenen Namen im Rahmen der Erfüllung ihrer eigenen Unterhaltspflicht (§§ 1601, 1602, 1610, 1612 II).

3. Eine *Eigenhaftung* der Eltern tritt ein, wenn sie im Namen des Kindes handeln und ihre *gesetzliche Vertretungsmacht überschreiten (§§ 177 ff.).*

4. Eine *Eigenhaftung* der als gesetzliche Vertreter handelnden Eltern kann sich ferner nach allgemeinen Grundsätzen des Schuldrechts ergeben (vgl. §§ 280 I, 241 II, 311 III).

---

212. Ein Mieter kündigt

Die 15-jährige Luise Müller ist durch Erbschaft zu einem Mietshaus gekommen, das ihre Eltern – die Eheleute Alfons und Beatrix Müller – für sie verwalten. Der Mieter Schnappauf (1. Stock links) möchte das Mietverhältnis in der gesetzlichen Frist kündigen. Er richtet das Kündigungsschreiben an Alfons und Beatrice Müller als gesetzliche Vertreter Luises unter der ihm bekannten Adresse. Jedoch haben sich die Eltern Luises kurz vorher getrennt: Beatrix lebt mit Luise in der bisherigen Wohnung, während Alfons Müller ein Appartement angemietet hat und dorthin umgezogen und umgemeldet ist. Eine gerichtliche Entscheidung über das Sorgerecht ist nicht ergangen.
Ist die Kündigung wirksam geworden?

Nach *§ 131 I* wird eine Willenserklärung, die einem Minderjährigen gegenüber abzugeben ist, erst wirksam, wenn sie dem *gesetzlichen Vertreter* zugeht.

a) Die *Kündigung* ist eine empfangsbedürftige Willenserklärung, die sich an Luise als Vermieterin richtet. Folglich wird sie erst durch Zugang beim gesetzlichen Vertreter wirksam.

b) *Gesetzliche Vertreter* sind auch nach ihrer Trennung die Eltern Luises gemeinschaftlich, sofern das Sorgerecht nicht durch Gerichtsentscheidung anders geregelt wurde (§ 1671 I *arg. e contr.*). Nach dem Prinzip der *Gesamtvertretung* müsste folglich die Kündigung beiden Elternteilen zugehen. Das wäre hier zweifelhaft, da Alfons Müller nicht mehr an der Adresse wohnt, an die der Brief gerichtet ist. Doch genügt bei der *passiven Stellvertretung eines Minderjährigen die Abgabe gegenüber einem* Elternteil (§ 1629 I 2 Hs. 2). Die Kündigung ist also durch Zugang bei der vertretungsberechtigten Frau Müller wirksam geworden.

---

213. Geteiltes Sorgerecht

Wie wäre die Lage in vorstehendem Fall, wenn das Familiengericht auf Vorschlag der Eltern das Sorgerecht in der Weise geregelt hätte, dass die elterliche Sorge zwar im Allgemeinen von beiden Eltern ausgeübt, die Vermögenssorge aber allein von Herrn Müller wahrgenommen wird?

Auch hier gilt nach *§ 131 I*, dass die Erklärung, die der minderjährigen Luise gegenüber abzugeben ist, erst wirksam wird, wenn sie ihrem *gesetzlichen Vertreter* zugeht.

a) Fraglich ist, ob das hier geschehen ist. Die elterliche Sorge ist *geteilt*; das ist prinzipiell zulässig (§ 1671 I). Da die Verwaltung eines Miethauses zur Vermögenssorge gehört, müsste die Kündigung des Schnappauf Herrn Müller als alleinigem gesetzlichen Vertreter auf diesem Gebiet zugehen (§ 131 I).

b) Die Kündigung war zwar auch an Herrn Müller adressiert, aber nicht in seinen Machtbereich gelangt, weil er in der Wohnung, an welche das Kündigungsschreiben zugestellt wurde, nicht mehr wohnte. Danach wäre die Kündigung nicht wirksam geworden. Ein solches Ergebnis wäre indes unbillig. Da der Mieter weder von der Trennung der Eltern noch von der Sorgerechtsentscheidung noch vom Umzug des Herrn Müller etwas wissen kann, ist zu seinen Gunsten die bisherige Adresse des Herrn Müller als maßgebende Zustelladresse beider gesetzlichen Vertreter von Luise anzusehen, bis er in geeigneter Form über die neue Sachlage unterrichtet ist (§§ 170–173 analog; diese Auffassung kann kontrovers diskutiert werden).

214. Kindesunterhalt I

Herr Schulze und Frau Talhammer, die nicht miteinander verheiratet sind, haben eine gemeinsame Tochter namens Maria. Durch Sorgeerklärungen üben sie die elterliche Sorge gemeinsam aus (§ 1626a I Nr. 1). Das Kind lebt bei Frau Talhammer.
Kann Frau Talhammer den Unterhaltsanspruch Marias gegen Herrn Schulze geltend machen?

Der Unterhaltsanspruch Marias gegen ihren Vater folgt aus *§§ 1601, 1615a*.

Da die Eltern Marias die *elterliche Sorge gemeinsam* innehaben, kann an sich kein Elternteil allein handeln (Gesamtvertretung). Davon macht *§ 1629 II 2* eine *Ausnahme*: Wenn die elterliche Sorge den Eltern gemeinsam zusteht, kann gleichwohl der Elternteil, in dessen Obhut sich das Kind befindet, allein die Unterhaltsansprüche des Kindes gegen den anderen Elternteil geltend machen. Frau Talhammer kann also im Namen Marias deren Unterhaltsansprüche gegen Herrn Schulze geltend machen und ihn notfalls gerichtlich belangen.

215. Kindesunterhalt II

Das Ehepaar Weiss trennt sich. Der achtjährige Sohn Friedemann lebt – so haben sich die Eltern geeinigt – bei Herrn Weiss. Kann dieser als gesetzlicher Vertreter den Unterhaltsanspruch Friedemanns gegen Frau Weiss, die als Hoteldirektorin arbeitet, geltend machen?

a) Der Unterhaltsanspruch folgt aus *§ 1601*. Herr Weiss erfüllt seine Unterhaltspflicht dem Kind gegenüber durch dessen tatsächliche Betreuung (§ 1606 III 2); die „Barunterhaltspflicht" trifft infolgedessen allein Frau Weiss.

b) Der Geltendmachung des Kindesunterhalts durch Herrn Weiss könnte entgegenstehen, dass er *nicht allein zur Vertretung befugt* ist. Denn auch nach der Trennung steht das Sorgerecht beiden Elternteilen gemeinsam zu, soweit keine gegenläufige gerichtliche Regelung erfolgt. Doch greift hier *§ 1629 II 2* ein: Da Friedemann sich in der Obhut seines Vaters befindet, kann dieser die Unterhaltsansprüche seines Sohnes gegen die Mutter allein geltend machen.

c) Herr Weiss könnte aber gemäß *§ 1629 II 1 i. V. m. § 1795 I Nr. 3, 1* gehindert sein, im Namen Friedemanns gegen Frau Weiss gerichtlich vorzugehen, weil er noch mit dieser verheiratet ist. Auch davon statuiert indes § 1629 II 2 eine Ausnahme. Die Vorschrift hat auch den Zweck, bei der Geltendmachung von Unterhalt unter den Elternteilen die Vorschrift des § 1795 zu verdrängen, um die Durchsetzung des Kindesunterhalts zu erleichtern und die Bestellung eines besonderen Pflegers für die Unterhaltssache (§ 1909 I) zu ersparen.

d) Zudem bestimmt *§ 1629 III 1*, dass bei miteinander verheirateten Eltern ein Elternteil Unterhaltsansprüche des Kindes gegen den anderen Elternteil *nur im eigenen Namen* geltend machen kann, solange die Eltern getrennt leben oder eine Ehesache (z. B. ein Scheidungsverfahren) zwischen ihnen anhängig ist. Das hat den Sinn, die Unterhaltssache des Kindes nicht in den Scheidungsstreit der Eltern hineinzuziehen.

e) *Ergebnis:* Herr Weiss kann als gesetzlicher Vertreter den Unterhaltsanspruch seines Sohnes Friedemann gegen Frau Weiss geltend machen, aber nur *im eigenen Namen* (gesetzliche Prozessstandschaft). Ein von ihm erwirkter Unterhaltstitel wirkt dann auch für und gegen das Kind (§ 1629 III 2).

216. Kindesunterhalt III

Wie ist die Rechtslage in Fall 215, wenn Frau und Herr Weiss geschieden sind und nach wie vor die elterliche Sorge gemeinsam ausüben? Dabei ist davon auszugehen, dass Friedemann nach wie vor bei seinem Vater lebt.

Auch dann kann Herr Weiss den Unterhaltsanspruch seines Sohnes gegen Frau Weiss geltend machen. Dass Herr Weiss an sich nur gemeinsam zusammen mit seiner Ex-Frau die gesetzliche Vertretung innehat, ist gemäß *§ 1629 II 2* unschädlich.

Ein *Vertretungshindernis nach § 1629 II 1 i. V. m. § 1795 I Nr. 3, 1* besteht in diesem Fall ohnehin nicht, da die Ehe mit Frau Weiss nicht mehr besteht. Aus gleichem Grund kommt auch § 1629 III nicht mehr zum Zuge.

Herr Weiss kann in diesem Fall den Unterhaltsanspruch also *im Namen Friedemanns* gegen Frau Weiss geltend machen.

217. Das beschenkte Kind

Die gemeinsam sorgeberechtigten Eltern Brösel möchten ihrem sechsjährigen Sohn Max eine goldene Uhr, die ihnen gemeinsam gehört, schenken. Können sie das? Wie?

a) Die Schenkung könnte in Form der *Handschenkung (§ 516 I)* geschehen, d. h. dadurch, dass die Eltern dem Max die Uhr nach § 929 übereignen (Zuwendung) und sich mit Max darüber einig erklären, dass die Zuwendung unentgeltlich erfolgen soll.

b) Sowohl dem schuldrechtlichen Geschäft (Einigung über die Unentgeltlichkeit) als auch dem Zuwendungsgeschäft nach § 929 steht aber entgegen, dass Max *geschäftsunfähig* ist *(§ 104 Nr. 1)* und deshalb keine gültige Erklärung abgeben kann.

c) Folglich müssten die Eltern bei beiden Geschäften ein *Insichgeschäft* vornehmen: Sie könnten einerseits das Angebot zur Schenkung und zur Übereignung im eigenen Namen erklären, andererseits diese Angebote als gesetzliche Vertreter im Namen des Max empfangen und annehmen.

d) Einem solchen Selbstkontrahieren steht an sich *§ 181 Alt. 1* entgegen, der auch für die gesetzliche Vertretung gilt (§ 1629 II 1 i. V. m. § 1795 II). Jedoch besteht weitgehend Einigkeit darüber, dass § 181 nicht zum Zuge kommt, wenn das durch Selbstkontrahieren intendierte Geschäft dem Vertretenen *lediglich einen rechtlichen Vorteil* bringt (BGHZ 59, 236, 240). Das ist hier der Fall: Sowohl aus dem schuldrechtlichen Geschäft (Handschenkung, Einigsein über Unentgeltlichkeit) als auch aus dem Verfügungsgeschäft (Eigentumserwerb) erwachsen Max lediglich rechtliche Vorteile.

e) *Ergebnis:* Die Eltern Brösel können dem Max also durch Selbstkontrahieren die Uhr schenken und ihm das Eigentum verschaffen.

218. Hindernisse für einen Hausbau

Frau Warmund hat einen nichtehelichen Sohn Robert (12), für den sie das Sorgerecht allein ausübt. Sie heiratet nun Herrn Zirngibl. Robert hat von seinem verstorbenen Vater ein Grundstück geerbt, auf dem der bautechnisch versierte Zirngibl für die Familie ein Haus im Eigenbau errichten möchte. Er stellt allerdings die Bedingung, dass er Miteigentümer des Grundstücks wird. „Auch ich muss für meine Arbeit und die Kosten des Baues eine Sicherheit haben", sagt Zirngibl.
Frau Warmund möchte nun im Namen Roberts mit Zirngibl vereinbaren, dass dieser auf dem Grundstück ein näher beschriebenes Eigenheim errichtet und zugleich einen Anspruch auf die Übertragung eines Miteigentumsanteils von 1/2 erhält.
Welche rechtlichen Hindernisse stehen einem solchen Geschäft im Wege?

a) Frau Warmund kann als *gesetzliche Vertreterin (§ 1629 I 1)* ihres Sohnes Robert auch Vermögensgeschäfte tätigen und über Vermögen ihres Sohnes verfügen.

b) Dem könnte *§ 1641 S. 1* entgegenstehen, wenn es sich um eine Schenkung aus dem Kindesgut handeln würde. Das ist aber nicht der Fall, weil der Pflicht zur Veräußerung des Eigentums eine Gegenleistung (Verpflichtung zur Errichtung eines Eigenheims) gegenübersteht.

c) Dem Geschäft steht aber *§ 1629 II 1 i. V. m. § 1795 I Nr. 1* im Wege. Frau Warmund kann ihren Sohn bei einem Geschäft, das mit ihrem Ehemann abgeschlossen werden soll, nicht vertreten. Grund dafür ist die drohende Interessenkollision. Folglich müsste, wenn das Geschäft durchgeführt werden soll, für diese Angelegenheit ein *Pfleger* bestellt werden (§ 1909 I 1).

d) Ferner ist gemäß *§§ 1643 I, 1821 I Nr. 4, 1 eine gerichtliche Genehmigung* notwendig, weil eine Verpflichtung eingegangen werden soll, über ein Grundstück des Kindes zu verfügen. Das gilt auch für den Fall, dass für die Angelegenheit ein Pfleger bestellt wird (§ 1915 I 1 i. V. m. § 1821 I Nr. 4).

219. Ein Idealist

Franz Stenzel (16), Sohn der Eheleute Boris und Betty Stenzel, erbt von seinem Onkel Aloys ein größeres Vermögen als Alleinerbe. Franz befindet sich gerade in einer idealistischen Phase und möchte mit der Erbschaft nichts zu tun haben. Er will, wie er sagt, „mit dem schnöden Mammon sein junges Leben nicht belasten". Franz will die Erbschaft daher ausschlagen. Ist das möglich?

a) Der Erbe kann den Anfall der Erbschaft durch eine Erklärung gegenüber dem Nachlassgericht binnen sechs Wochen ausschlagen (§§ 1942 ff.).

b) Indes steht in unserem Fall der Erbe im Alter von 16 Jahren noch unter elterlicher Sorge und ist nur *beschränkt geschäftsfähig*. Da die Ausschlagung dem Franz nicht nur rechtliche Vorteile bringt, bedarf er hierfür der Einwilligung seiner Eltern als der gesetzlichen Vertreter (§ 107).

c) Die Eltern können ihre Zustimmung zur Ausschlagung aber nur mit *Genehmigung des Familiengerichts* geben (§ 1643 II 1). Diese Vorschrift gilt nicht nur, wenn die Eltern als gesetzliche Vertreter die Ausschlagung erklären, sondern auch wenn sie einer Ausschlagung durch den Minderjährigen durch Zustimmung Gültigkeit verschaffen wollen. Wollen die Eltern ihre Einwilligung zur Erbausschlagung geben, so hat also das Familiengericht zu entscheiden, ob es seine Genehmigung erteilt. Das Gericht trifft die Entscheidung, die dem *Wohl des Kindes* am besten entspricht (§ 1697a). Im konkreten Fall wird das Gericht die Genehmigung versagen, weil der Verlust eines größeren Vermögens, der durch die Ausschlagung einträte, die wirtschaftliche Lage des Franz auf Dauer verschlechtern würde und weil die derzeitige Stimmungslage des Franz sich jederzeit ändern kann.

220. Das ersehnte Segelboot

Die 15-jährige Josefa Moosrainer, Tochter der Eheleute Karl und Käthe Moosrainer, wird testamentarische Alleinerbin ihrer Tante Lisbeth. Zum Nachlass gehört ein Grundstück in Stadtnähe. Josefa ist begeisterte Seglerin. Zu ihrem Bedauern hat sie aber kein eigenes Segelboot, sondern muss sich mit den schon in die Jahre gekommenen Booten ihres Yachtclubs begnügen. Nun möchte sie das das Grundstück verkaufen, um sich ein neues Boot „mit allen Schikanen" zu kaufen.
Welche rechtlichen Hindernisse sind zu überwinden?

1. Fraglich ist zunächst, ob Josefa das *ihr gehörige Grundstück verkaufen* kann.

a) Da sie *beschränkt geschäftsfähig* ist, bedarf Josefa zum Verkauf eines Grundstücks der Einwilligung ihrer Eltern als der gesetzlichen Vertreter (§ 107), weil der Verkauf nicht lediglich rechtliche Vorteile, vielmehr die Pflicht zur Übergabe und Übereignung des Grundstücks (§ 433 I 1) mit sich bringt.

b) Die Eltern ihrerseits bedürfen zur Einwilligung der *Genehmigung des Familiengerichts*, da die Verpflichtung zur Verfügung über ein Grundstück eingegangen werden soll (§ 1643 I i. V. m. § 1821 I Nr. 4, 1). Die Genehmigungspflicht kommt nicht nur dann zum Zug, wenn Eltern im Namen des Kindes handeln, sondern auch, wenn sie einem Geschäft des Kindes durch Zustimmung zur Wirksamkeit verhelfen wollen. Der gleiche Genehmigungsvorbehalt besteht auch für die Verfügung über ein Grundstück (§ 1821 I Nr. 1). Die Eltern müssten sich also an das Gericht wegen Erteilung einer Genehmigung wenden. Das Familiengericht wird die Genehmigung wohl nicht erteilen, weil die Veräußerung von wertvollem Grund und Boden für die Zwecke eines Luxussports in aller Regel nicht dem Kindeswohl entspricht (§ 1697a).

2. Die beschränkt geschäftsfähige Josefa bedarf ferner zum *Kauf eines Segelbootes* der Einwilligung ihrer Eltern als der gesetzlichen Vertreter, weil der Kauf nicht lediglich rechtliche Vorteile, sondern die Pflicht zur Leistung des Kaufpreises mit sich bringt (§ 107). Ob die Eltern die Einwilligung erteilen, liegt in ihrem am Kindeswohl orientierten Ermessen.

221. Kinder haften für ihre Eltern?

Sabine Hingerl, Tochter des Ehepaares Wastl und Zenzi Hingerl, wird Alleinerbin ihrer verstorbenen Tante Frieda. Zum Nachlass gehört ein Mietshaus mit sechs Wohnungen, die sämtlich vermietet sind. Das Vermögen Sabines wird von den Eltern verwaltet. Im Haus wird eine Ölheizung betrieben. Die Eltern Hingerl vernachlässigen die Wartung der Heizungsanlage und des Öltanks. Eines Tages wird der Öltank undicht. Auslaufendes Öl entzündet sich und führt zu einem Brand. Der Mieter Kiesewetter erleidet schwere Brandwunden und hat außerdem hohe Sachschäden zu beklagen.
Haftet Sabine, die bei Eintritt der Schäden kurz vor ihrem 18. Geburtstag steht, für die Schäden?

1. Anspruchsgrundlage könnte *§ 536a I* sein.

a) Zwischen Sabine und Kiesewetter besteht ein Mietverhältnis, da Sabine als Erbin in die Rechte und Pflichten der Erblasserin eingetreten ist (§ 1922 I).

b) Als Vermieterin hat Sabine die Wohnung während der Mietzeit in einem zum *vertragsgemäßen Gebrauch geeigneten Zustand* zu erhalten (§ 535 I 2 Alt. 2). Dazu gehört auch, dass die Zentralheizung funktioniert und in einem Zustand gehalten wird, der Gefahren für Person und Vermögen der Mieter ausschließt. Befindet sich die Heizung nicht in einem solchen Zustande, so liegt ein Mangel im Sinne des § 536 I 1 vor.

c) Somit kann der Mieter Kiesewetter unter den Voraussetzungen des § 536a I *Schadensersatz* verlangen. Unter den dort genannten Konstellationen kommt hier die zweite in Betracht, dass nämlich ein Mangel *nach* Vertragsschluss aufgrund eines Umstandes entstanden ist, den der Vermieter zu vertreten hat. Da Sabine mit der Hausverwaltung nichts zu tun hat, scheidet eine eigene Pflichtverletzung und eigenes Verschulden aus. Doch haftet Sabine gemäß § 278 S. 1 für ein Verschulden ihres gesetzlichen Vertreters, also der Eltern (§ 1629 I 1). Diese haben bei ihrer Hausverwaltung für Sabine durch Vernachlässigung der Heizungswartung gegen die im Verkehr erforderliche Sorgfalt verstoßen und also fahrlässig gehandelt (§ 276 II).

d) Jedoch greift zugunsten von Sabine die *Haftungsbeschränkung nach § 1629a I 1* ein: Die Haftung für Verbindlichkeiten, welche die Eltern u. a. im Rahmen ihrer gesetzlichen Vertretungsmacht durch Rechtsgeschäft oder eine sonstige Handlung mit Wirkung für das Kind begründet haben, beschränkt sich auf den Bestand des bei Eintritt der Volljährigkeit vorhandenen Vermögens des Kindes. Die Vernachlässigung der Wartung ist zwar kein Rechtsgeschäft, aber eine „sonstige Handlung", welche über § 278 S. 1 eine Haftung für das Kind begründet. Sabine haftet folglich nach Eintritt der Volljährigkeit nur mit dem dann bei ihr vorhandenen Vermögen. Das kann z. B. bedeutsam sein, wenn die Schadensersatzansprüche über den Wert des (ohnehin geschädigten) Hauses und sonstigen Nachlasses hinausgehen. Sabine hat insoweit ein *Leistungsverweigerungsrecht*, auf das sie sich berufen muss (§ 1629a I 2, § 1990).

2. Es kommen weiterhin *Deliktsansprüche* aus § 823 I (Verletzung des Körpers, Verletzung des Eigentums), bzw. § 823 II i. V. m. § 229 StGB) in Frage. Da das Mietshaus von ihren Eltern verwaltet wird, kommt eigenes Verschulden nicht in Betracht. Auch muss Sabine sich das Verschulden der Eltern nicht zurechnen lassen: § 278 findet im Rahmen der deliktischen Haftung keine Anwendung; das Deliktsrecht selbst kennt eine dementsprechende Zurechnungsvorschrift nicht.

222. Ein junger Erfinder I

Der 16-jährige Karl, den die Freunde wegen seiner fanatischen Leidenschaft für die elektronische Datenverarbeitung „Bill Gates den Zweiten" nennen, glaubt eine Entdeckung gemacht zu haben, welche die Computer-Technik revolutionieren wird. Freilich fallen noch erhebliche Kosten an, um eine marktfähige Software zu entwickeln. Es gelingt Karl, von der Überland-Bank ein niedrig verzinsliches Darlehen in Höhe von 30.000 EUR zu erhalten, das nach zwei Jahren zurückgezahlt werden soll. Die Bank kann sich zur Kreditgewährung entschließen, nachdem die Eltern Karls der Kreditaufnahme zugestimmt haben.
Nachdem die zwei Jahre vorüber sind, fordert die Bank von Karl die Rückzahlung der Darlehenssumme. Die Pläne Karls, der mittlerweile 18 Jahre alt geworden ist, haben sich freilich nicht realisieren lassen. Besteht der Anspruch der Bank?

1. Anspruchsgrundlage könnte *§ 488 I 2* sein.

a) Es ist also zu prüfen, ob zwischen der Bank und Karl ein *Darlehensvertrag* zustande gekommen ist. Da Karl beschränkt geschäftsfähig ist (§ 106), bedurfte er zum

Abschluss eines Darlehensvertrags der Einwilligung seiner Eltern als gesetzlicher Vertreter (§ 107); denn die Aufnahme eines Kredits – gleichgültig ob verzinslich oder nicht – bringt wegen der Rückzahlungsverpflichtung nicht lediglich einen rechtlichen Vorteil. Die Einwilligung der Eltern liegt vor.

b) Jedoch bedurften die Eltern nach § 1643 I i. V. m. § 1822 Nr. 8 zur Aufnahme von Geld auf den Kredit ihres Sohnes der *Genehmigung des Familiengerichts.* Das gilt auch, wenn ein durch den Minderjährigen selbst abgeschlossener Vertrag durch die Zustimmung der Eltern Wirksamkeit erhalten soll. Eine gerichtliche Genehmigung ist in unserem Fall weder beantragt noch erteilt.

c) Der Darlehensvertrag ist gemäß *§ 1829* zunächst schwebend unwirksam. Wenn das Gericht oder der volljährig gewordene Karl selbst (§ 1829 III) die Genehmigung verweigern, tritt endgültige Unwirksamkeit ein. Der Anspruch auf Darlehensrückzahlung scheidet dann aus.

2. Ein Anspruch gegen Karl auf Zahlung der Kreditsumme könnte sich folglich nur auf *§ 812 I 1 Alt. 1 (Leistungskondiktion)* stützen.

a) Dieser Anspruch ist aber dem Entreicherungseinwand des *§ 818 III* ausgesetzt, sofern nicht im konkreten Fall die Voraussetzungen einer verschärften Haftung gegeben sind, §§ 818 IV, 819.

b) Ob zudem die Haftungsbeschränkung auf das bei Eintritt der Volljährigkeit vorhandene Vermögen gemäß *§ 1629a I 1* eintritt, erscheint zweifelhaft. Die Eltern haben zwar durch ihre Zustimmung einem Geschäft des Minderjährigen zur Wirksamkeit verhelfen wollen, doch ist dies fehlgeschlagen. Der Bereicherungsanspruch ist keine Verbindlichkeit, welche die Eltern „im Rahmen ihrer gesetzlichen Vertretungsmacht begründet" haben; der Anspruch ist durch das Leistungsgeschehen zwischen Bank und Darlehensempfänger entstanden. Doch ist auch die Auffassung begründbar, dass § 1629a von seinem Zweckgedanken her anwendbar ist, da die Eltern durch ihre Zustimmung als gesetzliche Vertreter die Gewährung des Darlehens mitverursacht haben.

---

223. Ein junger Erfinder II

Wie Fall 222, aber: Die Eltern Karls haben von dem zuständigen, für die Computertechnik begeisterten Familienrichter Gutmensch die Genehmigung für ihre Zustimmung zur Kreditaufnahme Karls erhalten. Wie ist der Rückzahlungsanspruch der Bank nun zu beurteilen?

Mit Erteilung der gerichtlichen Genehmigung gegenüber den Eltern (§§ 1643 III, 1828) ist der Darlehensvertrag wirksam, der Anspruch gegen Karl aus § 488 I 2 besteht. Indes tritt, nachdem Karl nun volljährig geworden ist, die Haftungsbeschränkung auf das bei Eintritt der Volljährigkeit vorhandene Aktivvermögen gemäß § 1629a I 1 ein. Dass nicht die Eltern den Vertrag geschlossen haben, sondern der Minderjährige selbst mit Zustimmung der Eltern (§ 107), ändert daran nichts (§ 1629a I 1 Hs. 2). Desgleichen steht die erteilte gerichtliche Genehmigung der Haftungsbeschränkung nicht im Wege (§ 1629a I 1 Hs. 2).

224. Ein junger Erfinder III

Wie Fall 222, aber: Der 16-jährige Karl möchte, um die Vermarktung der künftigen Software selbst zu betreiben, ein Unternehmen gründen, dessen Inhaber er zunächst allein sein will, „bis wir börsenreif sind". Die von ihrem Sohn überzeugten Eltern ermächtigen ihn, ein solches Unternehmen selbständig zu betreiben und erhalten dafür die Genehmigung des Familiengerichts. Nun nimmt Karl für die Entwicklung der Software bei der Sparkasse Hauserdörfl einen Kredit von 50.000 EUR, rückzahlbar in zwei Jahren, auf. Die Eltern Karls werden davon nicht informiert.
Ist Karl *aus Darlehensvertrag* zur Rückzahlung der Kreditsumme verpflichtet?

Der Anspruch kann aus *§ 488 I 2* begründet sein.

a) Voraussetzung ist der wirksame *Abschluss eines Darlehensvertrages*. Zu einem solchen bedurfte Karl an sich der Zustimmung durch seine Eltern als gesetzliche Vertreter (§ 107). Doch haben die Eltern zuvor schon Karl zum selbständigen Betrieb eines Erwerbsgeschäfts ermächtigt und dafür die nach § 112 I 1 erforderliche Genehmigung des Familiengerichts erhalten. Damit ist Karl für Rechtsgeschäfte, die der Geschäftsbetrieb mit sich bringt, als voll geschäftsfähig anzusehen. Da der Kredit für die Zwecke des Betriebs aufgenommen ist, fällt er in den Bereich der vollen Handlungsfähigkeit des Karl.

b) Indes sind gemäß § 112 I 2 solche Rechtsgeschäfte ausgenommen, zu denen der gesetzliche Vertreter der *Genehmigung des Familiengerichts* bedarf. Dazu gehört auch die Kreditaufnahme (§ 1643 I i. V. m. § 1822 Nr. 8). Karl benötigte also die Zustimmung der Eltern. Diese bedurften ihrerseits einer gesonderten Genehmigung des Familiengerichts (§ 107, § 1643 I i. V. m. § 1822 Nr. 8). Da Zustimmung und Genehmigung nicht vorliegen, ist eine Darlehensverbindlichkeit nicht entstanden. Sie könnte noch entstehen, wenn die Eltern nachträglich ihre Zustimmung erteilen (§ 108 I) und das Gericht nachträglich genehmigt (§ 1829 I 1).

225. Die Briefmarkensammlung

Die 16-jährige Anita ist unsterblich in Bertram (18) verliebt. Da dieser sich außer für Anita brennend für Briefmarken interessiert, schenkt sie Bertram eine wertvolle Briefmarkensammlung, die ihr der verstorbene Onkel Egon als Vermächtnis zugewandt hatte. Als Anitas Eltern von der Gabe erfahren, sind sie nicht begeistert, doch sagen sie schließlich murrend zu Anita: „Du musst wissen, was Du tust, es sind Deine Briefmarken".
Ist Bertram Eigentümer der Briefmarken?

a) Eigentümerin der Briefmarken war zunächst Anita. Sie könnte ihr Eigentum aber durch *Übereignung nach § 929 S. 1* an Bertram verloren haben. Anita hat dem Bertram die Briefmarken im Rahmen einer Handschenkung übergeben und war sich mit ihm über den Eigentumsübergang einig; somit sind die Voraussetzungen der Übereignung nach § 929 S. 1 erfüllt. Jedoch bedurfte ihre Einigungserklärung der Einwilligung ihrer sorgeberechtigten Eltern (§ 107), da das intendierte Rechtsgeschäft Anita nicht lediglich einen rechtlichen Vorteil, sondern im Gegenteil den Eigentumsverlust brachte. Da die Eltern zunächst nicht eingewilligt haben, ist die Übereignung schwebend unwirksam (§ 108 I).

b) Es könnte jedoch sein, dass die Eltern der Übereignungserklärung Anitas durch *nachträgliche Zustimmung* zur Wirksamkeit verholfen haben (§ 108 I). In der Bemerkung „Du musst wissen, was du tust ..." ist eine solche nachträgliche Genehmigung Anita gegenüber (§ 184 I, § 182) zu sehen, sowohl des zugrundeliegenden Kausalgeschäfts der Schenkung als auch der Übereignung nach § 929 S. 1. Denn die Eltern lassen erkennen, dass, obwohl sie das Verhalten ihrer Tochter nicht billigen, deren Wille entscheidend sein soll.

c) Indes könnte die Übereignung an Bertam gleichwohl unwirksam sein, weil Eltern *in Vertretung ihres Kindes keine Schenkungen* machen können (§ 1641 S. 1). Diese Vorschrift hindert die Eltern nicht nur an Schenkungen, die sie selbst im Namen des Kindes tätigen, sondern auch an Zustimmungen, mit denen sie als gesetzliche Vertreter einer Schenkung durch das Kind zur Gültigkeit verhelfen wollen. Die Genehmigung der Schenkung ist daher nichtig (§ 134), damit ist auch die Schenkung unwirksam. Von der Unwirksamkeit betroffen ist das schuldrechtliche Geschäft (Einigsein nach § 516 I), darüber hinaus nach dem Zweck des § 1641 S. 1 auch das Zuwendungsgeschäft selbst, also die Einigung nach § 929 S. 1. Daher konnte Bertram an den Briefmarken kein Eigentum erwerben.

d) Das Schenkungsverbot und das daraus entspringende Verfügungshindernis würden nicht gelten, wenn die Schenkung an Bertram einer *sittlichen Pflicht oder der Rücksicht auf den Anstand* entspräche (§ 1641 S. 2). Dafür liegen aber in unserem Fall keine Anzeichen vor.

e) *Ergebnis:* Eigentümerin der Briefmarken ist weiterhin Anita.

226. Ein schöner Teppich I

Die zwölfjährige Friedel Groß hat ihre Tante Agathe beerbt. Die Eltern, die Eheleute Groß, haben schon lange den Wunsch, ihr Heim mit einem kostbaren Orientteppich zu schmücken, den sie sich leider nicht leisten können. Nach dem Erbfall kaufen sie von Keilbach einen besonders schönen Teppich für 5.000 EUR. Der Vertrag wird beiderseits Zug und Zug erfüllt. Dabei wird der Kaufpreis aus Barmitteln von Friedels Erbschaft bestritten. Keilbach weiß davon nichts, auch Friedel wird nicht gefragt.
Wer hat das Eigentum am Teppich?

a) Eigentümer ist zunächst Keilbach gewesen.

b) Dieser hat den Teppich zur Erfüllung des Kaufvertrags an die Eltern Groß nach *§ 929 S. 1* übereignet. Bei diesem Erwerbsgeschäft haben die Eltern nicht erkennbar im fremden, also im eigenen Namen gehandelt (§ 164 II). Also sind die Eltern aufgrund § 929 S. 1 Eigentümer des Teppichs geworden, und zwar mangels anderer Absprache als Miteigentümer zu je 1/2.

c) Gleichwohl könnte statt der Eltern ihre Tochter Friedel Eigentümerin des Teppichs geworden sein. Nach *§ 1646 I 1* geht nämlich das Eigentum auf das Kind über, wenn die Eltern zwar im eigenen Namen, aber mit Mitteln des Kindes bewegliche Sachen erwerben. Der Erwerb durch das Kind tritt nur dann nicht ein, wenn die Eltern haben erkennen lassen, dass sie nicht auf Rechnung des Kindes erwerben wollen; aus dem Sachverhalt ergibt sich jedoch, dass Friedels Erbschaft mit den Kosten der Teppichanschaffung belastet bleiben sollte.

d) *Ergebnis:* Das Eigentum ist aufgrund des Übereignungsgeschäfts zwischen Keilbach und Friedels Eltern (§ 929 S. 1) auf Friedel übergangen, und zwar nach h. M. unmittelbar, ohne dass zunächst die Eltern „für eine juristische Sekunde" Eigentümer geworden wären („ohne Durchgangserwerb").

227. Ein schöner Teppich II

Wie ist im Fall 226 das Handeln der Eltern familienrechtlich zu beurteilen?

1. Eltern dürfen die *Substanz des Kindesvermögens* nicht für eigene Zwecke angreifen („Kindesgut ist eisern´ Gut"). Die Vorschrift des § 1649 II, wonach Eltern Einkünfte des von ihnen verwalteten Kindesvermögens unter bestimmten Voraussetzungen für ihren eigenen Unterhalt verwenden dürfen, bezieht sich nur auf *Einkünfte* (Einnahmen) aus dem Vermögen, etwa Zinsen und Mieterträge, nicht aber auf die Vermögenssubstanz. Selbst wenn der Kaufpreis von angesparten Vermögenseinkünften bezahlt würde, ist es sehr zweifelhaft, ob die Voraussetzungen des § 1649 II vorliegen. Denn der Teppich stellt sich angesichts der Lebensverhältnisse der Eltern als Luxusgegenstand dar, der von ihrem angemessenen Unterhalt nicht umfasst sein dürfte. Die Eltern handeln also grob pflichtwidrig.

2. Infolgedessen sind sie ihrer Tochter Friedel nach *§ 1664 I* (h. M.: Anspruchsgrundlage) zum Schadensersatz verpflichtet, wenn diese durch die Anschaffung des Teppichs auf Kosten ihres Vermögens einen Schaden erleidet (z. B. wenn der Wert des Teppichs hinter dem Kaufpreis zurückbleibt). Dass die Eltern nur für die *„diligentia quam in suis"* haften (§ 1664 I), befreit nicht vom Einstehen für grobe Fahrlässigkeit (§ 277) oder gar Vorsatz.

3. Die Anschaffung des Teppichs mit Mitteln des Kindesguts stellt eine Pflichtwidrigkeit dar, die das Familiengericht zu *Maßnahmen gegen die Eltern* veranlassen kann, um das Kindesvermögen zu schützen (§§ 1666 I, 1667).

228. Unterhalt in der *patchwork family*

Der zwölfjährige Peter Baumann hat seine Mutter durch einen Verkehrsunfall verloren und lebt bei seinem Vater Robert. Durch Vermächtnis seines Großvaters mütterlicherseits wird er Eigentümer eines großen Mietshauses, das sein Vater für ihn verwaltet. Das Mietobjekt bringt einen Bruttoertrag von 5.000 EUR, der zu einem Nettoertrag von 3.000 EUR im Monat führt.
Robert Baumann hat wiederum geheiratet und aus der neuen Ehe die Kinder Sabine (5) und Sandra (3). Seine soziale Lage ist nicht beneidenswert: Als bildender Künstler kann er nur zur Not die Familie ernähren. Die neue Ehefrau ist kaum in der Lage, neben der Kindesbetreuung hinzuzuverdienen. Da kommt der Geldregen der Mieteinkünfte Peters wie gerufen.

Überlegen Sie, ob und gegebenenfalls inwieweit Robert Baumann die Mieteinkünfte für den eigenen Unterhalt, den Unterhalt von Sandra und Sabine und den Unterhalt der neuen Ehefrau verwenden darf.

1. Nach *§ 1649 II* können die Eltern (hier: der allein sorgeberechtigte Vater) die Einkünfte des Kindesvermögens, die zur ordnungsmäßigen Vermögensverwaltung und für den Unterhalt des Kindes nicht benötigt werden, für ihren eigenen Unterhalt und für den Unterhalt der minderjährigen unverheirateten Geschwister des Kindes verwenden, soweit dies unter Berücksichtigung der Vermögens- und Erwerbsverhältnisse der Beteiligten der Billigkeit entspricht.

2. Das bedeutet in unserem Fall:

a) Zunächst sind von den Mieteinkünften die Verwaltungskosten (z. B. Ausgabe für Erhaltung und Renovierung, Abgaben, Steuern etc.) in Abzug zu bringen, es steht also nur das *Nettoeinkommen* zur Verfügung.

b) Die Nettoeinkünfte sind sodann in erster Linie für den *Unterhalt Peters selbst* zu verwenden (§ 1649 I 1); dabei ist zugunsten Peters die Höhe des angemessenen Unterhalts großzügig anzusetzen, weil dies seinen durch eigene Einkünfte geprägten Lebensverhältnissen entspricht.

c) Erst wenn der so bemessene Unterhalt Roberts gedeckt ist, kann ein verbleibender Überschuss *für den Vater und die Geschwister Roberts* verwendet werden, soweit dies billig erscheint. Die Geschwister Sabine und Sandra sind zwar nur Halbgeschwister Roberts, das steht der Anwendung des § 1649 II aber nicht im Wege. Bei der Billigkeitswertung ist der Zweck des § 1649 II zu beachten, einem starken Gefälle des Lebensstandards innerhalb der Familie entgegenzuwirken und Störungen des Familienfriedens zu vermeiden. Der Vater darf also den Unterhalt für sich und die Kinder aus der zweiten Ehe maßvoll aufbessern. Freilich haben die Interessen Peters (z. B. Rücklagen für die eigene künftige Berufsausbildung, Rücklagen für künftig anstehende Sanierungsmaßnahmen) den Vorrang.

d) Für den Unterhalt der *neuen Ehefrau* darf der Vater die Einkünfte aus dem Kindesvermögen nicht verwenden. Freilich bleibt es bei störungsfreier Ehe nicht aus, dass die Ehefrau an dem aufgrund § 1649 II erhöhten Unterhaltsniveau ihres Mannes Anteil hat.

229. Ein Model

Die Terra-Filmgesellschaft will die bildhübsche 16-jährige Veronica auf fünf Jahre für die Produktion von Werbefilmen verpflichten; sie soll längerfristig die Verkörperung der neuen Hautlotion *early spring* werden. Die frühreife Veronica ist begeistert; sie liebäugelt ohnehin mit einer Karriere im Showgeschäft.
Die elterliche Sorge für Veronica übt ihr Vater allein aus. Bedarf er zum Abschluss dieses Vertrages der Genehmigung des Familiengerichts?

a) Eine Genehmigungspflicht könnte sich aus der Verweisung des *§ 1643 I* auf die einschlägigen Vorschriften des Vormundschaftsrechts ergeben. In Betracht käme ein

Genehmigungsvorbehalt nach *§ 1822 Nr. 7* (Eingehung eines Dienstverhältnisses, das zu persönlichen Leistung für länger als ein Jahr verpflichtet). Doch ist der Fall des § 1822 Nr. 7 von der Verweisungsvorschrift des § 1643 I ausgenommen; nur ein Vormund bedürfte in einschlägigen Fällen der gerichtlichen Genehmigung, nicht aber die Eltern.

b) In Betracht kommt ferner ein Genehmigungsvorbehalt nach § 1643 I i. V. m. *§ 1822 Nr. 5*. Danach ist die gerichtliche Genehmigung für einen Vertrag notwendig, durch den das Kind zu wiederkehrenden Leistungen verpflichtet wird, wenn das Vertragsverhältnis länger als ein Jahr nach dem Eintritt der Volljährigkeit des Kindes fortdauern soll. Ein Dienstvertrag ist hierunter aber nicht zu verstehen, da diese Vertragsart unter Nr. 7 speziell geregelt ist (RG JW 1929, 1263; str.).

c) *Ergebnis:* Eine gerichtliche Genehmigung ist nicht nötig.

5. Veränderungen der elterlichen Sorge/Sorgerecht bei Trennung der Eltern/ Umgangsrecht

230. Der verschollene Professor

Das Ehepaar Obenauf hat eine Tochter namens Sabine (11). Herr Obenauf ist Professor für Geologie. Er nimmt an einer Forschungsreise in die Antarktis teil. Die Forschergruppe gerät in Verschollenheit und wird nun seit drei Monaten verzweifelt gesucht.
Wer übt die elterliche Sorge für Sabine aus?

a) Die elterliche Sorge steht beiden Eltern gemeinschaftlich zu (§ 1626 I 1). Doch ist Herr Obenauf, auch wenn er noch lebt, *tatsächlich verhindert*, die Sorge auszuüben; nach § 1678 I Hs. 1 übt Frau Obenauf die elterliche Sorge allein aus, solange das Hindernis andauert.

b) Frau Obenauf könnte zudem beim Familiengericht auf die *Feststellung* hinwirken, dass ihr Mann die elterliche Sorge *auf längere Zeit nicht ausüben kann*; dann ruht die elterliche Sorge von Herrn Obenauf (§§ 1674 I). Das bedeutet, dass auch hierauf gestützt Frau Obenauf die elterliche Sorge allein ausübt (§ 1675), bis das Familiengericht feststellt, dass der Grund des Ruhens nicht mehr besteht (§ 1674 II).

231. Eine gefährliche Reise I

Die Eheleute Unterberg haben einen 10-jährigen Sohn namens Matthias. Das Paar wird geschieden. Mit Zustimmung von Herrn Unterberg überträgt das Familiengericht die alleinige elterliche Sorge auf Frau Unterberg. Diese erfüllt sich den lang gehegten Wunsch einer Weltreise, die unter anderem nach Brasilien führt. Währenddessen verbleibt Matthias absprachegemäß bei seinem Vater. Im Amazonasgebiet wird die Reisegruppe, mit der Frau Unterberg unterwegs ist, überfallen. Seit Wochen fehlt trotz fortgesetzter Recherchen durch die Polizei jedes Lebenszeichen.
Wer übt die elterliche Sorge aus?

a) Allein sorgeberechtigt ist kraft gerichtlicher Entscheidung *nach § 1671 I 2 Nr. 1* an sich Frau Unterberg.

b) Frau Unterberg ist jedoch *tatsächlich verhindert,* die elterliche Sorge auszuüben. Nach § 1678 I Hs. 1 übt in solchem Fall an sich der andere Elternteil die Sorge allein aus. Doch gilt dies nicht, wenn das Sorgerecht – wie hier – dem verhinderten Elternteil aufgrund einer Entscheidung nach § 1671 allein zustand (§ 1678 I Hs. 2). Durch die tatsächliche Verhinderung der Mutter wächst dem Vater also nicht etwa automatisch das Sorgerecht zu. Doch hat er, solange sich das Kind vereinbarungsgemäß bei ihm aufhält, die Befugnis zur alleinigen Entscheidung in Angelegenheiten der *tatsächlichen* Betreuung und ein *Notvertretungsrecht* bei Gefahr im Verzug (§ 1687a i.V.m. § 1687 I 4 und 5, § 1629 I 4). Darüber hinaus ist anzunehmen, dass Frau Unterberg, als sie das Kind bei dem Vater beließ, diesen konkludent bevollmächtigt hat, als ihr Untervertreter im Namen des Kindes zu handeln, wenn immer sich ein Bedürfnis im Kindesinteresse dafür ergeben würde.

c) Wenn die Ungewissheit andauert, kann Herr Unterberg eine *Feststellung des Familiengerichts* erwirken, dass die allein sorgeberechtigte Mutter auf längere Zeit die elterliche Sorge tatsächlich nicht ausüben kann; dann *ruht* ihre elterliche Sorge (§ 1674 I). Diese Feststellung öffnet den Weg zu einer Sorgerechtsentscheidung: Besteht keine Aussicht, dass der Grund des Ruhens wegfallen wird, so hat das Familiengericht das Sorgerecht auf den anderen Elternteil, also Herrn Unterberg zu übertragen, wenn dies dem Wohl des Kindes nicht widerspricht (§ 1678 II). Für den Fall der Todeserklärung der Mutter siehe § 1681.

Information: Die dargestellte Regelung beruht auf dem Gesetz zur Reform der elterlichen Sorge nicht miteinander verheirateter Eltern aus dem Jahr 2013. Siehe Fall 179.

232. Eine gefährliche Reise II

Wie ist die Lage in Fall 231, wenn Frau Unterberg, nachdem längere Zeit kein Lebenszeichen von ihr zu erfahren war, für tot erklärt wird?

Wenn der Elternteil, dem das Sorgerecht gemäß § 1671 allein zusteht, stirbt, geht das Sorgerecht zwar *nicht automatisch* auf den anderen über. Das Gericht hat die Sorge aber dem überlebenden Elternteil *zu übertragen,* wenn dies dem Wohl des Kindes nicht widerspricht (§ 1680 II). Diese Regelung gilt für den Fall der Todeserklärung entsprechend (§ 1681 I). Das Familiengericht wird also die Sorge auf Herrn Unterberg übertragen, sofern nicht schwerwiegende Gründe dem entgegenstehen.

233. Eine gefährliche Reise III

Angenommen, in Fall 232 hat das Familiengericht das Sorgerecht auf Herrn Unterberg übertragen. Nach einigen Jahren kehrt Frau Unterberg aus Brasilien glücklich wieder zurück, nachdem sie von der Polizei befreit worden ist. Was geschieht nun in Bezug auf das Sorgerecht?

Nach § 1681 II hat das Familiengericht Frau Unterberg auf ihren Antrag das Sorgerecht in dem Umfang zu übertragen, in dem es ihr vor der Todeserklärung zustand. Das Sorgerecht ist ihr also wieder allein zu übertragen. Dies gilt aber nur, wenn dies dem Wohl des Kindes nicht widerspricht (§ 1681 II letzter Hs.). Hat sich Matthias inzwischen bei seinem Vater so gut eingelebt, dass eine Veränderung seinem Wohl abträglich wäre, so kann das Gericht eine anderweitige Sorgerechtsregelung treffen.

---

234. Elterntrennung und die Kinder

Die Eheleute Riemenschneider trennen sich. Aus der Ehe sind drei Kinder, nämlich Marlies (9), Markus (7) und Martha (5) hervorgegangen. An eine Scheidung denken die Eheleute noch nicht, sie hoffen, ihre Ehe nach einer gewissen „Auszeit" noch retten zu können. Doch bestehen unterschiedliche Auffassungen darüber, bei welchem Elternteil die Kinder während der Trennung leben sollen: Sowohl Herr wie auch Frau Riemenschneider wollen die Kinder bei sich haben.
Welche rechtlichen Möglichkeiten gibt es, den Konflikt zu lösen?

1. Die Trennung der Eltern ändert nichts daran, dass beide nach wie vor gemeinsam die elterliche Sorge innehaben. Jedoch können sich die Eltern in der Frage des Aufenthalts der Kinder nicht einigen. Dies ist eine Angelegenheit, die für das Kind von erheblicher Bedeutung ist. Für diesen Fall sieht *§ 1628* vor, dass das Familiengericht auf Antrag von Mutter oder Vater die Entscheidung auf einen von ihnen übertragen kann. Das Gericht könnte also z. B. auf Antrag von Frau Riemenschneider dieser die Entscheidung übertragen, ob die Kinder bei dem Ehemann oder bei ihr leben. Das Gericht wird das tun, wenn es zur Auffassung gelangt, dass diese Lösung dem Kindeswohl besser entspricht als wenn dem Vater das Entscheidungsrecht in dieser Frage übertragen würde.

2. Jeder Elternteil kann zudem nach *§ 1671 I* beantragen, dass das Gericht ihm die alleinige Sorge oder – als Teil hieraus – das Aufenthaltsbestimmungsrecht überträgt. Wenn die Eltern sich nicht einig sind, setzt dies voraus, dass zu erwarten ist, dass die Aufhebung der gemeinsamen Sorge und die Übertragung auf den Antragsteller dem Wohl des Kindes am besten entspricht (§ 1671 I 2 Nr. 2). Allerdings setzt die Anwendung des § 1671 außerdem voraus, dass die Eltern „nicht nur vorübergehend" getrennt leben.

Information: Während einer Übertragung des alleinigen (Teil-)Sorgerechts bei dauerndem Getrenntleben gemäß § 1671 I 2 Nr. 2 erhebliche Hürden im Wege stehen, setzt die Entscheidung nach § 1628 nur eine Meinungsverschiedenheit der Eltern in einer wichtigen Angelegenheit voraus. Das Ergebnis kann aber, wenn über den Aufenthalt des Kindes gestritten wird, ganz ähnlich ausfallen: hier Übertragung des Aufenthaltsbestimmungsrechts als eines Teils des Sorgerechts (§ 1671), dort die Übertragung der Bestimmungsbefugnis über die Frage, bei wem sich das Kind aufhält (§ 1628). Fraglich ist daher das Verhältnis beider Normen. Offenbar ist § 1628 mehr für die Lösung vorübergehender Konfliktsituationen gedacht, § 1671 zielt eher auf Dauerlösungen ab. Doch kommt das im Gesetz nicht klar zum Ausdruck.

235. Ehescheidung und die Kinder I

Die Eheleute Fink trennen sich wegen fortgesetzter ehelicher Zerwürfnisse. Frau Fink verbleibt in der bisherigen Ehewohnung, während Herr Fink in der Nähe eine eigene Wohnung mietet. Die Finks haben zwei Kinder, Doris (12) und Dieter (10). Die Ehegatten sind übereingekommen, dass die Kinder vorläufig zwischen den Wohnungen hin- und herwechseln. Nach einem Jahr Getrenntleben reicht Herr Fink Scheidungsantrag ein.
Kommt die Tatsache, dass die Eheleute Fink gemeinsame minderjährige Kinder haben, im Scheidungsverfahren zur Sprache?

1. Der Scheidungsantrag muss Namen und Geburtsdaten der gemeinsamen minderjährigen Kinder enthalten sowie die Mitteilung des Orts, an dem sie sich gewöhnlich aufhalten (§ 133 I Nr. 1 FamFG). Außerdem soll der Antrag eine Erklärung darüber enthalten, ob die Ehegatten eine Regelung über die elterliche Sorge, den Umgang mit den Kindern, den Kindesunterhalt und weitere wichtige Punkte getroffen haben (§ 133 I Nr. 2 FamFG).

2. Trotz solcher Information für das Gericht bildet die elterliche Sorge keinen zwingenden Gegenstand des Scheidungsverfahrens. Das Verfahren über das Sorge- und Umgangsrecht *kann* in den Verbund mit der Scheidungssache kommen, wenn ein Ehegatte vor Schluss der mündlichen Verhandlung im ersten Rechtszug in der Scheidungssache die Einbeziehung in den Verbund beantragt; doch kann das Gericht dies ablehnen, wenn es die Einbeziehung aus Gründen des Kindeswohls nicht für sachgerecht hält (§ 137 III FamFG). Kommt es zum Verbund und wird dem Scheidungsantrag stattgegeben, so wird gleichzeitig auch über die elterliche Sorge nach der Scheidung entschieden (§§ 137 I, 142 I 1 FamFG).

3. Unabhängig davon, ob die Kindschaftssache mit dem Scheidungsverfahren verbunden wird oder nicht, hat das Gericht die Rechtshängigkeit der Scheidungssache samt den persönlichen Daten dem Jugendamt mitzuteilen, damit das Amt den Ehegatten seine Hilfe bei der Bewältigung der Probleme anbieten kann (§ 17 II, III KJHG).

236. Ehescheidung und die Kinder II

Angenommen, in Fall 235 einigen sich Herr und Frau Fink schließlich darauf, dass das Sorgerecht für die Kinder gemeinsam ausgeübt werden soll und dass die Kinder gewöhnlich bei ihrer Mutter leben.
Ist eine gerichtliche Entscheidung nötig?

1. Das *gemeinsame Sorgerecht* bleibt kraft Gesetzes aufrechterhalten, auch nachdem sich die Eltern dauerhaft getrennt haben. Einer gerichtlichen Entscheidung hierüber bedarf es nicht.

2. Auch die Abrede, dass die Kinder ihren *gewöhnlichen Aufenthalt* bei Frau Fink nehmen, bedarf keiner gerichtlichen Bestätigung. Anders wäre es, wenn das Aufenthaltbestimmungsrecht als Teil des Sorgerechts allein auf Frau Fink übertragen werden soll; dann ist eine Entscheidung nach § 1671 I notwendig.

237. Getrennte Wege I

Franz und Gerlinde haben eine Tochter namens Mara. Sie sind nicht miteinander verheiratet, leben aber zusammen. Sie haben beide formgerecht erklärt, die elterliche Sorge für Mara gemeinsam ausüben zu wollen.
Später aber trennen sie sich. Mara lebt vereinbarungsgemäß bei ihrem Vater. Bedarf Franz der Zustimmung von Gerlinde
1. um Mara in einer christlichen Kirche taufen zu lassen;
2. um Mara in einem Kindergarten anzumelden;
3. um Mara, die sich eine Erkältung zugezogen hat, ärztlich behandeln zu lassen?

Kraft der Sorgeerklärungen haben die Eltern die *gemeinsame Sorge* inne (§ 1626a I Nr. 1). Also bedarf an sich der Vater, wenn er in Angelegenheiten des Kindes tätig wird, der Zustimmung der Mutter. Etwas anders gilt jedoch, wenn die sorgeberechtigten Eltern *dauernd getrennt* leben. Dann ist das gegenseitige Einvernehmen nur in Angelegenheiten erforderlich, deren Regelung für das Kind von erheblicher Bedeutung ist; hingegen bestimmt in Angelegenheiten des täglichen Lebens der Elternteil allein, bei dem sich das Kind aufgrund Vereinbarung oder Gerichtsentscheidung gewöhnlich aufhält (§ 1687 I 1–3).

Zu Frage 1: Die Taufe bedeutet für das Kind eine Grundentscheidung für das spätere Leben, die Zustimmung der Mutter ist notwendig.

Zu Frage 2: Auch die Anmeldung zum Kindergarten ist keine bloße Angelegenheit des täglichen Lebens. Es ist zu entscheiden, ob das Kind in seiner Entwicklung schon weit genug ist. Auch kann es sein, dass unter verschieden konzipierten Einrichtungen eine Wahl getroffen werden muss.

Zu Frage 3: Ärztliche Routinebehandlungen gehörten zu den Angelegenheiten des täglichen Lebens, hier kann der Vater allein handeln.

238. Getrennte Wege II

Kann Franz in Fall 237
1. den Unterhaltsanspruch von Mara gegen ihre Mutter geltend machen?
2. von Gerlinde für sich selbst Unterhalt verlangen?

Zu Frage 1: Gemäß *§ 1629 II 2* kann bei gemeinsamer Sorge derjenige Elternteil, in dessen Obhut sich das Kind befindet, Unterhaltsansprüche des Kindes gegen den anderen Elternteil geltend machen.

Zu Frage 2: In Betracht kommt ein *Unterhaltsanspruch aus § 1615l IV i. V. m. 1615l II 2.* Die Mutter eines nichtehelichen Kindes hat gegen dessen Vater einen Unterhaltsanspruch, soweit von ihr wegen Pflege und Erziehung des Kindes eine Erwerbstätigkeit nicht erwartet werden kann (§ 1615l II 2). Das gilt umgekehrt auch für den kindesbetreuenden Vater, wenn er das Kind pflegt und erzieht und ihm deswegen eine Erwerbstätigkeit nicht zugemutet werden kann.

239. Getrennte Wege III

Angenommen in Fall 237 befindet sich Mara eines Tages zu Besuch bei ihrer Mutter. Beim Herumhüpfen im Garten zieht sich Mara eine Verstauchung zu, die nach Einschätzung der Mutter sogleich ärztlich abgeklärt werden muss. Ist die Mutter befugt, Mara einer ärztlichen Untersuchung und Behandlung zuzuführen, wenn der Vater nicht zu erreichen ist?

1. An sich kann die Mutter die Einwilligung des Kindes in eine ärztliche Behandlung nicht allein erklären, da sie keine hinreichende *Vertretungsmacht* hat.

– Betrachtet man die Sache als *Angelegenheit des täglichen Lebens*, so liegt die Vertretung beim Vater (§ 1687 I 2); die Mutter hat, während das Kind bei ihr ist, eine Entscheidungsbefugnis nur in Angelegenheiten der *tatsächlichen* Betreuung (§ 1687 I 4), wozu die Einwilligung in eine medizinische Behandlung nicht gehört (andere Auffassung vertretbar).
– Betrachtet man die Sache als *Angelegenheit von erheblicher Bedeutung*, so müssten beide Elternteile gemeinsam handeln (§ 1687 I 1).

2. In obigem Fall kommt aber zugunsten der Mutter das *Notvertretungsrecht nach § 1687 I 5 i. V. m. § 1629 I 4* zum Zuge: Da ohne ärztliche Konsultation gesundheitliche Nachteile für Mara drohen und der Vater nicht zu erreichen ist, liegt „Gefahr im Verzug" vor. Die Mutter ist zu den nötigen Rechtshandlungen befugt.

240. Scheidung und Kindesrechte I

Die Eheleute Maier haben einen Sohn namens Torsten (15). Anlässlich der Scheidung kommen sie überein, dass Torsten bei der Mutter leben und diese auch die elterliche Sorge allein ausüben solle, da sich der Vater beruflich stark überlastet fühlt. Frau Maier stellt daraufhin beim Familiengericht den Antrag, ihr die elterliche Sorge allein zu übertragen; Herr Maier stimmt dem zu.
1. Muss das Gericht vor seiner Entscheidung Torsten anhören?
2. Kann Torsten, der gegen ein alleiniges Sorgerecht seiner Mutter eingestellt ist, die Entscheidung des Gerichts beeinflussen?

Zu Frage 1: Kinder ab 14 Jahren sind in Verfahren in Kindschaftssachen grundsätzlich vom Gericht *persönlich anzuhören* (§ 159 I 1 FamFG). Davon darf das Gericht nur aus schwerwiegenden Gründen absehen (§ 159 III 1 FamFG).

Zu Frage 2: Grundsätzlich ist der Antrag eines Elternteils, dem der andere zustimmt, für das Gericht bindend. Doch hat das Kind ab Vollendung des 14. Lebensjahres die Befugnis, der beantragten Zuweisung der elterlichen Sorge *zu widersprechen* (§ 1671 I 2 Nr. 1). Freilich kommt dem Kind kein absolutes Vetorecht zu, es entfällt nur die Bindung des Gerichts an die Einigung der Eltern. Das Gericht hat dann die Sorgerechtsentscheidung zu treffen, die dem Kindeswohl am ehesten entspricht.

241. Scheidung und Kindesrechte II

Angenommen: In Fall 240 überträgt das Gericht antragsgemäß die alleinige elterliche Sorge auf die Mutter. Kann Torsten hiergegen Beschwerde einlegen?

Das minderjährige Kind ist durch Entscheidungen über das Sorgerecht unmittelbar in seinen Rechten betroffen und daher beschwerdeberechtigt (§ 59 FamFG). Minderjährige können in allen ihre Person betreffenden Angelegenheiten ohne Mitwirkung ihres gesetzlichen Vertreters das Beschwerderecht ausüben (§ 60 S. 1 FamFG). Das gilt allerdings nicht für Personen, die bei Erlass der Entscheidung das 14. Lebensjahr noch nicht vollendet haben (§ 60 S. 3 FamFG); in unserem Fall ist Torsten aber bereits 15 Jahre alt. Da er beschwerdeberechtigt ist, muss ihm die Sorgerechtsentscheidung selbst bekannt gemacht werden (§ 164 FamFG).

242. Elternzwist

Das Ehepaar Meusel trennt sich. Die siebenjährige Tochter Ina lebt bei der Mutter. Um die Erziehung von Ina kommen fortwährend heftige Meinungsverschiedenheiten unter den Eltern auf. Herr Meusel meint u. a., seine Frau erziehe die Tochter nicht hinreichend zur Ordnung; es gehe nicht an, dass Ina manchmal länger aufbleiben dürfe, wenn „Wer wird Millionär" im Fernsehen kommt; auch müsse sich Frau Meusel mehr um die schulischen Angelegenheiten kümmern. Frau Meusel hält die Kritik für unangebracht und verbittet sich die Einmischung in ihr Privatleben; in der Schule gehöre Ina zu den Besten der Klasse. Frau Meusel, welche die Auseinandersetzungen nicht mehr ertragen will, beantragt beim Familiengericht die Übertragung der alleinigen elterlichen Sorge auf sich.
Welche Erwägungen wird das Gericht anstellen?

Dem Antrag von Frau Meusel ist stattzugeben, wenn erwarten ist, dass die Aufhebung der gemeinsamen Sorge und die Übertragung auf Frau Meusel dem Wohl des Kindes am besten entspricht (§ 1671 I 2 Nr. 2).

a) Die ständigen Auseinandersetzungen in Erziehungsfragen sprechen gegen die gemeinsame Sorge bei getrenntlebenden Eltern. Zwar darf die gemeinsame Sorge nicht schon wegen kleinerer Auseinandersetzungen angezweifelt werden, doch verspricht dauernder Streit in Erziehungsfragen für das Kind nichts Gutes (vgl. BGH FamRZ 1999, 1646).

b) Nach den Umständen des Falles erscheint es auch als das Beste, wenn Ina bei ihrer Mutter bleibt und diese das Sorgerecht allein ausübt. Die Alternative wäre ein Wechsel zum Vater, für den im konkreten Fall keine Gründe ersichtlich sind.

c) Es liegen also gute Gründe dafür vor, das Sorgerecht Frau Meusel allein zuzuordnen. Freilich ist in der Gerichtspraxis umstritten, ob fortlaufende Meinungsverschiedenheiten unter den gemeinsam sorgeberechtigten Eltern in wichtigen Punkten ausreichen, einem Elternteil das Sorgerecht (oder Teile davon) allein zuzuordnen. Nach der Auffassung eines Teils der Gerichte ist in einem solchem Fall den Eltern zuzumuten, durch fortlaufende Bemühungen eine einheitliche Linie zu finden („sich zusammen zu raufen"). Die Frage ist dabei nur, was dem Kind selbst zugemutet werden kann; das ist der entscheidende Gesichtspunkt. Der Fall kann kontrovers diskutiert werden.

243. Umgangsstreit

Angenommen, in Fall 242 ist die alleinige Sorge der Mutter übertragen worden. Die Eltern streiten nach wie vor darum, wie oft und wann Herr Meusel Umgang mit seiner Tochter haben soll. Herr Meusel möchte seine Tochter möglichst oft sehen. Da er beruflich gestresst ist, möchte er kurzfristig angemeldete Kontaktwünsche erfüllt sehen, z. B. am Vormittag anrufen können, dass er heute Nachmittag Zeit habe. Frau Meusel hingegen möchte eine vorausschaubare Ordnung in den Umgangskontakten.
Herr Meusel wendet sich an das Familiengericht. Was kann dieses tun?

a) Herr Meusel ist zum Umgang mit seinem Kind berechtigt und verpflichtet (§ 1684 I). Die Umgangstermine zu bestimmen ist grundsätzlich der Übereinkunft der Eltern anheimgestellt.

b) Wenn eine Einigung nicht erfolgt, so kann das Familiengericht über den Umfang der Kontakte entscheiden und den Umgang näher regeln (§ 1684 III 1). Herr Meusel kann eine solche gerichtliche Entscheidung herbeiführen. Mit seinem besonderen Anliegen, das Kind auch nach kurzfristiger Anmeldung sehen zu können, wann immer es ihm gerade passt, wird er indes wenig Erfolg haben. Es ist dem anderen Elternteil und auch dem Kind nicht zuzumuten, ihre Lebensplanung ständig unter den Vorbehalt von plötzlichen Umgangswünschen des Vaters zu stellen. Herr Meusel kann also nur erreichen, dass kontinuierliche Umgangstermine bestimmt werden. Dabei ist Frau Meusel verpflichtet, auf unvorhersehbare dienstliche Verhinderungen ihres Mannes Rücksicht zu nehmen und zumutbare Ausweichtermine zu akzeptieren.

244. Häusliche Gewalt I

Ullmann hat im Zustand der Trunkenheit seine Ehefrau in Anwesenheit seiner noch kleinen Kinder geschlagen und erheblich verletzt. Die Frau flüchtet mit den Kindern zunächst in ein Frauenhaus. Sie möchte aber in die Wohnung zurück, sofern Ullmann auszieht. Im Hinblick auf die erlittenen Todesängste möchte sie erreichen, mit Ullmann möglichst nie mehr zusammentreffen zu müssen.
Kann sie erreichen dass Ullman die Wohnung verlassen muss und sich ihr nicht mehr nähern darf?

1. Frau Ullmann kann *nach § 1361b I, II* von ihrem Mann verlangen, dass er ihr die Ehewohnung zu alleinigen Nutzung (mit den Kindern) überlässt, weil nur so eine unbillige Härte vermieden werden kann. Die Alternativen – erneutes Zusammenleben oder Überlassung der Wohnung an den Mann – sind unzumutbar. Da Herr Ullmann vorsätzliche Körperverletzungen begangen hat, ist Frau Ullmann die gesamte Ehewohnung zu alleiniger Benutzung zu überlassen (§ 1361b II 1). Diesen

Anspruch kann sie beim Familiengericht geltend machen (§ 23a I 1 Nr. 1, § 23b I GVG, § 111 Nr. 5, § 200 I Nr. 1 FamFG).

2. Zudem kann Frau Ullman *nach § 2 I des Gewaltschutzgesetzes* von ihrem Mann verlangen, ihr die Wohnung zur alleinigen Benutzung zu überlassen, da er sie vorsätzlich und widerrechtlich verletzt hat (§ 1 I GewSchG). Freilich muss diese Wohnungsüberlassung befristet werden (§ 2 II GewSchG), sofern Frau Ullmann nicht alleinige Mieterin oder Eigentümerin ist. Es wird freilich die Auffassung vertreten, dass für die Wohnungszuweisung unter getrennt lebenden Ehegatten die Vorschrift des § 1361b die Regelung des § 2 GewSchG verdränge. Da § 1361b strengere Voraussetzungen verlangt („unbillige Härte"), bedeutet diese Auffassung eine Diskriminierung von Ehegatten gegenüber Unverheirateten; sie ist verfassungswidrig (Art. 6 I GG). Für ein Begehren nach § 2 GewSchG ist gleichfalls das Familiengericht zuständig (§ 23a I 1 Nr. 1, § 23b I GVG, § 111 Nr. 6, § 210 FamFG).

3. Frau Ullmann kann ferner beantragen, dass Herr Ullman es *unterlässt*, die Wohnung zu betreten, sich in einem bestimmten Umkreis dieser Wohnung aufzuhalten, andere Orte aufzusuchen, an denen sie sich regelmäßig aufhält oder sonst Zusammentreffen mit ihr herbeizuführen (§ 1 I 1, 3 GewSchG, § 215 FamFG). Voraussetzung ist, dass solche Anordnungen im konkreten Fall zur Abwendung weiterer Verletzungen erforderlich sind. Derartige Schutzanordnungen können, soweit sie die Ehewohnung betreffen, auch im Rahmen einer Wohnungszuweisung nach § 1361b ergehen (§ 209 I FamFG).

245. Häusliche Gewalt II

**In Fall 244 ist Frau Ullmann durch gerichtliche Anordnung die Wohnung zur alleinigen Benutzung zugewiesen. Nachdem sich Herr Ullman entfernt hat, ist sie mit den Kindern wieder eingezogen. Frau Ullmann beantragt nun, ihr das alleinige Sorgerecht zu übertragen. Herr Ullman widerspricht dem und möchte das gemeinsame Sorgerecht aufrechterhalten wissen.
Wie wird das Gericht entscheiden?**

Dem Antrag der Mutter ist stattzugeben, wenn zu erwarten ist, dass die Aufhebung der gemeinsamen Sorge und die Übertragung auf den Antragsteller dem Wohl des Kindes am besten entspricht (§ 1671 I 2 Nr. 2). Herr Ullmann hat sich durch die schweren Übergriffe in Anwesenheit seiner Kinder als erziehungsunfähig erwiesen; Gewalt gegen den Partner im Beisein der Kinder ist auch Gewalt gegen die Kinder. Solange diese Gefahr – etwa durch eine erfolgreiche Alkohol-Entziehungskur – nicht verlässlich gebannt ist, kommt eine Ausübung des Sorgerechts durch ihn nicht in Betracht. Das Gericht wird also dem Antrag von Frau Ullmann stattgeben.

246. Häusliche Gewalt III

**In Fall 244 möchte Herr Ullmann seine Kinder wenigstens regelmäßig sehen. Frau Ullmann lehnt das nach dem, was geschehen ist, strikt ab. Herr Ullmann beantragt daraufhin, den Umgang gerichtlich zu regeln.
Wie wird das Gericht entscheiden?**

a) An sich hat Herr Ullmann ein unverlierbares Recht auf Umgang mit seinen minderjährigen Kindern (§ 1684 I). Doch ist die Ausübung des Umgangsrechts durch das Gebot des Kindeswohls begrenzt. Deshalb kann das Familiengericht das Umgangsrecht einschränken oder ausschließen, soweit dies zum Wohl des Kindes erforderlich ist (§ 1684 IV 1).

b) Ein Ausschluss auf längere Zeit oder auf Dauer kann allerdings nur angeordnet werden, wenn andernfalls das Wohl des Kindes gefährdet wäre (§ 1684 IV 2). Ob dies gegeben ist, ist Frage des konkreten Falles. Eindeutig muss der Umgang ausgeschlossen werden, solange weitere Übergriffe drohen oder die Kinder durch das Zusammentreffen in schwere Ängste versetzt werden.

c) Als milderes Mittel kommt in Betracht, dass der gewährte Umgang nur im Beisein eines Dritten (etwa eines Vertreters des Jugendamtes) stattfindet („begleiteter Umgang", § 1684 IV 3, 4). Ob auf diese Weise in den Fällen schwerer Misshandlung gedeihliche Kontakte mit dem Kind hergestellt werden können, ist allerdings umstritten. Wenn die Angstsituation, die mit der Begegnung mit dem Vater verbunden ist, nicht eindeutig vermieden werden kann, scheidet die Möglichkeit des begleiteten Umgangs aus.

---

247. Ein Kind zwischen den Umgangswünschen

Erika hat eine Liebschaft mit Anton, aus welcher der Sohn Markus hervorgeht. Gleichwohl wohnt das Paar nicht zusammen, es werden auch keine Sorgeerklärungen abgegeben. Anton zeigt sich im weiteren Verlauf an Markus wenig interessiert und nimmt selten mit ihm Kontakt auf. Hingegen kümmern sich Erikas Eltern, die beide im Ruhestand sind, um das Kind und ermöglichen Erika die Fortsetzung ihrer Berufstätigkeit. Nachdem Markus drei Jahre alt geworden ist, lernt Erika den Benno kennen, sie zieht mit Markus in dessen geräumige Wohnung ein. Der arbeitslose Benno führt den Haushalt, bringt Markus täglich zum Kindergarten und holt ihn nachmittags wieder ab. Sobald Erika von der Arbeit zurückkommt, steht sie für Markus bereit und widmet sich seiner Erziehung. Nach einem Jahr geht die Beziehung Erikas zu Benno nach heftigen Eifersuchtsszenen in die Brüche. Erika heiratet nun den Curd, mit dem zusammen sie eine Wohnung anmietet, um dort mit ihm und Markus zu leben. Curd ist zu Markus wie ein Vater, man lebt harmonisch zusammen.
Eines Tages meldet sich Anton, der sich nach einer enttäuschten Liebe an seine Vaterrolle erinnert; er möchte nun mindestens alle zwei Wochen einen Tag mit Markus verbringen. Auch die Eltern Erikas, die von der Heirat mit Curd nicht begeistert waren, verlangen regelmäßigen Umgang mit dem Kind. Schließlich meldet auch Benno den Wunsch nach regelmäßigem Kontakt mit Markus an.
Haben die Umgangswünsche eine rechtliche Grundlage?

---

1. Anton hat als *Vater des Kindes* ein Recht auf Umgang mit seinem Sohn, wie auch dieser ein Recht auf Umgang mit seinem Vater (§ 1684 I). Dass das Elternpaar nie zusammengelebt hat, ändert daran ebenso wenig wie Antons bisheriges Desinteresse. Freilich ist bei Durchführung des Umgangs das Kindeswohl zu beachten. Die Eltern

haben alles zu unterlassen, was das Verhältnis des Kindes zum jeweils anderen Elternteil beeinträchtigt oder die Erziehung erschwert (§ 1684 II 1). Hier ist zu beachten, dass durch die seltenen Kontakte das Kind seinen Vater zunächst als fremd empfinden wird. Der Umgang ist also einfühlsam anzubahnen, auch die Häufigkeit betreffend ist darauf zu achten, was Markus seinem Alter und seiner Situation gemäß ohne seelisches Leid verkraften kann.

2. Den *Großeltern* des Markus ist gemäß *§ 1685 I* ein Recht auf Umgang eingeräumt, wenn dieser dem Wohl des Kindes dient. Dafür spricht in diesem Fall, dass sich die Großeltern in den ersten drei Lebensjahren des Kindes intensiv um Markus gekümmert und zum Teil sogar die Elternrolle übernommen haben. Dadurch sind Bindungen entstanden, deren Fortentwicklung für Markus wichtig ist. Gerade weil das Interesse des Vaters sich als unzuverlässig erwiesen hat, entspricht es den Interessen des Kindes, sich auf die Zuwendung und Solidarität auch seiner Großeltern verlassen zu können. Gegen die Kindeswohlverträglichkeit der Kontakte würde es allerdings sprechen, wenn sich zwischen der Mutter und ihren Eltern gravierende Spannungen ergeben hätten und z. B. die Gefahr bestünde, dass das Kind bei seinen Großeltern gegen die Mutter aufgehetzt würde.

3. Auch Benno kann ein Recht auf Umgang haben, wenn die Voraussetzungen des *§ 1685 II* gegeben sind. Danach müsste *erstens* Benno eine enge Bezugsperson des Kindes sein, die *zweitens* für es „tatsächliche Verantwortung" trägt oder getragen hat (§ 1685 II 1); ferner müsste *drittens* der Umgang Bennos mit dem Kind dem Wohl des Kindes dienen (Bezug des § 1685 II auf § 1685 I, „Gleiches gilt"). Das Tragen tatsächlicher Verantwortung nimmt das Gesetz „in der Regel" an, wenn die betreffende Person (hier also Benno) mit dem Kind längere Zeit in häuslicher Gemeinschaft zusammengelebt hat. Ein Umgangsrecht Bennos ist zweifelhaft. Fraglich ist, ob er schon durch ein einjähriges Zusammenleben mit der Kindesmutter zur „engen Bezugsperson" des Kindes geworden ist. Fraglich ist ferner, ob der bisherige Einsatz Bennos für das Kind schon als „Tragen tatsächlicher Verantwortung" und ob das eine Jahr des Zusammenlebens in einem Haushalt als „längere Zeit" angesehen werden können. Und schließlich ist es unwahrscheinlich, dass ein – notfalls erzwungener! – Umgang dem Kindeswohl dient. Im Gegenteil: Nach der Heirat seiner Mutter mit Curd hat Markus die Chance, in einer neuen Familiengemeinschaft und stabilen Lebensverhältnis aufzuwachsen. Es ist auch zu bedenken, dass bei einer Vielzahl von Umgangsberechtigten die Lebenswelt des Kindes massiv gestört werden kann, wenn es häufigen Kontaktwünschen mehrerer Personen ausgesetzt wird. Benno hat also – falls nicht andere Umstände für eine besonders tiefe Bindung des Kindes an ihn sprechen – kein Umgangsrecht.

6. Unterhaltsrecht

248. Familienbande I

Theo (45) und Kathrin (40) sind Geschwister, deren Eltern schon verstorben sind. Das Schicksal der beiden verlief recht unterschiedlich: Theo studierte Betriebswirtschaft und wurde Direktor in einer Privatbank. Kathrin versuchte sich vergeblich als Künstlerin. Sie heiratete einen Mann, von dem sie mit zwei Kindern allein gelassen wurde und der keinen Unterhalt zahlt.
Ist Theo verpflichtet, Kathrin Unterhalt zu leisten?

Anspruchsgrundlage könnte § 1601 sein. Doch ergibt sich aus dem Gesetzestext, dass nur Personen, die *in gerade Linie* miteinander verwandt sind, einander im Falle der Bedürftigkeit Unterhalt schulden. Verwandte in gerade Linie sind Personen, deren eine von der anderen abstammt. Geschwister sind miteinander nur in der Seitenlinie verwandt, da sie von derselben dritten Person oder denselben dritten Personen abstammen (§ 1589 I 2). Kathrin hat gegen ihren Bruder also keinen gesetzlichen Unterhaltsanspruch.

249. Familienbande II

Angenommen, in Fall 248 unterstützt Theo seine Schwester eine Zeit lang in der Meinung, er sei dazu rechtlich verpflichtet. Von einem Kollegen aus der Rechtsabteilung wird er schließlich über die Rechtslage aufgeklärt. Er verlangt nun von seiner Schwester die Unterstützungsbeträge zurück.
Mit Recht?

Anspruchsgrundlage ist § 812 I 1 Alt. 1 (Leistungskondiktion). Kathrin hat durch Leistungen des Theo auf dessen Kosten Geldbeträge erlangt. Dafür bestand, wie bei Fall 248 erläutert, kein rechtlicher Grund. Damit sind die Regelvoraussetzungen des Anspruchs gegeben.

Doch kann dem der Ausschlussgrund des § 814 Alt. 2 entgegenstehen: Das zum Zweck der Erfüllung einer Verbindlichkeit Geleistete kann nicht zurückverlangt werden, wenn die Leistung einer sittlichen Pflicht oder einer auf den Anstand zu nehmenden Rücksicht entsprach. Hier kommt eine sittliche Verpflichtung des Theo zur Beistandsleistung für seine Schwester wegen der engen Familienbeziehung in Betracht. Bejaht man dies, so ist der Rückforderungsanspruch ausgeschlossen.

Zudem könnte Kathrin möglicherweise den Entreicherungseinwand geltend machen (§ 818 III), wenn sie – wie in ihrer Lage anzunehmen – die zugewendeten Gelder für ihre Lebensbedürfnisse verbraucht hat.

250. Familienbande III

Angenommen: In Fall 248 unterstützt Theo seine Schwester, mit der er sich von Kind auf eng verbunden fühlt, mit monatlichen Zahlungen, obwohl er weiß, dass er dazu nicht verpflichtet ist. Dann geraten die Geschwister in Streit. Theo möchte die an Kathrin geleisteten Beträge zurückerhalten.
Besteht dafür eine Rechtsgrundlage?

1. Da Theo, wie bei Fall 248 gesehen, zur Unterhaltsleistung nicht verpflichtet war, könnte es sich um *Schenkungen* handeln (§ 516 I). Schenkungen können nur in Ausnahmefällen zurückgefordert werden, nämlich, wenn der Schenker verarmt (§ 528) oder wenn er wegen einer schweren Verfehlung des Beschenkten die Schenkung wegen groben Undanks *widerruft* (§§ 530, 531 II i. V. m. § 818 – Rechtsfolgenverweisung). Für diese Rückforderungsgründe liegen im konkreten Fall aber keine Tatsachen vor.

Selbst wenn Theo die Schenkung wegen einer Verfehlung seiner Schwester gegen ihn widerrufen könnte, könnte der Rückforderungsanspruch an § 534 scheitern. Danach unterliegen Schenkungen, durch die einer sittlichen Pflicht oder einer auf den Anstand zu nehmenden Rücksicht entsprochen wird, nicht der Rückforderung und dem Widerruf. Wenn man, wie im vorstehenden Fall, eine sittliche Verpflichtung des Theo zur Unterstützung seiner Schwester annimmt, so wäre die Rückforderung selbst dann ausgeschlossen, wenn Kathrin gegenüber Theo eine schwere Verfehlung begangen hätte.

2. Ein *Anspruch aus § 812 I 1* scheitert daran, dass die Schenkungsabrede (das Einigsein über die Unentgeltlichkeit, § 516 I 1) einen rechtlichen Grund für die Leistung bildet.

251. Verwandtenunterhalt

Welche Normelemente sind zu prüfen, wenn es darum geht, ob ein Verwandter gegen einen anderen einen gesetzlichen Unterhaltsanspruch hat?

1. *Voraussetzungen*:

a) Es muss sich um einen Verwandten in gerade Linie handeln (§§ 1601, 1589 I 1).

b) Der Verwandte muss außerstande sein, sich selbst zu unterhalten (Bedürftigkeit, § 1602 I).

2. *Einwendungen*:

a) Unterhaltspflichtig ist nicht, wer bei Berücksichtigung seiner sonstigen Verpflichtungen außerstande ist, ohne Gefährdung seines angemessenen Unterhalts den Unterhalt zu gewähren (§ 1603 I). Bei den sonstigen Verpflichtungen sind auch andere Unterhaltspflichten und ihr Rang zu berücksichtigen (§ 1609).

b) Zu prüfen ist, ob eine andere Person im Range vor dem in Anspruch Genommenen unterhaltspflichtig ist (§§ 1606, 1608).

c) Unterhalt für die Vergangenheit kann nur unter den Einschränkungen des § 1613 verlangt werden.

d) Die Unterhaltsverpflichtung mindert sich oder entfällt unter den Voraussetzungen der Härteklausel des § 1611.

e) Die Unterhaltsverpflichtung erlischt mit dem Tod des Berechtigten oder des Verpflichteten nach Maßgabe des § 1615.

252. Unterhalt für die ausgebildete Tochter I

Die Eheleute Knopp haben eine Tochter namens Ursula, die nun 35 Jahre alt geworden ist. Ursula hat nach ihrem selbst gewählten Studium der Archäologie keine geeignete berufliche Stellung erlangen können. Aus einer lockeren Beziehung zum Kunstmaler Klecksel gingen zwei Kinder Max (7) und Moritz (9) hervor. Klecksel verdient nicht viel und kann gerade den Kindesunterhalt aufbringen.

> **Sind die Eltern Knopp, die beide berufstätig sind, ihrer Tochter zum Unterhalt verpflichtet?**

Grundsätzlich ja, § 1601. Zwar haben die Eltern ihrer Tochter bereits eine Berufsausbildung ermöglicht und insoweit die Unterhaltspflicht ihr gegenüber erfüllt (siehe § 1610 II). Jedoch besteht auch Kindern gegenüber, die beruflich die Selbständigkeit erlangt haben, die Unterhaltsverpflichtung weiter, wenn diese trotzdem außerstande sind, sich selbst zu unterhalten.

253. Unterhalt für die ausgebildete Tochter II

Angenommen, in Fall 252 könnte Ursula als Verkäuferin in einer Drogerie arbeiten und damit ihren Unterhalt decken. Kann sie trotzdem von ihren Eltern Unterhalt mit der Begründung verlangen, eine Berufstätigkeit sei ihr wegen der erforderlichen Kindesbetreuung nicht zuzumuten?

Der Unterhaltsanspruch könnte aus *§ 1601* begründet sein.

Fraglich ist, ob Ursula *im Sinne des § 1602 I bedürftig* ist. Darüber kann man unterschiedlicher Meinung sein.

– Für die Bedürftigkeit spricht, dass Ursula zwei Kinder im Grundschulalter betreuen muss und dass eine gleichzeitige Berufstätigkeit eine Überforderung darstellen könnte, die auch dem Kindeswohl nicht dienlich ist.
– Auf der anderen Seite kann man sagen: Bevor Ursula als erwachsene Tochter mit Berufsausbildung ihre Eltern in Anspruch nimmt, muss sie zuerst alle Möglichkeiten, selbst Geld zu verdienen, ausschöpfen. Sie muss auch solche Erwerbstätigkeiten annehmen, die nicht ihrer Ausbildung entsprechen. Die Aufgabe, ihre Kinder zu pflegen und zu erziehen, kann freilich der Zumutung einer Erwerbstätigkeit entgegenstehen. Doch ist hier zu bedenken, dass selbst unter geschiedenen Ehepaaren der Unterhalt für die Kindesbetreuung nur für die ersten drei Lebensjahre des Kindes gesichert ist und dann bereits die Erwerbobliegenheit des kindesbetreuenden Elternteils einsetzt (Fall 101). Das gilt umso mehr im Verhältnis der schon selbständigen Tochter gegenüber ihren Eltern, hier sind die Erwerbszumutungen noch strenger anzusetzen. Gleichwohl ist Ursula auch ihren Eltern gegenüber eine Erwerbstätigkeit nicht zuzumuten, soweit dadurch das Wohl ihrer Kinder gefährdet würde. Das ist Frage des konkreten Einzelfalls; unter Umständen kommt die Obliegenheit zu einem Teilzeitjob in Betracht (BGH FamRZ 1985, 1245); Ursula hätte dann einen Unterhaltsanspruch, soweit das so erzielte Einkommen nicht ausreicht, ihren angemessenen Lebensbedarf zu bestreiten.

254. Oma muss ins Pflegeheim

Sepp Schmalzgruber (53) ist als Taxifahrer beschäftigt und verdient 2.600 EUR netto. Seine Frau Bärbl ist krankheitsbedingt nicht erwerbstätig. Die Kinder sind ihrerseits bereits im Berufsleben.
Von den Eltern Sepp Schmalzgrubers lebt noch die Mutter Franziska Schmalzgruber (79). Diese kommt unglücklich im Treppenhaus zu Fall und erleidet

einen Oberschenkelhalsbruch. Sie kann nun nicht mehr allein leben und muss ins Pflegeheim. Eine Pflege in der Familie ihres Sohnes kommt schon wegen der Krankheit von dessen Ehefrau nicht in Betracht. Die Rente von Franziska Schmalzgruber und die Leistungen der Pflegeversicherung reichen allerdings nicht aus, um die Kosten des Pflegeheims zu decken. Es verbleibt ein nicht gedeckter Betrag von 2.000 EUR monatlich.
Ist Sepp Schmalzgruber seiner Mutter insoweit zum Unterhalt verpflichtet?

a) Der Unterhaltsanspruch gründet sich auf *§ 1601*.

b) Die *Bedürftigkeit* von Franziska Schmalzgruber (§ 1602 I) steht außer Zweifel, gleichgültig wie ihre Lebensstellung (§ 1610 I) einzuschätzen ist. Denn ihre Unterbringung im Pflegeheim ist unter den gegebenen Umständen unvermeidlich, um ein menschenwürdiges Leben zu ermöglichen. Ihre eigenen Einkünfte und die Versicherungsleistungen reichen zur Finanzierung des Heimaufenthalts nicht aus.

c) Fraglich ist jedoch, ob die Unterhaltspflicht des Sepp Schmalzgruber nicht mangels *Leistungsfähigkeit* entfällt (§ 1603 I). Das wäre gegeben, soweit durch Unterhaltsleistungen an die Mutter sein eigener angemessener Unterhalt gefährdet wäre; dabei sind sonstige Verpflichtungen zu berücksichtigen. Von seinem Einkommen muss Sepp nicht nur seinen eigenen Unterhalt bestreiten, sondern auch den seiner Frau, der er vorrangig zum Unterhalt verpflichtet ist (§ 1609 Nr. 3 und 6). Es ist anzunehmen, dass das Einkommen von 2.600 EUR netto im Großen und Ganzen für den eigenen Familienunterhalt benötigt wird. Jedenfalls reicht der Betrag üblicherweise nicht aus, um damit erhebliche Ersparnisse anzuhäufen. Eine spürbare und dauerhafte Senkung seines berufs- und einkommenstypischen Unterhaltsniveaus braucht der von seinen Eltern in Anspruch genommene Abkömmling im Allgemeinen nicht hinzunehmen (BGH FamRZ 2002, 1698, 1700). Das spricht in unserem Fall gegen eine Unterhaltspflicht des Sohnes.

Information: Die Praxis geht nach der Düsseldorfer Tabelle (Stand 1.1.2013, FamRZ 2013, 96, D I) wie folgt vor: Sie gesteht dem von den Eltern in Anspruch genommenen Kind einen Selbstbehalt von mindestens 1.600 EUR zu und setzt zudem nur die Hälfte des darüber hinausgehenden Nettoeinkommens für den Elternunterhalt ein. Wäre also Herr Schmalzgruber unverheiratet, müsste er die Hälfte des Einkommens, das über den Selbstbehalt hinausgeht (also 1.000 EUR : 2 = 500 EUR), für den Elternunterhalt einsetzen. Doch ist in unserem Fall Herr Schmalzgruber seiner Ehefrau vorrangig unterhaltspflichtig. Für die Ehefrau setzt die Düsseldorfer Tabelle zusätzlich einen Mindestbedarf von 1.280 EUR an. Herrn Schmalzgruber müssen also mindestens 1.600 EUR + 1.280 EUR = 2.880 EUR verbleiben. Da sein Nettoeinkommen darunter liegt, ist er seiner Mutter nicht zum Unterhalt verpflichtet.

In Fällen wie dem vorliegenden sind es üblicherweise nicht die Eltern, die ihre erwachsenen Kinder verklagen, vielmehr gehen die Prozesse von den Trägern der Sozialhilfe aus, die zunächst die Pflegeheimkosten übernehmen und gegen die unterhaltspflichtigen Kinder aufgrund eines gesetzlichen Forderungsübergangs nach § 94 I 1 SGB XII Regress nehmen wollen.

255. Geht es an die Substanz?

Wie wäre die Lage in Fall 254, wenn sich Sepp Schmalzgruber eine Eigentumswohnung im Werte von 80.000 EUR erspart hätte, in der er mit seiner Frau lebt?

a) Wenn für die Wohnung keine Kredite mehr zu finanzieren sind, so wohnen die Schmalzgrubers kostenfrei. Das ist bei Beurteilung der Leistungsfähigkeit Sepp Schmalzgrubers zu berücksichtigen, das „freie Wohnen" ist mit einem angemessenen Betrag beim Einkommen anzusetzen.

b) Darüber hinaus ergibt sich die Frage, ob Sepp Schmalzgruber zugemutet werden kann, die Wohnung zu verkaufen, um seiner Mutter Unterhalt leisten zu können. Grundsätzlich hat der Unterhaltspflichtige auch die Vermögenssubstanz einzusetzen, um seinen Unterhaltsverbindlichkeiten nachkommen zu können (BGH FamRZ 2002, 1698, 1702). Das gilt aber im Rahmen des § 1603 I nur insoweit, als der Zugriff auf die Vermögenssubstanz nicht den eigenen angemessenen Unterhalt gefährdet. Das wäre hier aber der Fall: Der Verkauf der Wohnung würde gerade das kostenfreie Wohnen beenden und damit das eigene Unterhaltsniveau senken. Ferner ist zu berücksichtigen, dass auch beim Unterhaltspflichtigen Rücklagen in bestimmten Umfange anrechnungsfrei bleiben, soweit sie sich als Vorsorgemaßnahme für Notsituationen oder für die eigene angemessene Alterssicherung darstellen. Eine Veräußerung des Familienheimes kann Sepp Schmalzgruber nicht zugemutet werden (BGH NJW 2006, 3344 Tz. 27).

256. Eine Dichterin sucht Unterhalt

Die Eheleute Bader haben eine Tochter namens Heidrun. Das Verhältnis Heidruns zu ihrem Vater ist seit ihrem 15. Lebensjahr stark angespannt. Die Spannungen eskalieren, als Heidrun gegen die Willen des Vaters mit dem Studium der Indogermanistik beginnt und in Kreisen der Münchener Bohème ein unstetes Leben führt. Einen Abschluss des vom Vater widerwillig finanzierten Studiums erreicht Heidrun nicht. Sie ernährt sich nach ihrer Exmatrikulation durch Gelegenheitsjobs. Im Jahr 2000 erscheint zu Heidruns dreißigstem Geburtstag ihr Gedichtband „Millennia", der ihr achtbare Rezensionen, aber kein Geld einbringt.
Die Kontakte zum Elternhaus sind im Lauf der Zeit immer seltener geworden. Nach dem Tode der Mutter vor fünf Jahren hat Heidrun ihren Vater überhaupt nicht mehr sehen oder sprechen wollen. Ein Rückenleiden hindert die Fortsetzung der Gelegenheitsarbeiten. Heidrun verlangt von ihrem gut verdienenden Vater Unterhalt. Wie ist die Rechtslage?

a) Der Unterhaltsanspruch stützt sich auf *§ 1601.*

b) Die Tochter ist auch *bedürftig*, d. h. außerstande, ihren Lebensbedarf selbst zu decken (§ 1602 I). Zwar hat der Vater ein Studium finanziert und ist insoweit der Verpflichtung, seiner Tochter eine angemessene Berufsausbildung zu gewähren (§ 1610 II), nachgekommen. Auch ist es ihm nicht zuzurechnen, dass das Studium zu keinem Erfolg geführt hat, da seine Tochter dieses Fach aus eigener Neigung gewählt hat. Doch hindert die Studienfinanzierung nicht, dass der Vater weiterhin zum Unterhalt verpflichtet bleibt, wenn seine Tochter außerstande ist, sich selbst zu ernähren. Das ist, nachdem Heidrun gesundheitsbedingt selbst Gelegenheitsjobs nicht mehr ausüben kann, offenkundig der Fall.

c) Es fragt sich aber, ob der Vater sich auf die *Härteklausel des § 1611 I* berufen kann. Danach braucht der Verpflichtete nur einen geringeren, der Billigkeit entsprechenden Unterhalt zu leisten, wenn der Unterhaltsberechtigte (aa) durch sein sittliches Verschulden bedürftig geworden ist, oder (bb) seine eigene Unterhaltspflicht gegenüber dem Unterhaltspflichtigen gröblich vernachlässigt oder (cc) sich vorsätzlich einer schweren Verfehlung gegen den Unterhaltspflichtigen oder einen nahen Angehörigen des Unterhaltspflichtigen schuldig gemacht hat. Die Unterhaltspflicht entfällt sogar ganz, wenn die Inanspruchnahme des Verpflichteten *grob* unbillig wäre (§ 1611 I 2).

Hier kämen die Varianten (aa) und (cc) in Frage.

Zu aa) Ob Heidrun durch ihr sittliches Verschulden bedürftig geworden ist, erscheint zweifelhaft. Man könnte ihr vorwerfen, dass sie nicht zielgerichtet studiert und ein „alternatives Leben" vorgezogen hat und dass dies gegen ihre Pflicht zur Rücksichtnahme gegen den Vater (§ 1618a) verstieß. Anderseits setzt der Begriff „sittliches Verschulden" ein besonderes Maß an moralischer Vorwerfbarkeit voraus, das bei Studenten, deren Zielstrebigkeit unter den Verlockungen wie Belastungen des studentischen Lebens leidet, nicht unbedingt erreicht sein muss.

Zu cc): Eine vorsätzliche schwere Verfehlung Heidruns gegenüber ihrem Vater könnte darin liegen, dass sie seit vielen Jahren den Kontakt zu ihm abgebrochen und damit ihr Desinteresse an seinem Schicksal und Wohlergehen an den Tag gelegt hat. Darüber kann man geteilter Meinung sein. Die Linie der Rechtsprechung läuft darauf hinaus, dass die Kontaktverweigerung, die vom unterhaltssuchenden Teil ausgeht, für sich gesehen noch keine schwere Verfehlung darstellt, aber je nach sonstigen Umständen des Falles, vor allem im Zusammenhang mit weiteren Verhaltensweisen (Unhöflichkeit, Gleichgültigkeit etc.) im Einzelfall einen solchen Vorwurf begründen kann. Im vorliegenden Fall wäre zu bedenken, dass die Störung des Vater-Tochter-Verhältnisses aus der Zeit der Minderjährigkeit der Tochter herrührt. Es fällt daher schwer, allein der Tochter die aus dieser Störung resultierende Distanzierung vom Vater als „schwere Verfehlung" anzulasten (zur Problematik BGH FamRZ 1991, 322; NJW 1995, 1215).

d) *Ergebnis:* Grundsätzlich hat Heidrun einen Unterhaltsanspruch gegen ihren Vater. Der mitgeteilte Sachverhalt reicht nicht aus, um den Anspruch nach § 1611 als verwirkt anzusehen (Gegenmeinung begründbar).

257. Entfremdung

Sebastian Knoll (30) und sein verwitweter Vater Elmar Knoll haben sich entfremdet. Übereinstimmend sind Vater und Sohn der Meinung, dass sie ihre Beziehungen auch in rechtlicher Hinsicht beenden sollten. Vor allem wollen sie nicht gegenseitig zum Unterhalt verpflichtet sein. Sie gehen zum Notar Bayerwald, um sich beraten zu lassen.
Welche Möglichkeiten wird ihnen der Notar aufzeigen?

1. Eine „*Scheidung*" der verwandtschaftlichen Beziehung gibt es nach deutschem Recht nicht. Die einzige Möglichkeit bestünde darin, dass Sebastian sich von einer anderen Person adoptieren lässt. Dies ist auch bei Volljährigen möglich (§ 1767 I). Doch müsste Sebastian erst jemanden finden, der zu seiner Annahme als Kind bereit

ist, außerdem müssten die Voraussetzungen gegeben, d. h. die Adoption müsste „sittlich gerechtfertigt" sein.

2. Möglich ist ein gegenseitiger *Erb- und Pflichtteilsverzicht* durch einen entsprechenden Vertrag (§ 2346). Dieser bedarf der notariellen Beurkundung (§ 2348).

3. Der *Verzicht* auf die beiderseitigen *Unterhaltsansprüche* ist hingegen nicht möglich: Für die Zukunft kann auf den Unterhalt unter Verwandten nicht verzichtet werden (§ 1614 I). Auch sonstige Vereinbarungen, die auf eine Umgehung des § 1614 I hinausliefen (z. B. die Verpflichtung, einen künftigen Unterhaltsanspruch nicht geltend zu machen), wären unwirksam.

---

258. Chaoslaw-Art

Erwin (34) bricht nach vergeblichem Studium der Rechte alle weiteren Ausbildungsbemühungen ab und widmet sich der bildenden Kunst. Er fertigt Kompositionen aus den Bestandteilen juristischer Loseblattwerke, welche die Kurzlebigkeit, Sinnlosigkeit und Wirrnis des heutigen Rechts zur Anschauung bringen sollen. Die von Erwin selbst so genannte Stilrichtung „Chaoslaw-Art" findet selbst in Juristenkreisen wenig Interesse. Als Erwin erkrankt, verlangt er von seinem Vater, einem gut verdienenden Nervenfacharzt, Unterhalt. Er trägt vor, schon seit drei Jahren kein nennenswertes Einkommen mehr zu haben, sodass er einen Bankkredit habe aufnehmen müssen. Er möchte daher Unterhalt nicht nur für den laufenden Monat, sondern rückwirkend für die vergangenen drei Jahre; nur aus Scham habe er den Vater bisher nicht um Unterhalt gebeten.
Ist der Anspruch begründet?

---

a) Der Anspruch gründet sich auf *§ 1601*.

b) Der Sohn ist auch *bedürftig* (§ 1602 I), da er krankheitsbedingt erwerbsunfähig ist. Vieles spricht dafür, dass er auch sonst nicht in der Lage wäre, sich zu unterhalten.

c) Der Unterhaltsanspruch scheitert auch nicht an mangelnder *Leistungsfähigkeit* des Vaters (§ 1603 I), da dieser als Arzt gut verdient.

d) Die bloße *Entfremdung* zwischen Sohn und Vater begründet für sich gesehen auch nicht den Vorwurf einer schweren Verfehlung im Sinne des § 1611 I 1 Var. 3 (siehe Fall 257). Auch auf eine Bedürftigkeit aufgrund sittlichen Verschuldens (§ 1611 I 1) gibt der Sachverhalt keine Hinweise.

e) Fraglich ist jedoch, ob das Unterhaltsverlangen über die Zeit ab Geltendmachung hinaus auch *für zurückliegende Zeiträume* begründet ist.

aa) Nach § 1613 I 1 kann der Berechtigte für die Vergangenheit Erfüllung nur von dem Zeitpunkt an fordern, zu dem der Verpflichtete *entweder* zum Zweck der Geltendmachung des Unterhaltsanspruchs aufgefordert worden ist, über seine Einkünfte und sein Vermögen Auskunft zu erteilen, *oder* zu dem der Verpflichtete in Verzug gekommen *oder* zu dem der Unterhaltsanspruch rechtshängig geworden ist.

bb) Ein Auskunftsverlagen oder eine Klage hat der Sohn früher nicht angestrengt. Auch hat er in der Vergangenheit den Vater nicht durch Mahnung in Verzug gesetzt (§ 286 I). Hier käme aber in Betracht, dass der Vater in der Vergangenheit laufend mit den monatlichen Unterhaltspflichten dadurch in Verzug gekommen ist, dass für die Leistung eine Zeit im Kalender bestimmt war und diese fruchtlos verstrichen ist (§ 286 II Nr. 1). Der Unterhalt ist nach § 1612 III 1 monatlich im Voraus zu zahlen. Das bedeutet, dass spätestens am 1. des jeweiligen Monats bezahlt werden muss; der letzte Leistungstermin steht also kalendermäßig fest. Danach wäre der Vater jeweils am Monatsbeginn mit dem jeweils zu zahlenden Monatsbetrag in Verzug gekommen. Indes wird von der Rechtsprechung die Vorschrift des § 1612 III 1 nicht im Sinne eine verzugsbegründenden kalendermäßigen Bestimmung verstanden. Dies widerspräche dem Zweck des § 1613 I: Der Unterhaltsverpflichtete soll nicht mit Forderungen überrascht werden können, von deren Existenz er möglicherweise nichts gewusst hat oder hat wissen können. Denn ob ein Verwandter bedürftig ist und daher Unterhalt verlangen will, ist für den potentiell Unterhaltspflichtigen oft nicht erkennbar. Deshalb vermag das bloße Verstreichen der in § 1612 III 1 gesetzlich fixierten Leistungszeit den Verzug nicht zu begründen.

f) *Ergebnis:* Grundsätzlich hat Erwin einen Unterhaltsanspruch gegen seinen Vater. Da kein Ausnahmegrund des § 1613 II vorliegt, kann er aber keinen Unterhalt für die Vergangenheit verlangen.

259. Unterschiede

Wie unterscheidet sich die Unterhaltspflicht der Eltern gegenüber ihren minderjährigen Kindern von der allgemeinen Unterhaltspflicht gegenüber Verwandten?

1. Die Unterhaltspflicht gegenüber minderjährigen Kindern ist *gesteigert*, weil sie unter dem Gebot der elterlichen Verantwortung (Art. 6 II 1 GG) für die noch nicht zur Selbständigkeit gelangten Kinder steht.

2. Minderjährigen Kindern wird in der Regel noch nicht zugemutet, sich durch eine Erwerbstätigkeit selbst zu unterhalten, weil sie sich typischerweise noch in der Schul- oder Berufsausbildung befinden.

3. Darüber hinaus braucht das minderjährige unverheiratete Kind grundsätzlich nicht die Substanz seines Vermögens anzugreifen. Es kann vielmehr von den Eltern, auch wenn es Vermögen hat, Unterhalt insoweit verlangen, als die *Einkünfte* aus seinem Vermögen und das eigene Arbeitseinkommen zum Unterhalt nicht ausreichen (§ 1602 II).

4. Die Eltern können sich gegenüber minderjährigen unverheirateten Kindern nur begrenzt auf eigene Leistungsunfähigkeit berufen: Sie müssen ihnen auch dann Unterhalt leisten, wenn sie dadurch ihren eigenen angemessenen Unterhalt gefährden und haben alle verfügbaren Mittel zu ihrem und der Kinder Unterhalt gleichmäßig zu verwenden (§ 1603 II 1). Allerdings tritt diese Verpflichtung nicht ein, wenn ein anderer unterhaltspflichtiger Verwandter vorhanden ist oder das Kind seinen Unterhalt aus der Substanz seines Vermögens bestreiten könnte (§ 1603 II 3).

Bei dieser Regelung stehen volljährige unverheiratete Kinder bis zur Vollendung des 21. Lebensjahres den minderjährigen gleich, solange sie bei den Eltern wohnen und sich in der allgemeinen Schulausbildung befinden (§ 1603 II 2).

5. Minderjährige unverheiratete Kinder haben in der Konkurrenz zu anderen bedürftigen Verwandten des Unterhaltspflichtigen den Vorrang (§ 1609 Nr. 1). Auch hier stehen die im Elternhaus wohnenden volljährigen Schulkinder bis 21 Jahre den Minderjährigen gleich.

6. Die Härteklausel des § 1611 ist auf die Unterhaltspflicht der Eltern gegenüber ihren minderjährigen unverheirateten Kindern nicht anzuwenden (§ 1611 II).

Information zu 4.: Die Gerichtspraxis relativiert die Pflicht, mit den minderjährigen Kindern den letzten Cent zu teilen, durch die Festsetzung eines sog. notwendigen Eigenbedarfs (Selbstbehalts), der dem Unterhaltspflichtigen auf jeden Fall belassen wird (nach Düsseldorfer Tabelle 2013 für den erwerbstätigen Unterhaltsverpflichteten 1.000 EUR). Damit soll vermieden werden, dass die Eltern durch die Leistung des Kindesunterhalts selbst sozialhilfebedürftig werden.

260. Die Höhe des Kindesunterhalts

Wie ist die Höhe des Unterhaltsanspruchs eines minderjährigen Kindes zu bemessen?

Das Maß des zu gewährenden Unterhalts bestimmt sich grundsätzlich nach der Lebensstellung des Bedürftigen (§ 1610 I) und umfasst den gesamten Lebensbedarf einschließlich der Schul- und Ausbildungskosten (§ 1610 II). Minderjährige Kinder haben aber noch keine eigene Lebensstellung, sondern nehmen an derjenigen der Eltern teil. Daher richtet sich das geschuldete Unterhaltsmaß grundsätzlich nach dem Einkommen der Eltern und den altersbedingten Bedürfnissen.

Die Praxis behilft sich mit Tabellen, die nach Einkommensstufen und Altersstufen der Kinder variieren (Düsseldorfer Tabelle 1.1.2013, FamRZ 2013, 96).

261. Formen des Unterhalts I

Das Ehepaar Hess lebt getrennt. Die siebenjährige Tochter Lore wird von Frau Hess betreut. Herr Hess ist Bankangestellter mit einem monatlichen Nettoeinkommen von 3.600 EUR netto. Frau Hess verdient sich ein Zubrot durch Schreibarbeiten in Höhe von 800 EUR monatlich.
Von wem und in welcher Form ist für Lore Unterhalt zu leisten?

Beide Eltern sind Lore unterhaltspflichtig (§ 1601). Frau Hess erfüllt ihre Unterhaltspflicht durch Naturalleistungen, nämlich durch Pflege und Erziehung des Kindes (§ 1606 III 2). In der Regel braucht sie darüber hinaus für das Kind keine finanziellen Leistungen zu erbringen. Die Verpflichtung, die für den Unterhalt Lores nötigen wirtschaftlichen Mittel zu beschaffen („Barunterhalt"), lastet folglich allein auf Herrn Hess.

262. Formen des Unterhalts II

Wie wäre die Lage, wenn in Fall 261 Herr Hess nur ein Monatseinkommen von 2.000 EUR hätte, Frau Hess aber – außer ihrem Nebenverdienst von 800 EUR – durch Erbschaft zu Kapitalvermögen gekommen wäre, das monatlich ca. 1.800 EUR netto an Einkünften abwirft?

Die Ausgangslage wäre zunächst dieselbe wie in Fall 261: Frau Hess erfüllt durch die Kindesbetreuung ihre Unterhaltspflicht (§ 1606 III 2), während Herr Hess Zahlungsunterhalt schuldet. Doch ist hier die Frage, ob Frau Hess aufgrund ihrer relativ hohen Einkünfte (aus Arbeit und Kapital insgesamt 2.600 EUR) nicht zusätzlich ihrer Tochter einen finanziellen Beitrag schuldet. Denn die vollständige Erfüllung der Unterhaltspflicht durch Betreuungsleistungen gilt nur „in der Regel" (§ 1606 II 2); unter besonderen Fallgestaltungen kann also eine Zahlungspflicht des betreuenden Elternteils hinzukommen.

Im konkreten Fall kann Frau Hess m. E. zugemutet werden, aus ihrem Einkommen, soweit es den eigenen angemessenen Unterhalt überschreitet, für den Kindesunterhalt etwas beizuschießen. Angesichts der bescheidenen Einkommensverhältnisse wird die Zahlungspflicht von Frau Hess aber nicht ihren Mann entlasten können; die Frau Hess zumutbaren Leistungen kommen hinzu.

263. Hausmann I

Das Ehepaar Lenz lässt sich scheiden. Der Sohn Tim (10) lebt bei seiner Mutter. Herr Lenz, als Buchhalter für ein Exportunternehmen tätig (3.200 EUR monatlich netto), kommt für den Barunterhalt auf.
Herr Lenz lernt nach der Scheidung die Schriftstellerin Beate Herbst kennen und heiratet sie; ein Ehename wird nicht bestimmt. In der neuen Ehe übernimmt Herr Lenz die Haushaltführung und – nachdem sich alsbald auch hier Nachwuchs einstellt – die Betreuung der Kinder Harry und Sally. Nachdem das zweite Kind geboren ist, gibt Lenz seine Berufstätigkeit ganz auf, da Frau Herbst zu Autorenlesungen ständig unterwegs ist und aufgrund ihrer Erfolgsromane glänzend verdient.
Joachim Lenz stellt seine Zahlungen für Tim, der nunmehr zwölf Jahr alt ist, mit der Begründung ein, er habe kein Einkommen mehr. Mit Recht?

a) Anspruchsgrundlage ist *§ 1601*.

b) Der minderjährige Sohn Tim ist zweifellos *bedürftig* (§ 1602 I), weil er sich noch in der Schulausbildung befindet; eine Erwerbstätigkeit kann ihm nicht zugemutet werden.

c) aa) Nach § 1603 I ist jedoch nicht unterhaltspflichtig, wer *außerstande* ist, *Unterhalt zu leisten*. Wer kein Einkommen hat, ist grundsätzlich nicht leistungsfähig und schuldet keinen Unterhalt. Das gilt indes nicht, wenn die betreffende Person Einkommen haben *könnte*, dieses aber zu erzielen unterlässt. Das erzielbare Einkommen wird dieser Person dann fiktiv zugerechnet. Das gilt insbesondere im Verhältnis zu minderjährigen Kindern; ihnen gegenüber besteht die Pflicht, alle verfügbaren Mittel für ihren und den eigenen Unterhalt gleichmäßig zu verwenden

(§ 1603 II 1). Zu den „verfügbaren" Mitteln gehören auch die konkret möglichen Einkünfte, die zu erzielen der Unterhaltspflichtige unterlässt.

bb) Da Herr Lenz in seinem Beruf arbeiten könnte, müsste ihm demzufolge ein entsprechendes Einkommen zugerechnet werden, sodass er Tim gegenüber als leistungsfähig zu betrachten wäre. Niemand zwingt ihn, in der neuen Ehe die Rolle des Hausmannes zu übernehmen und auf Erwerbseinkünfte zu verzichten.

Gegen den Ansatz eines fiktiven Einkommens spricht aber, dass Herrn Lenz die Freiheit bleiben muss, zusammen mit seiner zweiten Frau die Familienverhältnisse so zu gestalten, wie das Paar es einvernehmlich wünscht. So gesehen könnte man sagen: Herr Lenz hat einen plausiblen, von der Elternverantwortung gegenüber den neuen Kindern Harry und Sally geprägten Grund, seinen Beruf aufzugeben. Eine fiktive Einkommenszurechnung kann so als unangemessen erscheinen.

Die Lösung des Interessenwiderstreits muss dem Gedanken Rechnung tragen, dass Herr Lenz für die Kinder aus *beiden Ehen in gleicher Weise* Verantwortung trägt. Es ist ihm nach der Rechtsprechung daher im Verhältnis zu den Kindern aus erster Ehe grundsätzlich verwehrt, sich auf eine Leistungsunfähigkeit zu berufen, die darauf beruht, dass er die Betreuung der Kinder aus der zweiten Ehe übernimmt und dementsprechend seine Berufstätigkeit aufgibt. Nur wenn wirtschaftliche oder sonstigen Gründe von gleichem Gewicht, die einen erkennbaren Vorteil für die neue Familie mit sich bringen, im Einzelfall den Rollentausch rechtfertigen (BGH FamRZ 2006, 1827), müssen die unterhaltsberechtigten Kinder aus erster Ehe diese Rollenwahl hinnehmen. Aber auch dann bleibt der Mann verpflichtet, die Beeinträchtigung von deren Unterhaltsinteressen so gering wie möglich zu halten und wenigstens eine Nebentätigkeit aufzunehmen, um deren Ansprüche erfüllen zu können (BGHZ 75, 272, 275; BGH FamRZ 2001, 614).

Im vorliegenden Fall kann angenommen werden, dass es für die zweite Familie des Herrn Lenz wegen des hohen Einkommens von Frau Herbst günstiger ist, wenn er Haushaltsführung und Kindesbetreuung übernimmt. Doch bleibt er gleichwohl verpflichtet, wenigstens durch teilweise Berufstätigkeit den Verpflichtungen gegenüber Tim, dem Kind aus erster Ehe, nachzukommen.

d) *Ergebnis:* Herr Lenz schuldet seinem Sohn Tim weiterhin Unterhalt. Es wird ihm zugemutet, neben seiner Hausmannsrolle in der neuen Ehe wenigstens eine Nebentätigkeit auszuüben, um den Lebensbedarf Tims decken zu können. Einkünfte aus einer solchen Tätigkeit werden ihm fiktiv zugerechnet, auch wenn er die Tätigkeit in Wirklichkeit nicht ausübt.

264. Hausmann II

Wie wäre in Fall 263 die Lage, wenn Herr Lenz nicht wieder geheiratet hätte, aber mit Frau Herbst eine eheähnliche Gemeinschaft führen würde und in dieser die Kinder aus der neuen Verbindung betreut?

Auch dann sind gleiche Grundsätze anzuwenden. Auch wenn Harry und Sally nichtehelich wären, trüge ihr Vater in gleicher Weise für sie Verantwortung wie für seinen Sohn Tim aus erster Ehe. Der Ausgleich zwischen den Unterhaltsinteressen der Kinder aus der ersten und der zweiten Beziehung folgt den gleichen Gedanken: Bei

der Gestaltung der neuen Lebensverhältnisse muss Herr Lenz auf die Unterhaltsinteressen des Kindes aus erster Ehe in gleicher Weise Rücksicht nehmen, wie dies in
der Lösung zu Fall 263 dargestellt ist (BGH FamRZ 2001, 614, 617).

---

265. Ein Student „aus gutem Hause" I

Paul Klarsicht (21) beginnt nach dem Abitur das Studium der Germanistik.
Die Einkommensverhältnisse seiner Eltern gestalten sich wie folgt. Sein Vater
Konstantin Klarsicht verdient als Architekt etwa 7.000 EUR netto im Monat.
Seine Mutter, Godelinde Klarsicht-Müllemann erwirtschaftet aus der von ihr
betriebenen Gemäldegalerie „MÜLLART" durchschnittlich 3.000 EUR netto.
Weitere Kinder hat das Ehepaar nicht.
Kann Paul Klarsicht Unterhalt verlangen, gegebenenfalls von wem?

---

a) Anspruchsgrundlage ist *§ 1601*.

b) Paul ist *bedürftig* (§ 1602 I), weil er noch in der Berufsausbildung ist, sodass ihm
in der Regel keine Erwerbstätigkeit zugemutet wird. Der Unterhalt umfasst auch die
Kosten für eine angemessene Ausbildung (§ 1610 II), bei entsprechender Begabung
auch für ein Studium.

c) Zum Unterhalt verpflichtet sind nach § 1601 *beide Eltern.* Diese sind beide auch
leistungsfähig (§ 1603 I), da sie beide über ein beträchtliches Einkommen verfügen.
Da Paul volljährig ist, kann von keinem der Elternteile der Unterhalt durch Pflege
und Erziehung geleistet werden (§ 1606 III 2), beide sind also barunterhaltspflich-
tig.

d) Fraglich ist nur, in welcher Weise die Eltern ihrem Sohn den Unterhalt schulden.
Wären sie *Gesamtschuldner,* so könnte Paul sowohl seinen Vater als auch seine
Mutter nach seinem Belieben auf den gesamten Unterhalt in Anspruch nehmen
(§ 421). Doch ergibt sich aus § 1606 III 1, dass mehrere gleich nahe Verwandte den
Unterhalt „anteilig", d. h. als *Teilschuldner,* zu erbringen verpflichtet sind. Das
bedeutet, dass von der zu errechnenden Unterhaltshöhe jeden Elternteil nur der
Anteil trifft, der seinem Einkommen entspricht. Paul müsste also, wenn es notwendig würde, jeden Elternteil gesondert auf den Betrag verklagen, den dieser ihm
schuldet.

---

266. Ein Student „aus gutem Hause" II

Welche Erwägungen sind in Fall 265 zur Unterhaltshöhe anzustellen?

Das Maß des Unterhalts richtet sich nach der *Lebensstellung des Bedürftigen* (§ 1610
I). Nach herrschender Auffassung haben Studenten aber noch keine eigenständige
Lebensstellung, weil sie sich noch in der Ausbildung befinden; sie leiten vielmehr
ihre Lebensstellung noch von den unterhaltspflichtigen Eltern ab. Entscheidend ist
also deren für den Unterhalt zur Verfügung stehendes Einkommen.

Dieser Ansatz scheint für Paul recht günstig. Die Eltern haben zusammen ein hohes
Einkommen, aus dem sich ein hoher Unterhaltsanspruch Pauls ableiten müsste.

Dieses Ergebnis wird indes durch die Erwägung vermieden, dass Studenten und andere Auszubildende aufgrund ihrer typischen Ausbildungssituation noch nicht am Lebensstandard einer voll im Berufsleben stehenden Person, insbesondere nicht an einer luxuriösen Lebensgestaltung teilnehmen sollen. Die Rechtsprechung gibt zwar den Studenten aus gut situiertem Elternhaus mehr als den üblichen Tabellenbetrag (nach Düsseldorfer Tabelle 2013 „in der Regel" 670 EUR pro Monat), der aber nur mäßig überschritten wird. Bei dem Einkommen seiner Eltern müsste es Paul Klarsicht aber gelingen, etwa 900–1.000 EUR zugesprochen zu erhalten.

---

267. Orientierungsphase

Adam, der sich brennend für Literatur interessiert, nahm nach dem Abitur das Studium der Rechte auf. Das entsprach den mannigfachen Ratschlägen seiner Lehrer, welche ihm sagten, sein Lieblingsfach Germanistik führe ins Nichts und Lehrer zu werden habe er ja wohl nicht vor; er solle zuerst einmal ein Brotstudium wählen, mit Jura könne man auch im kulturellen Bereich etwas anfangen. Das Jurastudium Adams wurde von den gut verdienenden Eltern finanziert.

Die Rechtswissenschaft gefiel Adam von Beginn an nicht. Für Rechtsgeschichte und Rechtsphilosophie ließ er sich zwar erwärmen, im Übrigen aber widerte ihn die – wie er fand – öde Technik der ständig abverlangten Falllösungen an. So verwundert es nicht, dass er die Anforderungen der ersten Zwischenprüfungsarbeiten nicht erfüllte. Nach drei Semestern Studium wechselte er die Fakultät und studiert nun Germanistik und Anglistik mit dem Berufsziel Lehramt.

Sind die Eltern verpflichtet, dieses Studium zu finanzieren?

a) Adam hat grundsätzlich einen *Anspruch aus § 1601* i. V. m. § 1610 II auf eine angemessene Berufsausbildung. Angemessen ist diejenige Ausbildung, die den Fähigkeiten, Neigungen und dem Leistungswillen des Kindes entspricht (BGH FamRZ 2000, 420) und deren Kosten nach den Umständen den Eltern wirtschaftlich zumutbar sind.

b) Adam ist auch *bedürftig* (§ 1602 I), da einem Studenten in der Regel keine zusätzliche Erwerbstätigkeit abverlangt wird.

c) Die Eltern schulden grundsätzlich die Finanzierung des von ihrem Sohn gewählten Studiums. Zu überlegen ist aber, ob sie nach dem Studienabbruch für ein *weiteres Studium* unterhaltspflichtig sind. An sich besteht die Unterhaltspflicht im Hinblick auf § 1610 II bis zum Abschluss einer berufsqualifizierenden Ausbildung. Das bedeutet indes nicht, dass die Kinder auf Kosten ihrer Eltern beliebig Ausbildungen abbrechen und wechseln könnten. Die Eltern stehen aber nach wie vor in der Pflicht, wenn das Kind aus triftigen Gründen und rechtzeitig das Studium wechselt, weil es erkennt, dass die zunächst gewählte Ausbildung nicht seinen Neigungen oder Fähigkeiten entspricht. Insbesondere gut verdienenden Eltern ist zuzumuten, eine „Orientierungphase" des Studiums hinzunehmen. Diese Phase ist im konkreten Fall auch nicht zu lang bemessen: Um feststellen zu können, ob er für das Jurastudium geeignet ist, musste Adam sich den ersten Prüfungsanforderungen unterziehen.

d) *Ergebnis:* Die Eltern sind verpflichtet, das neue Studium zu finanzieren, und zwar die gesamte Studiendauer (nicht nur bis zu dem Zeitpunkt, in dem das Jurastudium voraussichtlich abgeschlossen worden wäre!). Freilich obliegt es Adam nun, zügig zu studieren, um seinen Eltern eine übermäßig andauernde Unterhaltslast zu ersparen.

Information: In der Praxis wird die „Orientierungsphase" (vgl. BGH FamRZ 1998, 671, 672) sowohl als Überlegungsfrist, *welche Ausbildung* zu wählen sei, als auch als *Probephase* einer begonnenen Ausbildung begriffen (BGH FamRZ 1987, 470, 471. Darüber, wie lange die „Orientierungsphase" in dem einen oder anderen Sinne dauern darf, gibt es in der Praxis keine festen Zeiträume (BGH, a. a. O.: drei Semester in der Regel zu lange; OLG Frankfurt FamRZ 1994, 1611: 31 Monate zu lange). Andere Gerichte sind großzügiger, z. B. OLG Köln FamRZ 1996, 181).

268. Auf ein Neues?

Angenommen, in Fall 267 hat Adam die juristische Zwischenprüfung knapp bestanden und zieht trotz fortgesetzten Widerwillens gegen den Studienbetrieb das Studium durch. Leider fällt er in der ersten juristischen Staatsprüfung durch. Auch die Wiederholungen der Prüfung bleiben erfolglos.
Kann er nun von seinen Eltern die Finanzierung des Studiums der geliebten Germanistik verlangen?

Die Eltern haben ein komplettes Studium finanziert und sind somit ihrer Verpflichtung nach § 1610 II nachgekommen. Dass das Studium nicht zu einem berufsqualifizierenden Abschluss geführt hat, liegt in der Risikosphäre Adams: Dieser musste selbst abschätzen und entscheiden, ob das Betreiben des Studiums der Rechte für ihn hinreichend aussichtsreich war oder nicht. Etwas anderes kann in Sonderfällen gelten, z. B. wenn das Studienversagen auf Krankheit beruht oder wenn die Eltern ihr Kind zu einem ungeliebten Studium gedrängt haben. So liegt der Fall hier aber nicht.

Freilich können die Eltern dann unter dem Gesichtspunkt unterhaltspflichtig werden, dass Adam keine Erwerbstätigkeit zu finden vermag. Zuvor hat Adam aber seine gesamte Arbeitskraft für den eigenen Unterhalt einzusetzen und muss jede ihm mögliche Tätigkeit annehmen.

269. Das verflixte Vordiplom

Sibylle studiert Psychologie. Der Erwerb des Vordiploms bereitet ihr gewisse Schwierigkeiten, vor allem in den naturwissenschaftlichen Fächern. Deshalb zieht sich der Erwerb des Vordiploms bis zum sechsten Studiensemester hin. Sind ihre – zweifellose leistungsfähigen – Eltern verpflichtet, das Studium bis zum Ende zu finanzieren?

Dem Studierenden obliegt es gegenüber dem Unterhaltsverpflichteten, das Studium mit Fleiß und der gebotenen Zielstrebigkeit zu betreiben und entsprechend den jeweiligen Studienplänen durchzuführen (sog. Gegenseitigkeitsprinzip: BGH FamRZ 1998, 671 f.; FamRZ 2001, 757, 758). Es kann aber nicht von jedem Studenten erwartet werden, dass er alle erforderlichen Studienleistungen ohne jegliche Probleme erbringt. Verzögerungen, die auf „ein vorübergehendes leichtes Versagen" zurückzuführen sind, hat der Unterhaltsverpflichtete nach Treu und Glauben hinzunehmen (BGH FamRZ 1987, 470, 471). Wenn die Verzögerungen nicht darauf zurückzuführen sind, dass Sibylle sich unzureichend um das Studium gekümmert hat, sind die Eltern zur weiteren Studienfinanzierung bis zum Abschluss verpflichtet.

---

270. Ein Studium für die junge Mutter

Sabine, 19 Jahre alt, macht ein überdurchschnittliches Abitur. Um die gleiche Zeit wird festgestellt, dass sie schwanger ist. Einige Monate nach dem Abitur wird das Kind geboren. Der Vater des Kindes ist unbekannten Aufenthalts im Ausland. Sabine widmet sich zunächst der Betreuung des Kindes. Nachdem das Kind das dritte Lebensjahr vollendet hat, möchte Sabine das Studium der Sozialpädagogik aufnehmen.
Sind die Eltern Sabines, gut verdienende Ärzte, verpflichtet, ihr das Studium zu finanzieren?

---

a) Der Anspruch beruht auf *§ 1601*. An der *Leistungsfähigkeit* der Eltern bestehen keine Zweifel.

b) Sabine hat nur dann einen Anspruch, wenn sie *außerstande* ist, *sich selbst zu unterhalten*. Einer Erwerbsobliegenheit steht entgegen, dass sie zwar volljährig ist, aber noch über keine abgeschlossene Berufsausbildung verfügt. Grundsätzlich sind Eltern verpflichtet, ihrem Kind eine angemessene, seiner Begabung und Neigung und seinem Leistungswillen entsprechende Berufsausbildung zu finanzieren (BGH FamRZ 1998, 671). Sind die Zulassungsvoraussetzungen erfüllt, schließt dies auch die Finanzierung eines Studiums ein.

c) Hier könnte dem Unterhaltsanspruch Sabines entgegenstehen, dass sie das Studium *nicht unverzüglich* nach dem Abitur aufgenommen hat. Die Rechtsprechung sieht das Kind in der Pflicht, ein Studium alsbald nach Erlangung der Hochschulreife aufzunehmen und gesteht nur eine gewisse Orientierungsphase zu, die in unserem Fall (drei Jahre nach dem Abitur) klar überschritten ist. Doch besteht in unserem Fall die Besonderheit, dass Sabine in den ersten drei Lebensjahren für die Pflege und Erziehung ihres Kindes sorgen muss. Zwar ist es nicht ausgeschlossen, als Alleinerziehende ein Studium zu betreiben, doch ist dies mit einer großen Belastung verbunden. Der BGH hat aus den Regelungen über den Betreuungsunterhalt geschiedener Ehegatten entnommen, dass nach Auffassung des Gesetzgebers dem betreuenden Elternteil in den ersten drei Lebensjahren des Kindes keine Erwerbstätigkeit zugemutet wird (§ 1570 I 1, § 1615l II 3) und überträgt diesen Gedanken auf die vorliegende Konstellation: Die Mutter kann sich in den ersten drei Lebensjahren des Kindes dessen Pflege und Erziehung widmen, anstatt eine Ausbildung aufzunehmen. Die Aufnahme eines Studiums in Anschluss an diese drei Jahre ist dann nicht als verspätet zu betrachten (BGH FamRZ 2011, 1560 Tz. 17–22).

d) *Ergebnis:* Sabine kann von ihren Eltern Unterhalt zur Durchführung des Studiums verlangen. Da beide Eltern Erwerbseinkünfte haben, haften sie als Teilschuldner im Verhältnis ihrer Einkommen (§ 1606 III 1).

271. In dubio prosecco

Hans studiert Jura. Er engagiert sich stark im Studentenclub „In dubio prosecco", dessen Programm darauf ausgerichtet ist, den Studienbetrieb mit den Annehmlichkeiten des postmodernen Lifestyles zu verbinden. Als zweiter Vorsitzender des Clubs organisiert Hans Fahrten für die Mitglieder, u. a. zum Bundesverfassungsgericht, zu Weinproben und zum Musical „Ludwig II." Außerdem wird Hans zum Delegierten für die Vertreterversammlung des übergeordneten Dachverbandes PVDP („Primum vivere deinde philosophari") gewählt und ist infolgedessen viel auf Reisen. Das Studium liegt bei alledem brach. So gelingt es Hans auch im sechsten Semester noch nicht, alle Leistungen der juristischen Zwischenprüfung zu erbringen.
Sind die Eltern, die das Studium bisher finanziert haben, weiterhin zum Unterhalt verpflichtet?

a) Anspruchsgrundlage ist *§ 1601 i. V. m. § 1610 II.*

b) aa) Fraglich ist hier die *Bedürftigkeit.* Nach der Rechtsprechung obliegt es dem Studenten, das Studium mit Fleiß und der gebotenen Zielstrebigkeit zu betreiben und entsprechend den jeweiligen Studienplänen durchzuführen. Eine schwere und nachhaltige Verletzung dieser Obliegenheit führt nach dem Gegenseitigkeitsprinzip zum Verlust des Unterhaltsanspruchs gegen die Eltern und zu der Zumutung, sich fortan durch eigene Erwerbstätigkeit seinen Lebensunterhalt zu verdienen (BGH FamRZ 2001, 757, 758).

bb) Es ist also zu diskutieren, ob Hans eine derart schwerwiegende *Verletzung seiner Obliegenheit zum ordnungsgemäßen Studium* anzulasten ist. Das ist zu bejahen. Zwar ist eine Tätigkeit für eine studentische Vereinigung positiv zu werten. Ein soziales Engagement für die Belange der Kommilitonen muss von den Eltern toleriert werden, auch wenn es zu einer gewissen Verzögerung des Studienabschlusses führt. Doch hat der Student in unserem Fall die Vereinstätigkeit fast völlig an die Stelle des Studiums gesetzt. Die Obliegenheit zum ordnungsgemäßen Studium schließt das Bemühen ein, auch anerkennenswerte Engagements außerhalb des Studiums auf ein studienverträgliches Maß zu beschränken. Die Eltern sind also zu einer weiteren Studienfinanzierung nicht verpflichtet. Auf die Voraussetzungen des § 1611 braucht in diesem Fall nicht zurückgegriffen zu werden (BGH FamRZ 1998, 671).

272. Die Zweitausbildung

Else unterzieht sich nach dem Abitur einer Ausbildung als Bauzeichnerin. Zu einem Hochschulstudium hat sie keine Lust; viel hat sie von „gescheiterten Studenten" gehört. Während der dreijährigen Ausbildung lebt sie im Haus ihrer Eltern, die ihr in dieser Zeit Naturalunterhalt (einschließlich Taschengeld) gewähren. Nach dem Abschluss der Ausbildung nimmt Else eine Stellung als Bauzeichnerin in einem Architekturbüro an. Dort merkt sie, dass sie in diesem Beruf nicht ihre kreative Begabung entfalten kann. Ein Jahr später gibt sie den Job auf und beginnt ein Studium der Architektur.
Sind die Eltern zum Unterhalt während des Studiums verpflichtet?

a) Anspruchsgrundlage ist § *1601*. Jedoch haben die Eltern an sich die Verpflichtung, ihrer Tochter eine Ausbildung mit berufsqualifizierendem Abschluss zu finanzieren, *erfüllt*. Nach § 1610 II sind die Kosten *einer* angemessenen Vorbildung zu *einem* Beruf geschuldet, nicht die Kosten mehrerer Ausbildungen.

b) Doch gilt dieser Grundsatz nicht ohne Ausnahmen. Die Rechtsprechung (siehe BGHZ 69, 190 = FamRZ 1977, 629) gibt in bestimmten Fallkonstellationen einen Anspruch auf *Finanzierung einer zweiten Ausbildung*, wenn dies nach den Umständen des Falles angemessen erscheint:

– z. B. wenn sich die Notwendigkeit eines Berufswechsels herausstellt, etwa aus gesundheitlichen Gründen oder weil der zunächst erlernte Beruf wider Erwarten keine ausreichende Lebensgrundlage bietet;
– oder wenn die erste Ausbildung auf einer deutlichen Fehleinschätzung der Begabung des Kindes beruhte (s. den Fall BGH FamRZ 2000, 420);
– oder wenn das Kind von den Eltern in einen unbefriedigenden, seiner Begabung nicht entsprechenden Beruf gedrängt worden ist;
– oder wenn die weitere Ausbildung zweifelsfrei als eine bloße Weiterbildung anzusehen ist und die Weiterbildung von vornherein angestrebt war oder wenn während der ersten Ausbildung eine besondere, die Weiterbildung erfordernde Begabung des Kindes deutlich wurde;
– schließlich auch schon dann, wenn sich der Ausbildungsweg als Realisierung des „Abitur-Lehre-Studium"-Modells darstellt, das nach Auffassung des BGH von immer mehr Studenten gewählt wird. Das setzt voraus, dass zwischen der ersten und der zweiten Ausbildung ein enger fachlicher und zeitlicher Zusammenhang gegeben ist, so dass die zweite als Ergänzung, Weiterführung oder Vertiefung erscheint (diese Variante seit BGHZ 107, 376, 379 ff. = FamRZ 1989, 853, 854). Ferner ist erforderlich, dass sich die doppelte Ausbildung im Rahmen der wirtschaftlichen Zumutbarkeit für die Eltern hält.

Im vorliegenden Fall sind die Voraussetzungen der letztgenannten Variante gegeben (siehe den Fall BGHZ 107, 376). Die Berufe einer Bauzeichnerin und einer Architektin liegen fachlich nahe beieinander. Das Studium der Architektur kann als Vertiefung der ersten Ausbildung angesehen werden. Andererseits haben die gut verdienenden Eltern dadurch, dass Else während der ersten Ausbildung noch bei ihnen zu Hause lebte, noch keine allzu kostspielige Ausbildung finanziert, sodass auch wirtschaftlich ein weiterer Studienunterhalt zumutbar erscheint.

Information: Die Frage, wann das Studium mit der Erstausbildung in einem hinreichenden fachlichen Zusammenhang steht, hat zu einer üppigen Rechtsprechung geführt. Siehe BGH FamRZ 1991, 320, 321; BGH FamRZ 1991, 1044, 1045 (Industriekaufmann – Medizinstudium; enger Zusammenhang verneint); BGH FamRZ 1992, 170 (Banklehre – Jurastudium; enger Zusammenhang bejaht); BGH FamRZ 1992, 1407, 1408 (Speditionskaufmann – Jurastudium; enger Zusammenhang verneint); BGH FamRZ 1993, 1057, 1058 (Industriekaufmann – Studium des Maschinenbaus; enger Zusammenhang verneint); BGH FamRZ 2001, 1601 („Europasekretärin" – Studium der Volkswirtschaft; enger Zusammenhang verneint).

273. Tanja zieht aus

Tanja (18) ist Schülerin des Goethe-Gymnasiums und lebt bei ihren Eltern. Dort hat sie in deren Einfamilienhaus ein schönes Zimmer. Das Verhältnis zu den Eltern, die in guten finanziellen Verhältnissen leben, ist getrübt, seit Tanja mit dem noch anderweitig verheirateten Schönheitschirurgen Dr. Schneider (45) ein Liebesverhältnis begonnen hat. Häufig kommt es mit den Eltern zu Auseinandersetzungen, insbesondere wenn Tanja nachts nicht nach Hause kommt, sondern – wie die Eltern zutreffend vermuten – mit Dr. Schneider im Hotel übernachtet. Der Streit eskaliert eines Tages dermaßen, dass Tanja ihre Sachen packt und auszieht.

Sie mietet ein möbliertes Zimmer und verlangt von ihren Eltern Unterhalt in Form monatlicher Zahlungen. Die Eltern verweisen sie auf die Möglichkeit, zu Hause zu wohnen.

Wie ist die Rechtslage?

a) Die Eltern sind nach *§ 1601* zum Unterhalt verpflichtet.

b) Da Tanja sich noch in der Schuldausbildung befindet, wird ihr nicht zugemutet, sich ihren Unterhalt selbst durch Erwerbstätigkeit zu verschaffen, sie ist also *bedürftig* (§ 1602). Die Eltern sind auch *leistungsfähig* (§ 1603 I).

c) Fraglich ist jedoch, ob Tanja Unterhalt durch Geldleistungen verlangen kann. Nach *§ 1612 II 1* können die unterhaltspflichtigen Eltern *bestimmen*, in welcher Art sie einem unverheirateten Kind Unterhalt leisten wollen. Sie können zwischen Naturalunterhalt (Fürsorge, Verpflegung, Wohnung etc., Taschengeld) und der Leistung von Geldzahlungen (§ 1612 I 1) wählen. Das gilt auch gegenüber *volljährigen unverheirateten* Kindern, also in unserem Fall auch gegenüber Tanja. Doch hat das elterliche Bestimmungsrecht besonders gegenüber volljährigen Kindern Grenzen. Das Gesetz gesteht den Eltern das Bestimmungsrecht nur zu, soweit sie auf die Belange des Kindes die gebotene Rücksicht nehmen; soweit dies nicht geschieht. ist der Unterhalt in Geld zu leisten.

Frage also ist, ob die Eltern bei dem Angebot, den Unterhalt in Natur zu leisten, auf die berechtigten Interessen Tanjas die gebotene Rücksicht nehmen. Es stehen sich die Selbstbestimmungsinteressen der Tochter auf der einen Seite, die Sorgen der Eltern um ihre Tochter und auch wirtschaftliche Interessen auf der anderen Seite gegenüber. Im vorliegenden Fall sind die Sorgen der Eltern verständlich: Das angebahnte Liebesverhältnis hat für Sabine nach gewöhnlicher Lebenserfahrung keine verheißungsvolle Zukunftsperspektive. Auch wenn Tanja schon 18 Jahre alt und damit volljährig ist, erkennt die Rechtsprechung an, dass die Eltern in gewissem Grade über die Unterhaltsgewährung noch legitimen Einfluss nehmen können, solange das Kind noch keine ökonomische Selbständigkeit erlangt hat (BayObLG FamRZ 2000, 976). Andererseits darf die Unterhaltsbestimmung der Eltern nicht dazu führen, dass das Kind in unerträglichen Spannungen leben muss. Die Grenzziehung ist in den Entfremdungsfällen schwierig, das Ergebnis in unserem Fall kann *pro* und *contra* diskutiert werden.

274. Das Auslandsstudium

Die Eheleute Weinzierl trennen sich just zur Zeit, als ihre Tochter Jutta (19) erfolgreich Abitur macht. Der Vater verdient als Rechtsanwalt etwa 10.000 EUR netto im Monat, Frau Weinzierl erzielt als freie Mitarbeiterin der örtlichen Tageszeitung etwa 800 EUR monatlich. Das großzügige Haus der Weinzierls wird weiter von Herrn Weinzierl bewohnt, während seine Frau vorläufig zu ihren Eltern zieht.

Jutta entschließt sich zum Studium der Betriebswirtschaft und bittet den Vater um entsprechenden Unterhalt. Sie möchte das Studium an einer Schweizer Universität beginnen, weil sie Gutes über die dortigen Studienverhältnisse gehört hat. Ihr Vater aber ist der Meinung: „Bleibe im Land und nähre dich redlich". Auch am Wohnort der Weinzierls befindet sich eine Universität mit allen Fakultäten. Weinzierl verweist seine Tochter darauf, weiterhin bei ihm im Hause zu wohnen und auf ein „großzügiges Taschengeld". Frau Weinzierl ist absolut gegen diese Lösung.

Muss sich Jutta auf diese Art der Unterhaltsgewährung einlassen.

a) Ausgangspunkt ist das *Bestimmungsrecht* der unterhaltspflichtigen Eltern nach § 1612 II 1. In unserem Fall ist zunächst fraglich, ob Herr Weinzierl das Bestimmungsrecht allein ausüben kann. Bei minderjährigen Kindern steht das Bestimmungsrecht beiden Eltern gemeinschaftlich zu; sind sich die Eltern uneins, so ist der Meinungsstreit nach § 1628 auszutragen. Für *volljährige Kinder* ist das Problem im Gesetz nicht ausdrücklich geregelt. Hier sind zwei Auffassungen vertretbar:

– Nach der einen Meinung bedarf es auch beim Unterhalt an volljährige Kinder im Prinzip der Mitwirkung beider Elternteile. Bei Uneinigkeit kommt § 1628 analog zur Anwendung. Herr Weinzierl könnte die Unterhaltsbestimmung nur dann allein treffen, wenn ihm das Familiengericht vorher entsprechend § 1628 das alleinige Bestimmungsrecht übertragen hätte.

– Nach anderer Meinung hat das Bestimmungsrecht gegenüber volljährigen Kindern derjenige Elternteil, der vom Kind auf Unterhalt in Anspruch genommen wird und bereit ist, den gesamten Unterhalt zu bestreiten (BGH FamRZ 1983, 892). Da Frau Weinzierl aufgrund ihres niedrigen Einkommens der Tochter keinen Unterhalt schuldet und Herr Weinzierl zur vollständigen Unterhaltsleistung bereit ist, kann er folglich allein über den Unterhalt bestimmen. Er darf bei der Ausübung dieser Befugnis allerdings nicht einseitig in schutzwürdige Belange seiner Frau eingreifen (BGH FamRZ 1984, 37).

b) Folgt man der Auffassung des BGH, so liegt das Bestimmungsrecht bei Herrn Weinzierl. Doch ist dessen Bestimmung über die Art des Unterhalts unmaßgeblich, soweit sie auf die Belange Juttas nicht die gebotene Rücksicht nimmt. Die Tochter macht geltend, dass sie ein erhebliches Interesse daran hat, die für ihr Studienfach nach ihrer Meinung interessanteste und geeignetste Ausbildungsstätte zu wählen. Dem stehen vor allem die wirtschaftlichen Interessen des Vaters gegenüber, da das Studium beim Wohnen „zu Hause" deutlich billiger ist als ein auswärtiges Studium. Ob diese wirtschaftlichen Interessen erheblich ins Gewicht fallen, hängt davon ab, welche Verpflichtungen Herr Weinzierl von seinem Einkommen sonst noch erfüllen muss (Unterhaltsansprüche der getrennt lebenden Ehefrau und eventuell weiterer Kinder).

275. Betreuungsunterhalt für die Mutter

Sandra bringt einen Sohn zur Welt. Vater ist der anderweitig verheiratete Klaus, mit dem Sandra keine weiteren Lebenspläne verbinden. Klaus hat auch

an dem Kind kein Interesse. Das Kind lebt bei Sandra. Sorgerechtserklärungen werden nicht abgegeben; es erfolgt auch keine gerichtliche Regelung der elterlichen Sorge. Sandra möchte von Klaus nicht nur für das Kind, sondern auch für sich selbst Unterhalt.
Mit Recht?

Unterhaltsansprüche für Sandra können sich aus *§ 1615l* ergeben. Diese Vorschrift enthält eine gestufte Regelung.

1. Für die Dauer *von sechs Wochen vor und acht Wochen nach der Geburt* des Kindes hat Klaus der Kindesmutter ohne weiteres auf jeden Fall Unterhalt zu gewähren, zusätzlich auch für die Kosten, die infolge der Schwangerschaft oder der Entbindung außerhalb dieses Zeitraums entstehen (§ 1615l I).

2. *Über diese Zeit hinaus* kann Sandra von Klaus Unterhalt verlangen, soweit sie einer Erwerbstätigkeit nicht nachgeht, weil sie infolge der Schwangerschaft oder einer durch die Schwangerschaft oder die Entbindung verursachten Krankheit dazu außerstande ist (§ 1615l II 1).

3. *Über den unter 1) genannten Zeitraum hinaus* steht Sandra ferner ein Unterhaltsanspruch zu, soweit von ihr wegen der Pflege oder Erziehung des Kindes eine Erwerbstätigkeit nicht erwartet werden kann (§ 1615l II 2). Dieser Anspruch beginnt frühestens vier Monate vor der Geburt und besteht für mindestens drei Jahre nach der Geburt (§ 1615l II 3). Der Anspruch verlängert sich, solange und soweit dies der Billigkeit entspricht, wobei insbesondere die Belange des Kindes und die bestehenden Möglichkeiten der Kinderbetreuung zu berücksichtigen sind (§ 1615l II 4, 5). Die Lage ist ähnlich wie bei dem geschiedenen Ehegatten, der ein gemeinsames Kind betreut (§ 1570).

In unserem Fall kann Sandra außer dem Minimalunterhalt nach § 1615l I den Betreuungsunterhalt nach § 1615l II 2 verlangen. Da keinen Sorgeerklärungen abgegeben und keine anderweitige Sorgerechtsentscheidung erfolgt ist, übt Sandra die elterliche Sorge allein aus (§ 1626a III). Der Anspruch besteht mindestens, bis das Kind drei Jahre alt geworden ist; ob er über diesen Zeitraum hinaus fortdauert, hängt von einer Billigkeitswertung ab, bei der sich dieselben Fragen ergeben wie beim Betreuungsunterhalt geschiedener Eltern (§ 1570, siehe Fall 101).

276. Betreuungsunterhalt für den Vater

Angenommen, in Fall 275 haben Sandra und Klaus Sorgeerklärungen abgegeben. Ein halbes Jahr nach der Geburt ist das Kind mit Zustimmung Sandras zu Klaus gekommen, der es betreut.
Kann in diesem Fall Klaus einen Unterhaltsanspruch gegen Sandra haben?

Anspruchsgrundlage ist *§ 1615l IV 1 in Verbindung mit § 1615 II 2.* Wenn der Vater sein nichteheliches Kind betreut, steht ihm ein Unterhaltsanspruch zu, der sich durch Verweisung auf die Regelung des Betreuungsunterhalts der Mutter ergibt. Der Anspruch setzt voraus, dass vom Vater wegen der Pflege oder Erziehung des Kindes eine Erwerbstätigkeit nicht erwartet werden kann. Es gelten hier die gleichen Grundsätze wie beim Betreuungsunterhalt der Mutter.

Freilich verweist § 1615l IV 1 nur auf § 1615l II Satz 2, nicht aber auf die *zeitlichen Begrenzungen* des § 1615l II S. 3–5. Daraus könnte man schließen, dass einerseits die Mindestdauer von drei Jahren nach Geburt des Kindes für den Vater nicht gilt, andererseits auch nicht die Regelbegrenzung auf diesen Zeitraum. Eine solche Interpretation wäre aber greifbar verfassungswidrig, weil sie gegen den Grundsatz der Gleichberechtigung von Mann und Frau verstoßen würde.

277. Eine umschwärmte Frau

Josefine wird von Karl und Kurt umschwärmt. Eigentlich fühlt sie sich von beiden sehr unterschiedlichen Charakteren angezogen. Eines Tages wird sie schwanger. Karl erkennt die Vaterschaft an und gibt, ebenso wie Josefine, beim zuständigen Jugendamt eine Sorgeerklärung ab. Das Kind lebt vereinbarungsgemäß bei der Mutter.
Josefine verlangt von Karl außer für das Kind auch für sich selbst Unterhalt, da sie wegen dessen Betreuung nicht erwerbstätig sein könne. Karl kommt dieser Aufforderung nach. Insgeheim hofft er, durch gute Beziehungen zu Josefine sie doch noch zur Eheschließung überreden zu können, auf die sie sich bisher nicht hatte einlassen wollen.
Nachdem das Kind ein Jahr alt geworden ist, heiratet Josefine den Kurt. Karl ist empört. Freilich ergeben die mit Josefines Zustimmung durchgeführten Abstammungstests, dass Karl tatsächlich der Vater des Kindes ist. Trotzdem möchte er den Betreuungsunterhalt an Josefine nicht mehr zahlen. Mit Recht?

a) Der Anspruch Josefines gegen Karl ergibt sich aus *§ 1615l II 2, 3*. Obwohl durch Sorgeerklärungen das gemeinsame Sorgerecht begründet ist, betreut sie das Kind hauptsächlich allein; dies entspricht aufgrund der mit Karl getroffenen Vereinbarung auch der Rechtslage. Da das Kind das dritte Lebensjahr noch nicht vollendet hat, ist der Anspruch grundsätzlich gegeben.

b) Fraglich ist jedoch, ob Karl den Unterhalt auch noch schuldet, nachdem Josefine sich *anderweit verheiratet* hat.

aa) Nach der *Härteklausel des § 1611 I* kann ein Unterhaltsanspruch nach Billigkeit gemindert werden oder ganz wegfallen, wenn bestimmte Tatbestände erfüllt sind. Die Vorschrift ist auch auf den Betreuungsunterhalt der Mutter eines nichtehelichen Kindes anwendbar (§ 1615 III 1). Die Voraussetzungen dieser Einwendung liegen indes nicht vor.

– Josefine ist nicht durch *sittliches Verschulden* bedürftig geworden. Die Zeugung eines Kindes außerhalb der Ehe ist nach heute herrschenden Moralvorstellungen kein vorwerfbares Verhalten. Außerdem war Karl, um dessen Unterhaltspflicht es geht, selbst an dem Geschehen beteiligt, der zur Unterhaltsberechtigung Josefines geführt hat.

– Josefine hat auch nicht ihre *Unterhaltpflicht* gegenüber Karl *gröblich vernachlässigt*, eine solche Unterhaltpflicht besteht in unserem Falle nicht.

– Josefine hat sich schließlich auch nicht *vorsätzlich einer schweren Verfehlung* gegen Karl oder dessen nahe Angehörige schuldig gemacht. Dass sie den Heiratswunsch Karls nicht erfüllt und lieber einen anderen geheiratet hat, liegt in ihrer freien höchstpersönlichen Entscheidung.

Die Voraussetzungen des § 1611 sind nicht gegeben.

bb) Es ergibt sich aber die Frage, ob der Unterhaltsanspruch Josefines nicht aufgrund *§ 1586 I* untergegangen ist, wonach ein Unterhaltsanspruch mit der Wiederheirat des Berechtigten erlischt. Zwar gilt diese Vorschrift nach Wortlaut und systematischer Stellung nur für den Unterhaltsanspruch eines *geschiedenen Ehegatten*. Doch könnte man daran denken, die Vorschrift auf den Betreuungsunterhalt der Mutter eines nichtehelichen Kindes *analog* anzuwenden. Diese Auffassung vertritt der BGH (FamRZ 2005, 347): Die Unterhaltsberechtigung wegen Kindesbetreuung von geschiedenen Ehegatten einerseits, von Müttern nichtehelicher Kinder andererseits sind nach Auffassung des Gerichts durch die Gesetzgebung einander derart angeglichen worden, dass auch in dieser Frage eine analoge Anwendung des § 1586 I von Verfassungs wegen geboten sei.

Diese Auffassung unterliegt starken Zweifeln. Der Anspruch auf Betreuungsunterhalt wird gewährt, um dem betreuenden Elternteil die Möglichkeit zu geben, anstelle einer Erwerbsarbeit sich der Erziehung des Kindes zu widmen. Er ist ein Teil der elterlichen Verantwortung. An dieser Lage ändert eine anderweitige Eheschließung der betreuenden Mutter nichts. Zwar gewinnt die Mutter nun einen Anspruch gegen ihren Ehemann auf Familienunterhalt (§ 1360), doch ist der Ehemann nicht verpflichtet, durch seine Unterhaltsleistungen es der Frau zu ermöglichen, ihr aus einer vorausgehenden Beziehung stammendes Kind zu betreuen. Schon für den Anspruch aus § 1570 für geschiedene Ehegatten ist der Sinn des § 1586 zweifelhaft, seit man erkannt hat, dass der Anspruch auf Betreuungsunterhalt *um des Kindeswohls willen* gegeben ist (BVerfGE 118, 45 Tz. 42). Immerhin mag man einen Widerspruch darin sehen, dass eine Mutter gleichzeitig die eheliche Solidarität eines neuen Ehegatten und die nacheheliche eines früheren Ehegatten in Anspruch nimmt. Dieser Gesichtspunkt entfällt indes bei der nichtehelichen Mutter, deren Anspruch aus § 1615l II 2 nicht auf einer „ehegleichen Solidarität" des Vaters, sondern allein auf dessen elterlichen Mitverantwortung beruht.

c) *Ergebnis:* Nach BGH hätte Josefine ihren Anspruch aus § 1615l II 2, 3 gegen Karl verloren. Diese Rechtsprechung kann aber kritisch diskutiert werden.

---

278. Der mehrfache Unterhaltsschuldner

Herr Sommer hat eine Tochter Erika aus der seit zehn Jahren bestehenden Ehe mit seiner getrennt lebenden Ehefrau. Erika (10) lebt bei ihrer Mutter. Ferner hat Sommer einen Sohn Friedhelm (1) mit seiner Freundin Ada Winter, die Friedhelm betreut. Außerdem hat Sommer aus einer früheren Liaison den Sohn Herbert, der 30 Jahre alt und arbeitslos ist.
Ada Winter verlangt von Sommer Unterhalt nach § 1615l I, II. Angenommen, die Voraussetzungen des Anspruchs sind gegeben: Welchen Rang hat dieser Anspruch gegenüber den Ansprüchen a) von Erika b) von Frau Sommer c) von Friedhelm und d) von Herbert? (Es ist zu unterstellen, dass für diese Personen Unterhaltsansprüche gegen Herrn Sommer begründet sind, dass aber Herr Sommer aufgrund seines Einkommens nicht alle Ansprüche voll erfüllen kann).

1. Der Anspruch Erikas geht dem Anspruch von Frau Winter vor (§ 1609 Nr. 1).

2. Auch der Anspruch von Friedhelm rangiert im Rang vor dem Anspruch der Frau Winter (§ 1609 Nr. 1). Die beiden minderjährigen Kinder haben mit ihren Ansprüchen untereinander gleichen Rang.

3. Der Anspruch der getrennt lebenden Frau Sommer ist entweder gleichrangig mit dem Anspruch von Frau Winter (§ 1609 Nr. 2) oder nachrangig (§ 1609 Nr. 3). Das hängt von Folgendem ab: Der Anspruch von Frau Winter fällt in jedem Fall in die Kategorie des § 1609 Nr. 2, weil sie wegen Kindesbetreuung unterhaltsberechtigt ist. Der Anspruch von Frau Sommer würde gleichrangig sein, wenn auch sie wegen Erziehung ihrer Tochter Erika unterhaltsberechtigt wäre; das ist bei einem Kind im Alter von zehn Jahren indes in der Regel nicht der Fall, sofern nicht besondere Umstände hinzukommen. Frau Sommer hätte mit ihrem Anspruch ferner dann den gleichen Rang, wenn ihre Ehe von langer Dauer war (§ 1609 Nr. 2, letzte Alternative); eine Dauer von zehn Jahren wird indes nicht als „lang" angesehen. Somit hat der Anspruch von Ada Winter den Vorrang vor dem von Frau Sommer.

4. Der Anspruch des volljährigen Sohnes Herbert ist gegenüber dem von Frau Winter in jedem Fall nachrangig (§ 1609 Nr. 4).

5. *Ergebnis:* Die Ansprüche der minderjährigen Kinder gegen Herrn Sommer gehen dem von Frau Winter im Rang vor, während die Ansprüche von Frau Sommer und des volljährigen Sohnes nachrangig sind.

III. Vormundschaft, Pflegschaft, Betreuung

279. Voraussetzungen der Vormundschaft

Wann erhält ein Minderjähriger einen Vormund?

In drei Fallkonstellationen (§ 1773 I, II):

a) wenn niemand die elterliche Sorge für ihn innehat;

b) wenn die Eltern weder auf dem Gebiet der Vermögenssorge noch der Personensorge zur gesetzlichen Vertretung des Minderjährigen befugt sind;

c) wenn der Familienstand des Minderjährigen nicht zu ermitteln ist.

280. Vormundschaft für Volljährige?

Wann erhält ein Volljähriger einen Vormund?

Nach heutigem deutschen Recht in keinem Fall. Die Rechtsinstitute der Entmündigung und der Vormundschaft für Volljährige sind in Deutschland seit 1.1.1992 abgeschafft.

281. Betreuung I

Herr Parsifal ist 80 Jahre alt geworden und körperlich noch sehr rüstig. Seine Kinder bemerken allerdings, dass er beim Spazierengehen in der Stadt leicht die Richtung verliert. Immer öfter wird er orientierungslos angetroffen und muss nach Hause gebracht werden. Außerdem hebt er beträchtliche Summen von seinem Bankkonto ab und verschenkt das Geld ohne erkennbaren Anlass an beliebige Leute. Die Tochter Cosima und der Sohn Ludwig machen sich Sorgen. Was können sie tun?

1. Es liegt nahe, dass für Herrn Parsifal ein *rechtlicher Betreuer* bestellt werden muss. Voraussetzung ist, dass er aufgrund einer psychischen Krankheit oder einer körperlichen, geistigen oder seelischen Behinderung seine Angelegenheiten oder einen Teil davon nicht besorgen kann (§ 1896 I 1). Der Betreuer wird auf Antrag des Betroffenen oder von Amts wegen vom Betreuungsgericht (§ 23c GVG) bestellt. Cosima und Ludwig könnten sich also an dieses Gericht wenden und die Bestellung eines Betreuers anregen. Sie könnten auch versuchen, ihren Vater zu überreden, selbst bei Gericht für sich die Bestellung eines Betreuers zu beantragen; dies kann er auch dann, wenn er nicht mehr geschäftsfähig sein sollte (§ 1896 I 2).

2. Da die Bestellung eines Betreuers für sich gesehen die Handlungsfähigkeit des Betroffenen nicht beeinträchtigt, kommt über die Bestellung eines Betreuers hinaus die *Anordnung eines Einwilligungsvorbehalts* bezüglich der Verfügung über die Bankkonten in Betracht (§ 1903 I). Auch diese Anordnung geschieht durch das Betreuungsgericht. Der Einwilligungsvorbehalt bewirkt, dass der Betreute zu einer Willens-

erklärung, die den festgelegten Aufgabenkreis betrifft, der Einwilligung seines Betreuers bedarf. Die Anordnung setzt voraus, dass sie zur Abwendung einer erheblichen Gefahr für die Person oder das Vermögen des Betroffenen erforderlich ist. Das ist hier der Fall, da Herr Parsifal durch unmotivierte Schenkungen sein Vermögen gefährdet.

282. Betreuung II

Angenommen: In Fall 281 wird ein Betreuungsverfahren eingeleitet. Bei der persönlichen Anhörung durch das Gericht lehnt Herr Parsifal die Bestellung eines Betreuers ab. Kann das Gericht gleichwohl einen Betreuer bestellen?

Gegen den freien Willen des Volljährigen darf ein Betreuer nicht bestellt werden (§ 1896 Ia). Wenn Herr Parsifal eine Betreuung ablehnt, darf sie also nur eingerichtet werden, wenn festgestellt ist, dass er in dieser Frage unfähig ist, einen freien Willen zu bilden oder zu äußern, d. h. sich in einem die freie Willensbestimmung ausschließenden Zustand krankhafter Störung der Geistestätigkeit befindet (§ 104 Nr. 2 entsprechend). Das Gericht wird also ein Sachverständigengutachten in Auftrag geben (§ 280 FamFG), um mit seiner Hilfe zu überprüfen, ob a) die Bestellung eines Betreuers und die Anordnung des Einwilligungsvorbehalts notwendig sind und ob b) die Ablehnung der Betreuung durch Herrn Parsifal dessen freiem Willen entspricht oder ob insoweit eine freie Willensbestimmung nicht (mehr) gegeben ist. Beruht die Ablehnung auf dem freien Willen, darf ein Betreuer nicht bestellt werden; dann scheidet auch die Anordnung eines Einwilligungsvorbehalts aus.

283. Betreuung III

Angenommen, in Fall 281 kommt das Betreuungsgericht zur Überzeugung, dass für Herrn Parsifal ein Betreuer für Vermögensangelegenheiten und für die Aufenthaltsbestimmung bestellt werden muss. Welche Gedanken wird sich das Gericht über die Auswahl des Betreuers machen?

1. In erster Linie wird das Gericht recherchieren, ob Herr Parsifal selbst eine Person vorschlägt (§ 1897 IV 1) oder früher vorgeschlagen hat (§ 1897 IV 3). Einem solchen Vorschlag ist zu entsprechen, wenn er dem Wohl des Betroffenen nicht zuwiderläuft.

2. Ist kein solcher Vorschlag gemacht oder kommt er nicht zum Zuge, so sieht sich das Gericht nach einer anderen geeigneten Fürsorgeperson um (§ 1897 I, V). Dabei kommen in erster Linie Personen in Betracht, welche die Betreuung ehrenamtlich zu führen bereit sind (§ 1897 VI). Bei der Auswahl ist auf die verwandtschaftlichen und sonstigen persönlichen Bindungen Rücksicht zu nehmen (§ 1897 V). Das Gericht wird also zuerst ermitteln, ob eines der Kinder von Herrn Parsifal (oder beide) bereit und geeignet ist, die Betreuung zu übernehmen. Dabei überlegt das Gericht auch, ob Interessenkonflikte dem entgegenstehen (§ 1897 V letzter Hs.).

284. Betreuung IV

Angenommen, in Fall 281 wird Cosima zur Betreuerin bestellt. Es entsteht der Wunsch, Herrn Parsifal in einer geschlossenen Anstalt unterzubringen, weil er sich durch sein Umherirren selbst gefährden könnte. Kann Cosima ihren Vater ohne weiteres in eine solche Anstalt überführen?

a) Die Befugnis, ihren Vater in eine Anstalt zu verbringen, hat Cosima nur, wenn diese Angelegenheit in den ihr vom Gericht übertragenen *Aufgabenkreis* fällt. Es genügt, wenn ihr der Aufgabenkreis „Aufenthaltsbestimmung" übertragen ist.

b) Jedoch bedarf nach § 1906 I eine Unterbringung des Betreuten, die mit Freiheitsentziehung verbunden ist, der *Genehmigung des Betreuungsgerichts*. Außerdem ist die Zulässigkeit der Unterbringung an enge sachliche Voraussetzungen geknüpft, die das Gericht zu überprüfen hat: Entweder die Unterbringung ist erforderlich weil für den Betroffenen aufgrund seiner psychischen Krankheit oder geistigen oder seelischen Behinderung die Gefahr besteht, dass er sich selbst tötet oder erheblichen gesundheitlichen Schaden zufügt (§ 1906 I Nr. 1). Oder es ist eine Untersuchung des Gesundheitszustands, eine Heilbehandlung oder ein ärztlicher Eingriff notwendig, die ohne die Unterbringung des Betreuten nicht durchgeführt werden können, sofern der Betreute aufgrund einer psychischen Krankheit oder geistigen oder seelischen Behinderung die Notwendigkeit der Unterbringung nicht zu erkennen oder nicht nach dieser Einsicht zu handeln vermag (§ 1906 I Nr. 2). In obigem Fall kommt die erste Variante in Betracht. Cosima muss also beim Betreuungsgericht die Genehmigung der freiheitsentziehenden Unterbringung beantragen.

285. Betreuung V

Wie Fall 281, aber: Es wird ein Betreuungsverfahren eingeleitet. In dessen Verlauf legt Ludwig eine privatschriftliche Vollmacht vor, wonach ihm sein Vater schon vor drei Jahren, als dieser noch geistig fit war, die Vollmacht erteilt hat, ihn in allen Angelegenheiten zu vertreten, insbesondere auch für den Fall, dass der Vollmachtgeber geschäftsunfähig oder betreuungsbedürftig würde; die Vollmacht solle den Eintritt der Geschäftsunfähigkeit des Vollmachtgebers überdauern. Wird das Gericht nun einen Betreuer bestellen?

a) Auch wenn die Voraussetzungen der Betreuung an sich gegeben sind, darf ein Betreuer nur bestellt werden, soweit sie *erforderlich* ist. Sie ist nicht erforderlich, soweit die Angelegenheiten des Betroffenen durch einen Bevollmächtigten ebenso gut besorgt werden können (§ 1896 II 2). Das Gericht wird also prüfen, ob die an Ludwig erteilte Vollmacht wirksam ist, und ob Ludwig – wenn dies zutrifft – die Angelegenheiten seines Vaters als Bevollmächtigter ebenso gut besorgen könnte wie ein Betreuer.

b) An der Wirksamkeit der erteilten Vollmacht bestehen an sich keine Zweifel. Einer besonderen Form bedarf sie nicht (beachte § 167 II). Auch kann die Vollmacht so erteilt werden, dass sie den Eintritt der Geschäftsunfähigkeit des Vollmachtgebers überdauert. Soweit eine solche „Vorsorgevollmacht" wirksam und der Bevollmächtigte zu handeln in der Lage und bereit ist, erscheint die Bestellung eines Betreuers nicht als erforderlich.

c) In unserem Fall sind jedoch zwei Umstände zu bedenken:

aa) Wenn das Gericht zur Überzeugung gelangt, dass zum Schutze von Herrn Parsifal ein Einwilligungsvorbehalt angeordnet werden muss, ist *insoweit* ein Betreuer erforderlich. Denn die Vollmacht beschränkt die Handlungsfähigkeit des Vollmacht- gebers nicht (Unzulässigkeit der „verdrängenden" Vollmacht). Wenn die Handlungs- fähigkeit von Herrn Parsifal eingeschränkt werden muss, bleibt kein anderes Mittel als der Einwilligungsvorbehalt, der die Bestellung eines Betreuers in dem betroffenen Aufgabenkreis voraussetzt.

bb) Wenn schon während des Verfahrens abzusehen ist, dass Herr Parsifal freiheits- entziehend untergebracht werden muss, kann sich gleichfalls trotz der umfassenden Vollmacht Ludwigs eine Betreuung als notwendig erweisen. Zwar kann auch ein Bevollmächtigter den Vollmachtgeber freiheitsentziehend unterbringen, aber nur wenn die Vollmacht die Freiheitsentziehung *ausdrücklich* umfasst (§ 1906 V 1). Das ist bei der Ludwig erteilten Vollmacht nicht der Fall. Unter den genannten Gesichts- punkten kann es also sein, dass das Gericht trotz der Vollmacht wenigstens für einen Teil der Angelegenheiten einen Betreuer bestellen muss.

---

286. Befugnisse des Betreuers

Herr Abel ist zum Betreuer für Herrn Bebel bestellt, der Aufgabenkreis umfasst alle Angelegenheiten. Kann Herr Abel im Namen des Bebel
1. dessen baureifes Grundstück verkaufen und veräußern?
2. eine Bürgenverbindlichkeit für eine Darlehensschuld von Bebels Tochter eingehen?
3. aus dem Vermögen Bebels dessen langjähriger Freundin 30.000 EUR un- entgeltlich zuwenden?
4. die Wohnung, in der Bebel zur Miete wohnt, kündigen, weil Bebel in ein Altersheim übersiedeln soll?

Abel ist gesetzlicher Vertreter des Bebel (§ 1902), seine Vertretungsmacht betrifft alle Angelegenheiten. Jedoch ergeben sich Einschränkungen.

Zu Frage 1: Der Verkauf und die Veräußerung eines Grundstücks des Betreuten bedürfen der Genehmigung des Betreuungsgerichts (§ 1908i I 1 i. V. m. § 1821 I Nr. 1, 4).

Zu Frage 2: Das gleiche gilt für die Eingehung einer Bürgenverbindlichkeit im Namen des Betreuten (§ 1908i I 1 i. V. m. § 1822 Nr. 10).

Zu Frage 3: Schenkungen kann der Betreuer aus dem Vermögen des Betreuten nicht machen, es sei denn es handle sich um eine Pflicht- oder Anstandsschenkung (§ 1908i II 1 i. V. m. § 1804). Ausgenommen von diesem Schenkungsverbot sind Gelegenheitsgeschenke, wenn sie dem Wunsch des Betreuten entsprechen und nach seinen Lebensverhältnissen üblich sind. Die Zahlung einer höheren Bargeldsumme gehört nicht zu solchen Gelegenheitsgeschenken.

Zu Frage 4: Zur Kündigung eines Mietverhältnisses über Wohnraum, den der Betreute gemietet hat, bedarf der Betreuer der Genehmigung des Betreuungsgerichts (§ 1907 I 1).

287. Befugnisse des Bevollmächtigten

Wie wäre es, wenn im Fall 286 Abel nicht Betreuer, sondern Bevollmächtigter des inzwischen geschäftsunfähig gewordenen Bebel wäre?

In diesem Fall unterläge Abel den genannten Beschränkungen nicht. In der Lit. wird zwar die Meinung vertreten, für Bevollmächtigte gälten die gleichen Grenzen der Vertretungsmacht wie für Betreuer, sobald beim Vollmachtgeber die Geschäftsunfähigkeit eintritt. Die Gerichtspraxis und die h. M. folgen dem aber nicht. Etwas anderes gilt nur, soweit das Gesetz die für Betreuer geltenden Einschränkungen ausdrücklich auch auf das Handeln von Bevollmächtigten erstreckt (§ 1904 V 1; § 1906 V 2).

Bei der Schenkung ist die Vollmacht kritisch daraufhin zu überprüfen, ob der Vollmachtgeber auch zu Schenkungen ermächtigen wollte.

IV. Nichteheliches Zusammenleben, eingetragene Lebenspartnerschaft

S. auch Fall-Nrn. 3, 57, 119–122, 173, 174, 238, 275–278

288. „Wie geschiedene Eheleute"

Ute und Urs ziehen zusammen. Sie schließen einen schriftlichen Vertrag, wonach sie bei einer Trennung im Verhältnis zueinander ebenso verpflichtet sein wollen wie geschiedene Eheleute. Nach vier Jahren verlässt Ute die gemeinsame Wohnung und nimmt sich ein eigenes Appartement. Mit Urs will sie nichts mehr zu tun haben.

Kann sie einen Anspruch gegen Urs auf Unterhalt haben, wenn sie zur Zeit der Trennung wegen Krankheit nicht arbeitsfähig ist?

Der Anspruch könnte sich aus einem zwischen den Parteien geschlossenen *Unterhaltsvertrag* in Verbindung mit § 1572 ergeben.

a) Voraussetzung ist, dass der zweifellos geschlossene Vertrag wirksam ist. Dass auch durch Vertrag Unterhaltspflichten begründet werden können, ist unstreitig.

b) Es könnte aber sein, dass es sich hier um ein *Schenkungsversprechen* handelt, das nach § 518 I 1 der notariellen Form bedarf, deren Nichteinhaltung zur Unwirksamkeit führt (§ 125). Das ist aber nicht der Fall: Die Schenkung setzt voraus, dass sich die Parteien über die Unentgeltlichkeit der zu leistenden Zuwendung geeinigt haben. Hier geht es aber darum, dass zwei Personen ihr Leben aufeinander ausrichten und aus diesem Grund gegenseitige Verantwortung füreinander übernehmen wollen. Dabei ist die Vorstellung von einem gegenseitigen Geben und Nehmen bestimmend, was die Unentgeltlichkeit der zur Verwirklichung dieses Zweckes versprochenen Leistungen ausschließt.

c) Man könnte ferner überlegen, ob der Vertrag nicht wegen *Sittenwidrigkeit* nichtig ist (§ 138 I). Doch ist heute allgemein anerkannt, dass Verträge zur Ausgestaltung einer nichtehelichen Lebensgemeinschaft, die auf Dauer angelegt und von inneren Bindungen getragen ist, nicht den guten Sitten widersprechen, sofern nicht aus besonderen Umständen das Gegenteil begründet werden kann (BGH FamRZ 1991, 168). Es gibt kein triftiges Argument, warum in einem solchen Vertrag nicht auch ein gegenseitiges Einstehen füreinander im Trennungsfall vereinbart werden könnte. Wenn allerdings durch eine solche Vereinbarung für einen Partner eine persönliche Abhängigkeit entstehen sollte (z. B. durch Versprechen hoher Abfindungen, die wie eine Vertragsstrafe wirken), so kann im Einzelfall ein Verstoß gegen die guten Sitten vorliegen; dafür gibt es aber hier keine Anhaltspunkte.

d) Schließlich könnte man überlegen, ob sich eine Nichtigkeit nicht aus dem Gedanken der *Gesetzesumgehung* herleiten lässt. Man müsste dafür annehmen, dass das Gesetz es verbietet (§ 134), ehegleiche Wirkungen außerhalb der Ehe anzustreben. Ein solches Verbot lässt sich aber der Regelung des Eherechts nicht entnehmen. Auch der verfassungsrechtliche besondere Schutz der Ehe (Art. 6 I GG) steht einer privatautonomen Gestaltung des ehelosen Zusammenlebens, mit denen sich die Partner gegenseitiger Solidarität versichern, nicht entgegen.

e) *Ergebnis:* Ute kann also der Unterhaltsanspruch aus Vertrag zustehen.

289. Eine preiswerte Wohnung

Franz hat eine schöne und preiswerte Wohnung gemietet. Nach einiger Zeit informiert er den Vermieter, dass er nun eine Freundin namens Gerlinde habe und fragt mündlich an, ob diese mit in die Wohnung einziehen dürfe. Der Vermieter erklärt, er habe nichts dagegen. In der Folge leben Franz und Gerlinde zwei Jahre „eheähnlich" in der Wohnung zusammen. Dann stirbt Franz an einem Unfall.
Gerlinde möchte in der Wohnung bleiben. Hat sie dem Vermieter gegenüber ein Recht dazu?

Gerlinde könnte gegen den Vermieter Anspruch auf Gebrauchsgewährung an der Wohnung aus *§ 535 I 1* haben, wenn sie *Partei des Mietvertrages* geworden ist.

a) Den Mietvertrag hat Franz vor dem Einzug von Gerlinde in die Wohnung geschlossen. Bei Vertragsschluss war nicht vorgesehen, dass Gerlinde Mieterin werden solle. Franz wurde somit auf der Mieterseite allein Partei des Vertrages.

b) Durch Gerlindes *Zuzug in die Wohnung* hat sich die Vertragslage nicht geändert. Dies könnte aber dadurch geschehen sein, dass der Vermieter auf Bitten des Mieters sein *Einverständnis* mit der Aufnahme Gerlindes in die Wohnung erklärt hat. Darin könnte eine einverständliche Änderung des Mietvertrages liegen, wonach Gerlinde als Mitmieterin in den Vertrag eintreten solle. Das ist jedoch in solchen Fällen in der Regel von den Parteien nicht gewollt. Um einen Lebensgefährten in eine gemietete Wohnung aufnehmen zu dürfen, ist eine Änderung des Mietvertrages nicht notwendig; vielmehr kann der Mieter grundsätzlich die Erlaubnis des Vermieters dazu verlangen, wenn er ein berechtigtes Interesse dazu hat (§ 553 I 1) und kein Ausnahmegrund nach § 553 I 2 vorliegt. Das Ersuchen um eine solche Erlaubnis des Vermieters bedeutet für sich gesehen noch keinen Vorschlag zur Vertragsänderung, weil das Ziel auch ohne Änderung des Mietvertrags erreicht werden kann. Die vertragliche Mitberechtigung Gerlindes würde die Rechtsposition des Franz wesentlich schmälern, was im Zweifel nicht in dessen Interesse liegt. Gerlinde ist also nicht Mitmieterin geworden.

c) Jedoch tritt nach *§ 563 II 4 i. V. m. § 563 II 3* Gerlinde *kraft Gesetzes in das Mietverhältnis ein*, wenn sie mit dem Mieter Franz einen auf Dauer angelegten gemeinsamen Haushalt geführt hat. Das ist der Fall: Franz und Gerlinde lebten für längere, auf weitere Dauer angelegte Zeit in der Wohnung zusammen. Mit dem Tod des Mieters Franz tritt sie in das Mietverhältnis ein.

d) *Ergebnis:* Gerlinde kann vom Vermieter verlangen, als Mieterin weiter in der Wohnung verbleiben und die Wohnung nutzen zu können. Allerdings treffen sie nun auch die Pflichten aus dem Mietvertrag.

290. Lästige Kredite

Romeo und Julia sind unsterblich ineinander verliebt und wollen „für immer zusammen sein". Alsbald zieht Romeo in das Haus der Julia ein, das sie auf einem ihr gehörenden Grundstück errichtet hat. Julia ächzt unter den hohen

Zinsraten, die sie monatlich für die bei der Bank aufgenommenen Baukredite zahlen muss. Daraufhin stellt Romeo der Julia aus eigenen Mitteln einen Betrag von 120.000 EUR zur Verfügung. Mit diesem Betrag zahlt Julia die für den Hausbau aufgenommenen Kredite zurück und erspart sich dadurch monatliche Zinsleistungen in Höhe von 600 EUR. Auf Bitten von Romeo unterzeichnet Julia ein Schriftstück, in dem es heißt: „Ich bestätige, dass Romeo am … (Datum) den Betrag von 120.000 EUR auf mein Konto … (genaue Bezeichnung) eingezahlt hat. Falls mir etwas zustoßen sollte, ist die Summe an ihn zurückzuzahlen." Sechs Jahre später kühlt sich das Verhältnis zwischen Romeo und Julia ab. Julia fordert ihren bisherigen Gefährten auf, ihr Haus zu verlassen. Romeo nimmt sich eine eigene Wohnung. Er verlangt von Julia die Zahlung von 120.000 EUR.

Unter welchen rechtlichen Gesichtspunkten ist das Verlangen Romeos zu prüfen? (Fall gebildet nach BGH FamRZ 1997, 1533)

1. Der Rückzahlungsanspruch könnte sich aus einem *Darlehensvertrag* ergeben (§ 488 I 2). Voraussetzung ist, dass ein solcher Vertrag zwischen Romeo und Julia geschlossen wurde. Ausdrücklich ist ein Darlehensvertrag nicht zustande gekommen; dies könnte aber konkludent durch die Einzahlung der Summe auf das Konto Julias und die stillschweigende Annahme des Geldes geschehen sein. Dagegen spricht aber, dass bei Geldzuwendungen geklärt zu werden pflegt, ob sie darlehensweise getätigt werden, und dass bei Darlehen üblicherweise die Frage der Verzinsung geregelt wird. Gegen das Vorliegen eines Darlehens spricht auch, dass gemäß dem von Julia abgefassten Schriftstück eine Rückzahlung nur für den Fall von Romeos Tod vorgesehen ist.

2. a) In Betracht kommt weiterhin ein Anspruch auf *Rückerstattung einer widerrufenen Schenkung* (§§ 530, 531 II).

b) Voraussetzung wäre, dass es sich bei der Zuwendung der 120.000 € *überhaupt um eine Schenkung handelt*. Obwohl der Zuwendung objektiv keine Gegenleistung gegenübersteht, könnte es sich hier – ähnlich wie bei Ehegatten – statt um Schenkung um eine gemeinschaftsbedingte Zuwendung handeln, auf die das Schenkungsrecht nicht angewendet wird, die vielmehr auf einem familienrechtlichen Vertrag eigener Art beruht. Eine gemeinschaftsbezogenen Zuwendung liegt vor, wenn ein Partner dem anderen einen Vermögenswert um der Lebensgemeinschaft willen und als Beitrag zur Verwirklichung und Ausgestaltung, Erhaltung oder Sicherung dieser Gemeinschaft zukommen lässt, wobei er die Vorstellung oder Erwartung hegt, dass die Lebensgemeinschaft Bestand haben und er innerhalb dieser Gemeinschaft am Vermögenswert und dessen Früchten weiter teilhaben werde (entsprechend der „ehebedingten Zuwendung", siehe BGH FamRZ 1999, 1580, 1582; BGHZ 177, 193 Tz. 15). Im konkreten Fall sprechen die Fallumstände für das Vorliegen einer solchen gemeinschaftsbedingten Zuwendung. Romeo hat Julia das Geld objektiv unentgeltlich zur Verfügung gestellt, um die Finanzierung des ihr gehörenden, aber gemeinsam bewohnten Hauses zu erleichtern. Dabei ging er davon aus, dass die Gemeinschaft längere Zeit Bestand haben und er weiterhin in dem Haus wohnen werde.

3. a) Romeo könnte *einen Auseinandersetzungsanspruch aus aufgelöster Innengesellschaft* haben (entsprechend §§ 730 ff.).

b) Dazu wäre Voraussetzung, dass Romeo und Julia einen *Gesellschaftsvertrag geschlossen* haben, der zwar keine Außengesellschaft, aber ein gesellschaftsrechtliches Band im Innenverhältnis zum Ziel hätte. Der Vertrag könnte auch konkludent zustande gekommen sein (BGH FamRZ 2010, 277 Tz. 22; BGH FamRZ 2011, 1563 Tz. 14). Freilich nimmt der BGH eine solche Innengesellschaft nur an, wenn die Partner einen *über den typischen Rahmen ihres Zusammenlebens hinausgehenden gemeinsamen Zweck* verfolgen, z. B. wenn sie über die Lebensgemeinschaft hinaus Objekte gemeinsamer Wertschöpfung bilden und dabei von der Vorstellung ausgehen, dass diese Objekte nicht nur während des Zusammenlebens von beiden genutzt werden, sondern dass sie ihnen wirtschaftlich gemeinsam gehören sollen (BGH FamRZ 2010, 277 Tz. 22; BGHZ 177, 193, Tz. 18 f.; BGH FamRZ 2011, 1563 Tz. 14). An einem solchen über die Lebensgemeinschaft hinausgehenden Zweck fehlt es in obigem Fall: Nach den Vorstellungen der Beteiligten sollte das Haus ihnen nicht wirtschaftlich gemeinsam gehören, sondern nur die *Nutzung* während der bestehenden Beziehung gemeinschaftlich sein. Ein Auseinandersetzungsanspruch aus Innengesellschaft scheidet deshalb aus.

4. a) Ein Rückgewähranspruch könnte als Anspruch auf Anpassung wegen *Wegfalls der Geschäftsgrundlage einer gemeinschaftbezogenen Zuwendung* gegeben sein (§ 313 I).

b) Wie oben (2b) darlegt, handelt es sich in unserem Falle um eine Zuwendung dieser Art. Ihr lag die Erwartung zugrunde, die Lebensgemeinschaft, deren Ausgestaltung sie gedient hat, werde Bestand und der Zuwendende weiterhin an der Zuwendung Anteil haben (BGHZ 177, 193, Tz. 40; FamRZ 2010, 277 Tz. 24).

c) Der Anspruch setzt ferner voraus, dass dem Leistenden nach der Trennung die Beibehaltung der so geschaffenen Vermögensverhältnisse *nach Treu und Glauben nicht zuzumuten* ist (BGHZ 177, 193, Tz. 44). Für diese Wertung kommt es auf die Umstände des Falles an (Einkommens- und Vermögensverhältnisse, Dauer des Zusammenlebens, Alter der Beteiligten, Art und Umfang der erbrachten Leistungen), insbesondere darauf, inwieweit die Vermögensmehrung beim Empfänger noch vorhanden ist (BGH FamRZ 2011, 1562 Tz. 25). In unserem Fall ist zu bedenken, dass Romeo schon fünf Jahre kostenfrei im Haus der Julia gewohnt hat, also partiell schon in den Genuss seiner Zuwendung gekommen ist. Der Anspruch aus § 313 I wird – als Anspruch auf Anpassung an die jetzt gegebene Lage – daher auf *Rückzahlung eines Teils der Zuwendung* begründet sein. Doch wird es sich um mehr als die Hälfte handeln, weil die tatsächliche Dauer der Gemeinschaft weit hinter der von den Parteien bei der Zuwendung vorgestellten zurückblieb.

5. a) Schließlich ist zu prüfen, ob Romeo das Geld unter dem Gesichtspunkt der *Zweckverfehlungskondiktion* zurückverlangen könnte (§ 812 I 2 Alt. 2).

b) Es müsste dann ein außerhalb des rechtlichen Grundes stehender Zweck vereinbart sein, der durch die Trennung verfehlt wurde. Man kann in der Abrede, mit bestimmten Leistungen eine Lebensgemeinschaft zu verwirklichen, eine Zweckabrede sehen. Hier kommt als Zweck das gemeinsame Leben in dem von Romeo mitfinanzierten Haus in Frage. Lange Zeit sah der BGH die Voraussetzungen der Zweckverfehlungskondiktion in solchen Fällen nicht für gegeben an (BGH FamRZ 2008, 247, Tz. 18, 25), hält aber nunmehr bei Zuwendungen unter nichtehelichen Partnern bei Scheitern der Beziehung einen Kondiktionsanspruch für möglich (BGHZ 177, 193, Tz. 33, FamRZ 2010, 277 Tz. 32). Voraussetzung ist, dass der

Zuwendung eine konkrete Zweckabrede zugrunde liegt, die auch stillschweigend geschlossen werden kann. Für Romeo könnte sich also auch aus § 812 I 2 Alt. 2 ein Anspruch auf Herausgabe der bei Julia durch die Zuwendung eingetretenen Bereicherung ergeben.

c) In obigem Fall ist allerdings zu bedenken, dass der Zweck jedenfalls eine Zeit lang erreicht wurde. Man könnte allenfalls eine *partielle* Zweckverfehlung annehmen, soweit der vereinbarte Zweck weiter reichte als seine bisherige Erfüllung, z. B. wenn die Partner die Vorstellung hatten, die Lebensgemeinschaft und damit die Möglichkeit der Mitnutzung bestehe mindestens für die Nutzungsdauer des Objekts (oder bis zum Tode eines Partners) fort. In diesem Sinne kann man annehmen, dass Romeo und Julia zur Zeit der Zuwendung gewiss die Vorstellung hatten, länger als sechs Jahre zusammen zu leben.

6. *Ergebnis:* Für Romeo kann sich ein Anspruch auf Rückzahlung eines Teil des zugewendeten Geldes aus § 313 I und aus § 812 I 2 Alt. 2 ergeben. Nach der Vorstellung des BGH besteht kein Vorrang einer dieser Anspruchsgrundlagen, sodass Anspruchskonkurrenz anzunehmen ist.

---

291. Eingetragene Partnerschaft

Gustav und Hubert kommen überein, eine Partnerschaft auf Lebenszeit führen zu wollen und eine eingetragene Lebenspartnerschaft zu begründen. Sie wollen aber nicht einander unterhaltspflichtig werden. Außerdem wollen sie auch nicht am Vermögen des anderen in irgendeiner Form beteiligt sein. Lassen sich diese Wünsche rechtlich verwirklichen?

1. Mit Begründung der eingetragenen Lebenspartnerschaft ist die *gegenseitige Unterhaltspflicht* verbunden. Diese ist für die Zeit des Bestehens der Partnerschaft unverzichtbar (§ 5 S. 2 LPartG i. V. m. §§ 1360a III, 1614 BGB). Das gilt auch für die Zeit, in dem die Partner getrennt leben (§ 12 S. 2 LPartG i. V. m. §§ 1361 IV 4, 1360a III, 1614 BGB). Möglich ist allerdings ein gegenseitiger Unterhaltsverzicht *für die Zeit nach Aufhebung* der Partnerschaft (§ 16 S. 2 LPartG i. V. m. § 1585c BGB). Dabei ist zu überlegen, inwieweit die Rechtsprechung zur gerichtlichen Inhaltskontrolle von Verträgen über den Unterhalt geschiedener Ehegatten (Fall 123) auch hier zum Zuge kommt.

2. Die Lebenspartner leben im *Güterstand* der Zugewinngemeinschaft, wenn sie nicht durch Lebenspartnerschaftsvertrag etwas anderes vereinbaren (§ 6 S. 1 LPartG). Den Güterstand betreffend herrscht Vertragsfreiheit in gleichem Umfang wie im Eherecht (§ 7 S. 1 LPartG). Die Lebenspartner können daher auch die Gütertrennung wählen (§ 7 S. 2 LPartG i. V. m. § 1414 BGB). Der Lebenspartnerschaftsvertrag; welcher die güterrechtlichen Verhältnisse regelt, bedarf der notariellen Form wie ein Ehevertrag (§ 7 S. 2 LPartG i. V. m. § 1410 BGB).

3. Für eingetragene Lebenspartner gilt seit der Novelle zum LPartG vom 15.12.2004 (BGBl. I 3396) auch das Rechtsinstitut des *Versorgungsausgleichs* (§ 20 LPartG). Der Versorgungsausgleich kann durch Lebenspartnerschaftsvertrag ausgeschlossen werden (§ 20 III LPartG, § 6 I 2 Nr. 1 VersAusglG). Auch hier ergibt sich die Frage, inwieweit die Rechtsprechung zur gerichtlichen Kontrolle von Eheverträgen auch bei Lebenspartnerschaftsverträgen maßgeblich ist.

Sachregister

Die Zahlen hinter den Paragrafen bezeichnen die Nummern der Fälle.